Dirk Lippold, Wolfram Saathoff

Aus dem Maschinenraum des Consultings

Dirk Lippold, Wolfram Saathoff

Aus dem Maschinenraum des Consultings

Was Sie über die Unternehmensberatung wissen sollten

DE GRUYTER

ISBN 978-3-11-914327-1
e-ISBN (PDF) 978-3-11-221977-5
e-ISBN (EPUB) 978-3-11-222012-2

Library of Congress Control Number: 2025942682

Bibliografische Information der Deutschen Nationalbibliothek
Die Deutsche Nationalbibliothek verzeichnet diese Publikation in der Deutschen Nationalbibliografie; detaillierte bibliografische Daten sind im Internet über http://dnb.dnb.de abrufbar.

Einbandabbildung: iStock/alashi
Autorenportrait Wolfram Saathoff: © Simone Scardovelli
Einbandgestaltung: Wolfram Saathoff, www.hausammeer.org

www.degruyterbrill.com

Fragen zur allgemeinen Produktsicherheit:
productsafety@degruyterbrill.com

If you can do it, teach it.

If you can teach it, write about it.

Geleitwort: Der weise Mann und der Narr

Prof. Dr. Dirk Lippold und Wolfram Saathoff schreiben gemeinsam ein Buch. Die bildliche Assoziation, die das bei mir hervorruft, ist die folgende:

In der Mitte sitzt die Consultingbranche wie ein König auf einem Thron, rechts und links davon zwei Berater. Zur Rechten steht Professor Lippold mit einem großen, schweren Buch in beiden Händen, weise, erfahren, vielseitig belesen. Einer, der die Consultingbranche wie kaum ein anderer kennt und durchschaut hat. Zur Linken des Throns tanzt Wolfram Saathoff als Hofnarr mit dem Schellenkranz, lustig, bissig, geradeheraus, ohne ein Blatt vor den Mund nehmend.

Unsere beiden Kolumnisten bei Consulting.de und Personalinfo.de und Marktforschung.de eint das Thema und der Blick auf die Consultingbranche, nicht aber die Art, wie beide ihre Kolumne schreiben. Bleibt dem Lesenden bei den Saathoffschen Ergüssen schon mal das Lachen im Halse stecken, so ist die Kritik an den Beratern in den Texten von Professor Lippold in der Regel hinter wissenschaftlichen Erkenntnissen versteckt.

„Eine Studie hat ergeben ...", bei Lippold braucht es den Beleg, das Dokument, den Hintergrund. Die Meinung allein genügt ihm nicht, auch wenn er durch seine eigene langjährige Karriere unter anderem bei Capgemini und Ernst & Young eine sehr klare, profunde Meinung zum Geschehen in der Consultingbranche besitzt. Lippold ist trotz seiner Karriere im Consulting stets der wissbegierige Wissenschaftler geblieben. Seine Meinung wird vor allem durch seine Themenwahl deutlich: Warum müssen es immer High Potentials sein? Unternehmensberatung und Frauen – passt das zusammen? Strategieberatung oder IT-Beratung – wer macht das Rennen?

„Ich habe da ein ganz mieses Gefühl", sagt Han Solo in der ersten Folge der Star-Wars-Filmreihe. Und ein solches Gefühl scheint auch Wolfram Saathoff immer wieder zu befallen, wenn er auf die Consultingbranche und seine Protagonisten blickt. Saathoff hat die spezielle Gabe des unerbittlichen Hofnarren, dem Dinge auffallen, die jemand, der selbst einmal Berater war, gar nicht mehr auffallen können. Sachverhalte, an die man sich längst gewöhnt hat, die niemand mehr kritisiert, die aber eigentlich falsch sind. Und genau auf diese Stellen richtet Saathoff seinen Röntgenblick, um zu sezieren, was genau das miese Gefühl bei ihm verursacht. Und netterweise auch, wie die Consultingbranche es beseitigen könnte. Dazu brauchen seine Texte häufig einen langen Anlauf, er ist ein Meister des Spannungsbogens, der oft lange aufgezogen wird, nur, um dann noch heftiger ins Bulls Eye zu treffen.

Prof. Dr. Dirk Lippold und Wolfram Saathoff schreiben gemeinsam ein Buch. Ich bin mir sicher, dass Sie beim Lesen ähnlich viel Spaß und Erkenntnisgewinn über die Consultingbranche haben werden, wie ich selbst beim Redigieren der Texte.

Holger Geißler
Geschäftsführer und Chefredaktion Smart News Fachverlag GmbH

Vorwort

„Aus dem Maschinenraum des Consultings". Soll sagen: Blättern Sie durch und finden Sie unendlich viel Interessantes über die Beratungszunft: Marketing, Personal, Tools u.v.m. – eine wahre Fundgrube in den Tiefen einer Branche, die wie kaum eine andere so hautnah mit den aktuellen Herausforderungen von Wirtschaft und Gesellschaft zu tun hat. Nur wenige Professionals wissen über Trends in Management, Technologie und Organisation ähnlich gut Bescheid wie Unternehmensberater.

Nehmen Sie teil an diesem Business und erleben Sie hautnah mit, wie sich Kunden, ganze Branchen und Märkte in kurzer Zeit bewegen und verändern. Die Begleitung des Wandels (engl. *Change*) ist das tägliche Brot des Beraters. Für die Kunden handelt es sich dabei um eine hochprofessionelle Dienstleistung, über die man kurzfristig nicht verfügt und sie deshalb zeitweise ins Unternehmen holt: Lösungskompetenz für strategische und operative Fragen in einem arbeitsteiligen Kontext.

Ihre Begleiter bei der Suche in den Tiefen dieser mehr als spannenden Beratungsindustrie sind zwei Autoren, deren Sichten verschiedener nicht sein können. Der eine berichtet aus seiner mehr als 40jährigen Erfahrung über das Beratungsgeschäft quasi von innen heraus. Der andere hat seinen Blick auf die Consultingbranche als Auftragnehmer. Er weiß, dass es den meisten Beratungsunternehmen, deren Wurzeln häufig bei Trendsettern, Technikern und Tüftlern zu suchen sind, an Marketing-Kompetenz mangelt. Hier zeigt die Branche – und das betonen auch Insider immer wieder – eine wesentliche strukturelle Schwäche.

Insofern sind die einzelnen Beiträge auch schön gemischt – mal aus der Innensicht des einen und mal aus der externen Sicht des anderen. Der eine befasst sich mit nahezu allen Funktionsbereichen der Unternehmensberatung – in aller Tiefe und Breite, der andere setzt seinen Schwerpunkt im Marketing – mal spitzzüngig und mal besserwisserisch, zumeist aber mit Tiefgang, Sachverstand und Augenzwinkern.

Alles in allem also ein reizvolles Potpourri, das sich an Consultants ebenso richtet wie an Kunden dieses Dienstleisters, dessen Attraktivität nicht nur von Stake- und Shareholdern, sondern auch von Hochschulabsolventen geschätzt wird. So hat sich die Beraterzunft in sehr kurzer Zeit zum attraktivsten Arbeitgeber und zur Wunschbranche nicht nur für High Potentials der Wirtschaftswissenschaften, sondern auch für Talente anderer Studiengänge – insbesondere der MINT-Fächer – entwickelt.

Nahezu jeder zweite von ihnen sieht in der Unternehmensberatung den idealen Karriereeinstieg. Eine abwechslungsreiche, immer herausfordernde Tätigkeit, gutes Arbeitsklima, eine vielversprechende Arbeitskultur, selbständiges Arbeiten, hervorragende Weiterbildungsmöglichkeiten sowie eine gute Bezahlung werden mit dem Berufsbild des Consultants in Verbindung gebracht.

Und noch eines ist wichtig: Alle hier aufgeführten Artikel und Beiträge sind ausnahmslos als Kolumnen in den drei Portalen ‚Consulting.de', ‚Personalintern.de' und ‚Marktforschung.de' in den Jahren 2023 bis 2025 erschienen.

Berlin/Barcelona im Sommer 2025

Inhaltsverzeichnis

Kapitel 1: Consulting und Marketing

Das Kapitel „Consulting und Marketing" steht gleich an erster Stelle dieses besonderen Einblicks in den „Maschinenraum des Consultings". Die damit verbundene Betonung dieser Rubrik ist darauf zurückzuführen, dass Marketing zu den Kernkompetenzen der beiden Autoren zählt.

Zu Beginn der Artikelreihe stehen zwei Beiträge, die nicht nur auf ‚Consulting.de', sondern auch in Lünendonks Handbuch Consulting 2025 eine große Leserzahl erreicht haben.

Während der Beitrag zu den neuen Marketingperspektiven die wichtigsten Trends im Beratermarketing offenlegt, adelte ein Kolumnist auf LinkedIn den Artikel „Berater-Marketing im Zeitenwandel" mit den Worten „Jeder Satz eine Wahrheit". Die Autoren sind gespannt, wie unsere Leser diese beiden Artikel bewerten.

Es folgt ein Interview auf Consulting.de zum Buch „Marketing für Unternehmensberatungen", das Alexander Kolberg geführt hat.

Die „Fünf Schritte" zu einem spannenderem Beratermarketing gibt Tipps darüber, wie Fachartikel nicht staubtrocken geraten.

„Sex sales" ist die zentrale Aussage des nächsten Artikels in diesem Kapitel, der vielleicht ein wenig schlüpfrig, nichtsdestotrotz aber lehrreich daherkommt.

Es folgt ein Beitrag über die Königsdisziplin im Marketing: die Positionierung. Dabei handelt es sich um richtige Positionierung im Consulting.

„Marketing zum Abwinken" heißt der nächste Beitrag zu unrecht, denn die dort angebotenen fünf Tipps für ein lösungsorientiertes Marketing sind das ganze Gegenteil.

Den Schluss dieses Kapitels bildet die präzise Zielgruppenansprache, ohne die eine treffsichere Beratung nicht möglich ist.

Neue Perspektiven im Marketing für Unternehmensberatungen

Das Beratungsmarketing steht vor der Herausforderung, derzeitige Mega-Themen wie Digitalisierung, Künstliche Intelligenz, Kundensegmentierung und Nachhaltigkeit aufzugreifen und in das Beratungsangebot zu integrieren. Diese Themen bieten vielleicht eine der wichtigsten gesellschaftlichen und wirtschaftlichen Chancen der Gegenwart, sagt unser Kolumnist Prof. Dirk Lippold. Voraussetzung ist, dass das Beratungsmarketing die damit verbundenen Herausforderungen aufgreift und aktiv gestaltet.

"Nachhaltigkeitsmarketing ist ein wichtiger Ansatz, um die eigenen ökologischen, sozialen und wirtschaftlichen Ziele zu erreichen."

Nur wenige Professionen haben es so hautnah mit den aktuellen Herausforderungen von Wirtschaft und Gesellschaft zu tun wie die der Unternehmensberater. Nur wenige Professionals wissen über Trends in Management, Technologie und Organisation ähnlich gut Bescheid wie Berater. Sie gehören einer Branche an, die sich in den letzten dreißig Jahren zu einer der attraktivsten Industrien entwickelt hat und die deutlich schneller wächst als die Wirtschaft insgesamt.

Tatsache ist aber auch, dass es den meisten Beratungsunternehmen, deren Wurzeln häufig bei Trendsettern, Technikern und Tüftlern zu suchen sind, an Marketing-Kompetenz mangelt. Hier zeigt die Branche – und das betonen auch Insider immer wieder – eine wesentliche strukturelle Schwäche.

Marketing-Gleichung als prozessualer Handlungsrahmen

Da heutzutage immer mehr marktstrategische Themen am eigentlichen Marketingmanagement vorbeigehen und stattdessen von speziell eingerichteten Stabsabteilungen, Strategieberatern, Inhouse Consultants, Task Forces oder gar von der Geschäftsführung selber verfolgt werden, bietet die **Marketing-Gleichung** eine neue, frische Perspektive für das Marketing als Erfolgsfaktor auch im Beratungsbereich.

Die Marketing-Gleichung zerlegt den gesamten Marketingprozess in seine sechs Aktionsfelder:

- **Segmentierung** (zur Optimierung des Kundennutzens)
- **Positionierung** (zur Optimierung des Kundenvorteils)
- **Kommunikation** (zur Optimierung der Kundenwahrnehmung)
- **Vertrieb** (zur Optimierung des Kundennähe)
- **Akquisition** (zur Optimierung der Kundenakzeptanz)
- **Betreuung** (zur Optimierung der Kundenzufriedenheit)

Die Marketing-Gleichung hebt nicht nur auf die Initialzündung bei der Auftragsvergabe ab, sondern sie betrachtet zunächst die **strategischen Marketingaktivitäten** ‚Segmentierung' und ‚Positionierung' als Grundlage der Kommunikation mit dem Kunden und sodann die vertrieblichen Aktivitäten, wie das erfolgreiche Akquisitionsgespräch und die Kundenbetreuung.

Mit der Marketing-Gleichung liegt ein praxisorientierter Ansatz vor, der auf eine (mehr theoretische) Trennung von Strategie und Mix verzichtet, gleichwohl aber ein Vorgehensmodell und einen Handlungsrahmen für die zielgerichtete Maßnahmenplanung und den entsprechenden Mitteleinsatz darstellt (siehe Abbildung 1).

Abb. 1: Systematik der Marketing-Gleichung

Marktsegmentierung als beratungsstrategische Aufgabe

Der Beratungsmarkt ist keine homogene Einheit. Er besteht aus einer Vielzahl von Kundenunternehmen, die sich in ihren Zielsetzungen, Anforderungen, Wünschen und Kaufmotiven hinsichtlich des Einsatzes von Beratungsleistungen z. T. deutlich voneinander unterscheiden. Unterteilt man die Menge der potenziellen Kunden derart, dass sie in mindestens einem relevanten Merkmal übereinstimmen, so erhält man Kundengruppen, die als Teilmärkte bzw. Segmente bezeichnet werden

Im Rahmen des Vermarktungsprozesses ist die Segmentierung, d. h. die Auswahl attraktiver Marktsegmente für die Geschäftsfeldplanung der Unternehmen, das *erste* wichtige und vor allem **strategische** *Aktionsfeld* (siehe Abbildung 2).

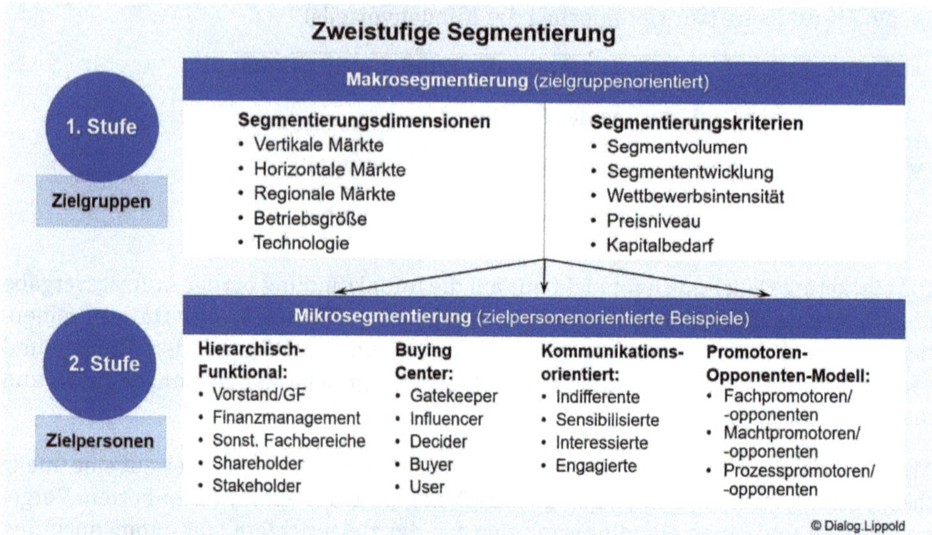

Abb. 2: Systematik der zweistufigen Segmentierung

Digitalisierungsperspektiven der Beratung

Aus Sicht der Beratung hat die digitale Transformation nicht nur kundenseitige Aspekte. Auch Unternehmensberatungen selbst stehen vor der Herausforderung, das eigene Geschäftsmodell zu überdenken. Um wettbewerbsfähig zu bleiben, müssen Chancen technologiebasierter Beratungsansätze genutzt werden. Digitalisierung darf also nicht nur als Beratungsprodukt oder Beratungsgegenstand gesehen werden. Es muss auch betrachtet werden, ob und wie Beratung selber digitalisiert werden kann. Mit den neuen Generationen (Gen Y und Gen Z), die es gewohnt sind, digital und virtuell zu interagieren, wächst die Akzeptanz für digitale und agile Zusammenarbeit und für entsprechende, innovative Beratungsleistungen.

Der Siegeszug von KI im Marketing

Einen ganz besonderen Stellenwert unter den verschiedenen digitalen Tools nimmt die **Künstliche Intelligenz** (KI) ein. KI ist nicht nur in der Wirtschaft allgemein, sondern ganz speziell auch im Marketing angekommen. KI ermöglicht es dem Marketing, schneller und besser Kundendaten zu analysieren als dies ein Mensch tun kann. Der amerikanische Unternehmer und Softwareentwickler Sam Altman, CEO von OpenAI, ist der Meinung, dass KI-Tools 95 Prozent dessen erledigen, wofür Vermarkter heute Agenturen, Strategen und Kreativprofis einsetzen.

Felizitas Graeber, Leiterin von Capgemini Invent, geht noch einen Schritt weiter:

> „Es ist endgültig vorbei mit Powerpoint-Bullshit, klassischen Benchmark-Studien oder Best-Practise-Szenarien. Die fertigt die GenAI auf Knopfdruck und erlaubt uns Beratern damit, künftig viel detaillierter zu arbeiten."

Die Beratungsbranche entwickelt sich gerade weg von der Strategie, hin zur Umsetzung, also zur tatsächlichen Wirkung – und KI beschleunigt diese Transformation [vgl. Brandeins 2024].

Insbesondere im Online-Marketing ermöglicht der Einsatz von KI

- Inhalte zu personalisieren,
- Clusterbasierte Kundensegmentierung vornehmen,
- Kundenverhalten vorherzusagen,
- Effektivität von Kampagnen zu steigern,
- Zielgruppengerechte Inhalte generieren.

KI kann die Berater gerade bei Routinearbeiten wie bei der Recherche, dem Charting, dem Tracking und der Datenaufbereitung wesentlich unterstützen. Auch bei der Entscheidungsfindung und der Umsetzung von Change-Management-Prozessen kann der Einsatz von KI hilfreich sein. Auf diesen Gebieten sind Generative KI-Systeme wie ChatGPT und DALL-E führend [vgl. Hossenfelder 2023].

Damit sind auch bereits einige Tools im KI-Umfeld genannt. Um die ganze Leistungsfähigkeit der KI im Online-Marketing zu realisieren, ist es wichtig, einen kurzen Blick auf die Technologien zu werfen, die für Anwendungen im Bereich der Künstlichen Intelligenz herangezogen werden können (siehe Abbildung 3).

Beratungsmarketing und Nachhaltigkeit

Nachhaltigkeit hat sich zum Erfolgsfaktor für unternehmerisches Handeln entwickelt – und zwar für alle Branchen und damit auch für den Beratungsbereich. Für unsere Beratungsunternehmen stellt sich dabei die Frage, welche Auswirkungen eine nachhaltige Geschäftstätigkeit auf Kunden, Umwelt und Öffentlichkeit hat und wie das Thema die Geschäftsmodelle beeinflusst. Stake- und Shareholder interessieren sich längst nicht mehr nur für die reinen Finanzzahlen eines Unternehmens. Sie fordern auch Informationen, die über die rein finanzielle Berichterstattung hinausgehen. Sie erwarten von den Unternehmen, dass diese auch die ökologischen und sozialen Auswirkungen ihres Geschäftsmodells kennen und im Rahmen einer nachhaltigen Entwicklung steuern [vgl. PwC 2023].

Nachhaltigkeitsmarketing ist ein wichtiger Ansatz, um die eigenen ökologischen, sozialen und wirtschaftlichen Ziele zu erreichen, die Zielgruppen effektiver anzusprechen und einen positiven Beitrag zur Gesellschaft zu leisten. In Zeiten des wachsenden

Umweltbewusstseins und der Forderung nach nachhaltiger Entwicklung ist es unerlässlich, Nachhaltigkeitsmarketing in die jeweiligen Geschäftsstrategien zu integrieren [vgl. VersaCommerce 2024].

Abb. 3: Schlüsseltechnologien und Tools im KI-Umfeld

Das Handelsblatt Research Instituts (HRI) und die Zeitschrift „absatzwirtschaft“ haben zu Beginn 2023 insgesamt 105 **Marketingverantwortliche** nach den relevantesten Marketingthemen befragt. Das Ergebnis: Das Thema **Nachhaltigkeit** ist nicht nur im Marketing angekommen, sondern hat sogar die höchste Priorität.

Beratungsmarketing und Personal Branding

Zuerst war es der B2C-Bereich, der sich wegen des neuen, attraktiven Zugangs zu seinen Kunden der Nutzung sozialer Netzwerke bediente. Zwischenzeitlich zeigt die Unternehmenspraxis, dass soziale Medien und hier insbesondere Business Netzwerke (namentlich LinkedIn) besonders im B2B-Marketing eine hohe Relevanz besitzen. Grundsätzlich ermöglichen diese Plattformen einer großen Anzahl an Internetnutzern – in Echtzeit oder zeitversetzt – eigene Inhalte zu erstellen, Inhalte anderer Nutzer oder bestimmter Organisationen zu lesen und diese an andere Nutzer zu verbreiten.

Mit der wohl wichtigsten Business-Plattform hat sich gleichzeitig auch ein neues Marketing-Instrument in Position gebracht: Personal Branding. Während das **Branding** bislang im deutschsprachigen B2B-Marketing überwiegend auf die Unternehmensmarke und auf die Produkte und Dienstleistungen beschränkt war, bietet sich mit Personal

Branding zugleich auch die Möglichkeit, das Corporate Branding, also die Unternehmensmarke, zu unterstützen.

Personal Branding ist ein *„bewusster Prozess zur Steuerung der Wahrnehmung der eigenen Person bei einer relevanten Zielgruppe“*. Dabei geht es im Kern um die Fragestellung, wie sich eine Person anderen gegenüber präsentiert und vermarktet. Jede Person, die einen Wertbeitrag für andere leisten möchte, kann Personal Branding betreiben. Der Wertbeitrag kann sich dabei aus den Fähigkeiten, Erfahrungen, Stärken, dem Wissen, dem Netzwerk und der Persönlichkeit zusammensetzen [vgl. Insight 2024, S. 16].

Im Hintergrund einer Personal Branding-Strategie steht der psychologische Effekt, dass sich Menschen über Menschen identifizieren und daher schneller Vertrauen aufbauen können, als dies mit klassischen Firmenlogos der Fall wäre.

Die Protagonisten des Personal Branding-Geschäftsmodells gehen daher davon aus, dass marketingtechnisch eine gute Chance besteht, dem Unternehmen über die Personal Brands ihrer Führungskräfte ein Gesicht und einen Wiedererkennungswert zu geben. Früher standen häufig Messen oder Branchenevents mit aufwendig designten Ständen im Vordergrund der Awarenessbildung.

Eine vielleicht zu starke Fukussierung auf die Zielgruppe der CEOs, die häufig einen gewissen Neid im CxO-Kreis hervorrufen können, vor allem aber die zunehmende thematische Verwässerung des Contents von LinkedIn werden von Experten jedoch als gewisse Gefahr für das Geschäftsmodell „Personal Branding“ angesehen.

Bei diesem Beitrag handelt es sich um die verkürzte Fassung eines Artikels gleichen Namens, der im Lünendonk Handbuch Consulting 2025 (S. 68–87) erschienen ist. Den kompletten Artikel können Sie direkt bei Lünendonk & Hossenfelder beziehen (https://www.luenendonk.de/produkte/studien-publikationen/luenendonk-handbuch-consulting-2025/). In diesem Artikel sind auch alle Quellenangaben vollständig angegeben.

Ankommen im Heute – Warum sich das Consulting neu erfinden muss

Unser Kolumnist Wolfram Saathoff erklärt in seinem sehr lesenswerten Beitrag ›Das Lusthaus an der Lutherkirche – Beratermarketing im Zeitenwandel‹ in Lünendonks ›Handbuch Consulting 2025‹ mal ganz grundsätzlich, was Beratermarketing heute leisten können muss, um nachhaltigen Erfolg zu sichern. Lesen Sie hier eine Zusammenfassung.

Ein gerngesehener Gast im Lusthaus: Unser Kolumnist (Foto: Simone Scardovelli)

Viele unserer Neukundinnen und -kunden wollen entweder sichtbarer werden, ihren Umsatz steigern oder attraktiver für Bewerber sein. Manche »müssen was tun«, weil's nicht mehr läuft. Oder gleich alles davon.

Die meisten haben schon ihre Erfahrungen mit Marketing – in der Regel sind diese durchwachsen, da Marketing oft zu wenig und selten strategisch betrieben wird. Das betrifft Einzelkämpfer, kleine Beratungsteams mit oder ohne externe Agenturen ebenso wie große Unternehmen mit eigenen Kommunikationsabteilungen.

Erschwert werden deren Bemühungen durch den Wandel der letzten Jahre. In der Coronazeit waren zum Beispiel persönliche Begegnungen stark eingeschränkt bis komplett unmöglich, Homeoffice und Videotelefonie wurden zur neuen Gewohnheit – zum großen Teil bis heute. Akquise über Videocalls ist jedoch eine gänzlich andere Disziplin als das Umherwerfen mit Visitenkarten auf Vortragsveranstaltungen oder Händeschütteln und Schulterklopfen auf Messen. Wer früher im direkten Gespräch mit

Ausstrahlung und gewinnender Persönlichkeit punkten konnte, muss heute anderweitig glänzen – auf kleinen Screens per Webcam, wo es fast unmöglich ist, den Charme spielen zu lassen, der einem doch früher noch diverse Türen zu öffnen vermochte.

Guck nicht so ernst!

Das Consulting steht unter einem ähnlichen Druck wie die Werbebranche vor knapp 20 Jahren: Budgets schrumpfen, Aufträge werden kleiner und die Konkurrenz größer. 200.000 Consultants jedweder Größe und Profession buhlen im DACH-Raum oft um dieselben Kunden – also in Wahrheit um die Kunden der Konkurrenz, statt um ›echte‹ Neukunden.

Hinzu kommt das schwindelerregende Tempo im digitalen Raum. Kaum kennt man die Spielregeln eines Netzwerks und dessen Algorithmus', ändern sie sich auch schon wieder. Der Wunsch nach Sichtbarkeit stößt oft auf Unsicherheit: Wo soll man präsent sein? LinkedIn? Instagram? TikTok? Muss man dort tanzen?

Zudem wirkt ein Großteil der Branche, Hand auf's Herz, in einer sich ständig modernisierenden Wirtschaft schlicht und ergreifend altbacken: Drucksachen auf schwerem Baumwollpapier, farbentsättigte Fotos mit ernsten Blicken und noch ernsteren Krawatten, Flipcharts mit Tortendiagrammen – das war mal State of the Art. Um im Wettbewerb um die Aufmerksamkeit der Kundschaft dieser Tage bestehen zu können, müssen moderne Beratungsmarken eher wirken wie Tech-Startups: klar, agil, sympathisch, zugänglich.

Das Internet zwingt zur Selbstvergewisserung. Wer heute online sichtbar sein will, konkurriert mit einer Flut von Inhalten. Internetseiten stehen für sich, müssen wirken, müssen überhaupt erst mal gefunden werden. Zudem ähneln sie sich allzu häufig wie ein Ei dem anderen. Und wo Vergleichbarkeit herrscht, entscheidet schlechterdings der Preis – eine gefährliche Abwärtsspirale.

Was also tun?

Erstens: Entrümpeln. Viele Beratungshäuser schleppen Ballast mit – Formulierungen, Rituale, Bilder aus vergangenen Zeiten, die einfach nicht mehr funktionieren. Ein beherztes Hereinlassen von Frischluft hilft.

Zweitens: Seien Sie präzise. Im Netz scrollt niemand freiwillig durch lange Texte – außer, sie versprechen echten Mehrwert. Der ständige Informationsstrom duldet keine Unklarheit. Reduzieren Sie Ihre Botschaft, damit diese sitzt – mit Bild, Headline, Haltung.

Drittens: Machen Sie sich sichtbar. Vornehme Zurückhaltung ist passé, Sie sind keine Privatbank. Wer nicht auffällt, bleibt unsichtbar. Das bedeutet nicht laut sein um jeden Preis, sondern: erkennbar, unterscheidbar, relevant. Farben, Sprache, Inhalte – das alles wirkt heute anders als früher, schon allein weil die Technik eine andere ist.

Auch der Begriff der Seriosität hat sich in den letzten Jahren deutlich verändert. Die Großen der Branche – McKinsey, Accenture, EY – wirken heute weniger wie sakrale Institutionen und mehr wie smarte, agile Partner. Halt wie Tech-Startups, ich sprach vorhin davon. Die Botschaft: Wir wissen, was wir tun, wir tun das gut – und wir reden gern darüber. Unkompliziert, zugänglich und ohne das branchenübliche Phrasengewitter. Ihre Kundinnen und Kunden wollen keine Selbstbeweihräucherung, sondern sie suchen Hilfe bei ganz konkreten Problemstellungen. Seien Sie Löser, kein Laberer.

Konservativ zu sein ist voll okay!

Stellen Sie also lieber Ihre Zielgruppe in den Mittelpunkt Ihrer Bemühungen: Was bewegt diese? Welche Probleme lösen Sie für sie? Und: Sprechen Sie mit ihr. Marketing ist kein Sendebetrieb in nur eine Richtung, sondern Beziehungspflege. Sie und Ihre Kundschaft – das sind kommunizierende Röhren. Oder sollten es zumindest sein.

Fragen Sie, was Ihre Kunden denken, erleben, benötigen. Hören Sie zu. Lernen Sie. Zeigen Sie Interesse. Das schafft die notwendige Nähe für echte Kundenbindung.

Und: Bleiben Sie dran. Marketing ist kein Hexenwerk, aber eben auch kein Selbstläufer. Mit Ausdauer und Haltung funktioniert es. Es wirkt langfristig – und sorgt dafür, dass man an Sie denkt, wenn es drauf ankommt. Auch dann, wenn Sie gerade keine Werbung machen.

Vielleicht wissen auch Sie nicht genau, wie und wo Sie starten sollen. Aber Sie haben etwas zu sagen, da bin ich mir absolut sicher. Und Menschen, die das hören sollten.

Den kompletten Artikel gibt es im ›Handbuch Consulting 2025‹, das Sie direkt bei Lünendonk & Hossenfelder beziehen können. (https://www.luenendonk.de/produkte/studien-publikationen/luenendonk-handbuch-consulting-2025/)

„Erst die Akzeptanz im Markt sichert den nachhaltigen Gewinn"

„Marketing für Unternehmensberatungen" heißt das neue Buch unseres Kolumnisten Prof. Dr. Dirk Lippold. Consulting.de sprach mit ihm über die zentralen Inhalte sowie veränderte Markt- und Wettbewerbsbedingungen für Beratungshäuser.

In welchen besonderen Rahmenbedingungen bewegt sich das Marketing für Consultants aktuell? Was macht es gerade besonders herausfordernd, sich richtig zu positionieren?

Dirk Lippold: Zu den größten und wichtigsten Einflussfaktoren, die derzeit auf das Beratungsmarketing wirken, zählt sicherlich die digitale Transformation. Und hier hat sich die Künstliche Intelligenz zum wichtigsten digitalen Tool entwickelt. Daher sind die beiden strategischen Aktionsfelder der Marketing-Gleichung, nämlich ‚Segmentierung' und ‚Positionierung', so herausfordernd für jeden Marketing-Strategen.

Mit der Segmentierung legt der Marketer die Zielgruppe und damit das Geschäftsmodell fest, mit der Positionierung wird innerhalb der definierten Segmente eine klare Differenzierung gegenüber dem Leistungsangebot des Wettbewerbs vorgenommen.

In Ihrem Buch schreiben Sie von der „Marketing-Gleichung für Unternehmensberatungen". Auf welchen Grundüberlegungen basiert dieses Konzept und was impliziert es speziell für Marketing-Verantwortliche in Beratungshäusern?

Dirk Lippold: Die Idee der Marketing-Gleichung beruht auf zwei Grundüberlegungen. Zum einen ist es die Wertschöpfungs- und Prozesskette eines Unternehmens, zum anderen ist es die Erkenntnis, dass nur der vom Markt honorierte Wettbewerbsvorteil maßgebend für den nachhaltigen Gewinn eines Unternehmens ist.

> Die zentrale Marketing-Überlegung ist es, die Vorteile des eigenen Unternehmens auf die Bedürfnisse vorhandener und potenzieller Kunden auszurichten.

Die Bestimmungsfaktoren dieser Vorteile sind für die Unternehmensberatung das Leistungsportfolio, die besonderen Fähigkeiten und Erfahrungen, die genutzten Tool- und Know-how-Komponenten sowie die Innovationskraft, kurzum: die eingesetzte Problemlösungs- beziehungsweise Beratungstechnologie, die die Differenzierungsvorteile und damit das Akquisitionspotenzial des Beratungsunternehmens ausmacht.

Dieser Wettbewerbsvorteil (an sich) ist aber letztlich ohne Bedeutung, wenn er nicht auch von den Kundenunternehmen wahrgenommen wird. Erst die Akzeptanz im Markt sichert den nachhaltigen Gewinn. Genau diese Lücke zwischen dem Wettbewerbsvorteil an sich und dem vom Markt honorierten Wettbewerbsvorteil gilt es zu schließen. Damit sind gleichzeitig auch die beiden Pole aufgezeigt, zwischen denen die Marketing-Wertschöpfungskette einzuordnen ist.

Eine Optimierung des Marketingprozesses führt somit zur Schließung der Lücke.

Voraussetzung für die angestrebte Optimierung ist, dass der Marketingprozess in seine Aktionsfelder Segmentierung, Positionierung, Kommunikation, Vertrieb, Akquisition und Betreuung zerlegt wird und diese jeweils einem zu optimierenden Kundenkriterium („Variable“) zugeordnet werden.

Der Preis ist auch in der Unternehmensberatung ein wichtiges Positionierungselement. Wieviel darf beziehungsweise sollte Beratung kosten? Wie sollten Consultants bei der Preisfindung vorgehen?

Dirk Lippold: Unabhängig von diesen grundlegenden Aspekten einer Preispositionierung muss im Beratungsgeschäft unterschieden werden zwischen

dem Honorar eines Beraters als Stunden- oder Tagessatz (wobei in der Praxis immer seltener auf Stundenbasis abgerechnet wird) und

dem Angebotspreis für ein Projekt, in den das Honorar der leistenden Mitarbeiter des Beraters einfließt.

Wenn also vom Preisniveau oder genereller von Preisstellung gesprochen wird, dann kann es sich dabei nur um den Vergleich der Stunden- oder Tageshonorare von Mitarbeitern verschiedener Beratungsunternehmen handeln. Diese Beraterhonorare werden dann vergleichbar, wenn sie auf der Basis bestimmter Kriterien (zum Beispiel Grade oder Level eines Beraters, Berufserfahrung, Branche, Umfeld der Lösung) ausdifferenziert werden.

Die grundsätzliche Gestaltung solcher Honorarsätze, die dann beispielsweise auch in einer Preisliste zu finden sind, hat mehr den Charakter einer Preisstrategie und ist mit der Preislagenstrategie im B2C-Marketing zu vergleichen.

Dagegen lassen sich die Preise von Projekten nicht so ohne weiteres vergleichen, weil in die Projektkalkulation neben den Tages- beziehungsweise Stundenhonoraren auch die Bearbeitungsdauer mit einfließt. Die Bearbeitungsdauer hängt wiederum hauptsächlich von der Qualifikation und der Erfahrung des Beraters ab. Insofern entziehen sich Projekte in der Regel einer grundsätzlichen Preisniveau- beziehungsweise Preislagenbeurteilung. Die Gestaltung von Projektpreisen hat damit mehr den Charakter einer Preistaktik.

Anmerkung: Zur Frage, wie Consultants bei der Preisfindung vorgehen sollten und damit zur Frage, warum die Honorare so sind, wie sie sind, verweise ich auf meinen diesbezüglichen Beitrag in dem Kapitel „Consulting und Leistungsspektrum“ mit dem Titel: „Der Zusammenhang zwischen Honorarhöhe und KPIs in Beratungsunternehmen“.

Ein großes Kapitel Ihres Buches widmen Sie verschiedenen Kommunikationsmodellen. Welche Modelle unterscheiden Sie, und welche Kanäle sollten Unternehmensberatungen für die mit ihnen verknüpften Marketing-Ziele wählen? Beobachten Sie hier bestimmte Trends?

Dirk Lippold: Um die Empfänger, das heißt die Zielgruppe der Signale, in ihrer unterschiedlichen Konditionierung mit den jeweils richtigen Kommunikationsinhalten anzusprechen, sollte zunächst ein Kommunikationsmodell aufgestellt werden. Ein solches Modell stellt die Struktur der Kommunikationsprozesses (Ziele, Strategien, Zielgruppe, Zielpersonen et cetera) dar und ist die Grundlage für die zu kommunizierenden Inhalte. Die Kommunikationsinhalte (Botschaften) wiederum bilden in ihrer Gesamtheit das Kommunikationsprogramm (Bewusstseins-, Image-, Leistungs-, Kundenprogramm), das dann von den Kommunikationsinstrumenten (Werbung, PR, Online-Marketing, Direct-Marketing, Messen, Events et cetera) umgesetzt und an die Zielgruppe/-person herangetragen werden muss.

Neben seiner strukturbildenden Funktion hat das Kommunikationsmodell zugleich eine wichtige Aufgabe für die Implementierung einer nachhaltigen Markenstrategie.

Wer eine starke Produkt- und/oder Unternehmensmarke in seinen definierten Marktsegmenten etabliert und weiterentwickelt, kann der Herausforderung, Aufträge in diesen Zielsegmenten zu gewinnen, leichter begegnen. Diese Erkenntnis gilt nicht nur für das B2C-Marketing. Auch im B2B-Bereich und hier ganz besonders im Beratungsmarketing kann eine starke Unternehmensmarke zu niedrigeren Kosten in der vertrieblichen Basisarbeit (zum Beispiel bei der Kontaktgewinnung oder bei der Beraterauswahl für die Short-list) führen.

Im Akquiseprozess stehen sich im B2B-Geschäft – also auch beim Vertrieb von Beratungsleistungen – Buying Center und Selling Center gegenüber. Beschreiben Sie doch einmal bitte die Besonderheiten dieser Konstellation und worauf es zu achten gilt, damit am Ende beide Seiten zusammenkommen.

Dirk Lippold: Bei wichtigen Beschaffungsvorhaben des Kunden – und dazu zählen in aller Regel Beratungsprojekte – wirken zumeist mehrere Personen als Entscheider oder Entscheidungsbeteiligte mit. Ein solches Gremium wird als Buying Center bezeichnet. Es weist den Beteiligten verschiedene Rollen im Hinblick auf die Auswahlentscheidung zu (engl. Initiator, Gatekeeper, Influencer, Decider, Buyer, User).

Quasi als Antwort auf das Buying Center der Kundenunternehmen hat sich auf der Angebotsseite das Selling Center als multipersonale Form der Akquisition für größere Projekte etabliert.

Teammitglieder im Vertrieb von komplexen Leistungen (und Produkten) können Verkäufer, Key Account Manager, System- und Anwendungsspezialisten oder die Geschäftsführung selbst sein. Gerade die Geschäftsführung ist häufig in der Lage, eventuell vorhandene Defizite im Qualifikationsprofil durch ihre hierarchische Stellung wettzumachen. Mit dieser Teambildung kann man dem vielfältigen Informationsanspruch der Einkaufsseite ein entsprechendes Gewicht auf der Verkaufsseite gegenüberstellen.

Selling Center und ebenso das Buying Center sind informell und in der Regel nicht organisatorisch verankert.

Daher sind Umfang und Struktur dieser Gremien auch nur sehr schwer zu erfassen. Es lässt sich aber die These vertreten, dass die Anzahl der jeweils Beteiligten am entsprechenden Gremium im Wesentlichen von folgenden Faktoren abhängt:

Wert beziehungsweise Größe und Komplexität des Verkaufs- beziehungsweise des Beschaffungsobjektes

Größe des Einflusses der Problemlösung auf Prozesse und Organisation beim Kunden.

Auch kann nicht festgeschrieben werden, ob teilweise mehrere Rollen von einer Person und ob die einzelnen Rollen teilweise von mehreren Personen wahrgenommen werden.

Das Interview führte Alexander Kolberg von Consulting.de.

In fünf Schritten zu einem spannenderen Beratermarketing

Fachbeiträge sind in aller Regel furztrocken und todlangweilig. Das wissen Sie, das wissen wir. Trotzdem können Sie Ihre Kundschaft dazu bringen, Ihre Texte nicht nur lesen zu müssen, sondern sie lesen zu wollen. Zum Beispiel mit einer knackigen Headline. Passend dazu gibt's hier eine Handvoll Tipps von Starkoch und Hobbykolumnist Wolfram Saathoff.

Als Marcel Reich-Ranicki 1973 den Literaturteil der FAZ übernahm, war er der Überzeugung: Den liest kein Mensch! Hochintelligent, so seine Meinung, aber eine Literaturkritik für die Kolleginnen und Kollegen von der Literaturkritik. Uninteressant jedoch für die Leserschaft, die sich für die besprochenen Bücher nicht in ausreichendem Maße interessiere. Schlimmer noch: Die diese Besprechungen gar nicht erst lesen *wolle!*

Die Beratungsbranche steht von einem ganz ähnlichen Problem wie das, über das der damals noch lebende und heute nicht mehr Literaturpapst grübelte: Tausend tolle Texte da draußen – doch kein Schwein will sie lesen. Nur – warum?

Schaute man sich die auf den Websites, in den Whitepapers und Unternehmensbroschüren, in den Fachartikeln und den Blogbeiträgen, in den LinkedIn-Posts und im gesamten restlichen Marketing prangenden Texte genauer an, man stellte fest, sie läsen sich, als hätte ein Kronkorkensammler einen Kronkorkenartikel für ein Kronkorkenmagazin, dessen Leserschaft aus Kronkorkensammlern besteht, geschrieben. (An dieser Stelle verzichte ich auf's Gendern, weil ich mir Kronkorkensammler*innen* beim besten Willen nicht vorstellen kann!)

Objekte, die um sich selbst kreisen

Leider sind Texte in der Branche häufig genau solche Kronkorkentexte – von Fachleuten für Fachleute geschriebene Fachtexte. Das liegt irgendwie ja auch in der Natur der Sache: Es geht in aller Regel um Zahlen, Daten, Fakten, um Systemiken, Vorgehensweisen und Verfahren. Und so grüble ich wie einst Reich-Ranicki, während ich an der Gestaltung eines Whitepapers sitze, dessen Faktentiefe mir durchaus imponiert, für wen besagtes Whitepaper wohl geschrieben sein mag.

Wenn ich so etwas schon lesen muss: »Wir sind die Lösung, wenn Ihr Projekt aus dem Ruder zu laufen droht.« Klingt doch beim ersten Hinlesen ganz gut, meinen Sie?

Bei genauerer Belesung stellt man allerdings fest, dass hier jemand sich selbst in den Mittelpunkt stellt und nicht seine Kundschaft mit deren Bedürfnissen. Subjekt–Objekt und so weiter, Sie wissen schon: In einem Satz kann es nur ein Subjekt geben – und das sollten Ihre Kundinnen und Kunden mit ihren (nicht Ihren) Bedürfnissen sein!

Ganz davon abgesehen, dass die Phrasenhaftigkeit zum Vorbeigehen einlädt, vergleichen wir Headlines mal mit Schaufenstern, deren Auslage darüber entscheidet, ob wir den dahinter liegenden Text betreten wollen oder nicht. Stellen Sie sich nur mal vor, Stefan Königs Bestseller hätte ›Eine Geschichte über einen Friedhof, der Tote zurückbringen kann – aber sie sind danach nicht mehr dieselben‹ geheißen statt ›Friedhof der Kuscheltiere‹. Zum Fürchten!

Die Headline ist das große Kunstwerk, das jedem schreibenden Hirn mühevoll abgerungen werden will. Wer sich hier keine Mühe gibt, geht unter in der schieren Content-Flut, mit der wir jeden Tag auf ein Neues berieselt werden. Kann die Headline unser Auge nicht einfangen – es wandert zur nächsten. Um Ihnen die Aufgabe aber wenigstens ein wenig zu erleichtern, hier fünf Tipps für Ihre Hosentasche:

1. Ignorieren Sie windige Tipps aus dem Internet (nicht diese hier!)

Das Internet ist voller Tipps à la »Verwende wichtige Keywords am Anfang der Überschrift, um besser gerankt zu werden«, »Benutze Worte wie ›JETZT‹ oder ›NEU‹, um Aktualität zu erzeugen« oder »Verwende Zahlen (z. B. ›In 5 Schritten ...‹) um nicht nur die Lesbarkeit zu erhöhen, sondern auch die Suchmaschinenoptimierung«. SEO ist gut und schön, ja. Wer solche Tipps beherzigt läuft aber allzu schnell Gefahr, seine Texte ausschließlich für Maschinen zu schreiben und nicht für Menschen. Wer dann auch noch auf ChatGPT setzt, gerät in die dystopische Situation, dass nur noch Maschine mit Maschine kommuniziert. Das mag effizient sein, aber das geilste Google-Ranking bringt Ihnen nun mal nix, wenn Ihre Kundschaft sich grausend abwendet und in Folge anderweitig umschaut!

2. »Wer einen Menschen zum Lachen bringt, kann heimlich seinen Reis essen.«

Das sagt ein chinesisches Sprichwort und meint: Wer seine Gäste gut unterhält, kann ihnen jeden Mist verkaufen. Auch Ihren, glauben Sie mir. Das menschliche Gehirn kennt nichts Schlimmeres als die Langweile, Sie kennen das. Die faktenreichste Infotiefe, vielleicht auch noch in der bleiwüstigen Tristesse einer Fachpublikation daherkommend, mag noch so imposant sein, es wird Ihnen nichts nützen, wenn Ihre Leserschaft bei der Lektüre in komagleichen Schlaf verfällt. Der Mensch will unterhalten werden, überrascht, intellektuell gefordert. Seien sie also nicht nur klug, seien Sie kurzweilig, charmant, witzig. Schreiben Sie statt »Wir sind die Lösung, wenn Ihr Projekt aus dem Ruder zu laufen droht« lieber: »Ihnen fliegt Ihr Projekt um die Ohren? Lassen Sie uns sprechen!« Damit lösen wir auch noch ein weiteres Problem, denn

3. Kreisen Sie nicht um sich – sondern um Ihre Kundschaft und deren Themen

Ich sprach oben bereits von der Sache mit dem Subjekt und dem Objekt, die sich ganz doll lieb haben und dann kuscheln und dann kommen irgendwann die Kinder ... nee, das war irgendwie anders. Egal. Ich crawlte gerade mal halb aus Spaß, halb aus Interesse und halb weil ich diesen Artikel schreibe die Website einer mittelständischen Unternehmensberatung (150 MA, 40 Mio. Umsatz)*. Allein auf der Startseite (insgesamt 1.057 Wörter) findet sich in den Texten 11 mal der Firmenname (Logos und andere Grafiken nicht enthalten), 17 mal das Wort ›Wir‹ und 27 mal ›uns‹, ›unser‹, ›unsere‹ etc. Da finden sich Formulierungen wie »Wir glauben an Partnerschaft«, »Gemeinsam wachsen, das ist unser Versprechen«, »Wir gehen über die reine Strategie hinaus: Wir setzen um«, »Als Partner wissen wir ...«, »Wir stehen für eine tiefe fachliche Fundierung ...« Wir, wir, wir. Als Kunde komme ich nur vor als jemand, der sich informieren kann – über die Firma, versteht sich: »Erfahren Sie, was uns als Top-Managementberatung differenziert ...«, »Hier erfahren Sie alles zu aktuellen Themen ...«, »In unserem Bereich

Publikationen finden Sie weitere Blogartikel ...« Stephen Kings neuer Bestseller: ›Friedhof der Personalpronomen 1. Person.‹ Seien Sie zugänglicher: Sprechen Sie Ihre Adressatinnen und Adressaten direkt an. Vor allem in den Headlines, das schafft Nähe und Interesse. Streichen Sie das ›Wir‹ aus Ihrem Wortschatz und geizen Sie stattdessen nicht mit ›Sie‹!

4. Relativ ungeil: Relativierungen

Kennen Sie die Probleme Ihrer Kunden? Ja? Dann massieren Sie diese präzise. Nehmen wir das Beispiel aus dem Whitepaper: »Wir sind die Lösung, wenn Ihr Projekt aus dem Ruder zu laufen droht.« Ja, *wenn*. Wenn nicht – was dann? An diesem Ort beschleicht viele Consultants die Angst, potenzielle Kundschaft zu verprellen. Sie beginnen dann zu relativieren: »Manchmal drohen Projekte aus dem Ruder zu laufen ...«, »Viele Projekte scheitern ...« oder »Es kann vorkommen, dass Projekte scheitern ...« Das ist schön und gut, aber wenn Sie sich positionieren als jemand, der oder die scheiternden Projekte wieder auf die Schiene stellt, dann sollten Sie davon ausgehen, dass jemandem, der sich an Sie wendet, gerade ein Projekt um die Ohren fliegt. Sie rufen ja auch nicht bei der Feuerwehr an, wenn bei Ihnen alles in Ordnung ist. Streichen Sie also nach dem ›Wir‹ auch alle relativierenden Pronomen aus Ihrem aktiven Wortschatz, denn als Profi wissen Sie ja: Projekte *können* nicht scheitern – sie *tun* es! Dann sagen Sie das auch so.

5. SHINE bright like a diamond

Ich persönlich folge in der Findung meiner Headlines in der Regel (aber nicht immer) der SHINE-Methode. Das Akronym steht für Specific, Helpfulness, Immediacy, Newsworthiness und Entertainment Value. Übersetzt bedeutet das so viel, dass der folgende Artikel Hilfestellung bietet in Bezug auf ein spezifisches Thema, dabei aber einen gewissen Unterhaltungswert bietet. Sie baden gerade Ihre Füße darin – schließlich haben Sie es bis hierhin geschafft. Womit hab ich Sie gekriegt? Mit der Headline vielleicht? Sagen Sie es mir gerne auf LinkedIn.

Bis dahin wünsche ich Ihnen allseits gutes Texten, wenn Sie dabei Hilfe benötigen, wenden Sie sich gerne jederzeit an mich, denn glauben Sie mir: Been there, done that! :-)

*Solange es sich nicht um die ganz Großen der Branche handelt, die jede Kritik mehr als verdient haben, nenne ich aus Gründen der Fairness keine Namen. Auch nicht auf Nachfrage, vielleicht aber gegen Geld. Und wenn Sie sich wiedererkennen: Sie wissen, wo Sie mich finden.

Werden Sie zum Pornostar – Ökonomisches Marketing für Consultants

Die Älteren unter uns werden sich an die nächtlichen Werbeblöcke (0190er-Nummer) im Privatfernsehen erinnern. Kolumnist Wolfram Saathoff auch, weshalb er aus dem Urlaub heraus ein paar wertvolle Gedanken mit uns teilt. Sein Fazit: »Die Leute wollen große Möpse.« Warum das durchaus auch für das Beratermarketing Relevanz hat, lesen Sie hier.

Seien Sie stets offen für Neues

Verehrte Leserinnen, verehrte Leser, die heutige Kolumne wird ein wenig kompakter als gewohnt, da ich mich im Urlaub befinde. Weil ich Sie über die Jahre hinweg aber so sehr ins Herz geschlossen habe, will ich trotzdem ein paar meiner klugen und wertvollen Gedanken mit Ihnen teilen, auf dass Ihr Marketing weiterhin durch die Decke gehen möge!

Ich unterhielt mich kürzlich mit einem Freund über die guten alten Zeiten, immerhin bin ich inzwischen auch schon über vierzig und früher war ja auch wirklich alles besser, warum sonst sollte Friedrich Merz der CDU vorstehen?

Eines unserer Themen war das Fernsehen. Wir chitchatteten so vor uns hin, wie man das so macht, kamen vom Hölzchen aufs Stöckchen und landeten, wie das Schicksal es so wollte, bei diesen 0190-Nummern, für die ab 22 Uhr im Privatfernsehen Werbung gemacht wurde. Sie erinnern sich: »Reife Frauen aus deiner Nachbarschaft besorgen's dir. Ruf jetzt an: Nullhundertneunzich und sex mal die Sex« oder so ähnlich. Es ging damals die Sage um, am anderen Ende der Leitung säßen rumänische Matrosen, die ihre Stimme verstellten.

Mein Freund und ich gerieten ein wenig in Streit über die Frage, ob es diese Angebote auch für Schwule und Lesben gab. Meiner Überzeugung nach Ja, seiner Überzeugung nach wahrscheinlich eher nicht, er könne sich zumindest nicht daran erinnern.

Dankenswerterweise gibt es heute das Internet, das gab es damals nicht, was wohl eine Erklärung für den Erfolg dieser Angebote sein mag. Wir googelten also und wurden fündig: »Explosiv. San Francisco Gay. Null Einhundertneunzich Achtundneunzich und vier Mal die Null«, heißt es da, es werden zu den Worten »Offen und frei für alle Schwulen« und einer weiteren Erwähnung der Rufnummer, Männer eingeblendet, die man damals wohl als für Schwule attrahierend empfunden haben mag, die auf Basis heutigen Geschmacksempfindens aber eher seufzen lassen: »Ja, die vier Nullen, die habe ich gerade gesehen!«

Und was es mit San Francisco auf sich hat, wissen nur die Götter. Für 2 Mark 40 die Minute darf man aber wohl erwarten, dass die Matrosen Deutsch sprechen und man mit der Hand an der Hose nicht zusätzlich noch die Übersetzungsleistung von mit bulgarischem Akzent in den Hörer gehauchtem Englisch ins Vulgärdeutsche erbringen muss! »Hat der mich grad dick genannt?«

Zum Glück gibt es aber auch für »uns Lesben ein extra Zimmerchen ganz separat«, schon damals also ganz im Zeichen rotgrüner Wokeness, wie schön.

Dirty Harry und die Matrosen

Übrigens, ein kleiner Einschalttipp für alle, die aufgrund der gewohnten Faktendichte meiner Kolumne ihr Gehirn kurz in Sicherheit bringen wollen: In der Harald Schmidt Show (noch so etwas, das früher besser war) haben sich Harald und Manuel mal sehr lustig und kurzweilig über die Möblierung ebendieser Sexwerbespots im Mehrwertfernsehen unterhalten. Wenn Ihr Hirn also gerade eine kurze Pause braucht, es ist die 1170. Folge, die lässt sich bestimmt ergoogeln. Harald bestätigt auch noch mal das Gerücht mit den rumänischen Matrosen, es muss also stimmen!

Bemerkenswert an diesen Clips ist dies hier: Sie waren allesamt ziemlich kurz, zwischen fünf und zehn Sekunden nur. Es wurde statt auf Länge und Tiefe (höhö) eher auf Wiederholung gesetzt. Sowohl innerhalb des jeweiligen Clips, wo die Telefonnummer in aller Regel zweimal erwähnt wurde, als auch im Werbeblock selbst, wo die Clips quasi rotierten und man nach fünf Clips wieder beim Anfang ankam, als hätte man sich in einem Wald verirrt.

Daraus lässt sich etwas lernen, das auch für Sie hochgradig interessant sein sollte.

Die Aufmerksamkeitsspanne von uns Menschen wird immer kleiner. Lag sie im Jahr 2000 noch bei 12 Sekunden, lag sie 2013 nur noch bei 8. Das hat Microsoft Canada im Rahmen der Studie ›Attention spans – Consumer insights‹ herausgefunden, die einige Aufmerksamkeit erregte, weil ein Goldfisch seine Aufmerksamkeit ganze 9 Sekunden aufrechterhalten kann, was uns Menschen, die wir uns für die Krone der Schöpfung halten, in unserer Eitelkeit kränkt. Zum Glück kann man einschränken, dass das nur für die digitale Welt gilt.

Die Welt also, in der Sie mit Ihrem Marketing unterwegs sind!

Modernes Beratermarketing findet heute nicht mehr in leinengebundenen Unternehmensbroschüren statt, Ihre Kunden werden sich nicht mit Ihrer Drucksache in einen schweren Ledersessel fallen lassen und sich dann vier Stunden Zeit nehmen, Ihre auf handgeschöpftem Büttenpapier gedruckte Werbelyrik zu lesen. Sie benötigen Formate, die schnell zu erfassen sind.

Werden Sie zur reifen Frau aus der Nachbarschaft!

Große Möpse braucht die Welt!

Wenn es in den ›sexy‹ Clips zum Beispiel heißt: »Große Möpse warten auf dich«, dann kann ich als Zuschauer recht schnell beurteilen, ob das Angebot etwas für mich ist oder auch nicht. Will ich große Möpse oder nicht? Komplexität ist in Zeiten geringer Aufmerksamkeitsspannen hinderlich, ich schrieb bereits darüber (mehr dazu in ›Marketing zum Hirnverbiegen? – Das können Sie von McKinsey, Roland Berger & Co. lernen!‹). Vereinfachen Sie Ihre Botschaft soweit es geht.

Fragen Sie sich, was sind Ihre großen Möpse, und legen Sie genau diese ins Schaufenster. Dekorieren Sie sie nicht mit überflüssigen Wortgirlanden, sondern lassen Sie Ihre Botschaft in ihrer Einfachheit wirken. Erhöhen Sie lieber die Schlagzahl und machen Sie bei LinkedIn nicht einen Post, sondern drei im Wochenabstand. So funktioniert Marketing heute: Eine einfache Botschaft wird ständig wiederholt. Denn beim ersten Mal könnte sie ja überscrollt worden sein. Und beim zweiten Mal auch.

Die Menschen studieren ihre Timeline nicht aufmerksam, sie überfliegen sie. Bei der Menge an Informationen, mit denen die Nutzerinnen und Nutzer heute belästigt werden, bleiben nur wenige Sekundenbruchteile Zeit zu entscheiden, ob etwas interessant ist oder nicht.

Und haben Sie keine Angst davor, jemanden abzuschrecken. Wenn jemand keine großen Möpse mag – na, dann ist das halt kein Kunde für Sie. So what. Aber *wenn* jemand große Möpse mag, ist die Wahrscheinlichkeit, dass er oder sie Sie anruft, deutlich höher als bei den üblichen Laschiwaschi-Botschaften nach dem Motto »Das Spannendste für uns sind die unterschiedlichen Themen unserer Kunden«, »Wir sind Partner in jeder Lebensphase Ihres Unternehmens und setzen auf persönliche Beratung auf Augenhöhe« oder »Gute Lösungen abzuliefern, das ist unsere ganze Leidenschaft«. Schnarch. Die Leute wollen große Möpse, glauben Sie mir!

Ich begebe mich jetzt wieder in den Urlaub, wünsche Ihnen einen weiterhin angenehmen Tag und hoffe, wir sehen uns im nächsten Monat wieder! Baba!

Post scriptum: Sollten die Jungs und Mädels von Microsoft Canada diesen Artikel zufällig auch lesen, empfehle ich Ihnen ergänzend die letzte Ausgabe meiner Kolumne, ›Bilder sagen manchmal gar nichts – Wie Sie mit falschen Symbolbildern Kunden vergraulen‹. Wegen Titelbild und so … just sayin'!

Klar wie Kloßbrühe – Positionierung im Consulting

Geht leider häufig daneben: Beratermarketing (Foto: picture-alliance/ dpa | Patrick Seeger)

Es gibt kaum etwas Nervigeres als gute Laune am Morgen und nicht funktionierendes Marketing. In letztem Fall liegt der Misserfolg in aller Regel weniger am Marketing selbst, als viel mehr daran, dass der Absendende gar nicht so genau weiß, wer er oder sie eigentlich ist. Und wenn ja, wie viele. Zeit, sich mal eingehender mit dem Thema ›Positionierung‹ zu befassen. Gehen Sie lieber in Deckung!

Kennen Sie diese Messerwerfer aus dem Zirkus? Es ging kürzlich auf den einschlägigen Plattformen ein Video viral, aufgenommen in einer Varieté-Show irgendwo zwischen Las Vegas und Castrop-Rauxel, in deren Rahmen einer dieser verwegenen Metallschmeißer auf einen Freiwilligen anlegte, mit angehaltenem Atem zielte, eine Trommel wirbelte, er warf – und erwischte den armen Mann seitlich im Gesicht. Aufregung im Publikum, die Kamera wackelt, der kurze Film endet abrupt.

Die Uploaderin, der Uploader des Werkes versichert in den Captions, allen beteiligten Personen (auf beiden Seiten des Messers Männer, just saying!) gehe es gut, die Verletzung wäre nur oberflächlicher Natur, was halt unter solchen Videos immer so steht. Nebst Kommentaren irgendwo zwischen geschmacklos (»Wie dumm kann man sein!?«) bis nachdenklich (»Ist die Menschheit wirklich so dumm?!«).

Bei Ersteren will ich mich einreihen, indem ich sage: Eine schöne Gelegenheit, mal ganz grundsätzlich über Zielgruppe und Positionierung zu sprechen. Das sind zwei Dinge, die unverrückbar zusammengehören als würden sie eine glückliche Ehe führen. Nur wer seine Zielgruppe in- und auswendig kennt, kann diese auch für beide Seiten lohnend bespielen. Um zu dieser Zielgruppe aber überhaupt durchzukommen und sie dann nicht mit Dingen zu nerven, die sie nicht interessieren, muss man präzise positioniert sein. So ist das. Und so wird es auch immer sein.

Die meisten Beraterinnen und Berater halten sich für einigermaßen gut positioniert, was auf der irrigen Annahme beruht, dass ein Businessplan ja bereits eine Positionierung à la ›Was mache ich und für wen?‹ enthält: »Ich biete Beratungsleistungen im Bereich Automotive an und zwar für Unternehmen im Bereich Automotive«, »Ich biete Beratungsleistungen im Bereich SAP an und das mache ich für Unternehmen, die SAP benutzen«, »Ich biete Beratungsleistungen im Bereich HR an und das mache ich für KMUs«. Klingt doch richtig, oder?

Sie kennen das vom Wahlkampf der CDU: Nur weil etwas richtig klingt, muss es nicht auch richtig sein! Nehmen wir erstes Beispiel und stellen uns vor, Sie wären eine Unternehmensberatung im Bereich Automotive. Was genau ist denn dann Ihr Angebot? In welchem Bereich bieten Sie Beratung an? Hm? Sagen Sie doch mal:

Zukunftsstrategien für OEMs und Zulieferer, Mobility-as-a-Service, Plattformökonomie, Markteintrittsstrategien für neue Märkte, Mergers & Acquisitions, Strategien zur Elektrifizierung der Modellpalette, Batterietechnologie und Ladeinfrastruktur, Wasserstoff- und Brennstoffzellen-Technologien, Regulatorische Anforderungen und Fördermöglichkeiten, CO_2-Reduktion und andere Nachhaltigkeitsstrategien, Digitalisierungsstrategien für Produktion und Supply Chain, Smart Manufacturing und vernetzte Fabriken, Künstliche Intelligenz, Big Data, Cybersecurity, IT-Architekturen für vernetzte Fahrzeuge, Predictive Maintenance, Entwicklung und Implementierung von Fahrerassistenzsystemen, Sicherheitskonzepte für autonomes Fahren, Vehicle-to-Everything, Datenmonetarisierung, digitale Dienste im Fahrzeug, Regulatorische und ethische Fragen im Bereich autonomes Fahren, Lean Production und Effizienzsteigerung, Automatisierung und Robotik in der Fertigung, Resilienz in der Lieferkette, Nearshoring und nachhaltige Lieferkettenstrategien, Materialkostenoptimierung und Einkaufstrategien, digitale Verkaufsstrategien, Optimierung des Händlernetzwerks und Omnichannel-Strategien, Entwicklung von Abo- und Pay-per-Use-Modellen, Ersatzteil-Management und Service-Optimierung, Customer Experience und personalisierte Dienstleistungen, Dekarbonisierung der Produktion und nachhaltige Materialien, Kreislaufwirtschaft und Recyclingstrategien, ESG-Beratung, Compliance mit Umweltauflagen und Nachhaltigkeits-Reporting, Nachhaltige Mobilitätskonzepte für urbane Räume, Finanzielle Restrukturierung und Sanierung von Automobilunternehmen, Kostenoptimierung und Effizienzprogramme, Investitionsstrategien für neue Technologien, Fördermittelberatung oder Public-Private-Partnerships, Working-Capital-Management, Organisationsentwicklung und Change Management, Reskilling und Upskilling, HR-Strategien für den Fachkräftemangel, Kulturwandel in der Automobilindustrie, agile Transformation, neue Arbeitsmodelle … nur um die wichtigsten zu nennen.

Wenn Sie nicht zu allem »Ja« gesagt haben (in welchem Falle Sie wohl EY!, PwC, Roland Berger et al. hießen), wäre es für Sie lohnend, sich tiefergehende Gedanken über Ihre Positionierung zu machen.

Wie viele Unternehmensberatungen es im Bereich Automotive in Deutschland gibt, ist leider im Rahmen einer halbherzigen Google-Recherche im Moment nicht herauszufinden. Da aber alle Branchengrößen in diesem riesigen Markt unterwegs sind, haben alle kleineren Beratungen das Problem, gegen deren Marketingpower ankommen zu müssen. Viele von ihnen sind hochspezialisiert und die Branche im Umbruch, um es mal vorsichtig zu formulieren. Der Bedarf ist also gi-gan-tisch!

Aber auch der Bereich Nachhaltigkeit in der Automobilwirtschaft ist ein spannender: War das Thema noch vor zehn Jahren ein eher randständiges, ist es heute von zentraler Bedeutung: Laut einer Capgemini-Studie aus 2020, also vor 5 Jahren, hatten bereits 62 Prozent aller Automobilunternehmen eine Nachhaltigkeitsstrategie, drei Jahre später zeigt ebenfalls eine Capgemini-Studie, dass nur 37 Prozent der Automobilunternehmen das Thema wirklich umgesetzt bekommen. Bedarf für gute Beratung ist also auch hier da!

Dennoch kriegen die meisten (in vielen Fällen wie gesagt hochspezialisierte) Beratungshäuser es nicht hin, auf diesem hart umkämpften Markt so auf sich aufmerksam zu machen, wie es für sie eigentlich notwendig wäre. Weil viele von ihnen immer noch der irrigen Annahme sind, es reiche, sich als Beratung im Bereich Automotive mit Automotive-Motiven und Automotive-Texten auf ihren Internetseiten zu präsentieren. Ich erinnere an die ›Kronkorken-Texte‹ aus meiner letzten Kolumne (https://www.consulting.de/artikel/hae-ach-so-in-fuenf-schritten-zu-spannenderem-beratermarketing/).

Im Marketing geht es um nichts anderes als um Präzision. Und mir ist in meiner Arbeit noch nie jemand begegnet, dessen oder deren Positionierung man nicht hätte optimieren, im Sinne von präzisieren können. Wie beim Messerwerfer vom Anfang. Hätte er präziser geworfen, er hätte nicht zentimeterweit danebengeschossen, sondern den Freiwilligen sauber zwischen die Augen getroffen.

Je präziser Sie von sich, Ihrem Angebot und Ihren Leistungen zu sprechen in der Lage sind, desto treffsicherer werden Sie mit Ihrer Kundschaft kommunizieren können – und desto erfolgreicher wird Ihr Marketing sein. Das setzt voraus, dass Sie über sich mehr sagen können, als: »Ich biete Beratungsleistungen im Bereich Automotive an und zwar für Unternehmen im Bereich Automotive.«

Stellen Sie sich also mal die folgenden Fragen:

Welchen spezifischen Mehrwert bieten wir unseren Kundinnen und Kunden? Sind Sie auf Elektromobilität, Digitalisierung, Lieferkettenoptimierung oder einen anderen Bereich spezialisiert? Welche einzigartigen Methoden, Technologien oder Netzwerke setzen Sie ein? Und wie unterscheiden Sie sich von anderen Beratungen (zum Beispiel durch tiefere Branchenkenntnis, innovative Ansätze oder ähnliches)?

Ist Ihr Ansatz ein anderer? Bieten Sie zum Beispiel agile Beratungsmodelle, die schneller umsetzbar sind als die der klassischen Großberatungen? Können Sie dadurch flexibler auf disruptive Einflüsse reagieren? Sind Ihre Erfolge vielleicht messbar?

Was können Sie besser als andere? Sie können nicht nur Bestehendes optimieren, sondern helfen Ihrer Kundschaft dabei, sich heute schon auf die Trends der Zukunft vorzubereiten? Haben Sie vielleicht Expertinnen und Experten im Team, die schon selbst bei Automobilunternehmen gearbeitet haben und die Strukturen und Abläufe kennen? Sie verstehen das Prinzip ...

Und seien Sie versichert: Wenn Sie all diese Fragen beantwortet haben, dann haben Sie allenfalls an der Oberfläche gekratzt. Eine gute Positionierung nimmt Zeit und Hirn in Anspruch, Ihr Angebot mit chirurgischer Präzision herauszuschälen. Aber die Arbeit lohnt sich, denn wie gesagt: Je präziser die Positionierung, desto erfolgreicher werden Sie im Kampf um Kundschaft, Aufträge und auch um Nachwuchs sein.

Und über die Zielgruppe haben wir heute noch gar nicht gesprochen – die bekommt eine eigene Folge im kommenden Monat. Seien Sie ebenso gespannt wie ich. Bis dahin genießen Sie das Frühjahr und freuen Sie sich über die Krokusse.

Marketing zum Abwinken: Wenn alle ›hands-on‹ sind, ist keiner mehr greifbar

Steht vor einer schweren Entscheidung: Die Beratungsbranche (Symbolbild. Foto: picture alliance / Dorit Kerlekin / Snowfield Photography)

Positionierung ist das, was übrigbleibt, wenn man die Floskeln weglässt, weiß unser Kolumnist Wolfram Saathoff und hält in seiner neuesten Kolumne ein flammendes Plädoyer gegen Copy-Paste, Bullshit-Bingo und Phrasen-Geballer. Seien Sie smarter und machen sich stattdessen lieber unterscheidbar. Mit Mut, Haltung und Klarheit. Dann klappt's auch mit den Kunden. Versprochen!

Kleine Geschichtsstunde am frühen Morgen, Hefte raus und mitgeschrieben: Im zwölften Jahrhundert notierte der persische Gelehrte Abu Hamid Muhammad ibn Muhammad al-Ghazali eine Geschichte, die in eben diese einging unter der Bezeichnung ›Buridans Esel‹ oder das ›Buridansche Paradoxon‹. Die Geschichte handelt stark verkürzt von einem hungrigen Esel, der zwischen zwei genau gleich großen Heuhaufen steht und am Ende verhungern muss, weil er sich nicht zwischen beiden entscheiden kann.

Warum ein Gleichnis, das im 12. Jahrhundert aufgeschrieben wurde nach einem Philosophen aus dem 15. Jahrhundert benannt wurde, nämlich nach Johannes Buridan, soll uns an dieser Stelle nicht ablenken von dem, was uns der dumme Esel und sein kluger Autor Sinnvolles fürs Beratermarketing mit in die Reisetasche packt. Fakt ist nämlich, dass der sehr weit vorausschauende al-Ghazali ein Problem formulierte, vor dem Beraterinnen und Berater heute, mehr als 800 Jahre später stehen: Es gibt zu viele Angebote, die sich zu stark ähneln.

Berater sind wie Waschmittel: Alle versprechen das Gleiche

Unternehmensberatungen bieten auf ihren Websites alle das Gleiche an (Strategie, Digitalisierung, Transformation, agile Teams, Nachhaltigkeit et cetera ad baculum), klingen dabei austauschbar und bleiben komplett unkonkret. Für Kunden sind sie kaum unterscheidbar – also bleibt zwecks Entscheidungsfindung nur ein Kriterium, nämlich das profanste von allen: der Preis. Abgesehen davon, dass Sie sich so ums schöne Geld bringen, ist das auch strategisch ein großes Problem wenn es um Markenbildung, Positionierung und Ihre Kommunikation im Allgemeinen geht.

Das Muster ist immer dasselbe: »Wir entwickeln gemeinsam mit Ihnen zukunftsfähige Lösungen« hier, »Wir verbinden Strategie mit operativer Umsetzungsstärke« da und »Change Management, Agile Methoden, Digitalisierung, Nachhaltigkeit« dort. Hüben wie drüben dieselbe wohlklingenden Werbeprosa.

Ganz abgesehen davon, dass das in Sachen SEO (Notiz an mich: Dringend mal eine Kolumne zum Thema SEO schreiben!) ganz großer Mist ist sorgt es dafür, dass Ihre Kundschaft wie Buridans Esel vor Ihrem Angebot und dem Ihrer Konkurrenz steht und sich nicht entscheiden kann. Am Ende verursacht es das schale Gefühl, man könne schlichtweg *jede* Beratung nehmen.

Wir begleiten Sie dann mal nach draußen

Exerzieren wir das mal durch anhand eines konkreten Beispiels, wie es sich auf so ziemlich jeder Beratungs-Website im deutschsprachigen Raum findet: »Wir begleiten Sie bei der Transformation und helfen, agile Strukturen in Ihrem Unternehmen nachhaltig zu implementieren.« Kennste, kennste?

Wer so etwas schreibt hat entweder Angst vor Positionierung (man könnte ja jemanden vergrätzen), den Wunsch, möglichst ›alles für alle‹ zu sein (was nicht mal die großen Generalisten wirklich hinkriegen), fokussiert sich zu sehr auf Methoden statt auf Problemlösungen und Ergebnisse (niemand will wissen, *wie* Sie machen was Sie machen), oder copy-pastet von den Websites seiner Konkurrenz (unter Umständen über den Umweg ChatGPT, das sich dann seinerseits bei Ihrer Konkurrenz bedient).

Schreiben Sie also stattdessen lieber viel konkreter: »Wir helfen mittelständischen Maschinenbauern, ihre gewachsene Führungsstruktur so umzubauen, dass junge Ingenieur*innen bleiben – nicht gehen.« Das ist viel greifbarer, adressiert ein richtiges, konkretes Problem und zeigt, dass Sie die Probleme Ihrer Zielgruppe *wirklich* kennen statt sich in wolkigen Phrasen zu ergehen.

Unsere Methode: Nachhaltige Lösungen!

Zum Glück gibt es nur wenige Probleme, auf die es keine Lösung gibt. Und auf das Problem des allegorischen Esels und seinen Strohhaufen (vulgo: auf Ihr Problem und das Ihrer Kundschaft) gibt es sogar gleich mehrere, die ich passenderweise im Weiteren für Sie aufgelistet habe. Gucken Sie hier:

1. Schärfen Sie Ihre Positionierung!

Was ist Ihre Kernkompetenz? Und für wen? Was sagt der Markt über Sie – nicht umgekehrt. Anstatt von sich als ›Digitalisierungsexperten‹ zu schwafeln wie alle anderen es tun, schreiben Sie lieber: »Wir helfen Familienunternehmen mit 200 bis 1.000 Mitarbeitenden, ihre Prozesse zu digitalisieren – ohne Kulturcrash.« Das ist doch gleich viel konkreter, hm?

2. Erzählen Sie von realen Problemen und deren Lösungen, nicht von Methoden.

Seien wir ehrlich: Kein Kunde will ›Scrum‹ – Kunden wollen, dass Projekte endlich wieder laufen. Keine Führungskraft will ›Transformationsprozesse‹ – sie wollen, dass ihr Team wieder motiviert vor sich hin werkelt. Kommunizieren Sie konkrete Problembilder und Transformationsergebnisse aus der Welt Ihrer Kunden und hören Sie auf mit dem Buzzword-Bingo.

3. Haben Sie Mut zur Nische

Man kann nicht oft genug darauf hinweisen: Es gibt im deutschsprachigen Raum mehr als 25.000 Beratungsunternehmen aller Größe, Couleur und Qualität. Aber nur die wenigsten davon verfügen über echte Tiefe in einer Branche, manche in zwei oder drei Branchen. Gehören Sie dazu? Dann stellen Sie das ganz nach vorne ins Schaufenster! Spezialisierung wirkt nun einfach mal viel kompetenter als Generalistentum. Stellen Sie sich nur mal vor, wie sehr Sie sich von Ihrer Konkurrenz differenzieren würden, könnten Sie über sich sagen: »Wir beraten Stadtwerke beim Umbau zur klimaneutralen Energieversorgung.« Jackpot, Baby!

4. Zeigen Sie echte Fälle, nicht Claims

Die meisten Beratungsunternehmen bezeichnen sich zum Beispiel als ›umsetzungsstark‹, stellen das dann aber nicht oder nur phrasenhaft unter Beweis. Rücken Sie lieber konkrete Fälle in den Mittelpunkt Ihres Marketings: »Wie wir einem Bauzulieferer geholfen haben, 20% seiner Vertriebskosten zu sparen – ohne ein einziges Kündigungsgespräch zu führen« zum Beispiel. So transportieren Sie Kompetenz, Erfahrung und Problemlösungsfähigkeit ganz ohne Eigenlob. Und vermeiden das branchenübliche Bullshit-Bingo.

5. Und zeigen Sie echte Menschen mit echten Anliegen!

Zeigen Sie in Ihrem Marketing nicht die üblichen lächelnden Gesichter à la: »Ihr Ansprechpartner: Harry Hirsch, E-Mail: h.hirsch@hirschconsulting«. Zeigen Sie den sympathischen Harry lieber lässig am Tresen der Betriebsküche lehnend mit einem Statement: »Ich habe früher selbst 14 Stunden-Tage gemacht. Heute helfe ich Führungskräften, da rauszukommen. Lassen Sie uns reden: harry@hirschconsulting.de«. Glauben Sie mir: Menschen kaufen bei Menschen – nicht bei ›Ansprechpartnern‹.

Sie lasen: Wer als Beratungsmarke nicht unterscheidbar von allen anderen ist, muss sich nicht wundern, wenn der Preis das letzte Argument bleibt. Und Marken entstehen nicht durch Methodenvielfalt, sondern durch klare Position, spürbare Haltung und echte Nähe zu den Problemen der Kunden. Das ist alles kein Hexenwerk, aber es braucht sehr viel Mut, ein wenig Kreativität und eine gehörige Portion Klarheit.

Wenn Sie Hilfe brauchen – ich bin gerne für Sie da. Sie finden mich auf LinkedIn (https://www.linkedin.com/in/wolfram-saathoff-2366b023a/), auf unserer Website www.hausammeer.org und ich sitze jeden Donnerstagabend im ›Café Buridan‹ auf den Champs Elysées – kommen Sie doch mal vorbei, sprechen Sie mich einfach an, ich lade Sie gerne auf einen Café au lait und ein Pain au chocolat in der Sonne ein.

A bientôt!

Treffsicher beraten: Warum präzise Zielgruppenansprache für Unternehmensberatungen essenziell ist

Die traurigste Geschichte aller Zeiten: Beratermarketing (Foto: picture alliance / Westend61 | Torsten Velden)

Wer auf der falschen Frequenz funkt, wird gehört wie der Rufer in der Wüste, nämlich gar nicht. Selbst wenn er lauter funkt – die Nachricht versendet sich einfach in der Ewigkeit. Leider kennen viele Unternehmensberatungen ihre Zielgruppe nicht gut genug, um diese präzise bespielen zu können. Die Folge ist ein Marketing, das im besten Fall unnötig teuer, im schlechtesten sinnlos ist.

Normalerweise steht an dieser Stelle ein Text, der Sie Monat für Monat nicht nur fachlich komplett aus den Latschen haut, sondern Sie auch zum Lachen bringt wie seit Pogo dem Clown niemand mehr. Diese Ausgabe wird jedoch sehr traurig. Um nicht zu sagen seeeehr traurig. Ich muss Ihnen nämlich die Geschichte von ›52 Hertz‹ erzählen. Legen Sie schon mal die Taschentücher zurecht.

›52 Hertz‹ ist ein Wal, den Forscherinnen und Forscher Anfang der 90er Jahre mithilfe von Unterwassermikrofonen entdeckten. Um was für eine Art von Wal genau es sich bei ›52 Hertz‹ handelt, weiß man nicht, denn man konnte seine Existenz bislang nur durch seine sehr besondere Tonsignatur nachweisen. Regelmäßig gesichtet, Verzeihung: gehört wurde er zwischen 1992 und 2004 vor der kalifornischen Pazifikküste.

›52 Hertz‹ trägt den Beinamen – und hier wird es traurig – ›der einsamste Wal der Welt‹, denn er kommuniziert auf einer Frequenz, auf der seine Artgenossen ihn nicht verstehen können. Blauwale zum Beispiel ›singen‹ mit 15 bis 20 Hertz, Finnwale so um die 20. ›52 Hertz‹ indes ruft mit (Sie können es sich bestimmt denken) 52 Hertz in den Ozean hinaus, also deutlich höher. Zu welcher Art er auch immer gehören mag: Ruft er auch noch so laut nach den Seinen – sie können ihn schlichtweg nicht hören. Und so zieht das arme Tier seine einsamen Bahnen durch das ewige Blau auf der rastlosen Suche nach jemandem, der ihn endlich erhören möge. Schnüff.

Womit wir bei den Consultants wären, die mit ihrem Marketing ähnlich unserem solipsistischen Wal ungehört nach Kundschaft rufend ihre Kreise durch das ewige Internet zu ziehen verurteilt sind, weil sie schlechterdings die richtige Frequenz nicht treffen.

Hausfrauen kaufen keine Beratungsleistungen

Ich erzähle Ihnen kein Geheimnis, wenn ich sage: Beratungsleistungen sind teuer, erklärungsbedürftig und vertrauensbasiert. Oder? Sind sie! Und das setzt eine präzise Zielgruppenansprache voraus. Oder anders: Wer nicht in der Lage ist, seine Zielgruppe treffgenau zu adressieren, der verliert Aufmerksamkeit, Vertrauen – und am Ende Umsatz.

Hinzu kommt, dass da draußen so manch Irrglaube herumgeistert, was die Definition und die Ansprache der eigenen Zielgruppe angeht. Zum Beispiel folgt der größte Teil des Beratermarketings einer B2C-Logik, wie wir sie von Waschmitteln, Duschgels oder Fertigpizzas kennen. Und geht damit mindestens 300 Hertz an denen vorbei, die es eigentlich erreichen soll: Die Entscheiderinnen und Entscheider mit ihren komplexen Bedürfnissen und längeren Entscheidungswegen als der Hausmann oder die Hausfrau vor dem Supermarktregal.

Zudem praktizieren viele Consultants marketingtechnisch die Schleppnetzmethode, um sprachlich im Ozean zu bleiben, mittels derer sie zwar ein möglichst großes Publikum erreichen, aber eben auch viel ungewollten Beifang einsammeln: Menschen, die an ihrem Angebot kein Interesse haben, unpassende Leads, die zukünftig die Kanäle verstopfen, Erstgespräche, die sinnlos Zeit und Ressourcen binden und dann ergebnislos versanden, bis hin zu anderen Beratungen, die ihren Content absaugen, um daraus selbst Marketingvorteile zu ziehen.

Eine präzise Definition Ihrer Zielgruppe ist also kein Nice-to-have, sondern stellt einen großen Wettbewerbsvorteil dar, denn Sie können davon ausgehen, dass Ihre Konkurrenz nicht weniger herumkrebst als Sie. Ja, ich weiß, auf LinkedIn behaupten die was anderes, auf LinkedIn ist ja jeder super erfolgreich, jaja, aber glauben Sie mir: die lügen! Nicht umsonst ist Marketing total unbeliebt.

Je präziser Sie Ihre Zielgruppe definieren können, desto besser können Sie Vertrauen zu sich und Ihren Leistungen herstellen, Streuverluste vermeiden – schließlich kostet jeder falsche Kontakt Zeit, Geld und Nerven – und höhere Abschlussquoten erzielen. Und desto mehr Spaß werden Sie mit Ihrem Marketing haben, vertrauen Sie mir!

Bevor Sie also weiter auf 52 Hertz funken, halten Sie also kurz inne und stellen Sie sich drei Fragen:

1. Wer entscheidet darüber, ob Sie einen Auftrag bekommen?

Es reicht schlichtweg nicht aus, seine Zielgruppe als eine Art homogene Käuferschar zu begreifen. Eine solche Definition wäre das Äquivalent zu besagtem Schleppnetz, das noch so engmaschig sein kann – der Aufwand, den das Aussortieren des Beifangs bedeutet, ist immens. Denken Sie stattdessen präzise: Wer setzt am Ende seine oder ihre Unterschrift unter Ihr Angebot – und adressieren Sie exakt diese Person.

2. Was sind die Bedürfnisse dieser Person?

Klar, die Person, beziehungsweise deren Unternehmen benötigt Beratungsleistungen, die Sie zu erbringen planen. Aber was geht darüber hinaus? Welche Argumente müssen Sie dieser Person an die Hand geben, damit sie für Sie trommeln kann, zum Beispiel vor ihren Vorgesetzten? Geht es ihr um Sicherheit? Innovation? Schnelligkeit? Welche Vorurteile gibt es Ihren Leistungen gegenüber und wie können Sie diese entkräften?

3. Wie müssen Sie diese Person ansprechen?

In welcher Situation befindet sie sich? Welchen Ton müssen Sie treffen? Verzichten Sie auf die branchenübliche wichtigtuerische Elaboration, mit der Sie nur künstliche Distanz erzeugen so wie ich immer in meinen Texten (oder haben Sie sich vorhin nicht auch gefragt, was wohl ›solipsistisch‹ heißen mag?). Lassen Sie sich lieber von den US-Amerikanern inspirieren, den alten Dealmakern, bei denen es im Bereich B2B nämlich total üblich ist, sich gegenseitig etwas zu verkaufen. Weshalb man dort weniger ehrpusselig herumschlawinert und stattdessen ganz unprätentiös direkt zum Punkt kommt: Du hast ein Problem, ich kann das lösen, wollen wir nächste Woche mal dazu telefonieren?

Sie sehen, das geht alles über rein didaktische Aspekte wie Branche, Funktion oder Unternehmensgröße hinaus. Die *hard facts* werden als gegeben vorausgesetzt, gutes Marketing richtet sich vielmehr an die Gefühle. Zahlen, Daten, Fakten bieten im Gegensatz zu *soft skills* eben keine sichere emotionale Trittfläche. Wir wissen alle, dass sich zum Beispiel nach dem Studium niemand mehr für die Abinote interessiert – bewirbt man sich wo, wird man stattdessen nach seinen Stärken und Schwächen befragt: Teamfähigkeit ist wichtiger als die 1,0 in Reli.

Dasselbe gilt auch, wenn Sie als Beraterin oder Berater sich irgendwo mit Ihren Dienstleistungen bewerben: Sicherheit und Vertrauen sind psychologische Effekte und keine Sache von Abschlüssen und Fortbildungen. Wenn ein kleines Kind hinfällt, dann ruft es ja auch nicht nach einem Facharzt – sondern nach Mama und Papa. Wonach ›52 Hertz‹ ruft, weiß ich nicht, aber es wird bestimmt niemand mit Diplom in Meereskunde sein.

It's the people, stupid!

Leider geht es in der Beratung allzu häufig um recht technische Aspekte, selbst ein Personalumbau ist am Ende nur ein schnöder Optimierungsvorgang, in dessen Rahmen Zahlen möglichst reibungs- und geräuschlos von A nach B verschoben werden müssen. Bemühen Sie sich um eine zwar fachliche, dabei aber emotionale Sprache jenseits reiner Zahlenhuberei, womöglich noch ergänzt um die üblichen Floskeln von Menschen, die im Mittelpunkt stehen. Die Belange Ihrer Kundschaft sind keine Dinge, die ›angepackt‹ werden müssen. So reden vielleicht Lars Klingbeil und Carsten Linnemann in den einschlägigen Talkshows, aber doch keine *echten* Menschen!

Eine gern genommene Phrase spricht vom Consulting als einem ›People Business‹. Wir haben es also mit Menschen zu tun, die Bedürfnisse haben, Sorgen, Ängste, Hoffnungen. Die in Strukturen eingebunden sind, von denen sie abhängig sind. Es lohnt sich, sie auch als solche zu behandeln, selbst – oder gerade – wenn man ihnen etwas verkaufen möchte.

Andernfalls werden vielleicht irgendwann ein paar Ökonominnen und Ökonomen ihre Unterwassermikrofone ins Internet halten und dort auf eine ganz merkwürdige Frequenz stoßen. Sie werden nach dem Ursprung dieser Frequenz forschen und sie werden entdecken, was fürderhin als traurigste aller Geschichten erzählt werden wird: Es war einmal eine Unternehmensberatung, die auf einer Frequenz kommunizierte, auf der sie niemand hören konnte. Wir nennen sie ›die einsamste Unternehmensberatung der Welt‹. Schnüff.

Kapitel 2: Consulting und Branding

Alle Marketingexperten wissen, dass Branding ein ganz wichtiges, aber eben nur ein Unterkapitel der Produktpolitik und damit des Marketings insgesamt ist. Dennoch führen wir hier das Kapitel „Consulting und Branding“ aufgrund seiner besonderen Bedeutung als eigenständiges Kapitel auf. Wegen seiner besonderen Kenntnisse in der Markenpolitik – manche sagen auch Herrschaftswissen dazu – bestreitet Wolfram Saathoff dieses Kapitel ganz allein.

Schwerpunkt dabei ist das Corporate Design (zumeist mit blauem Unterton). Ob es sich dabei um durchschlagskräftigste Bild- und Wortmarken oder um die Logos in der Beratungsbranche handelt, in jedem Fall kommt der faszinierte Leser schadlos durch den Dschungel der verschiedensten Ausprägungen der Marken unserer Beratungshäuser.

Wolfram Saathoff gibt dazu die entsprechenden Tipps wie „Wer anziehen will, darf sich nicht verstecken“ oder „Das ist keine Geschmacksfrage! Es gibt Regeln“. „Vielleicht alles mal (in Ruhe) durchdenken“, ist ebenfalls ein Hinweis, den sich Brand Manager ebenfalls zu Herzen nehmen können.

50 Shades of Blaugrau

Blaugrau ist das Flecktarn der Beratungsbranche. Als Logo, auf der Internetseite oder im Social Marketing hüllen viele Beratungshäuser ihre Angebote in akzentbefreite Farbwelten und machen sich unsichtbar für Kunden und Bewerber. Warum nur?

Bäume: Kennste einen, kennste alle!

Ich stelle es mir ungefähr so vor: Zeitlich irgendwo zwischen dem Bau der Cheops-Pyramide und der Teilung des Roten Meeres saßen eine Handvoll Beraterinnen und Berater beisammen und fragten sich, was möge wohl die seriöseste aller Farbkombinationen sein? Man sah sich fragend an, blickte nach rechts und nach links und befand dann, die Krawatte des seriösesten unter ihnen sähe ganz schön seriös aus. Und Krawatten sind ja von Natur aus schon sehr seriös, murmelte einer von ihnen seinen Kopf sanft wiegend.

Blau war sie, die Krawatte. Kein grelles, lautes Blau, das ins Auge springt. Nein, ein gedecktes, leises Blau, ein Blau wie stilles Mineralwasser, zurückhaltend und unaufgeregt. PH-neutral, magenschonend. Raufaserblau, könnte man abschätzig sagen, wenn man denn überhaupt etwas Abschätziges über dieses unauffälligste aller Blaus sagen könnte. Und zu diesem Blau gesellte sich als ›Akzentfarbe‹ ein nicht zu helles und nicht zu dunkles Grau, das so eigenschaftslos war, dass man es nicht einmal trist nennen konnte. Das Grau einer traumlosen Nacht. Ein Grau, das sagt: Ich bin grau. Kein Ausrufezeichen, keine Pointe. Und vor allem kein Akzent.

Wer anziehen will, darf sich nicht verstecken!

Verstehen Sie mich bitte nicht falsch: Blau ist durchaus eine sehr schöne Farbe! Und abgesehen von der Geschmacksfrage kann es im Corporate Design durchaus auch eine sinnvolle Farbe sein. Aber wenn Sie gut sind in dem, was Sie tun, und es Ihnen sogar Spaß macht, dann zeigen Sie das doch auch ganz selbstbewusst, statt sich unter einer Tarnkappe zu verstecken. Nicht umsonst steckt im Wort ›Anmutung‹ das Wort ›Mut‹.

„Wo ist also das Problem?“, frage ich mich. Warum das hartnäckige Festhalten an einer Farbkombination, die aus einer Zeit stammt, als Carsten Maschmeyer noch Schnurrbart trug? In unserer Studie ›Monitor Beratermarketing 2022‹ gaben 68% der Befragten an, sie wollen anziehender auf Kunden und Bewerber wirken und sich stärker von den Mitbewerbern unterscheiden.

Kluge Sache, möchte man ausrufen. Doch wie will man in einem Wald gefunden werden, wenn man sich selbst als Baum verkleidet?

Von Zukunft und Innovation ist nichts zu sehen!

Schaut man auf die Websites vieler Beratungshäuser, seien diese groß oder klein, findet man dort so wohlklingende Begriffe wie ›innovativ‹ und ›modern‹. Es wird viel in die Zukunft gewiesen und von Aufbruch und Transformation gesprochen. Ein Wording, das im erheblichen Widerspruch steht zur graublauen Monotonie, in die sich 90 Prozent der Beratungshäuser hüllen und die eher an die Anfänge des Internet erinnert – nicht an Industrie 4.0.

Als auf Berater spezialisierte Agentur kennen wir natürlich die Vorbehalte, wenn es an das (Re-)Design einer Beratungsmarke geht: »Das Logo und die Farbe sind Teil unserer Erfolgsgeschichte ... unsere Kunden werden uns nicht wiedererkennen ... Türschilder, Marketing, Vertriebsunterlagen – das können wir doch unmöglich alles ändern!« Die Liste der Bedenken ist lang, oft stecken dahinter aber vor allem persönliche Ängste vor Veränderung, zum Beispiel der Bruch mit einem ›Running System‹, oder ganz profane Gewohnheit.

Die Gesetzmäßigkeit, dass alles sich verändert, sogar verändern muss, soll also für das eigene Unternehmen nicht gelten? Eine verpasste Chance, denn genau diese Veränderungs-Symbolik bietet auch eine immense Chance für Ihr Marketing: Sie signalisiert Kunden und Bewerbern, dass Sie sich weiterentwickelt haben. Dass Sie besonders sind, Spaß haben an dem, was Sie tun, und sich unterscheiden. Dass Sie mehr oder etwas anderes anzubieten haben, als das graublaue Einerlei Ihrer Mitbewerber.

Wann nutzen Sie diese Chance und bekennen Farbe?

Beratermarken im Dschungelcamp – Was modernes Branding heute leisten muss

Deutschland hat endlich eine neue Dschungelkönigin. Schön. Aber was muss eigentlich eine Beratermarke heute leisten können, um im modernen Marketingdschungel da draußen zu bestehen? Keine Angst, Sie müssen keine Affenhoden essen!

Herzlichen Glückwunsch zur Dschungelkrone, liebe Lucy!

Manche Gebäude haben strenge Regeln was das ›Corporate Design‹ des Gemäuers angeht. Das nennt sich ›Gestaltungssatzung‹ und ist im Baugestaltungsrecht geregelt. Willkommen in Deutschland! In Regensburg am Arnulfplatz zum Beispiel steht ein solches Bauwerk, in dem über viele Jahre ein historisches Wirtshaus untergebracht war. Das gab es irgendwann nicht mehr und dort, wo einst Gastronomie beherbergt war, zog das genaue Gegenteil ein: ein McDonald's.

Nicht nur kulinarisch trafen zwei Welten aufeinander, sondern auch die strengen Gestaltungsrichtlinien einer amerikanischen Franchise-Marke auf die strenge Gestaltungssatzung eines unter Denkmalschutz stehenden Gemäuers in einer oberpfälzischen Einkaufsstraße. Long story short: Das rotgelb quietschende McDonald's-Design durfte nicht an die altehrwürdige Fassade. Nach einigem Hickhack, das dem der aktuellen Bundesregierung an deutschem Dogmatismus in nichts nachstand, einigte man sich auf eine Lösung, die sogar ich im Kern komplett begeisterungsunfähiger Norddeutscher durchaus erheiternd finde: In einer altertümlich wirkenden Schrift schrieb man ›Zum goldenen M‹ statt ›McDonald's‹ über den Eingang, darunter dann den altbekannten Doppelbogen – und Zack!, wirkte der hypermoderne Fastfoodtempel wie eine Spelunke aus der Zeit Karl des Großen. Altstadt und Neufraß reichten sich die Hand.

Mit Vereinfachung gegen Wachsmalstifte

Auch von modernen Bürogebäuden kennt man das: Man will sich die moderne Marmoroptik des Klinkers nicht mit schrillbunten Logotafeln verschandeln, hat sich doch ein überbezahlter Manbun-Träger mit fusseligem Vollbart, der sich selbst optimistisch ›Architekt‹ nennt, wahnsinnig viel Mühe mit dem ganzen Bums gegeben. Also müssen Firmen, die dort residieren, sich dem optischen Gesamtkonzept unterwerfen und vereinfachte Versionen ihrer Logos in gebürstetes Aluminium fräsen lassen, damit dem Urwuchs zumindest optisch ein wenig Einhalt geboten wird und besagte Logotafeln im loungigen Eingangsbereich nicht aussehen, als hätte eine Horde Kleinkinder den inneren Pollock gechannelt und die zuvor gemampften Wachsmalstifte an die Stirnseite des Hauses gekotzt.

Das Beispiel aus Regensburg mag eines der eher raren Sorte, die Logotafel am Bürogebäudeeingang auch eher die Ausnahme der Regel sein, dennoch gibt es heute unzählige Orte, an denen es ungemütlich werden kann für ein Logo. Es muss sich zugleich in ganz unterschiedliche, zum Teil neue Umgebungen einfügen, als wäre es nie woanders gewesen, darf aber gleichzeitig nicht untergehen. Es muss schnell zu erfassen sein, darf aber auch nicht so beliebig daherkommen wie RTL bei der Auswahl der Kandidatinnen und Kandidaten für's Dschungelcamp. Es muss modern sein, darf sich dem Zeitgeist aber auch nicht zu sehr an den Hals schmeißen. Es muss eigenständig, darf in unterschiedlichsten Anwendungen aber auch kein Fremdkörper sein. Kurzum: Es muss wohl eine eierlegende Wollmilchsau erlegt werden. Und die Viecher lassen sich nicht so leicht erlegen, die sind clever!

Nur das fitteste Logo survivalt

Lassen Sie mich Ihnen also ein paar Handreichungen in den Jagdrucksack stecken, mit denen Sie Ihr Logo fit machen für den Dschungel:

1. Vermeiden Sie Komplexität. Außerhalb Ihrer eigenen Geschäftsunterlagen tritt Ihr Logo immer wieder in Konkurrenz zu anderen Dingen, die die Aufmerksamkeit in Anspruch nehmen. Zum Beispiel auf LinkedIn et al. Sie wissen doch selbst, mit wie vielen Posts Ihre Timeline jeden Tag zugemüllt wird. Um Wichtiges von Unwichtigem zu trennen kann sich da niemand für jeden einzelnen Post ausreichend Zeit nehmen. Nein, es geht darum, Informationen schnell zuordnen zu können: Die guten ins Töpfchen, die schlechten … na ja, die werden halt ganz, ganz schnell überscrollt. Es gilt also, innerhalb von Sekundenbruchteilen die notwendige Information zu übermitteln. Und Komplexität ist nun wahrlich nicht förderlich!

2. Verabschieden Sie sich von Dogmen. Als ich studiert habe, also vor etwa zwanzig Jahren, war es wichtig, Logos wie rohe Eier zu behandeln. Ganz vorsichtig, nur mit größer Vorsicht und Fingerspitzengefühl und so weiter. Es gab Styleguides, in denen penibel bis auf die fünfte Nachkommastelle bestimmt wurde, was mit einem Logo getan werden darf – und vor allem: was nicht! Eifersüchtig wurden Schutzzonen um die Logos entwickelt, in denen keine andere Information als nur das Logo stehen durfte und so weiter und so fort. Sie kennen das bestimmt. Vergessen Sie diesen Quatsch! Was vor ein paar Jahren mal richtig war, muss es heute nicht mehr sein. Heute ist Flexibilität gefragt!

Wie oben bereits beschrieben, müssen sich Logos heute in vielerlei Umgebungen einfügen. Dem widersprechen solche Dogmen nach dem Motto »Unser Logo ist rot, deshalb muss es auch *immer* und *überall* rot sein«, »Bild- und Wortmarke müssen *immer* eine Einheit bilden« und so weiter und so fort ad infinitum. Streichen Sie die Wörter ›immer‹ und ›überall‹ aus Ihrem Wortschatz!

Das hat oben benannte Schnellfutterkette schon 2006 erkannt. Bis dahin bildeten der ›McDonald's‹-Schriftzug und der goldene Doppelbogen zwingend immer eine Einheit. Seit 2006 darf beides auch unabhängig voneinander verwendet werden – je nach Platz, Farbigkeit und anderen Umgebungsbegebenheiten. Auch den Mercedes-Stern oder den Lufthansa-Geier sieht man vor allem im Bereich Online-Marketing immer wieder ohne den Schriftzug oder getrennt davon. Vor allem für die in aller Regel quadratischen oder kreisrunden Profilfotos in Social Media eignen sich querformatige Schriftzüge eher selten, Bildmarken hingegen sind normalerweise gleichförmiger und von daher passender. Außerdem braucht Ihr Firmenname nicht auf dem Profilfoto stehen – schließlich steht er ja sehr gut lesbar direkt daneben!

3. Machen Sie es sich darum leicht – verwenden Sie drei Logos! Genau genommen drei Versionen Ihres Logos: eine ›komplette Version‹ inklusive aller notwendigen Infos und einer Bildmarke, so Sie die denn haben. Diese Version ist für die Einsatzgebiete gedacht, in denen es ausreichend Platz und kaum bis gar keine Konkurrenz gibt. Das ist zum Beispiel die Desktop-Version Ihrer Website, Ihr Briefpapier, Ihre Unternehmensbroschüre.

Zweitens eine abgespeckte Version, die dort zum Einsatz kommen kann, wo der Platz nicht gegeben ist. Zum Beispiel auf der mobilen Version Ihrer Internetseite, auf Ihrer Visitenkarte oder in Social Media-Posts, auf Klingelschildern oder Logotafeln, etc. pp.

Und eine kompakte Version, die Sie überall dort verwenden, wo Sie es mit quadratischen oder kreisrunden Anwendungen zu tun haben. Profilfotos zum Beispiel, wie gesagt. Oder als Sendelogos auf Ihren Videos. Als Wasserzeichen für Ihre Social Media-Posts.

Und wenn Sie keine Bildmarke haben – umso besser: Nehmen Sie einfach Ihr eigenes Gesicht, das ist doch eh die schönste Werbung für Ihr Unternehmen. Gut, vielleicht nicht unbedingt schön. Im Regelfall aber zumindest sympathisch. Ansonsten … hm … Tiere gehen immer!

Und wenn Sie keine Bildmarke haben – umso besser: Nehmen Sie einfach Ihr eigenes Gesicht, das ist doch eh die schönste Werbung für Ihr Unternehmen. Gut, vielleicht nicht unbedingt schön. Im Regelfall aber zumindest sympathisch. Ansonsten … hm … Tiere gehen immer!

Ruf! Mich! An! (oder halt nicht ...)

Schon die alten Ägypter wussten, dass nur, wenn man Dinge auf eine bestimmte Weise sortiert, werden majestätische Pyramiden draus. Beratungsunternehmen bevorzugen als Ordnungssystem für ihre Websites jedoch das Heuhaufenprinzip.

Gilt auch für Consultants: Wer schreit hat Unrecht!

Kennen Sie das Gleichnis von Jesus und den Tennisbällen? »Und der Herr sprach: Wenn du dem Menschen einen Tennisball zuwirfst, so wird er ihn fangen. Und Jesus fragte: Und wenn ich gleich mehrere Tennisbälle werfe? Vielleicht so ... ummh ... zehn? Und der Herr verdrehte die Augen und sprach: Dann wird der Mensch keinen einzigen fangen.« Ich finde jetzt die genaue Stelle nicht wieder, aber exakt so steht es in der Bibel, superheiliges Oberindianerehrenwort!

Haben Sie schon mal das Wort ›Informationshierarchie‹ gehört? Das Wort stammt aus dem Journalismus und meint etwas, das eigentlich jedem sofort einleuchten sollte: Je wichtiger eine Information für den Betrachter/Leser/Zuhörer ist, desto leichter sollte der Zugang dazu sein. Auf einer Website zum Beispiel sollten die wichtigen Informationen möglichst weit oben angeordnet sein, sodass der Betrachter wenig oder möglichst gar nicht scrollen muss.

Informationen von Hirntoten für Hirntote

Dieses Prinzip im Hinterkopf habend überlege ich mir beim Betrachten diverser Berater-Websites, wie das Briefing an die Agentur wohl ausgesehen haben mag. In etwa so müsste es abgelaufen sein: »Hm, oben links das Logo, klar. Man sollte uns schon sehen, also ein Foto von uns. Oder besser: ein Slider. Darauf steht dann, warum man uns engagieren soll (Kompetenz, Seriosität, Zuverlässigkeit etc.). Unser Claim (›Sicherheit und Zukunft für Menschen‹) ist natürlich auch total wichtig, der kommt dann ... hm ... zum Logo, ja? Das muss eine Einheit bilden! Unsere E-Mail und Telefonnummer müssen direkt sichtbar sein. Ein Call-to-action-Button wäre uns auch wichtig; und die Neuigkeiten müssen ganz nach oben. Man sollte auch schon den ersten Absatz vom Text lesen können. Und unsere Veranstaltungen, die Sprachauswahl, das Menu, den Bürohund, Frau Dingsbums als direkte Ansprechpartnerin, Anmeldung zum Newsletter, etc. pp.«

Zusammen mit dem Cookie-Banner und dem Hinweis zur Datenschutzeinstellung ist das, nun ja ... unter Werbern spricht man von ›Informations-Bukkake‹. Oder anders: Da kommen mir sehr, sehr viele Tennisbälle entgegen. Marie Kondō würde im Grab rotieren, wäre sie schon tot.

Wenn alles wichtig ist nichts wichtig

Beratungswebsites sehen aus, als hätte man zweihundert Radios gleichzeitig voll aufgedreht. Jedes Detail brüllt nach meiner Aufmerksamkeit, mein Auge hetzt von einem Pixel zum nächsten, mein Gehirn kommt gar nicht hinterher, meine Hand denkt, irgendwo klicken zu müssen. In einer Hierarchie, in der alle auf der obersten Stufe stehen, gibt es keine Hierarchie. Da hat ein Heuhaufen eine klarere Struktur. Bevor mich der Hirninfarkt ereilt, verlasse ich die Seite und nehme keinen Tennisball mit.

Das Problem: Irgendwie ist alles total wichtig. Also muss auch alles nach ganz oben, auf den ersten Blick sicht- und klickbar. Verstehen Sie mich bitte nicht falsch: Man muss nicht immer vom dümmsten anzunehmenden User ausgehen. Wer unterfordert werden will, soll RTL2 gucken. Aber man kann es den Menschen auch künstlich schwer machen. Deutlich gesagt: Wenn alles wichtig ist, dann ist nichts wichtig!

Und wenn nichts wichtig ist – woran soll ich mich dann orientieren?

Deshalb sollte die Devise lauten: Ärmel hochkrempeln und das Informationsknäuel entwirren. Ich wünsche Ihnen viel Spaß beim Aufräumen und Marie Kondō ein langes Leben. Over and out.

Das Typochen auf dem i – Über Logos in der Beratungsbranche

Sag mir, welche Schriftart Du verwendest, und ich sag Dir, wer Du sein möchtest. Nach diesem Motto analysiert Kollege Saathoff die Logos der drei Branchenprimaten, und damit es für Sie nicht allzu langweilig wird, liefert er Ihnen auch noch ein paar Learnings für Ihr eigenes Beratermarketing obendrauf.

Los Wochos bei McKinsey

Großbuchstaben bezeichnet man in der Fachsprache als ›Majuskeln‹. Das kommt wie ganz viel anderes auch aus dem Lateinischen, nämlich von ›maiusculus‹, und ist nicht der Name eines römischen Legionärs im neuen Asterix, sondern heißt soviel wie ›etwas größer‹. Das ergibt durchaus Sinn, denn Großbuchstaben sind in der Regel größer als Kleinbuchstaben, die deshalb ›Minuskeln‹ heißen. Von Ausnahmen abgesehen, wie zum Beispiel dem h oder dem b, die bei vielen modernen Schriftarten sogar etwas größer sind als Großbuchstaben. So zum Beispiel in der hier im Buch verwendeten Schrift ›Noto Serif‹. Wenn Sie mal ganz genau hingucken, erkennen sie den Unterschied zum Beispiel am h, beziehungsweise am H. Der kleine Strich am h ragt etwas höher als die zwei Säulen des angebliche großen H: hH. Sachen gibt's!

Groß- und Kleinbuchstaben bezeichnet man im Englischen als *uppercase*, beziehungsweise *lowercase*. Das kommt noch aus der Zeit, als mit richtigen Lettern gedruckt wurde. Die wurden in einem Koffer aufgehoben – oben die Groß- und unten die Kleinbuchstaben. Deshalb *uppercase*, also oberer Koffer, und *lowercase*, also … na, Sie können es sich denken.

Das weiß ich alles, weil mein Leben maßgeblich von der Typografie bestimmt wurde und nach wie vor bestimmt wird. Sie ist nicht nur mein Beruf, sondern auch meine große Leidenschaft. Seit meiner Kindheit.

Als ich so etwa elf, zwölf Jahre alt war, kaufte sich mein Opa, ein Informatiker bei der Marine, seinen ersten Computer. Und dazu ein Programm, das mein Leben für immer verändern sollte: Star Draw. Eine Software, mit der man Cliparts und Schriften miteinander kombinieren konnte. Ich erinnere mich noch gut, dass ich mal das Clipart eines Pegasus nahm, meinen Namen in Garamond darunterschrieb, ein bisschen mit Akzentzeichen herumexperimentierte, weil ich das schick fand, und mich ungefähr so schrieb: Wôlfràm. Ich druckte das Machwerk auf dem Nadeldrucker aus und zeigte es stolz in der Schule rum, wo alle »Oh!« und »Ah!« machten und das allererste Logo bewunderten, das ich in meinem Leben gestaltet habe. Es sollten Hunderte folgen.

Runder Punkt auf leichter Schulter

Ich habe dann für die Schülerzeitung, ein Jugendmagazin, für die Kunstschule, zwei Tageszeitungen und so weitergearbeitet, meine Jugend mit Gestaltung verbracht, mich bereits damals stundenlang mit der Auswahl der richtigen Schrift aufgehalten. Ich hatte einen Leitz-Ordner mit ausgedruckten Schriftproben aller Windows-Schriften, an die 800 Seiten. Ich sammelte Schriften wie andere Schmetterlinge oder Bierdeckel. Und fing auch schon an, eigene Schriftarten zu gestalten. Aufgrund dieser Vorkenntnisse konnte ich die ersten drei Semester meines Kommunikationsdesignstudiums überspringen und direkt im vierten Semester starten, wo ich noch mehr über Typografie lernte. Unter uns typografiebegisterten Studenten gab es einen Wettkampf, eine Art Schriften-Raten. Jemand zeigte eine Schriftprobe und die anderen mussten die Schriftart raten. Ohne angeben zu wollen: Auf diese Weise gewann ich sehr viele Gratiscappuccinos.Kurzum: Ich bin ein Typograf mit Haut und Haar. Mein Sternzeichen ist Verdana und mein Lieblingsessen Helvetica mit Georgia-Sauce.

Typografie zu studieren heißt in gewisser Weise auch Psychologie zu studieren. Es klingt abgeschmackt, aber jede Schriftart hat tatsächlich ihre ganz eigene Persönlichkeit. Die Verwendung einer Schrift für ein Logo lässt also Rückschlüsse zu auf die Persönlichkeit des jeweiligen Unternehmens. Die Auswahl einer Schrift für ein Logo und das weitere Unternehmensdesign ist also nichts, was man auf die leichte Schulter nehmen sollte. Und es ist, um es ganz deutlich zu sagen, auch keine Geschmacksfrage, über die sich eh immer trefflich streiten lässt. So kann es einen großen Unterschied machen, ob der Punkt auf dem kleinen i rund ist, wodurch ein Logo sympathischer wird, oder eckig, was es technischer erscheinen lässt. Ob Sie eine weitläufige Schriftart verwenden, die für Selbstbewusstsein steht, oder eine normal bis schmal laufende, die den Eindruck von Klarheit vermittelt. Ob Sie eher bold (zuverlässig) oder dünn (vornehm) daherkommen wollen ... die Liste ließe sich endlos weiterführen. Die Wahl der richtigen Schriftart kann dem Betrachter oder der Betrachterin einen schnellen Einblick in die Persönlichkeit Ihres Unternehmens gewähren, in Ihre Arbeitsweise und Ihre Geschäftsphilosophie. Genauso kann die Wahl der falschen Schriftart aber auch ein komplett falsches Bild vermitteln.

Was hat das alles nur zu bedeuten?

Aber gehen wir doch direkt in media res und machen uns den Spaß, so zum Jahresabschluss unseres kleinen Marketing-Lagerfeuers, um das wir uns Monat für Monat scharen, mal die Logos der drei Großen der Branche zu analysieren. Wollen wir? Ich gehe davon aus, dass Sie Ja gesagt haben.

Roland Berger: Mit 870 Millionen Euro Umsatz in 2022 steht Roland Berger, wie Freunde ihn nennen, mit großem Vorsprung auf Platz 1 der Lünendonk-Liste. Als Berger in 2015 die nicht komplett unbekannte Werbeklitsche Jung von Matt damit beauftragte, das Corporate Design inklusive Logo neu aufzusetzen, war meine Zunft erschüttert, als das Ergebnis ruchbar wurde. In der Zwischenzeit hat man die Typografie des Logos zum Glück überarbeitet, die pummelige Bildmarke fungiert heute als grafisches Element, das wie der Ladebalken der CDU (mehr dazu in ›Ein cadenabbiablauer Strauß leerer Worte – Das neue Design der #Deutschlandpartei‹) mit Bildmaterial gefüllt werden kann. Im Gegensatz zu 2015 hat man einiges besser gemacht: Man hat sich eine Hausschrift namens ›RB Design‹ entwickeln lassen, eine geometrische Serifenlose, die für die Ansicht auf mobilen Endgeräten gut optimiert ist und nicht versucht, sich irgendwie durch Besonderheiten in den Vordergrund zu stellen, sondern sich im Sinne eines modernen UI-Design hinter den zu transportierenden Inhalt stellt. Sie läuft erstaunlich weit, die Texte nehmen sich also ihren Platz, was auch komplexen Satzkonstrukten mit komplizierten Fachbegriffen eine angenehme Leichtigkeit verleiht. Kurzum: Modern und up to date. Macht Spaß, anzugucken.

Simon-Kucher & Partners: Das Logo des nach Umsätzen zweitgrößten deutschen Beratungshauses wirkt von allen in den Top 10 vertretenen am altbackensten. Auch wenn der Auftritt ansonsten absolut zeitgemäß daherkommt – das Logo verströmt den Charme eines Büroklammerherstellers von 1980. Das liegt an der serifenbetonten Typografie der Wortmarke, die in einer Variante der ›Rockwell‹ gestaltet wurde und in krasser Konkurrenz zu der ansonsten modernen Typografie der Internetseite steht. Auf manchen zeitgenössischen Websites feiert die auch als Egyptienne bezeichnete Schriftklasse als Headline-Typo eine Renaissance. Im Allgemeinen wirken die Schriften mit den eckig-klobigen Serifen aber zu schwerfüßig, weshalb man sich bei IBM dazu entschied, die drei Buchstaben im Logo zu rastern, wodurch selbst die klumpfüßige Rockwell leicht(er) wirkt. Wurden Ende des letzten Jahrtausends auch gerne für Versicherungen verwendet. Wie gesagt: Ende des letzten Jahrtausends.

Q_Perior AG: Was soll man sagen? Dass ein großes Beratungshaus mit 286 Melonen Euro Umsatz in 2022 sich einen Auftritt leistet, der an den nach abgestandenem Zigarettenqualm und Popcorn müffelnden Typen erinnert, der vorbeikommt, wenn das Internet mal nicht funktioniert, verwundert. Für eine ›führende Business- und IT-Beratung‹ ein klägliches Bild. Die verwendete Schriftart ›Neo Sans‹ wurde ein paar Jahre von Intel verwendet, darum vielleicht. *Wurde* verwendet. Wird sie schon seit einigen Jahren nicht mehr, just sayin'. Die ›Neo Sans‹ ist für Lauftexte komplett ungeeignet, weil sehr schlecht lesbar, und noch für alte TFT-Displays optimiert, weswegen sie auf neueren Geräten zu flirren scheint. Nein, sie scheint nicht zu flirren – sie flirrt definitiv! Die ›Neo Sans‹ sieht man heute sonst noch gerne überall dort, wo Kindergärten darauf hinweisen, dass man jetzt Solarzellen auf dem Dach hat, weil sie in den Augen Unwissender den Eindruck von grüner Elektrizität versprüht. Wozu dann auch die Bildmarke passt, ein stilisierter An- und Ausschalter, der das Q ersetzt.

Den Ausschalter an meinem Laptop werde ich jetzt mal betätigen und verabschiede mich in den Weihnachtsurlaub. Ich wünsche Ihnen ein paar wundervolle Tage mit Ihren Lieben, eine besinnliche Zeit mit ein paar guten Büchern und einen ganz fantastischen Rutsch ins neue Jahr.

Das Kreuz mit dem Pfeil

Wäre Jesus Berater gewesen und nicht Zimmermann – das Symbol der Kirche wäre kein Kreuz, sondern ein Pfeil. Und dieser Pfeil würde nur in eine Richtung zeigen: nach ganz oben!

Ein Pfeil fliegt schnell – aber nicht sonderlich weit.

Ich persönlich mag Pfeile. Sie zeigen mir im Restaurant, wo die Toiletten sind; das finde ich hilfreich. Sie zeigen mir, wo ich abbiegen sollte, wenn ich nicht in den Gegenverkehr geraten will. Dank Pfeilen weiß ich, wo bei einem Karton oben und unten ist, und in welche Richtung ich den Hahn drehen muss, damit das Wasser warm wird.

Praktischerweise gibt es Pfeile in alle Richtungen: Nach links scheinen sie in die Vergangenheit zu zeigen, nach rechts geht es irgendwie immer zu McDonald's (ist Ihnen das auch schon aufgefallen? McDonald's ist *immer* in Fahrtrichtung rechts). Nach oben geht es in die Herrenabteilung und nach unten wird die DVD ausgeworfen.

Pfeile zeigen auch gerne nach oben links (A46 Richtung Köln/Wuppertal), nach unten rechts (Notausgang) und so weiter und so fort. Sie verstehen das Prinzip: Pfeile zeigen uns Richtungen an, in die sich zu bewegen sinnvoll ist.

Wie eine an die Kette gelegte Lokomotive

Aber als Teil des Logos einer Unternehmensberatung? Haben Sie doch auch schon tausend Mal gesehen: Irgendein Firmen-, gerne Familienname in Blaugrau (mehr dazu in ›Fifty Shades of Blaugrau‹) und irgendwo in räumlichem Zusammenhang ein ebenso blaugrauer Pfeil, der nach oben rechts zeigt. Ja genau, *immer* nach oben rechts. Wo geht es da denn eigentlich hin? Zum Rand des Briefpapiers? Zum Kollegen, der schräg gegenüber in seinem Schreibtischstuhl döst? Zur Zimmerdecke? Gar ins Weltall? Was soll ich da? Was will der Pfeil mir zeigen?

Reden wir mit Kunden über Bildmarken, kommt normalerweise so etwas zutage wie: »Sie soll Dynamik symbolisieren, aber auch Standfestigkeit. Seriös soll sie aussehen und Tatkraft ausstrahlen. Sie muss modern wirken, soll aber auch Tradition und Werte vermitteln. Verlässlichkeit und Authentizität.« In solchen Gesprächen erinnere ich mich gerne an Wolfgang Schäuble, der sagte: »Deutschland muss und wird seine Rolle als Stabilitätsanker und Wachstumslokomotive spielen«, und denke darüber nach, ob es sich dabei um ein Paradoxon oder ein Oxymoron handelt (es ist Letzteres!).

Ein Highfive auf die Auswechselbarkeit

Da der Widerspruch unaufgelöst bleibt, kommt die fachlich unbeschuhte Wald-und-Wiesen-Agentur dann in aller Regel mit oben benanntem Pfeil nach rechts oben um die Ecke. Das ist dynamisch, das zeigt vorwärts und nach ganz oben (da will man ja schließlich auch hin!). Kunde und Agentur lächeln sich zufrieden an, man gibt sich ein Highfive. Eine weitere austauschbare Bildmarke hat das Licht der Welt erblickt. Willkommen auf Erden, kleinster blaugrauer Nenner.

Als Zahnarztgattin mit dem Blick fürs Wesentliche kann ich Ihnen jedoch sagen: Hilfreich ist das nicht in einer Branche, in der Unterscheidbarkeit das Alpha und das Omega funktionierenden Marketings sind. Während der Pfeil im Restaurant mir zeigt, wo die Toiletten sich befinden, zeigt er mir im Logo einer Unternehmensberatung nur, wo ich ganz schnell hin muss. Zur Konkurrenz nämlich.

Fear the Walking Dead

Der Tod steht ihnen nicht so gut: Viele Beratungsunternehmen treten auf wie zu Zeiten der Gebrüder Wright. Dass sich die Sehgewohnheiten ihrer Kundschaft seitdem weiterentwickelt haben, scheint sie dabei nicht zu stören.

Auf Stippvisite im Land der untoten Berater.

Als am 17. Dezember 1903 Orville Wright in seiner *Kitty Hawk* zum ersten motorisierten Flug in der Geschichte der Menschheit abhob, stand John T. Daniels direkt daneben und hielt mit seiner Kamera drauf. Es entstand ein für diese Zeit erstaunlich scharfes Schwarzweißfoto dieses historischen Ereignisses.

Als am 02. Mai 1975 meine Mutter 24 Jahre alt wurde, stand mein Großvater direkt daneben und hielt mit seiner Kamera drauf. Es entstand ein für seinen Alkoholpegel erstaunlich scharfes Farbfoto dieses deutlich weniger historischen Ereignisses.

Irgendwo zwischen diesen beiden Ereignissen steckengeblieben: die Beratungsbranche. Zumindest wenn man ihren Internetseiten, Broschüren und LinkedIn-Profilen glaubt: hüben wie drüben Schwarzweißfotografie wie zu Zeiten der Wright-Brüder.

Im Gerhard-Schröder-Gedächtnis-Look sitzen die Seniorberater brionibeanzugt und manschettengeknöpft im Licht der alten Meister mit ernstem Gesichtsausdruck, wahlweise superernst in die Kamera oder schicksalsschwanger in eine ›spannende‹ Zukunft blickend, in dem festen Glauben, Schwarzweißfotografie wirke irgendwie edel, seriös und arriviert. Und verströmen den Mief einer, sagen wir wie's ist: Beerdigung in besseren Kreisen, wie Loriot sie nicht hätte passender parodieren können. Aschgrau, Steingrau, Mausgrau ...

Armin Laschets Tinder-Foto

Aber wirkt Schwarzweiß tatsächlich edel und arriviert? Vermittelt ein Mensch Seriosität, Ernsthaftigkeit, Charakter, Persönlichkeit, Authentizität undsoweiterundsofort, nur weil er seinen Fotos die Farbe aussaugt wie Dracula der Jungfrau das Blut?

Diese Praxis kennen wir aus der Politik. Klar, ein Armin ›Und darauf können Sie sich verlassen‹ Laschet sieht in Schwarzweiß attraktiver aus als in Farbe (der Tinder-Effekt). Bei Christian ›Ich bremse nur für Schulden‹ Lindners FDP ist das Schwarzweiß ein absolut notwendiger Augenschmeichler neben dem psychedelisch-durchgedrehten Magenta-Gelb-Cyan-Allerlei. Und Olaf ›Olaf Scholz‹ Scholz, nun ja, würde man in Farbe erst gar nicht wiedererkennen.

Aber mal Hand auf's Beraterherz: Stellen Sie sich mal vor eines dieser nichtssagenden Schwarzweiß-Plakate, sehen Sie dem abgebildeten Politiker ins photogeshoppte Gesicht und stellen sich die Frage: Glaube ich dem? Würde ich dem das Schicksal meines Unternehmens anvertrauen? Oder wirkt er auf mich einfach nur prätentiös, wenn nicht gar eitel?

Da geht die Herzfrequenz gegen Null

Dass sich Beratungsunternehmen Gedanken über ihre Außenwirkung machen, liegt in der Natur der Sache. Seriosität, Vertrauenswürdigkeit, Expertise und Ernsthaftigkeit sind für sie keine hohlen Buzzwords, sondern geradezu Daseinsberechtigung. Umso wichtiger ist es, dass man sie nicht durch längst überholte Gewohnheiten konterkariert.

Es sei darauf hingewiesen, dass sich seit dem vergangenen Jahrtausend viele Konventionen verschoben haben. Vor allem sind durch neue Techniken (ich sag nur: Retinadisplay) die Sehgewohnheiten andere geworden. Und da wirkt, wer sich auf einem Bildschirm, der 16,7 Millionen Farben anzeigen könnte, in 256 Grautönen darstellt, nicht modern, nicht innovativ, sondern wie ein wandelnder Toter. Ein Dinosaurier, der noch nicht weiß, dass seinesgleichen vor ein paar Jahrhunderten ausstarb, während die Konkurrenz in lebensbejahendem Bunt dem Betrachter Lust auf ein Kennenlernen macht.

Also: Treten Sie ins Licht der Gegenwart, schütteln Sie den Staub ab und zeigen Sie sich der Welt in Ihrer vollen Farbpracht. Andernfalls seien Sie wenigstens so konsequent und lassen sich direkt in Öl malen – wenn schon aus der Zeit gefallen, dann doch bitte richtig!

Ein frischer Haufe – Das können Sie vom Relaunch beim Seminaranbieter lernen

Wer sich erfolgreich weiterentwickelt, will das auch zeigen. Was für frisch getrennte Frauen die Frisur ist für Beratungsunternehmen die Website: Die alten Zöpfe müssen ab. Wie das Ganze gelingen kann, zeigt vorbildlich die Haufe Akademie. Und Kollege Saathoff in diesem Text.

Wer seine Website liebt, mistet regelmäßig aus

Ich stelle mir den Musikgenuss von Liebhaberinnen und Liebhabern klassischer Musik so vor, dass sie sich zum neuen Album von Paganini oder so eine ›schöne Flasche Wein‹ aufmachen, einen trockenen Roten meinetwegen, der passt zu Bachs ›Der Geist hilft unser Schwachheit auf‹, oder zu Telemanns ›Fein säuberlich müsst ihr verfahren‹ einen perligen Chardonnay, sich in ihren Lounge Chair von Vitra plumpsen lassen, am Wein nippen und mit geschlossenen Augen der Musik lauschen, vielleicht mit der Hand, die nicht das Weinglas hält, ein unsichtbares Orchester dirigierend. So in etwa muss es sein. Hauptsache, der Wein ist schön korkig.

Ich mag klassische Musik durchaus, verstehen Sie mich nicht falsch. Vor allem Motetten haben es mir angetan, wohl das behäbigste, was es auf dem Musikmarkt so gibt, aber für das ›Spem in alium‹ von Thomas Tallis lasse ich jedes Kanye West-Album links liegen.

Zurück zur Klassik: Ich interessiere mich ja eher für Design.

Design besteht wie klassische Musik aus diversen einzelnen Elementen, die im Zusammenspiel Wohlklang oder Kakophonie ergeben. Ich war zum Beispiel mal zu Peer Gynt in der Laeiszhalle, es war zum Einschlafen langweilig. Das Problem eines verbeamteten

Orchesters, meinte mein Kumpel zu mir. Ähnliches begegnet mir auf Beratungswebsites häufig: Als hätten Beamte eine Internetseite gestaltet und den Beweis erbracht, dass man alles richtig machen und am Ende doch nur Langeweile erzeugen kann.

Oder man stelle sich vor, mitten in ›Puccini‹ von Tosca schrubbt eine Bratsche ein hohes C statt eines niedrigen. Jedem Zuhörer drehen sich sofort die Fußnägel auf Rot! Für mich ist das so als wenn auf einer gut gemachten, modernen, freundlichen, farbenfrohen Website ein Schwarzweißfoto verwendet wird (mehr dazu in ›Fear the Walking Dead‹). Grauenhaft!

Oder würde man statt einer Trompete einfach eine Oboe einsetzen, vielleicht weil man gerade keine Trompete zur Hand hat oder man Oboen einfach lieber mag. Im Design wäre das zum Beispiel eine Serifenschriftart, wo eigentlich eine Serifenlose sein müsste. Und Nein: Das ist ***keine*** Geschmacksfrage! Es gibt Regeln. Regeln!

Wenn Profis ans Werk gehen

Während also der Klassikliebhaber liebhabend »Ach ja, das Klavierquintett opus post. 114 – D 667 in A-Dur« schwärmt und seinen Kopf sanft von links nach rechts wiegt, sind es bei mir eher Sätze wie »Schön gesetzt, die Neurial« oder »Wie aufregend, die Calicanto«, und meine damit die Schriftart, die der kundige Gestaltende an der richtigen Stelle einsetzt wie eine Chrysanthemenblüte im Ikebana-Gesteck.

Jetzt ist es so, dass klassische Musik außerhalb von Schulaulas in der Regel von Profis gespielt wird. Vom Design kann man das leider nicht sagen. Da setzen sich Menschen an die Bratsche, die noch nicht mal Noten lesen können, aber denken: »Was der da kann, das kann ich schon lange. Und billiger ist es auch!«

Anders scheint man bei Haufe draufgewesen zu sein, denn deren Relaunch, der schon ein bisschen her ist, trägt sehr viel Schönes in sich. Was ungewöhnlich ist, da die Beziehung von Seminaranbietern zu gutem Design eigentlich ungefähr dieselbe ist wie die von BMW-Fahrern zum Blinker: Man kommt nur äußerst selten in Kontakt. Das führt zu Websites mit dem Charme von Telefonbüchern und Seminarprogrammen, die Lust machen, mal wieder ›Bonjour Tristesse‹ zu gucken.

So war es viele Jahre auch bei Haufe.

Dann kam der Relaunch, den man bei Haufe ganz passend ›Fresh-up‹ nennt, und man hat das vermeintlich Unmögliche geschafft, nämlich an den richtigen Dingen festzuhalten und die falschen über Bord zu werfen statt wie üblich andersrum. Man hat die Fenster geöffnet, den Mief rausgelassen und sehr, sehr viel frische Luft herein.

Die neue Website ist hell, freundlich, gut strukturiert (was gerade bei einem solch riesigen Laden, der auf so vielen Themengebieten unterwegs ist, sehr schwer ist), man lenkt durch zurückhaltende Infografiken die Aufmerksamkeit vorsichtig aber sicheren Tritts in die richtige Richtung. Die organischen Formen, die subtil über die Einzelseiten verteilt sind, verursachen trotz Informationsflut das Gefühl von Leichtigkeit. Das angestaubte Seriös-Blau wich einem frischen Modern-Blau, womit Haufe beweist, dass Grau-Blau nicht immer des Langweilers ist (mehr dazu in ›Fifty Shades of Blaugrau‹), wenn man denn frohen Mutes voranschreitet, statt sich seiner Angst vor dem Herausstechen zu ergeben (mehr dazu in ›Das unauffällige Beraterlein – Wer keinen Mut hat, geht unter‹).

Profi-Tipp: Die Dinge einfach mal durchdenken!

Was mich auch sehr freut ist die Tatsache, dass man offensichtlich ebenso wenig Angst vor langen Seiten hat. Allzu oft begegnet uns die Befürchtung mancher Kunden, dass man auf ihren Seiten vielleicht zu viel scrollen müsste. Was, verzeihen Sie mir, einfach Quatsch ist – Scrollen ist im Netz ein ungefähr genauso natürlicher Vorgang wie auf einen Link zu klicken. Bei modernen Geräten brauchen Sie nicht einmal mehr eine Maus, sondern nutzen Ihren Finger. Wer sich vom Scrollen überfordert fühlt, hat im Internet bestimmt auch sonst nicht viel Freude!

Vor allem bei der Haufe Akademie fällt auf, wie durchdacht das Ganze ist. Das Design folgt (Raymond Loewys Aussage ›Form follows Function‹ folgend) einer klug durchdachten Seitenstruktur und Informationshierarchie (mehr dazu in ›Ruf! Mich! An! (Oder halt nicht ...)‹), beziehungsweise geht beides sehr schön Hand in Hand, wodurch man bei einem schier unübersichtlichen Seminarangebot an keiner Stelle den Eindruck von Verlorensein hat, was auf Websites von diesem Umfang schnell passiert.

Sie merken es: Ich bin ganz begeistert. Ist es die beste Internetseite, die ich je gesehen hab? Natürlich nicht. Aber für die Branche muss man sagen: Das ist ganz großes Damentennis! Offenbar hat man bei Haufe meine Kolumnen sehr eifrig gelesen. Oder das Training ›Webseiten-Relaunch – Step by Step‹ im eigenen Haus gebucht. Oder sich eine gute Agentur gesucht. Oder was auch immer.

Ihnen, werte Leserin, werter Leser, kann ich drei Learnings mit auf den Weg geben:

1. Schneiden Sie sich davon eine große Scheibe ab.

2. Siehe 1.

3. Siehe 2.

Bleiben Sie gesund und munter, wir sprechen dann im nächsten Monat über Ihre Fortschritte.

Ein cadenabbiablauer Strauß leerer Worte – das neue Design der #Deutschlandpartei

In der letzten Folge unseres kleinen kreativen Kamingesprächs haben wir festgestellt, dass die Haufe Akademie vieles richtig macht. Der deutschen Consultants zweitliebste Partei geht den diametral entgegengesetzten Weg. Wir müssen über das missratene Redesign der CDU reden und was Sie bei Ihrem nächsten Fresh-up unbedingt besser machen müssen!

Der kleine Timmy freut sich über die neue Halfpipe

In einem meiner Lieblingsbücher, ›Die Welt der Farben‹ von Kassia St. Clair, finden sich im Kapitel ›Blau‹ Ultramarin, Kobalt, Indigo, Preußischblau, Ägyptischblau, Waid, Elektrisches Blau und Himmelblau. Jetzt ist es so, dass ›Die Welt der Farben‹ nicht den Anspruch der Vollständigkeit an sich stellt, schließlich gäbe es da noch Azur, Lapislazuli, Cerulean oder Yves Klein-Blau.

Aber ›Rhöndorf-Blau‹ wäre wohl auch in einem an Vollstand interessierten ›Lexikon der Farben‹ nicht zu finden. ›Rhöndorf-Blau‹ haben sich die Schlawiner von der CDU ausgehirnt. Es ist ein sehr, sehr gedecktes Blau, das man nach dem Wohnort von Konrad Adenauer und der Rhöndorf-Konferenz von 1949 benannte. Warum? Ist halt so. Wegen Adenauer halt, der war ja auch CDU. Noch Fragen?

Und zu diesem extremgedeckten Blau gesellt sich ein atemfrisches Türkis, das an Zahnarztpraxis anno 1988 erinnert und das man in obenstehender ›Logik‹ nach dem Lieblingsurlaubsort von Adenauer und dem momentanen Konferenzort der CDU-Grundsatzprogrammfindungskommission ›Cadenabbia-Türkis‹ taufte. Ernsthaft!

Das Video der offiziellen Pressekonferenz zum neuen Auftreten der »AfD mit Substanz« (Friedrich ›Brandmauer‹ Merz) fängt schon mal superdynamisch an: ganze drei Minuten und zehn Sekunden sagt uns eine Grafik, dass es gleich losgeht. In der Zeit hätte ich statt zu warten auch ›Florida Lady‹ von Frauenarzt & Manny Marc feat. Alexander Marcus hören können. Sei's drum. Und dann beginnt »Unser starkes Zeichen. Für die Erneuerung. Für den Zusammenhalt. Für die CDU.« Echt jetzt? Es geht um zwei an Langeweile nur von Hell- und Dunkelgrau zu übertreffende Blautöne, Ihr habt nicht die Lösung für den Welthunger oder die kalte Fusion gefunden! Geht's vielleicht auch eine Nummer kleiner? Ein Journalist gähnt. Irgendwo fällt ein Sack Reis um. Für die CDU. Für Deutschland. Für die Erneuerung.

Hundert Punkte beim Bullshit-Bingo

Es folgt ein 25-minütiges Bullshit-Bingo mit so klingenden Phrasen, wie ›Nach vorne‹, ›Modernität‹, ›Optimismus‹, ›Dynamik‹ et cetera ad absurdum. Als könne man all diese Eigenschaften einfach in das Design hineinlabern wie in ein Diktiergerät. In der CDU ist man noch auf dem Stand des Nürnberger Trichters, scheint's. Aber seit Friedrich ›Mir graut vor dir‹ Merz das Ruder übernommen hat, geht es ja eh mit Vollgas zurück in der Zeit.

Das Deutschlandflaggen-Gelb und das Kauderwelsch-Türkis beißen sich auf dem Mikrofon, an dem sich Linnemann festhält wie ein Ertrinkender im Ozean der Worthülsen. »Das ist entscheidend«, sagt er und ich weiß nicht, was er meint, weil ich kurz eingeschlafen war. »Für die Marke, für das Logo, ist hier das Deutschlandbild entscheidend.« Kraweel, Kraweel, trübtauber Hain am Musenginst!

Jetzt also Röhmputsch-Blau und Klipperklapper-Türkis. Der CDU-Schriftzug zukünftig nicht mehr in Rot, sondern ganz dynamisch in der Zukunft zugewandtem Schwarz. Den drei Buchstaben links nebengestellt ist eine Art Rollstuhlrampe in den Deutschlandfarben, die man sich vor lauter Ideenlosigkeit einfach beim BDU gemopst hat. Für Deutschland. Für den Humor. Die verwendete Schriftart ›Inter‹ gehört übrigens zu den zehn populärsten und meistgenutzten Google-Fonts, nur mal so am Rande. Vielleicht nicht schlecht für eine Volkspartei? Vielleicht aber auch dumm, mag das auf manchen auswechselbar wirken? Ach, wer weiß das schon!

Genug gelästert. Über Logos mit Schwung nach oben haben wir schon geredet (mehr dazu in ›Das Kreuz mit dem Pfeil‹), ob seriös gleich langweilig gleich blaugrau sein muss ebenfalls (mehr dazu in ›50 Shades of Blaugrau‹) und über die Lästigkeit einer phrasenlastigen Komminukation sowieso (mehr dazu in ›Holleri du Diarrhö – Aphorismen-Durchfall im Busniess-Netzwerk‹). Es ist wie in einer Beuys-Ausstellung: Viele Näpfe voller Fett im Raum. Warum nur stampft die CDU mit traumwandlerischer Sicherheit in jeden einzelnen davon?

Drei Fehler, sie zu knechten

Drei Fehler sind es, die diesem Desaster zugrunde liegen:

1. Die Angst vor der eigenen Courage. Während der Parteivorstand sich redlich müht, den politischen Gegner immer und immer wieder anzugreifen, voll auf Attacke setzt, entscheidet man sich als optische Untermalung der Aggressivrhetorik für die

Farbpalette einer Packung Damenbinden. Warum? Weil man niemanden vergrätzen, auf keinen Fall irgendwo anecken will. Der kleinste gemeinsame Nenner wurde gesucht und gefunden. Finden Sie mir einen Menschen, der zu einem maximalgedeckten Blau sagt: »Iiiih, das ist ja hässlich!« – und Sie kriegen fünf Mark von mir.

2. Der Zeitpunkt war vollkommen falsch gewählt. Die CDU gibt sich gerade ein neues Grundsatzprogramm. Warum hat man das nicht abgewartet? Dann hätte man etwas gehabt, das die Marschrichtung für die nächsten Jahre vorgibt, das eine Art Schirm ist, unter dem sich alle treffen können. Ein neues Corporate Design hätte das schön nach außen tragen und optisch unterstützten können. Stattdessen wollte man möglichst schnell etwas präsentieren, das von der anderortigen Inhaltsleere ablenkt. Was Oliver Kalkofe ganz richtig kommentieren ließ: »Man hat kein Programm und keine Idee, aber man hat drei neue Farben präsentiert.«

3. Man hat sich keine Zeit genommen. Die Agentur (GURU Hamburg, deren Partner Marcus Weinberg ein früherer CDU-Landesvorsitzender ist, auch nur mal so am Rande) hatte offensichtlich keine Zeit, die Partei, ihre Ziele, Leitbilder und Inhalte (so denn überhaupt schon vorhanden) kennen zu lernen. Es entstand ein Corporate Design, das alles andere als einzigartig und wiedererkennbar, sondern maximal austauschbar ist, in ein Auge rein und aus dem anderen Auge wieder rausgeht und auf dem Weg dazwischen nichts hinterlässt. Bei der CDU herrscht offenkundig die falsche Annahme von Design, dessen Aufgabe darin bestünde, einfach nur ›gut‹ auszusehen. Nein, ein gutes Design ist immer auch zumindest Image-, im Idealfall aber auch Inhaltsträger. Es ergänzt Texte und Fotos um ein wichtiges Element, nämlich den formgebenden Rahmen.

Dass die Mädels im Konrad-Adenauer-Haus selbst gemerkt haben, dass da einiges nicht ganz ideal gelaufen ist, beweist das Phrasengeballer in oben erwähntem Video inklusive einer Unzahl abwaschbarer lizenzfreier Stock-Videos, in denen ganz viel gelächelt wird. Gucken Sie es sich ruhig mal an. Sie werden sehen: Man kann 25 Minuten reden ohne etwas zu sagen. Und das ist doch auch mal was. Für Deutschland. Für den Erfolg. Für die Katz.

Kapitel 3: Consulting und Wettbewerb

Wettbewerb belebt das Geschäft, weiß eine ausgelutschte Phrase zu vermelden. Dabei mag das für die Gesamtheit des Marktes oder einer Branche durchaus richtig sein – den einzelnen Marktteilnehmer hingegen setzt das nur unnötig unter Druck.

Wie man sich dem Wettbewerb zu stellen hat und diesen für sich sogar klug zu nutzen weiß, davon handelt dieses Kapitel. Zum Beispiel geht es um die diversen Hinkelsteine, die einem eine Fusion verleiden können genauso wie um die Mitbewerber selbst, von denen Sie sich durchaus etwas abschauen können.

Dirk Lippold zeigt Ihnen zum Beispiel, dass Fusionen häufig schiefgehen – was sie freilich nicht müssten. Darüber entscheiden weniger die nackten Zahlen, Daten, Fakten, sondern die weichen Faktoren. Ein Beispiel ist die missglückte Fusion von Roland Berger und Deloitte … aber lesen Sie selber.

Marketingmensch Wolfram Saathoff nähert sich dem Wettbewerb von der anderen Seite und schält heraus, dass viele Unternehmensberatungen einfach zu viel Ballast an Bord mit sich tragen. Und wie sich auch kleine Beratungshäuser im Marketing gegen die ganz Großen behaupten können.

Warum Fusionen im Prüfungs- und Beratungsbereich so riskant sind

In der Welt der Prüfung und Beratung stellen erfolgreiche Merger eine Ausnahme dar - die meisten Unternehmenszusammenschlüsse gleichen einem Tanz auf der Rasierklinge. Diese Beobachtung macht unser Kolumnist Prof. Dirk Lippold und erläutert häufige Gründe für das Scheitern und erfolgversprechende Strategien für eine glückliche Ehe zweier Häuser.

Die Fusion von Daimler und Chrysler gilt heute noch branchenübergreifend als Paradebeispiel für einen missglückten Zusammenschluss und wurde 2007 rückgängig gemacht. Im Bild der damalige DaimlerChrysler-Chef Dieter Zetsche (re.), John W. Snow, Vorstandsvorsitzender von Cerberus Capital Management (mitte) und Tom W. LaSorda, Vorstand für das Geschäftsfeld Chrysler, vor einer Pressekonferenz am 14. Mai 2007. (Bild: picture alliance / ASSOCIATED PRESS | MYRIAM VOGEL)

Unternehmenszusammenschlüsse haben immer Hochkonjunktur. So hat Accenture in der jüngsten Zeit allein in der Dach-Region 14 Unternehmen übernommen. In kaum einer Branche wird so viel fusioniert wie im Prüfungs- und Beratungsbereich. Auch die Big Four der Wirtschaftsprüferbranche (PwC, EY, KPMG und Deloitte) sind nicht nur durch organisches Wachstum zu ihrer Marktposition gekommen, sondern hauptsächlich durch etappenweise Fusionen beziehungsweise Zukäufe.

Beispielsweise entstand aus dem Zusammenschluss von Ernst & Whinney und Arthur Young das weltweite Netzwerk von EY (Ernst & Young), dem sich in Deutschland die Schwäbische Treuhand AG (Schitag) aus Stuttgart anschloss. Allein die Schitag wiederum setzte sich hierzulande bereits zuvor aus mehr als zehn Wirtschaftsprüfungsgesellschaften zusammen. Im September 2002 fusionierte schließlich die deutsche Landesgesellschaft von Arthur Andersen mit Ernst & Young. Eine ähnliche Fusionsgeschichte haben PwC, KPMG und Deloitte (siehe Abbildung).

„Big Eight" 1980er Jahre	„Big Six" 1990er Jahre	„Big Four" ab 2001
Ernst & Whinney		
	Ernst & Young	
Arthur Young		
		Ernst & Young (EY)
Arthur Andersen	Arthur Andersen	
Peat Marwick International	KPMG	KPMG
Deloitte, Haskins & Sells		
	Deloitte & Touche	Deloitte
Touche Ross		
Price Waterhouse	Price Waterhouse	
		PwC
Coopers & Lybrand	Coopers & Lybrand	

Fusionen gleichen Tanz auf der Rasierklinge

Diese – zumindest nach außen hin – erfolgreichen Merger sind allerdings die Ausnahme, denn die meisten Unternehmenszusammenschlüsse in Prüfung und Beratung gleichen einem Tanz auf der Rasierklinge. Mehr als zwei Drittel der angestrebten Fusionen – so sagen es die Statistiken – werden nämlich ein Misserfolg. Anstelle der erhofften Wertsteigerung kommt es überwiegend zu Wertvernichtung und Rentabilitätseinbußen. Doch das ist nicht neu. Angesichts des hohen Misserfolgsrisikos von Fusionen und Übernahmen findet sich in der Literatur eine Vielzahl von Schriften, die versucht, kritische Erfolgsfaktoren zu identifizieren und Maßnahmen zur Verbesserung der Erfolgschancen vorzuschlagen. Auch das ist bekannt.

Drei Erklärungscluster

Neu sind aber vielleicht die Erkenntnisse (und möglichen Stellschrauben), die dann sichtbar werden, wenn man die unzähligen Erfolgs- und Misserfolgsfaktoren aus der

Literatur nach den drei wesentlichen Erklärungsschwerpunkten ordnet beziehungsweise zusammenfasst:

- **Faktorencluster Strategie.** Das sind die Faktoren, die auf die (richtige oder falsche) Strategie als Erklärungsansatz abzielen. Die Aufmerksamkeit liegt hier auf die rationale Auswahlsystematik und -begründung während der Aktivitäten im Vorfeld des formalen Vertragsabschlusses (Pre-Merger-Phase).
- **Faktorencluster Integrationsprozess.** Dieser Erklärungsansatz hebt die nach dem Vertragsabschluss (Post-Merger-Phase) praktizierten Gestaltungshandlungen hervor und zielt auf den Erhalt der Leistungsfähigkeit und -bereitschaft der beteiligten Unternehmen ab.
- **Faktorencluster Unternehmenskultur.** Der dritte Erklärungsansatz fasst alle Faktoren zusammen, die mit der Unternehmenskultur zusammenhängen. Im Mittelpunkt steht dabei die Bedeutung der jeweils vorherrschenden Arbeitskultur im Sinne der von allen Mitarbeitern geteilten Werthaltungen, Normen und Verhaltensmuster.

Diese drei Erklärungsansätze sind in ihrer Bedeutung beziehungsweise Auswirkung allerdings nicht gleichrangig zu sehen.

Vordergründige Erklärungen für den strategischen Fit

Beginnen wir mit dem Erklärungsansatz, der die Strategie in den Mittelpunkt stellt. Hier geht es um den angestrebten strategischen „Fit" – also um Verbundeffekte (economies of scope), um Größenvorteile im Absatzbereich (economies of scale), um höhere Geschwindigkeiten bei Markteintritt und -durchdringung (economies of speed) sowie um Know-how-Zuwächse bzw. „Skill-Effekte", welche die Innovations- und Wettbewerbsfähigkeit der beteiligten Unternehmen stärken (sollen). In den allermeisten Fällen werden diese Erklärungsmuster, die man auch unter dem Begriff „Synergie-Effekte" zusammenfassen kann, den M&A-Transaktionen zur Rechtfertigung und Plausibilität im Nachhinein „untergeschoben". Dies gilt insbesondere dann, wenn hinter den Transaktionszielen ausschließlich Motive des Managements der fusionierenden Unternehmen stehen.

> Andere Stakeholder-Gruppen wie Arbeitnehmer, Gewerkschaften, Gläubiger, Lieferanten oder Kunden, die ebenfalls nachhaltig beeinflusst werden können, werden dann mit diesen vordergründigen Erklärungen abgespeist.

Dies gilt umso mehr, wenn die wahren Motive der angestrebten Transaktion reines Machtstreben der Akteure sind (DaimlerChrysler lässt schön grüßen). Schiere Größe muss mit Erfolg nicht identisch sein. Statistisch gesehen wachsen kleine und mittlere Unternehmen schneller und schaffen mehr Arbeitsplätze als große. Größe sollte also nicht nur begründet, sondern es sollten auch die Nachteile der Größe gegengerechnet werden. Insbesondere die verantwortlichen Aufsichtsräte sind hier gefordert.

Mehrwert durch Austausch von Ressourcen

Der Erklärungsansatz, der sich mit den Faktoren rund um den Integrationsprozess befasst, setzt am anderen Ende der Fusionsphasen an. Im Gegensatz zu den beiden anderen Erklärungsclustern sind die Faktoren, die den Integrationsprozess bestimmen in aller Regel recht gut einschätzbar und in vielen Post-Merger-Integration-Prozessen (mit und ohne Beraterunterstützung) erprobt worden. Damit bringen sie auch kaum große Überraschungen mit sich. Im Vordergrund stehen dabei Prozesse der effektiven Kommunikation, der Kompetenzverteilung, der IT-Ausstattung et cetera.

Der Mehrwert einer Fusion wird demnach in der Post-Merger-Phase durch den Austausch von Ressourcen zwischen den Fusionspartnern begründet.

Kommen wir zum dritten und wohl wichtigsten Erklärungsansatz, der die Erfolgs- bzw. Misserfolgsfaktoren im Zusammenhang mit den Unternehmenskulturen der beteiligten Unternehmen in den Mittelpunkt stellt. Die Unternehmenskultur umfasst die von einer Gruppe gemeinsam vertretenen grundlegenden Überzeugungen, die das Denken, Handeln und Empfinden von Führungskräften und Mitarbeitern maßgeblich beeinflussen und die insgesamt typisch für das Unternehmen sind (innere Haltung).

Diese grundlegenden Überzeugungen beeinflussen die Art, wie die Werte nach außen gezeigt werden (äußere Haltung). Gleichzeitig sind sie maßgebend für die Verhaltensregeln („so wie man es bei uns macht"), die an neue Mitarbeiter und Führungskräfte weitergegeben werden und die als Standards für gutes und richtiges Verhalten gelten. Dazu gehört zum Beispiel das Entscheidungsverhalten:

Haben die Mitarbeitenden große Entscheidungsspielräume, die sie auch nutzen, oder bestimmen Absicherung und Kontrolle die Zusammenarbeit?

Agiert das Management eher kostengetrieben oder gewinnorientiert?

Und besonders wichtig: Wie werden Mitarbeitende geführt? Steht Vertrauen, Begeisterung und Offenheit an erster Stelle oder hat Kontrolle, Vergleich und Ranking die höchste Priorität?

Solche und weitere Merkmale können einer Organisation entsprechende Wettbewerbsvorteile verschaffen.

Im Umfeld eines Mergers besteht jedoch die Gefahr, dass die Mitarbeitermotivation und damit die Produktivität einbrechen. Starke Verunsicherung („Was passiert mit mir?"), Misstrauen gegenüber den Mitarbeitenden des anderen Unternehmens und ein Gefühl von Kontrollverlust werden zum täglichen Begleiter während der Merger-Phase. Bei den Mitarbeitenden des vermeintlich „schwächeren" Unternehmens kann ein Gefühl von Unterlegenheit aufkommen.

Diese Emotionen führen dazu, dass sich die Mitarbeitenden nur noch mit sich selbst beschäftigen – das operative Tagesgeschäft und besonders die Kundenbeziehungen werden zweitrangig.

Im Extremfall kommt es zur inneren oder tatsächlichen Kündigung. Werden kulturelle Unterschiede nicht berücksichtigt, kann dies zu Widerständen und Konflikten führen, die den Integrationsfortschritt behindern oder gar zum Stillstand bringen.

Marketing zum Hirnverbiegen? – Das können Sie von McKinsey & Co. lernen

Was für den Unterricht in der Schule gilt, gilt auch im Beratermarketing: Wer die Menschen nur mit trockenen Zahlen, Daten und Fakten langweilt, darf sich nicht wundern, wenn der Titel ›Lehrkraft des Jahres‹ an die Lehrerin mit dem hübschesten Ausschnitt geht. Das wissen auch die ›Big Four‹ und machen es klüger als viele kleine Beratungshäuser.

Wohl zu viel Ballast an Bord: Das typische Beratermarketing (Abbildung ähnlich)

Laaaange bevor Christoph Kolumbus als Fernseh-Detektiv Karriere machte, war er Eroberer. Zu dieser Zeit, wir reden über das 15. Jahrhundert, gab es nur einen Landweg nach Indien, was ein wenig ungeil war, weil man damals deutlich länger als heute auf seinen bei Alibaba bestellten Billigmist aus Fernost warten musste. Also dachte sich der Eroberer mit der schicken Mütze und dem weniger schicken Doppelkinn, dass es da doch vielleicht andere Möglichkeiten des nach-Indien-und-wieder-zurück-Reisens geben müsste. Das Flugzeug war damals genauso Science Fiction wie heute der Wasserstoffantrieb für PKWs, aber Christian ... äh ... Christoph Kolumbner war superclever und dachte technologieoffen, weswegen er auf die Idee kam, das Unterfangen per Schiff zu begehen.

Jetzt war er leider von nur sehr mäßigem Reichtum und musste für sein Vorhaben Gelder einsammeln. Es gab damals noch kein Internet, also weder Gratispornos noch Crowdfunding, weshalb der gewiefte Italiener sich an Königin Isabella von Kastilien wandte, die seinem Vorhaben durchaus offen gegenüberstand.

Leider ging es nicht komplett nach ihr, sondern ein extra einberufenes Komitee prüfte seine Pläne und war nach einigem Hickhack am Ende nur so halbwegs überzeugt. Man stattete ihn nur mit einem überschaubaren Budget aus, von dem er sich die drei Schiffe kaufte, die er sich gerade so leisten konnte und deren Namen wir alle in der Schule auswendig lernen mussten: Kaspar, Melchior und Balthasar.

Ist mal wieder PowerPoint Schuld?

Die Präsentation, die er besagtem Gremium hielt, ist leider nicht überliefert, deshalb weiß ich nicht, ob PowerPoint (mehr dazu in ›Leider ungeil: Über den Einsatz von PowerPoint im Consulting‹) oder ähnlich gruseliges Werkzeug zur Anwendung kam. Wäre Kolumbus aber ein Unternehmensberater gewesen – ich ginge jede Wette ein, es scheiterte an zu komplizierten oder komplett überflüssigen Schaugrafiken.

Um es kurz zu machen: Wenn Sie nicht gerade eine Doktorarbeit zum Thema ›Charakterisierung von KCNQ-Kaliumkanälen und ihren β-Untereinheiten‹ schreiben, verzichten Sie auf Schaugrafiken!

In den Publikationen, die mir vonseiten der Unternehmensberatungen aller Couleur so auf den Schreibtisch segeln, erfüllen Schaugrafiken eine von zwei Aufgaben: Erstens Wissenschaftlichkeit vorzugaukeln oder zweitens total komplizierte Texte verstehbar zu machen, was in aller Regel komplett misslingt, weil auch die Schaugrafiken total kompliziert sind. Womit wir auch schon bei einem sehr wichtigen Punkt wären: Wenn Sie eine Schaugrafik benötigen, um einen Text verständlicher zu machen, ist der Text schlecht. Schreiben Sie ihn neu! Umgekehrt gilt dasselbe: Wenn Sie einen Text brauchen, um eine Schaugrafik zu erklären, ist die Schaugrafik schlecht. Machen Sie sie neu!

Überlassen Sie das Schlumpfen Herrn Scholz

Grundsätzlich neigen Beratungshäuser im Marketing zu einer gewissen kommunikativen Schlaubischlumpfigkeit. Die führt dann dazu, dass Texte auf Websites oder in Broschüren an der Leserschaft vorbei geschrieben werden, die sich weniger für fachliche Tiefe interessieren, sondern die eher die Frage umtreibt, ob jemand zum Beispiel zu ihnen passt. Die entscheidende Frage ist weniger: »Kann sie oder er das?«, sondern: »Kann ich mir vorstellen, mit ihm oder ihr zusammen zu arbeiten?« Sympathie, Offenheit, Authentizität sind deshalb im Beratungsmarketing längst keine hohlen Buzzwords mehr, sondern immer öfter Voraussetzung für das Zustandekommen eines Auftrags. Dass Sie gut sind in dem, was Sie machen, wird vorausgesetzt. Wenn Sie es schaffen, komplexe Zusammenhänge in kurze, knackige Sätze zu gießen – um so besser! Wenn nicht, lassen Sie es lieber sein.

Tatsächlich versuchen jedoch immer noch viele Consultants und Consultantinnen, Unterscheidbarkeit am Markt durch fachliche Tiefe herzustellen, weswegen sich ihre Websites, Unternehmensbroschüren oder LinkedIn-Profile ähnlich ermüdend lesen wie oben erwähnte Dissertation. Nebst hirnverbiegenden Schaugrafiken ohne Mehrwert. Das ist durchaus verständlich – sie sind Experten und wollen ihre Expertise ins Schaufenster stellen. Übersehen dabei aber, dass sie die Aufmerksamkeit ihrer Leserin oder deren männlichen Pendants damit arg strapazieren.

Gucken Sie sich doch mal die Websites der Branchenprimusse (-primae? -primaten?) an: McKinsey, PwC, Roland Berger et cetera ad infinitum … Unternehmen, die mit Zahlen, Daten und Fakten nur so um sich schmeißen könnten – sie tun es nicht. Stattdessen kurze, leicht zu konsumierende Texte, deren Sinn weniger die Weitergabe von nackten Informationen als vielmehr von Emotion ist: Hier sind Sie richtig, wir wissen, was wir tun, wir verstehen Sie und Ihre Branche und so weiter. Sie können uns vertrauen!

Verstehen Sie mich bitte richtig, es geht nicht darum, Komplexität auf Biegen und Brechen zu vermeiden. Schreiben Sie einen Artikel für ein Branchenmagazin, ein Whitepaper oder ein Fachbuch, sind Komplexität und fachliche Tiefe ja durchaus gewollt. Im Marketing ist das anders – zu viel fachliche Information schreckt hier eher ab! Niemand zweifelt an Ihrer Kompetenz, ergehen Sie sich also nicht in Fachtiraden.

Consulting ist ein People Business! Beweisen Sie also, dass Sie nicht nur ein weiterer Zahlenfanatiker mit einem Master in Fachchinesisch sind. Oder, einfacher gesagt: Vermeiden Sie Komplexität, wo sie vermeidbar ist. Was ich jetzt auch tue, weswegen meine Kolumne hier

Warum die weichen Faktoren den Fusionserfolg im Consulting bestimmen

In kaum einer Branche gibt es so viele Unternehmenszusammenschlüsse wie im Prüfungs- und Beratungsbereich. Mehr als zwei Drittel der angestrebten Fusionen sind allerdings nicht von Erfolg gekrönt. Warum ist das so? Mit dieser Frage beschäftigt sich Professor Dr. Dirk Lippold in seinem Beitrag.

Am Anfang der meisten Fusionsüberlegungen steht ein **harter Faktor**: die Strategie! Es geht dabei um den angestrebten **strategischen „Fit“** – also um Verbundeffekte (economies of scope), um Größenvorteile (economies of scale), um höhere Geschwindigkeiten bei Markteintritt und -durchdringung (economies of speed) oder um Know-how-Zuwächse beziehungsweise Skill-Effekte.

In den allermeisten Fällen werden diese Erklärungsmuster, die man auch unter dem Begriff **Synergie-Effekte** zusammenfassen kann, den M&A-Transaktionen zur Rechtfertigung und Plausibilität im Nachhinein „untergeschoben“. Dies gilt insbesondere dann, wenn hinter den Transaktionszielen ausschließlich Motive des Managements der fusionierenden Unternehmen stehen.

Weiche Faktoren wichtiger

Solche harten Faktoren spielen im Hinblick auf den Erfolg der Fusion erfahrungsgemäß aber nur eine untergeordnete Rolle. Viel wichtiger ist der Umgang mit den **weichen Faktoren** und dies ist an erster Stelle die **Unternehmenskultur**. Schließlich ist Consulting ein People-Management.

> Ein sehr gutes Beispiel dazu ist der geplante Zusammenschluss der Beratungsgesellschaft **Roland Berger** mit dem Consultingbereich von **Deloitte**, der Ende 2010 am Widerstand der Partner von Roland Berger Strategy Consultants gescheitert ist.

Das Bündnis wäre nach Ansicht von Branchenexperten eine **Idealkombination** gewesen. Roland Berger hätte die Möglichkeit gehabt, seine Wertschöpfungskette um das Geschäftsfeld **Umsetzungs- und IT-Beratung**, das bislang unterentwickelt war, beträchtlich zu erweitern.

Zudem hätte das deutsche Unternehmen in den wichtigsten Beratungsmärkten USA, Großbritannien, China und Frankreich auf einen Schlag eine hervorragende Marktstellung erreicht. Gleichzeitig hätte Deloitte eine deutlich stärkere Ausrichtung im Bereich der europäischen **Strategieberatung** erzielen können.

Alles in allem also ein strategischer „Fit“, der im Consulting-Markt seinesgleichen gesucht hätte. Doch wenn zwei Unternehmen fusionieren, prallen jedes Mal unterschiedliche Unternehmenskulturen aufeinander.

Unternehmenskulturen verschmelzen

Die Unternehmenskultur gilt zwar als **weicher Faktor** – hat jedoch **harte Auswirkungen**: Das Scheitern einer Unternehmenszusammenlegung ist zumeist darauf zurückzuführen, dass es nicht gelungen ist, verschiedene Unternehmenskulturen harmonisch miteinander zu verschmelzen.

Starke **Verunsicherung** („Was passiert mit mir?"), **Misstrauen** gegenüber den Mitarbeitern des anderen Unternehmens und ein Gefühl von **Kontrollverlust** werden zum täglichen Begleiter während der Merger-Phase. Bei den Mitarbeitern des vermeintlich „schwächeren" Unternehmens kann ein Gefühl von Unterlegenheit aufkommen.

Diese Emotionen führen dazu, dass sich die Mitarbeiter nur noch mit sich selbst beschäftigen – das operative Tagesgeschäft und besonders die Kundenbeziehungen werden zweitrangig.

Im Extremfall kommt es zur inneren oder tatsächlichen Kündigung, wobei bekanntermaßen die besten Mitarbeiter das Unternehmen zuerst verlassen. Werden kulturelle Unterschiede nicht berücksichtigt, kann dies zu Widerständen und Konflikten führen, die den Integrationsfortschritt behindern oder gar zum Stillstand bringen.

Fusion unter Gleichen

Während solche Fusionen, bei denen die übernehmende Beratungsgesellschaft deutlich größer ist, meistens ohne große Reibungsverluste über die Bühne gehen, sieht es bei es bei einer Fusion unter Gleichen ganz anders aus. Hier sind Verunsicherung, Misstrauen und Kontrollverlust besonders groß und an der Tagesordnung.

Um solche Situationen der Verunsicherung zu vermeiden, sind grundsätzlich **drei Strategien der kulturellen Integration** denkbar:

- **Kulturpluralismus**, d. h. beide Kulturen bleiben nebeneinander bestehen.
  Man könnte, da wir es ja hier mit einer Art **„Hochzeit"** zu tun haben, auch von einer **„offenen Ehe"** sprechen. Beide Unternehmen können ihre Kulturwerte (z.B. Führungsstil, Entscheidungsverhalten, Gehaltsstruktur, Umgang mit Kunden etc.) aufrechterhalten. Jeder kann weiterhin im Rahmen der gemeinsamen Ziele relativ autonom agieren. Es handelt sich um eine ziemlich erfolgreiche Form des Zusammenschlusses, da die erforderlichen Veränderungen eher gering sind.
- **Übernahme einer Kultur**, in der Regel der des Käufers bzw. der des wirtschaftlich stärkeren Partners.
  Man kann auch vom Konzept der **„traditionellen Ehe"** sprechen. Um die Ziele des Zusammenschlusses zu erreichen, wird i.d.R. das übernommene Unternehmen dem Übernehmer angepasst. Der Erfolg des Mergers hängt hierbei entscheidend davon ab, ob das übernommene Unternehmen bereit ist, diese Art von „Ehevertrag" zu akzeptieren.
- **Symbiose der Kulturen** („Best of Both").
  Dies entspricht dem Konzept der **„modernen Ehe"**. Die Fusionspartner schätzen gegenseitig die Kompetenz und Fähigkeit des jeweils anderen Managements

hoch ein. Die beiderseitige „Integration" führt zu großen Veränderungen für beide Seiten. Dieser Fall setzt eine ausgesprochen hohe Integrationsfähigkeit voraus.

Doch wie realistisch beziehungsweise erfolgversprechend sind solche **„Kulturverordnungen"** eigentlich?

Bei der **traditionellen Ehe**, also bei der verordneten Übernahme der Kultur des Käufers, werden sich – eine starke Kultur des übernommenen Unternehmens vorausgesetzt – alle wirklich wichtigen Mitarbeiter „aus dem Staube" machen. Bei der **modernen Ehe** fehlen i.d.R. die Instrumente, die Transparenz und die Zeit, um die Kulturen so aufzudröseln, dass schlussendlich nur noch die Vorzüge beider Kulturen in der **Zielkultur** zum Tragen kommen.

Kulturen kann man nicht verordnen.

Bleibt schließlich noch die offene Ehe als – aus meiner Sicht – einzig realistische Strategie, denn Kulturen kann man nicht verordnen, sondern müssen (vor-)gelebt werden. Hier bleiben beide Kulturen (zunächst) nebeneinander bestehen.

Die Gefahr einer Auseinanderentwicklung besteht dann nicht, wenn man besonders wichtige Positionen zunächst doppelt besetzt, bis sich der endgültige Stelleninhaber „ausmendelt".

Dieses Vorgehen wurde beispielsweise bei der Fusion von Ernst & Young (heute: EY) und Arthur Andersen geprobt. Allerdings kann es hierbei geschehen, dass sich die (dann stärkere) Kultur des übernommenen Unternehmens durchsetzt, obwohl dieses durchaus kleiner sein kann als das übernehmende. Man spricht in diesem Fall von einem Reverse-Merger bzw. **Reverse-Takeover**. Die Fusionen von Price Waterhouse und Coopers & Lybrand sowie Ernst & Young und Arthur Andersen sind Beispiele dafür, wie David letztlich Goliath bezwingen kann.

Fazit:

Egal ob freundliche Übernahme, Fusion auf Augenhöhe, Verschmelzung oder Integration – die Sollbruchstellen bei jedem Zusammenschluss liegen zumeist bei den weichen Faktoren des **kulturellen** Bereichs.

Schiere Größe allerdings ist noch lange kein Garant für den Fusionserfolg. Größe sollte nicht nur begründet, sondern es sollten auch die Nachteile der Größe gegengerechnet werden. Insbesondere die **verantwortlichen Aufsichtsräte** sind hier gefordert.

Quellen:

Unternehmensberatungen: Fusion von Roland Berger und Deloitte fällt aus, in: https://www.spiegel.de/wirtschaft/unternehmen/unternehmensberatungen-fusion-von-roland-berger-und-deloitte-faellt-aus-a-730311.html

D. Lippold: Die Unternehmensberatung. Von der strategischen Konzeption zur praktischen Umsetzung, 4. Aufl., Berlin/Boston 2022

Keine Likes für McKinsey – Wie Ihr LinkedIn-Marketing besser wird als das der Großen

Keine andere Unternehmensberatung steht so in der Kritik wie Frau von der Leyens BFF, das Beratungshaus, dem die Dax-Konzerne vertrauen und dem eine heiße Affäre mit der Bundeswehr nachgesagt wird. Gesellen wir uns fröhlich zum Reigen der KritikerInnen und finden: auf LinkedIn gibt es da noch ganz schön Luft nach oben, liebe Jungs und Mädels von McKinsey!

›Es kann nur einen geben‹ bezieht sich bei McKinsey auf Likes

Wir, also ›Haus am Meer‹, wenn Sie mir ein bisschen Werbung in eigener Sache erlauben mögen, sind eine auf Beratungsunternehmen spezialisierte Full Service-Werbeagentur. Das machen wir jetzt schon seit über 15 Jahren, weswegen man bei Consulting.de dachte, ich brächte genug Branchenkompetenz auf die Waage, mich hier qualifizierte Kolumnen schreiben zu lassen.

Zusätzlich zu unserer Arbeit als herausragende Werber für Ihre Konkurrenz betreiben wir seit einiger Zeit Marketing in den sozialen Netzwerken. Für die Branche heißt das in der Regel: LinkedIn. Gemeinsam mit einem unserer experimentierfreudigeren Kunden erforschen wir zwar gerade auch die Möglichkeiten von Instagram und sind durchaus guter Dinge, aber so weit sind die meisten eben noch nicht und atmen stattdessen auf LinkedIn die Luft weg.

Mein Kolumnistenkollege Moritz Neuhaus hat gerade einen wirklich sehr lesenswerten Artikel zum Thema LinkedIn-Marketing für Beratungshäuser geschrieben, in dem er das Beispiel McKinsey mal unter die Lupe nimmt und unter anderem zu diesem Schluss kommt: »Die Beraterschmiede versteht es wie kaum eine andere, die eigene Marke in Szene zu setzen und anziehend zu gestalten.« Ein Satz, über den ich stolpern musste, denn meine Erfahrung ist eine andere: Gerade die großen Beratungshäuser (also diejenigen mit dem Budget und der Manpower) wirken in dem, was sie auf LinkedIn so veranstalten, eher unpersönlich und lieblos, also eher weniger anziehend.

Gucken wir uns den Bums also mal genauer an!

Gestaltung gegen die Retina

Einen kleinen Transparenzhinweis schicke ich vorweg: Ich begutachte an dieser Stelle das LinkedIn-Profil von McKinsey DACH, ich weiß leider nicht, ob sich Kollege Neuhaus mit seinem Lob auf die US-Version bezog (bei kurzem Überflug stelle ich jedoch fest, dass es da bis auf die sprachlichen keine Unterschiede gibt).

Es springt zuallererst ins Auge das Profilbild, das im Pride-Month natürlich irgendwie regenbogenartig daherkommt, in diesem Falle ein fisseliges Strichgebilde, das in kleinen Größen einfach zusuppt und wohl nur auf Retinadisplays Sinn ergibt. Handwerklich also schon mal dergestalt, dass ich mir einen extrastarken grünen Tee holen muss.

In der Arbeit für unsere Kunden stehen wir immer wieder vor einem Problem: Was soll man posten? Wenn man nicht zu den Nervensägen gehören möchte, die ihre Gefolgschaft mit ihrem fotografierten Mittagessen oder an der Oberfläche schürfenden Motivationssprüchen ärgern, kann das schnell ein echtes Problem werden, denn der Algorithmus verlangt eine gewisse Mindestschlagzahl an Posts.

McKinsey hat dieses Problem nun wahrlich nicht, bei den ganzen Studien und Cases und Publikationen hat man ausreichend aktuellen Inhalt, den man nach Lust und Laune in den Äther pusten kann ohne sich dem Verdacht ausgesetzt zu sehen, da würde sich jemand was aus den tippenden Fingern saugen müssen.

Dennoch erstaunt, wie unglaublich glanz- und farblos das Ganze präsentiert wird. Und hier möchte ich meinem Kollegen Neuhaus explizit widersprechen, wenn er von *anziehender Gestaltung* spricht. ›Zusammengezimmert‹ ist das richtigere Wort. Was sich auch in den Zahlen niederschlägt: McKinsey DACH hat 16.945 Follower (Stand: jetzt). Nehmen wir nur mal die zehn aktuellsten Beiträge und gucken auf die Likes: 29, 1, 1, 22, 6, 2, 19, 3, 3, 3. Da fehlen keine Nullen. Die zwei Einser-Beiträge sind jeweils länger als 24 Stunden online. Bei 16.945 Followern und 10.001+ Beschäftigten **EIN** Like in 24 Stunden? Anziehend? Ernsthaft?

Vor einem Monat gibt es einen Post, der tatsächlich mal 253 Likes bekommen hat, das fällt aus der Reihe. Der nicht komplett unattraktive Berater ›Jannik‹ gibt Bewerbungstipps. Auf dem Foto sitzt er auf einem Felsen über waldiger Berggegend, das wirkt sportlich, sympathisch, menschlich. Die meisten der Likes stammen von seinen Kolleginnen und Kollegen. Ein Kollege von Jannik, Christoph, kriegte zwei Wochen vorher gerade mal 24 Likes für einen baugleichen Post.

Der Versuch, Verkehr zu erzeugen, misslingt

McKinsey macht auch Umfragen auf LinkedIn. Das ist eigentlich ganz beliebt, weil es zum Mitmachen einlädt. Wer so viele Follower hat, kann damit durchaus ein bisschen Verkehr auf seinem Profil erzeugen. Mitgemacht haben: 20. In Worten: Zwanzig. Auch hier fehlt keine Null.

Ich könnte stundenlang so weitermachen, es wird nicht besser. Ich gehe drei Monate zurück – überall dasselbe Bild. Das hilft uns nicht weiter.

Lassen Sie mich Ihnen stattdessen sieben Tipps mit auf den Weg geben, wie Sie bei LinkedIn zumindest erfolgreicher als McKinsey werden:

1. Vermeiden Sie Aufzählungen, denn die sind stinklangweilig.

2. Kommunizieren Sie als Mensch, nicht als Unternehmen. Selbst wenn Sie fünfzigtausend Angestellt*innen haben – wer auch immer bei Ihnen für das Social Networking zuständig ist, sollte mit ihrem Namen und seinem Gesicht klar erkennbar sein, die Ich-Form benutzen und die Follower auch als Menschen ansprechen, die einen echten, menschlichen Ansprechpartner haben wollen. Oder eben ein weibliches Pendant.

3. Geben Sie sich beim Inhalt Mühe. Selbst wenn Sie nur schnell einen Artikel aus dem Manager Magazin oder diese Kolumne teilen – schreiben Sie dazu, was Sie zum Teilen bewogen hat, was Ihnen gefallen hat und was Sie vielleicht anders sehen. Seien Sie dabei stets kurzweilig und laden Sie die Menschen dazu ein, ihre eigenen Erfahrungen einzubringen.

4. Beantworten Sie Kommentare. Wenn sich jemand die Zeit nimmt, Ihren Beitrag zu kommentieren, dann sollten Sie sich auch die Zeit nehmen, dafür zumindest Danke zu sagen, im Idealfall aber auch tatsächlich darauf einzugehen (wenn der Kommentar das denn zulässt).

5. Verstehen Sie, dass LinkedIn kein lineares Verkündigungsmedium ist. Nutzen Sie es nicht als Ihren Nachrichtenkanal sondern fragen Sie sich, was die Menschen an Ihnen, Ihrer Arbeit, Ihrem Herangehen, Ihrer Vorgehensweise, Ihren Erfahrungen, Ihren Erfolgen und Ihren Niederlagen interessieren könnte.

6. Marketing, auch auf LinkedIn, braucht Zeit. Nehmen Sie sie sich, denn, wie Kollege Neuhaus absolut korrekt schreibt: »Marketing in der Unternehmensberatung ist keine Ausgabe, die sich nach sechs Monaten amortisiert. Es ist ein Investment in die eigene Marke, das sich über Jahre rechnet.« Schreiben Sie sich das hinter die Ohren!

7. Und geben Sie sich bitte, bitte, bitte auch ein bisschen Mühe bei der Gestaltung ihres Beitrags. Lieblos zusammengeklatschte Grafiken, graublaue Tristesse, unleserlicher Text auf sinnverwirrendem Hintergrund, Screenshots von Excel-Tabellen ... mal ganz ehrlich: Das macht Ihnen doch selbst auch keinen Spaß, oder?

Preise, Siegel, Weltrekorde – Warum Auszeichnungen Misstrauen schaffen

Ich habe meiner Mutter im Werkunterricht mal einen Kaffeebecher getöpfert mit der Aufschrift ›Beste Mutter der Welt‹. Ist sie deshalb tatsächlich die beste Mutter der Welt? Und sollte sie das auch auf ihrer Website erwähnen? Steigen wir herab in die Niederungen der beratungsdeutschen Auszeichnungswut und fragen uns: Was wäre bloß auf Internetseiten los, wären Schmetterlinge Lebendgebärende?

No girls one cup

Ich bin jetzt in einem Alter, in dem man sich mal gemütlich in den Garten setzt mit einer Tasse Tee und das Leben Revue passieren lässt. Was macht mich aus, was habe ich erreicht? Meine Bilanz ist recht zufriedenstellend: Ich habe sechs Teilnahmeurkunden von den Bundesjugendspielen, war einmal Teilnehmer beim Waldlauf in Wallinghausen, und habe mit der Schülerzeitung, bei der ich mitgemacht habe, den dritten Platz bei einem Wettbewerb von Gruner+Jahr gewonnen. Außerdem hat mir mein Klassenlehrer mal einen kleinen Pokal geschenkt, weil angeblich niemand so viel geschwänzt hat wie ich. Da gibt es also einiges, auf das ich stolz sein, das ich meinen Enkelkindern mal erzählen kann. Und da ich nie welche haben werde, erzähle ich es einfach Ihnen!

Während ich so bei frühlingshaftem Wetterchen Tee trinkender Weise in meinem Garten sitzend mein Leben vor dem geistigen Auge fröhlich dahin ziehen lasse, nehme ich zwei Phänomene wahr, die jedes Frühjahr ungefähr zur selben Zeit auftreten: die Zecken, von denen die Hunde wieder in der ihnen eigenen dummdusseligen Hundigkeit von oben bis unten besetzt sind, und das ›Beste Berater‹-Siegel der BrandEins, das nun wieder unzählige Beratungswebsites schmückt wie Schmetterlinge, die sich zwecks Eiablage auf Runkelrüben und Stinkmorcheln niederlassen. In der Hoffnung, dass aus diesen Eiern dann Vertrauenswürdigkeit erwächst.

Aus grafikdesignerischer Sicht muss ich sagen, dass ich diese Siegel und Preise über alles hasse, denn sie sind in der Regel nicht nur arschteuer (was okay wäre, würden sie denn ihre Wirkung entfalten – dazu später mehr), sondern auch horrend hässlich, sehen sie doch allesamt aus, als hätte der unbezahlte Praktikant das Ungetüm in seiner Sojalattepause schnell zusammengehauen. Hier ein englischer-Tourist-am-Strand-von-Malle-Rot, damit's schön grell ins Auge geht, da eine Gratis-Typo, die man in den 90ern mit dem Wort ›edel‹ assoziierte, was schon damals falsch war, und so weiter.

Nestlé als Bio-Vorreiter? Gibt's nur in der EU!

Außerdem werden diese Siegel von den Verlagen nur in einer jeweiligen Größe dargeboten, sodass es auf Website oder Broschüre, muss man zwei oder drei von ihnen unterbringen, schön unharmonisch ausschaut: hier ein Quadrat, dort ein Kreis, da drüben ein Parallelogramm und daneben ein Rhombentriakontaeder mit asymmetrischer X-Achse gegen Pi zum Quadrat mal Alpha.

Die Farben darf man dann auch nicht anpassen, sie könnten sich ja sonst nahtlos in das Corporate Design des Kunden einpassen – und das muss schließlich unbedingt vermieden werden! Da so ein Siegel gerne mal vierstellig kostet, würde ich mir da durchaus ein bisschen mehr Kundennähe wünschen. Ich meine damit natürlich niemand bestimmtes. Außer Top Consultant, Great Place to Work, BrandEins, Best of Consulting, Deutschlands Top Berater, Hidden Champions und wen ich sonst so vergessen haben sollte.

Aber abgesehen davon: Der Sinn hinter Siegeln auf Internetseiten ist ja, Sicherheit und Orientierung zu geben und sich selbst geiler zu machen als man unter Umständen ist. Beratungsforscher Thomas Deelmann hat dazu auf Consulting.de den sehr schönen Artikel ›Die schönsten Consultants - Wettbewerbe und Rankings im Consulting‹ geschrieben, lesen Sie ihn, lohnt sich!

Als jemand, der aus der Praxis kommt, möchte ich die weisen Worte des Professors jedoch noch um einen aus meiner Sicht wichtigen Punkt ergänzen: Sie kennen doch bestimmt all die tollen Bio-Siegel, die in den letzten Jahren aus dem Boden geschossen kamen wie Runkelrüben und Stinkmorcheln. Da ist für jeden etwas dabei, sodass sich sogar das unternehmengewordene Superböse mit Namen Nestlé mit vermeintlich seriösen Siegeln wie dem offiziellen EU-Biosiegel schmücken darf. Man darf von Bio-Siegeln halten, was man will. Aber Übersicht und Orientierung verleihen die nun nicht gerade. Und das ist durchaus auch so gewollt, wenn ich mal ganz tief in die Verschwörungsschublade greifen darf, siehe Nestlé.

Wo Orden zu Mühlsteinen werden

Um dem Eindruck entgegen zu treten, da wolle sich eine viertelseidene Beratungsklitsche mit geil klingenden Siegeln und Preisen behängen, um top-seriös daherzukommen, sollte man auf Qualität setzen, nicht auf Quantität. Es wirkt auf die betrachtende Person tausendmal top-mäßiger, wenn man sagen kann, man hat fünf Mal in Folge Preis X oder Siegel Y verliehen bekommen, als jeweils ein Mal Preis A, Siegel B, Orden C, Auszeichnung D und obendrauf die Medaille in Bronze für arbeitnehmer*innenfreundliche Toilettenpapierhalterungen. Abgesehen davon, dass das dann aussieht wie Kraut und Rüben (siehe oben) – gerade spezialisierte Beratungsunternehmen profitieren viel mehr von regelmäßig diagnostizierter Güte als von rübenkrautigen Auszeichnungsdeponien.

Auch ist Zurückhaltung mitunter seriöser als marktschreierische Anbiederung. Man muss nicht jedes Siegel abfeiern, als hätte man den Nobelpreis bekommen. Das ›Great Place to Work‹-Siegel ist ein schönes Nice-to-have, klar. Aber dort, wo es explizit um Recruiting geht, zum Beispiel in einem Stellenangebot, ist es viel sinnvoller eingesetzt, denn als ständiger Orden am Revers Ihrer Website baumelnd.

Überlegen Sie es sich also gut, ob sie ein paar tausend Euronen raustun wollen für das fünfte Siegel im Footer Ihrer Website, oder ob Sie sich das Geld nicht lieber für vernünftiges Marketing sparen.

Oder Sie machen es gleich ganz anders, suchen sich zehn Beraterkumpels, teilen sich mit denen eine ganzseitige Anzeige in einem Wirtschaftsmagazin, in der Sie sich selbst als ›Top Management Consultant‹ bezeichnen und klatschen sich dann gegenseitig auf LinkedIn ab, wie wichtig Sie alle sind, weil besagtes Wirtschaftsmagazin Sie ja als ›Top Management Consultant‹ bezeichnet habe. Top-seriös, das!

Kapitel 4: Consulting und Kommunikation

›Man kann nicht nicht kommunizieren‹, wusste Philosoph und Psychologe Paul Watzlawick, und: ›Jede Kommunikation hat einen Inhalts- und einen Beziehungsaspekt.‹ Was so logisch klingt, gerät im Consulting doch allzu häufig unter die Räder. Und das, obwohl es doch alles so einfach sein könnte – schließlich will man doch lediglich etwas verkaufen!

Was Ihnen dabei hilft und was Sie behindert, das erfahren Sie in diesem Kapitel. Zum Beispiel ob Promis wie Jürgen Klopp und Dirk Nowitzi Ihnen helfen können. Oder ob Namen doch nur Schall und Rauch sind.

Wir verraten Ihnen die Tricks von David Copperfield (Spoiler: Das Kaninchen war schon vorher im Hut) und nehmen Sie mit auf eine Shoppingtour durch die Fußgängerzone von, na sagen wir: Castrop-Rauxel. Aber bitte bloß nicht mehr 3.0, denn das Consulting ist bei Versionsnummer 4 angelangt. Kommen Sie rein und finden Sie wieder raus, wusste schon Kirk Douglas.

Wie sinnvoll sind Testimonials in der Prüfungs- und Beratungsbranche?

Werbung mit Promi-Faktor ist ein beliebtes Instrument, um die eigene Marke bekannter zu machen. Auch in der Consulting-Branche gibt es dafür Beispiele. Mit dem Für und Wider von Glanz und Glamour im Beratermarketing und preiswerteren und mindestens ebenso glaubwürdigen Alternativen setzt sich Prof. Lippold in seiner aktuellen Kolumne auseinander.

Phil Mickelson, erfolgreicher Golfprofi und langjähriges Testimonial für KPMG. (Bild: picture alliance / ZUMAPRESS.com | Debby Wong)

Eine besonders effektive Methode, Werbebotschaften bildlich zu übermitteln, sind sogenannte **Testimonials**. Dabei wird das Werbeobjekt, also das Produkt, eine Dienstleistung oder das gesamte Unternehmen von einer **glaubwürdigen und kompetenten Person** präsentiert.

> Auf diese Weise sollen bei der Zielgruppe Prozesse ausgelöst werden, die eine Identifikation mit der werbenden Person ermöglichen.

Solche Personen können Experten, typische Kunden (zum Beispiel Brillenträger von Fielmann), Mitarbeiter oder eben Prominente sein.

Auch die **Prüfungs- und Beratungsbranche** nutzt die Möglichkeit eines Bekanntheits- und Imagetransfers durch Prominente – allerdings mit unterschiedlichem Erfolg, wie zwei Beispiele zeigen.

Als langjähriger Hauptsponsor des Golfprofis **Phil Mickelson** verspricht sich **KPMG** die Übertragung der Werte des erfolgreichen Golfers (Vision, Fokus, Disziplin,

Anpassungsfähigkeit, Leidenschaft und Ausdauer) auf das eigene Unternehmen. Und KPMG wurde nicht enttäuscht: Seit 30 Jahren spielt „Lefty", so der Spitzname für den Linkshänder, in der absoluten Weltspitze mit 45 Siegen auf der PGA-Tour und sechs Major-Erfolgen.

Ein Beispiel dafür, dass Promi-Werbung auch mal nach hinten losgehen kann, liefert ebenfalls ein Golfer – diesmal die Ikone der Golfszene schlechthin: Mit „Come on. Be a tiger" hat **Accenture** jahrelang **Tiger Woods** und seine vermeintlichen Werte für sich vermarktet. Nach den mutmaßlichen Sex-Affären des ehemaligen Weltklasse-Golfers trennten sich die Wege der einstigen Vertragspartner. Wie die „New York Times" seinerzeit berichtete, hätte die Accenture-Führung ihre seinerzeit 177.000 Mitarbeiter angewiesen, alle Tiger-Poster aus den Büros zu verbannen. Mr. Woods sei schließlich für das Unternehmen nicht mehr die richtige Metapher für Spitzenleistung.

Drei Kriterien für den Kommunikationserfolg

Entscheidend für den späteren Kommunikationserfolg sind **drei Kriterien**, die unbedingt beachtet werden sollten, damit die Werbung nicht nach hinten losgeht.

Erstes Kriterium: Richtige Auswahl der Persönlichkeit

Wichtig ist zu allererst die **richtige Auswahl** der Persönlichkeit, mit anderen Worten:

> Die Person und das Unternehmen müssen zusammenpassen.

George Clooney und Nespresso, **Dirk Nowitzki** und ING-DiBa oder **Thomas Gottschalk** und Haribo passen zusammen. Der Sex-Pistols-Sänger **Johnny Rotten** wirbt für Mundhygiene und das, obwohl der „König des Punk" so gut wie keine eigenen Zähne mehr hat. Dennoch hat ihn das Münchner Zahnpflege-Start-up Happybrush vor die Kamera geholt und einen „schrecklich ehrlichen" Film gemacht, bei dem das Testimonial als warnendes Beispiel herhalten muss. Einfach genial!

Zweites Kriterium: Werteabgleich

Ein zweites Kriterium für den Erfolg ist ein **Werteabgleich**. So sollte sich jedes Unternehmen fragen, ob der Promi wirklich zu den Unternehmenswerten und -zielen passt.

> Besonders gefährlich ist es, wenn die illustren Persönlichkeiten jenseits der Werbung ein unkontrollierbares Eigenleben führen.

Wenn das Testimonial also in einen Skandal verwickelt ist oder anderweitig negativ auffällt, wird es brenzlig. So geschehen beim Golfstar **Tiger Woods** (siehe oben). Ähnlich war es beim britischen Top-Model **Kate Moss**, der nach ihrem öffentlich bekanntgewordenen Drogenkonsum zahlreiche Werbeverträge gekündigt wurden, oder bei **Uli Hoeneß** nach Bekanntwerden seiner Steueraffäre.

Drittes Kriterium: Exklusivität

Und damit sind wir beim dritten Kriterium für eine erfolgreiche Markenbotschaft. Angesprochen ist die Forderung der Werbetreibenden, dass ihre prominenten Markenbotschafter nur für **wenige Marken** werben.

> Selbst unkritische Verbraucher hinterfragen die Botschaft, wenn ein Promi in jedem zweiten Werbespot für andere Produkte auftaucht.

Laut Umfragen schafft derzeit nur TV-Moderator Günther Jauch den Spagat, quasi für fast alles glaubwürdig zu sein. Eine vollständige Markenexklusivität des Testimonials zu fordern, wäre sicherlich naiv, aber der Glaubwürdigkeit sehr dienlich. Ein positives Beispiel ist sicherlich **Dirk Nowitzki**, der seit 20 Jahren (!) im Wesentlichen nur für die ING Diba unterwegs ist.

Testimonials sind nur scheinbar teuer

Zurück zur Ausgangsfrage. Nur sehr wenige Prüfungs- und Beratungsunternehmen können sich Testimonials mit Prominenten aus Sport, TV/Film und Unterhaltung leisten. Dazu reicht das Werbebudget häufig bei weitem nicht aus. Und trotzdem hat der oder die **scheinbar teure Testimonial** für den Dienstleister einen ganz besonders hohen Stellenwert. Warum? Weil die werbenden Personen nicht zwingend Prominente sein müssen.

> Im Gegenteil, zumeist ist eine Person mit einer gewissen Affinität zum Unternehmen (Experte, Mitarbeiter, Kunde) glaub- und vertrauenswürdiger als ein Prominenter, der für seine Aussage bezahlt wird.

Nehmen wir das Beispiel **Personalmarketing**. In diesem Bereich ist das **Statement eines Mitarbeiters** über sein Unternehmen und gegebenenfalls über seine Laufbahn im Unternehmen wesentlich glaubwürdiger und nachhaltiger als die Aussage eines Prominenten. Bewerber schätzen solche Aussagen, denn Mitarbeiter erklären glaubwürdig, warum sie ihr Unternehmen und die Arbeit dort gut finden.

Aber auch im klassischen **Absatzmarketing** ist ein gut gemachtes Testimonial mit einem **positiven Kundenzitat** ein oft ausschlaggebendes Argument für zögerliche Kunden. Kunden kaufen beziehungsweise beauftragen, was andere Kunden gut finden. Das Augenmerk liegt dabei weniger auf der Person selbst als auf dem Kundenzitat. In diesem erklärt der Kunde nämlich, warum er den Dienstleister und seine Arbeit gut findet und empfiehlt. Als Referenz wird dieses dann gezielt über verschiedene Kanäle vermarktet, um die Zufriedenheit der Kunden und den Erfolg der eigenen Arbeit hervorzuheben.

Fazit: Ein gutgemachtes Testimonial ist für jedes Prüfungs- und Beratungsunternehmen quasi zum **Nulltarif** zu bekommen und kann eine unglaubliche Wirkung entfalten.

Weitere Informationen zum Marketing und zu Testimonials in der Prüfungs- und Beratungsbranche:

D. Lippold: Die Unternehmensberatung. Von der strategischen Konzeption zur praktischen Umsetzung, 4. Aufl., Berlin/Boston 2022.

Testimonials: Wie lange müssen wir die Klopps dieser Welt noch ertragen?

Sind Testimonials noch zeitgemäß? Ist es überhaupt glaubwürdig, wenn eine berühmte Person für verschiedene Produkte gleichzeitig Testimonial ist? Am Beispiel von Jürgen Klopp erklärt Prof. Dr. Lippold, was Testimonials sind und ob diese überhaupt noch in die heutige Zeit passen.

Jürgen Klopp ist wohl eines der bekanntesten Testimonials Deutschlands. Über 15 Werbepartner hat er in den letzten Jahren als Testimonial vertreten (Bild: picture alliance / empics | Richard Sellers).

Nichts gegen Jürgen Klopp. Vor seiner Leistung und seinen Erfolgen als Fußballtrainer ziehe ich den Hut.

> Doch muss er deshalb täglich gleich mehrere Male mit den unterschiedlichsten Produkten im Gepäck bei mir zu Hause auf dem Bildschirm erscheinen?

Wie glaubwürdig kann jemand sein, der für insgesamt mehr als 15 verschiedenen Produkten das Testimonial gibt?

Jürgen Klopp in der deutschen Testimonial-Rangliste ganz weit vorne

War es früher Franz Beckenbauer mit seinem ubiquitären Einsatz in zahlreichen Kommunikationskampagnen, so sind es heute Jürgen Klopp und die Protagonisten des FC Bayern München um Thomas Müller, die nahezu auf jeden Werbezug aufspringen. Abnutzungserscheinungen und Streuverluste ohne Ende natürlich inbegriffen!

Drei Kriterien für ein erfolgreiches Testimonial

Drei Kriterien sind es, die den Kommunikationserfolg eines Testimonials, also einer werbenden Person, in der Hauptsache ausmachen. Zunächst müssen der Promi und das Unternehmen beziehungsweise das zu bewerbende Produkt zusammenpassen. Ein zweites Kriterium für den Erfolg ist ein Werteabgleich. So sollte sich jedes Unternehmen fragen, ob der Prominente wirklich zu den Unternehmenswerten und -zielen passt. Das dritte Kriterium ist am wichtigsten. Es geht um die Forderung, dass die prominenten Markenbotschafter nur für wenige Marken werben. Selbst unkritische Verbraucher hinterfragen die Botschaft, wenn ein Promi in jedem zweiten Werbespot für andere Produkte auftaucht. Ein positives Beispiel ist sicherlich **Dirk Nowitzki**, der seit 20 Jahren (!) im Wesentlichen nur für die ING Diba unterwegs ist.

Kleistern, knabbern, rasieren und noch einiges mehr

Kommen wir zurück zu Jürgen Klopp, der im Testimonial-Ranking, das Statista regelmäßig in Kooperation mit INNOFACT erstellt, die Nummer zwei hinter eben Dirk Nowitzki ist (siehe Abbildung).

Ranking der am stärksten wahrgenommenen Prominenten in Deutschland

Klopp kleisterte für Henkels Metylan, knabberte die Cerealien-Riegel von Kinder-Country und den Brandt-Zwieback, er rasierte sich für Philips, ließ sich bei Ergo versichern, legte sein Geld zunächst bei den Volks- und Raiffeisenbanken und später bei der Deutschen Vermögensberatung an, ließ sich vom italienischen Ausrüster Kappa bedienen, trinkt gerne Warsteiner, fuhr Mitsubishi, Seat und jetzt vorzugsweise Opel. Seit 2016 ist der Kult-Trainer für den Sportartikelhersteller New Balance Football, dem Ausrüster vom FC Liverpool, aktiv und in diesem Jahr wirbt er zusätzlich für den Schuh-Spezialisten New Balance und die Mobile-Gaming-Firma Digamore, die mit dem

Computerspiel „Football Empire“ Fußballfans auf dem Smartphone beglücken will. Ganz aktuell ist „Kloppo“ als Markenbotschafter für Nivea Men von Beiersdorf unter Vertrag.

Angesichts dieser Inflation von Testimonial-Verträgen müssen sich nicht nur die Verbraucher fragen, wie lange der allgegenwärtige Einsatz von Jürgen Klopp noch gut geht.

Andererseits müssen wir konstatieren, dass der frühere Mainzer für Leidenschaft, Teamspirit, Erfolg, Mut und entspannte Coolness steht – alles Eigenschaften, mit denen sich fast jede Marke gerne schmücken möchte.

Wachablösung durch die Spieler des FC Bayern München

Gut ist letztlich immer, was auf Anhieb sympathisch und vor allem glaubwürdig rüberkommt, gemeinsam mit der Marke eine stimmige Geschichte erzählt – und im Gedächtnis hängenbleibt. Und wenn man schon ein mehrfacher Markenbotschafter ist, dann sollten sich wenigstens die Zielgruppen nicht allzu arg überschneiden. Alleine drei verschiedene Automarken glaubwürdig zu bedienen, ist schon eine bemerkenswerte Kunst … Doch vielleicht ist das schon bald alles Vergangenheit. Denn die Bayern sind auf dem Vormarsch. Sie füttern, trinken und wetten um die Wette. Sie rasieren sich: **Müller** nass, **Boateng**, **Lewandowski** und **Kimmich** trocken. Das „Beste im Mann“ ist halt das Beste für den Verbraucher. Doch seitdem Boateng und Lewi nicht mehr an Bord sind, gehen Müller, **Neuer** und **Musiala** demnächst fürs Shampoonieren mit Head & Sholders unter die Dusche.

Hat das klassischen Testimonial bald ausgedient?

Aber auch hier könnte bald ein Ende in Sicht sein. Zwei Gründe sprechen dafür: Zum ersten müssten die werbetreibenden Marketing-Manager doch eigentlich längst bemerkt haben, dass man die wichtigste Zielgruppe der Welt, nämlich die **Frauen**, mit Fußballern kaum erreicht. Immerhin sagen Experten, dass heutzutage 80 Prozent aller Kaufentscheidungen von Frauen getroffen werden. Und wenn das Geschlecht des Kunden ein wichtiger Einflussfaktor ist, dann müssen auch die Marketer mit ihren Testimonials so kommunizieren, dass es zum Geschlecht des Käufers passt. Also ist Götterdämmerung in der klassischen Testimonial-Werbung angesagt – selbst falls Jürgen Klopp in Kürze mal wieder die Champions League gewinnen sollte.

Influencer auf dem Vormarsch

Zum zweiten erreichen Influencer mit ihren **Blogs** eine ganz andere Testimonial-Qualität als die eigens für Werbespots gekauften Promis mit ihren Abnutzungserscheinungen und Streuverlusten. **Pamela Reif** mit über neun Millionen Followern bei YouTube oder mit **Lisa und Lena**, den wohl bekanntesten Zwillingen Deutschlands, und 18,1 Millionen Followern bei Instagram können auf ihren Kanälen schon lange alles, was Bücher, Zeitschriften und klassische elektronische Medien zu bieten haben: Information, Inspiration und Motivation. Doch nicht nur Blogs für Mode und Lifestyle sind angesagt, sondern Auto-Fans, Politikinteressierte, Sportenthusiasten oder Wissenshungrige werden ebenso bedient wie Kunstinteressierte. Jede

Branche, jedes Thema hat ihre(n) eigene(n) Blog-König(in) und PR-Schaffende sollten für eine wirksame Kommunikation die wichtigsten Blogs bzw. Blogger(innen) ihrer Branche kennen und nutzen.

Weitere Informationen zum praxisnahen Marketing finden Sie in:

D. Lippold: Die Marketing-Gleichung. Einführung in das prozess- und wertorientierte Marketingmanagement, 2. Aufl., Berlin-Boston 2015

D. Lippold: Marktorientierte Unternehmensführung und Digitalisierung. Management im digitalen Wandel, Berlin-Boston 2017

No risk, no Reichweite – das richtige Mindset für Ihr Beratermarketing

Die Bundesrepublik ist um einen Finanzminister ärmer, die Welt dafür aber um eine Ausgabe der Kolumne unserer Edelfeder número uno reicher. Und in dieser wird es ähnlich grundsätzlich wie bei einer vorgezogenen Bundestagswahl, es geht nämlich um die Frage, wie man das eigentlich macht – wirklich gutes Marketing. Zum Beispiel so wie David Copperfield!

Ein schwieriges Zäpfchen – Elon Musks Cybertruck

Das Pferd des Bauern haut ab. »Pech«, sagt der Nachbar. »Vielleicht«, sagt der Bauer. Das Pferd kommt zurück und bringt ein zweites mit. »Wunderbar«, sagt der Nachbar. »Vielleicht«, sagt der Bauer. Der Sohn des Bauern geht mit dem neuen Pferd reiten, wird abgeworfen und bricht sich das Bein. »Pech«, sagt der Nachbar. »Vielleicht«, sagt der Bauer. Nächster Tag. Das Militär zieht alle jungen Männer ein, bis auf den Sohn des Bauern. »Wunderbar«, sagt der Nachbar. »Vielleicht«, sagt der Bauer ...

So ungefähr klingt es, wenn Marketingagentur (Bauer) und Kunde (Nachbar) sich miteinander über Erreichtes und Unerreichtes im Marketing unterhalten.

Gutes Marketing ist wie wenn man ein Kind bekommt: Die einzige Entscheidung, auf die man zumindest in gewissem Rahmen Einfluss hat ist die, *ob* man überhaupt eines bekommen will. Danach indes ist alles offen: Wird es ein Mädchen oder ein Junge? Wird es groß oder klein? Dick oder dünn? Wird es blöde? Ein FDP-Wähler?

So ist das auch im Marketing: Man sollte sich, wie wenn man einen Roman schreibt, einigermaßen klar sein über das Ende, also das zu erreichende Ziel. Will man bekannt werden und wachsen, mehr und/oder besseren Nachwuchs haben? Zahlungskräftigere Kunden? Und so weiter.

Wie man dieses Ziel nun aber erreicht, das steht, verzeihen Sie mir meine Illusionen zerstörende Offenheit, weitestgehend in den Sternen. Und die vermeintliche Sicherheit, in der Sie all diese Analyse-Tools wiegen wollen, die so tun, als könnte man das Unberechenbare berechnen, machen den Tritt auf unebenem Boden leider nicht sicherer – sie gaukeln lediglich einen ebenen Boden vor, wo tatsächlich Lava fließt.

Wer Marketing *richtig* macht begreift, dass viele, aber nicht alle Wege nach Rom führen. Die meisten dieser Wege sind verschlungen, führen aber durchaus an ebenfalls ganz pittoresken Destinationen vorbei, an denen man sich gerne aufhält. Andere führen vorbei an Sümpfen und Müllhalden und Friedhöfen. Manche dieser Wege sind Sackgassen, man hat also Zeit und Benzingeld aus dem Fenster geworfen.

Und ganz, ganz selten, führt einer dieser Wege sogar in die entgegengesetzte Richtung. Man landet dann eventuell in Castrop-Rauxel statt in Rom. Und während man sich über diese Unnötigkeit aufregt stellt man vielleicht fest, dass Castrop-Rauxel zwar nicht Rom ist, aber doch auch ein ganz nettes kleines Nestchen mit einem wirklich sehr empfehlenswerten Lusthaus direkt neben der Lutherkirche! Manches funktioniert im Marketing halt besser und manches schlechter, und zu sagen, was wie funktioniert, funktioniert leider gar nicht.

Cybertrucks, die ins Schwarze treffen

Wer Marketing macht, muss bereit sein, ins Risiko zu gehen, mit verbundenen Augen ins Blaue zu schießen in der Hoffnung, ins Schwarze zu treffen. Wer Marketing *richtig* betreibt, hängt das Seil noch fünf Meter höher und verzichtet auf das Netz. Denn wer die Aufmerksamkeit auf sich ziehen will, der muss etwas bieten. Nicht nur einmal, sondern immer wieder.

Ein kleines Beispiel: Als Elon Musk im Jahre 2019 den Cybertruck vorstellte, eine Art SciFi-Panzer für Menschen mit kleinen Penissen, wollte er die Bruchsicherheit des Panzerglases unter Beweis stellen lassen, indem er eine Eisenkugel gegen die Scheibe werfen ließ. Die Scheibe ging zu Bruch und Musk war der Spott gewiss: Weltweit berichteten Medien über diese peinliche Panne. »Pech«, hätte der Nachbar aus der Geschichte von oben wohl gesagt. Kurz darauf schossen die Vorbestellungen rasant in die Höhe. »Wunderbar«, hätte derselbe Nachbar dann gesagt.

Oder erinnern Sie sich an David Copperfield? Der hatte im Jahr 1983 in einer Live-Sendung die Freiheitsstatue verschwinden lassen. Er wurde über Nacht zum berühmtesten Zauberkünstler der Welt. Er war »der Mann, der die Freiheitsstatue verschwinden ließ«. Wirklich beeindruckend. Aber das funktioniert halt nur so lange, bis auch der letzte Interessierte das Kunststück gesehen hat, danach wird's dann doch irgendwie langweilig, weswegen Copper Davidfield Claudia Schiffer heiratete und auch *auf* der Bühne ordentlich Holz nachlegte: Er ließ sich zersägen, latschte mit durch chinesische Mauern und stellte sich nach der Scheidung von Schiffer in einen 2.000 Grad heißen Feuertornado, wobei das Kunststück darin bestand, das zu überleben.

Ölige Onkels mit Kleingeld in der Hose

Das unterscheidet Copperfield von dem etwas öligen Onkel, der irgendwann mal gelernt hat, mit seinen immer nach Käse riechenden Händen eine Münze hinterm Ohr verschwinden und in der Hosentasche wieder auftauchen zu lassen und der seitdem auf jeder Familienfeier nach dem vierten Bier lautstark in die Runde ruft: »Hat zufällig jemand ein 2 Euro-Stück für mich?« Augenrollen, aber man spielt mit und heuchelt ein »Oh!« und ein »Ah!«, weil er ist ja schon was älter und er freut sich halt immer so.

Man muss sich nicht ständig neu erfinden. In einer – sagen wir, wie's ist: – tendenziell eher konservativen Branche wie dem Consulting ist es vielleicht sogar ganz angebracht, ein bisschen Vorsicht walten zu lassen, bevor man die Pferde komplett wechselt.

Aber man kann sich von Copperfield etwas abschauen: Der hat sich nämlich auch nicht laufend neu erfunden. Er macht regelmäßig auf eine neue Art von sich reden, wobei er immer wieder etwas riskiert, vermeintlich sogar sein Leben, zumindest aber ein unternehmerisches Scheitern. So floppten zum Beispiel diejenigen Fernsehshows grandios, die nicht vor einem Live-Publikum aufgezeichnet wurden, beispielsweise sein Flug über den Grand Canyon (ohne Flugzeug, versteht sich) oder eine spielfilmartige Show im Bermuda-Dreieck.

Dennoch sahen wir den Verschwinde-Trick ›einigermaßen gutaussehender Magier im Bockshorn‹ von ihm nie, denn er rappelte sich stets auf und dachte sich etwas Neues aus, mit dem er das geneigte Publikum dann wieder begeistern konnte.

Das ist das Mindset, mit dem man Marketing betreiben muss!

Es ist niemandem geholfen, wenn Sie Ihren Followern auf LinkedIn zum fünfzigsten Mal zeigen, dass Sie eine Münze hinter Ihrem Ohr verschwinden und in Ihrer Hosentasche wieder auftauchen lassen können. Am wenigsten Ihnen selbst.

Im Englischen spricht man von einem ›One Trick Pony‹, einem Pferd, das nur einen Trick kennt und diesen bei jeder sich ihm bietenden Gelegenheit aufführt. Auf diese Pferde wartet der Abdecker, der sie dann zu Leim verarbeitet, wodurch man am Ende doch irgendwie an ihnen kleben bleibt – nur halt eben anders, als sie es sich zu Lebzeiten gewünscht hätten.

Machen Sie es lieber wie der US-Zauberer mit dem Dr.-Stefan-Frank-Gedenkblick und zeigen Sie sich und Ihr Tun in stets neuen, frischen Farben und Formen. Wagen Sie auch mal etwas, einen ungewöhnlichen Angang, denn zu gewinnen gibt es viel!

Und wenn mal etwas schiefläuft, bleiben Sie ruhig und entspannt und erinnern sich an Elon Musk und seine Cybertruck-Panne: Freuen Sie sich auf millionenfache Vorbestellungen!

Das unauffällige Beraterlein – Wer keinen Mut hat geht unter

Das menschliche Auge ist wie ein Bergsteiger – es hält sich gerne an etwas fest. Betrachten wir die Websites, Werbebroschüren und LinkedIn-Posts von Beratungsunternehmen, sehen wir jedoch nur spiegelglatte Felswände. Der Blick rutscht ab, zerschellt am Boden und bleibt unbewegt liegen.

Wenn aus Säbelzahntigern Schmusekätzchen werden

Lassen Sie uns zur Abwechslung mal über Literatur sprechen. Als ich 14, 15 Jahre alt war, versuchte ich zum ersten Mal, Schopenhauer zu lesen. Ich hatte ein kleines Buch, wirklich kaum größer und dicker als eine Zigarettenschachtel, augenfeindlich eng bedruckt, in der väterlichen Bibliothek gefunden. Ich begann zu lesen … legte das Buch weg, schnappte mir eine Schachtel Zigaretten, mein Skateboard und traf mich mit Freunden zum Rauchen.

Ein ganz ähnliches Gefühl beschleicht mich bei der Lektüre des neuen Mosebach, ›Taube und Wildente‹. Mosebach ist, wie Sie bestimmt wissen, ein glänzender Stilist und Ästhetizist, ohne Frage. Aber er wirkt eben auch immer, als würde er nicht für mich, sondern für sich selber schreiben. Wie Don DeLillo oder Thomas Mann (ich las kürzlich noch einmal ›Tonio Kröger‹ – einfach unlesbar!). Wie alte weiße Männer eben schreiben, wenn sie wissen, dass sie es können. Es ist auf jeden Fall anstrengend zu lesen, so viel sei gesagt! Ähnlich erhebend wie ein Parteiprogramm der FDP: viele schön klingende Worte ohne Inhalt.

Der rote Punkt ist ein roter Faden

Dennoch lohnt sich die Qual der Lektüre, denn in dem Buch geht es unter anderem um das titelgebende Stillleben ›Taube und Wildente‹, mit vollem Namen ›Tote Feldtaube und Wildente‹, gemalt 1884 von Otto Scholderer. Ein schön gemachtes aber nicht sonderlich spektakuläres Bild, ein paar Erdtöne, darauf die in Olaf Scholz-Grau gehaltenen Vögel, kopfüber baumelnd. Ich sag mal so: Nix, was ich mir zwingend übers Bett hängen müsste. Wäre da nicht dieser (verzeihen Sie mir bitte das Wort) zauberhafte zinnoberrote Punkt auf dem Schnabel der Taube, der die Aufmerksamkeit des Betrachtenden in seinen Bann zieht und ein langweiliges Stillleben mit Spannung auflädt. Inmitten des beratermäßigen Graublau (mehr dazu in ›50 Shades of Blaugrau‹) können Auge, Hirn und Aufmerksamkeit an einem Detail hängen bleiben und freuen sich, denn genau dafür wurden sie geschaffen: kleine Unstimmigkeiten in Mustern zu erkennen. Zum Beispiel den Säbelzahntiger, der sich durch das eintönig schilfgrüne Gras der Steppe an seine Beute anpirschen will. Detail entdeckt, Gefahr abgewendet, der Fittere hat mal wieder survivalt und die Katze muss hungrig ins Bett.

Untergehakt durch den Einheitsbrei

Stellen Sie sich eine Fußgängerzone vor, jedoch nicht wie üblich voller Plünnenläden, Optiker, 1-Euro-Läden und Billigbäcker, sondern Beratungsunternehmen. Jedes Beratungsunternehmen wäre ein Geschäft in dieser Straße – das eine Geschäft ist die Filiale eines großen Generalisten, ein anderes, hochspezialisiertes steht eher an der Peripherie, wo die Mieten noch bezahlbar sind. Und so weiter, Ihre Phantasie kann mir folgen!

Jetzt haken wir uns unter und schlendern durch diese Einkaufsstraße voller Beratungsunternehmen. Überall sehen wir dieselben langweiligen Designs, die in einer blauweinrotsilbergrauen Einheitsmasse verschwimmen. Man sieht die Bäume vor lauter Wald nicht. Plötzlich taucht jedoch dieses eine Geschäft auf, das mit ein paar kleinen Auffälligkeiten aus der Masse heraussticht. Das Logo ist vielleicht ein wenig verspielt oder die Farben sind etwas gewagter. Aber hey, wir können gar nicht anders, als stehen zu bleiben und mal in die Auslage zu gucken. Warum? Weil es anders ist! Und Unterschiede sind interessant, richtig?

Es geht dabei nicht darum, schrill und laut wie Elton John im pinken Federkleid aufzutreten, keine Angst, sondern die kleinen zinnoberroten Punkte im eigenen Angebot zu finden, und diese in die Auslage zu stellen, um sich unterscheidbar zu machen auf einem Markt, der geflutet ist von ähnlichen oder deckungsgleichen Inhalten. Betrachten Sie die Schaufenster (Websites) der Beratungsunternehmen: Alle sind ganz toll in dem, was sie tun, Menschen vom Fach halt, Könnende, total seriös und professionell auf alle Fälle und komplett kompetent. Jajaja. Den Auftrag bekommt aber der Säbelzahntiger, nicht das Steppengras!

Kleine Auffälligkeiten sind es, die wie die Gewürze in einem ansonsten faden Gericht einer Marke Geschmack und Charakter verleihen. Sie zeigen, dass ein Unternehmen nicht nur den Mainstream bedienen will, sondern auch den Mut hat, einzigartig zu sein. Nicht nur die ausgetretenen Pfade zu begehen. Also seien Sie mutig und lassen Sie Ihren inneren Säbelzahntiger raus. Selbst, wenn es sich bei genauerer Betrachtung nur um ein Schmusekätzchen handeln sollte – solange es Sie im hüfthohen Steppengras der Branche auffindbar macht, ist es immer noch besser als der Untergang im graublauen Allerlei.

Frohe Weihnachten 4.0 und eine gute Digitalisierung

1.0, 2.0, 3.0 und jetzt sogar 4.0. – Professor Lippold setzt sich in seiner Kolumne mit den Versionsnummern von Weihnachten, Consulting, Technologie, Internet und einigen mehr auseinander. Was davon macht wirklich Sinn? Und gibt es Consulting 4.0 und Weihnachten 4.0 wirklich?

Die Entwicklungsstufen von Weihnachten lassen sich anhand von Kindergeschenken identifizieren. Teddy Bären und Puppen gehören zu Weihnachten 1.0. Digitalisierte Eisenbahnen und Roboter gehören dann eher der Generation Weihnachten 4.0 an (Bild: picture alliance / dpa | Britta Pedersen).

Weihnachten 4.0? Ja, sicher. Es gibt Arbeit 4.0, Technologie 4.0, Consulting 4.0, Führung 4.0, Mittelstand 4.0, Deutschland 4.0, ja sogar Restrukturierung 4.0 und – ach ja natürlich – Industrie 4.0. Lediglich die öffentliche Verwaltung „firmiert" derzeit noch unter „Verwaltung x.0".

Doch auch hier läuft alles auf „Verwaltung 4.0" hinaus, denn so ziemlich alle Bundesministerien haben die Digitalisierung für 2023 zur Chefsache erklärt und in den Dienst der Bürger gestellt – nicht zuletzt, um eine positiv-gestalterische Vision für die Leistungserstellung der öffentlichen Hand in der Digitalisierung zu suggerieren.

Wenn es 4.0 gibt, was war dann nochmal 3.0?

Somit rufe ich allen zu: Frohe Weihnachten 4.0! Denn was liegt da näher, als auch unsere gesamten Weihnachtsaktivitäten in den „Vier-Punkt-Null"-Wertschöpfungskanon einzubeziehen. Die Frage ist jetzt nur noch, ob wir lediglich die digitalen Weihnachtsaktivitäten, oder auch die analogen Handlungen zum Fest mit einbeziehen und nach wertschöpfenden Prozessen auswerten wollen.

Nun ja, einen Knackpunkt gäbe es da noch: Was war eigentlich nochmal Weihnachten 1.0, 2.0 und 3.0? Allerdings muss man die gleiche Frage bei Arbeit 4.0, Technologie 4.0 und so weiter stellen.

Industrie 4.0 – ein deutsches Phänomen

Pardon, bei Industrie 4.0 nicht! Industrie 4.0 – die Mutter des ganzen „Vier-Punkt-Null"-Gedöns – war es nämlich, an die sich alle anderen Wirtschaftszweige und Funktionsbereiche einfach dranhängten.

Bei Industrie 4.0 kann man das – übrigens ausschließlich deutsche – Phänomen ja noch irgendwie nachvollziehen. Schließlich sind es die vier industriellen Revolutionen, an denen sich die Ziffer „Vier" orientiert: Die Dampfmaschine brachte die erste industrielle Revolution. Elektrizität und Fließband läuteten die zweite ein und die Automatisierung durch IT und Elektronik löste die dritte industrielle Revolution aus. Als Fortsetzung dieser Entwicklung wurde in Deutschland – aber eben auch nur in Deutschland – mit der kommenden Verschmelzung von Industrie und Informationstechnik der Begriff Industrie 4.0 als vierte industrielle Revolution eingeführt.

Vielleicht hat das Versionswirrwarr etwas mit der Digitalisierung zu tun?

Warum nun aber auch viele Bereiche, die von dieser Verschmelzung nur indirekt betroffen sind und keine drei Revolutionen hinter sich haben, ebenfalls zur „Vier-Punkt-Null"-Familie gezählt werden, bleibt uns verschlossen.

> Meine Vermutung aber ist, dass der gemeinsame Verbundfaktor die Digitalisierung sein soll. 4.0 steht offensichtlich für alles, was mit digitaler Transformation, Big Data, Künstlicher Intelligenz, Analytics und Expertise im Umfeld von Industrie 4.0 zu tun hat.

Und dann müssen wir natürlich auch das neue „digitalisierte" Weihnachten, das die Ministerien ja zum Startpunkt der Digitalisierungswelle auserkoren haben, zum Weihnachten 4.0 ausrufen.

Jetzt müssen wir für die einzelnen Mitglieder der 4.0-Familie nur noch eine einfache Erklärung für die jeweilige 1.0-, 2.0- und 3.0-Stufe finden.

Was könnte Consulting 4.0 bedeuten?

Nehmen wir zum Beispiel den Begriff Consulting 4.0. Der einfachste Erklärungsansatz definiert Consulting 4.0 als Inhaltsberatung für Industrie 4.0. Doch was ist dann mit Consulting 2.0 und 3.0? Ein erster „sprungfixer" Erklärungsansatz über vier Entwicklungsfolgen hinweg könnte wie folgt aussehen:

- Consulting 1.0 für den klassischen Lösungsberater
- Consulting 2.0 für den Prozessberater
- Consulting 3.0 für den heutigen Prozess- und Fachberater mit hoher sozialer Kompetenz
- Consulting 4.0 steht dann für alles, was mit digitaler Transformation, Big Data, Analytics und Expertise Industrie 4.0 zu tun hat.

Das halten viele jedoch für zu kurz gesprungen.

Etwas mehr technologisches Know-how verknüpft mit rudimentärer Strategieexpertise, aber sonst weitermachen wie bisher – das rechtfertigt doch nicht einen so anspruchsvollen Begriff wie Consulting 4.0.

Also kommt noch eine weitere „sprungfixe" Entwicklungsfolge für den Beratungsbereich ins Spiel – diesmal jedoch deutlich digitaler [vgl. Werth et al. 2016, S. 59]:

- Consulting 1.0 ist die computergestützte Beratung (mit Excel, PowerPoint etc.,)
- Consulting 2.0 meint die computerunterstützte Beratung (z.B. mit branchenspezifischen Softwaretools)
- Consulting 3.0 als computergesteuerte Beratung, d.h. der Consultant berät zwar weiter beim Kunden, aber der Computer sagt ihm, was und wie er zu beraten hat
- Consulting 4.0: Der Computer übernimmt die digital erbrachte Beratung total auf Knopfdruck – digitale Überwachung, Steuerung und Durchführung, eben wie bei Industrie 4.0 mit der Smart Factory.

Doch Consulting 4.0 sollte mehr sein als die Digitalisierung der Beratungsbranche nach innen und außen. Die Frage ist doch, ob das Consulting angesichts der digitalen Transformation nicht auch vor einer größeren Umwälzung steht. Sicher, die neuen technologischen Entwicklungen machen auch vor den Beratungsunternehmen nicht halt, aber das war immer so.

Gibt es für das Consulting 4.0 schon Geschäftsmodelle?

Diesmal sind Berater gefragt, die erkennen und vor allem wissen, dass durch die neuen technologischen Möglichkeiten disruptive Geschäftsmodelle oder wenigstens doch neue attraktive Anwendungsfelder bei den Kundenunternehmen entstehen. Gefragt ist ein Berater-Typ, der es den Kundenunternehmen ermöglicht, innovative Lösungen, die größtenteils durch die digitale Transformation möglich werden, zu einem angemessenen Preis-Leistungsverhältnis anzubieten und umzusetzen. Aber rechtfertigt dieser Beratertyp bereits die Bezeichnung Consulting 4.0, obwohl es streng genommen zuvor gar kein Consulting 2.0 oder 3.0 gab?

Warum könnte Weihnachten 4.0 durchaus Sinn machen?

Versuchen wir es einmal mit Weihnachten 4.0 und seine vorgelagerten Stufen 1.0, 2.0 und 3.0 anhand der Entwicklungsstufen von Kindergeschenken:

- Weihnachten 1.0 steht für die Generation der Puppen und Teddy-Bären
- Weihnachten 2.0 ist die Ära der Brettspiele und Holzeisenbahnen

- Weihnachten 3.0 sind Figuren und Bauten von Lego und Playmobil, entsprechende Stabilbaukästen für junge Ingenieure und elektrische Eisenbahnen
- Weihnachten 4.0 ist die Digitalisierung der elektrischen Eisenbahnen und bestimmter Spielfiguren

Vielleicht belässt man es auch einfach bei Industrie 4.0

Doch was soll dieser Nummerierungs-Hype überhaupt? Warum Arbeit 4.0, Verwaltung 4.0, Marketing 4.0, Banken 4.0, Technologie 4.0, Consulting 4.0, Mittelstand 4.0, Deutschland 4.0 und so weiter? Reicht Industrie 4.0 nicht aus? Kann sich das Label „Industrie 4.0“ nicht viel leichter zu einer Art „Marke“ entwickelt, wenn es bei der Alleinstellung bleibt und nicht durch die übrigen „Vier-Punkt-Null“-Versuche verwässert wird?

Alles nahm seinen Anfang mit Web 2.0, das im Gegensatz zum Web 1.0 die Interaktion z.B. über Soziale Medien zulässt und damit das Web vom reinen Informations- zu einem „Mitmach“-Internet gemacht hat. Deshalb ist man aber heute nicht gleich bei Web 4.0.

Und für alle diejenigen, die der Idee von der Industrie 4.0 folgen und die Versionsnummer 4.0 als Garant für eine allseits zugesprochene Modernität im Umfeld der digitalen Transformation sehen, bleibt ja immer noch Weihnachten 4.0. Und da wir uns zu Weihnachten nur das Neueste und Modernste schenken wollen – möglichst digital und in einer Smart Factory hergestellt – wird diesen Zeitgenossen wohl nichts anderes übrigbleiben, als Weihnachten 4.0 in ihren festen Wortschatz zu übernehmen – in der Hoffnung, dass sie kein Mensch mehr nach Weihnachten 3.0, 2.0 oder gar 1.0 fragt ...

In diesem Sinne wünsche ich allen Lesern mit 4.0-Ambitionen ein Weihnachtsfest mit Modernitätsgarantie.

Allen anderen wünsche ich ein besinnliches und weniger hektisches Weihnachten mit vielen analogen Zutaten sowie viel Zuversicht im Hinblick auf ein hoffentlich friedlicheres neues Jahr.

Quellen:

Lippold, D.: Die Unternehmensberatung. Von der strategischen Konzeption zur praktischen Umsetzung, 4. Aufl., Berlin-Boston 2022

Lippold, D.: Einführung in das Consulting. Strukturen – Trends – Geschäftsmodelle. Berlin-Boston 2022.

Werth, D./Greff, T./Scheer, A.-W.: HMD 2016, S. 50-70

Die Weihnachtskarte – Müll zum Fest!

Weihnachten könnte die schönste Zeit des Jahres sein, würden nicht so viele Nervensägen einem etwas verkaufen wollen. Zum Beispiel Beratungsunternehmen, die die Briefkästen ihrer Kundschaft mit vulgäradventlichem Werbemüll fluten.

Bildunterschrift: Selig sind die Glühweinstände!

Haben Sie schon einmal etwas von der ›Weihnachtsgurke‹ gehört? Es handelt sich dabei um eine gläserne Christbaumkugel in Form einer Gurke, genauer: einer Gewürzgurke, oder wie man bei uns in Ostfriesland sagt: Cornichon. Bei allen Verrücktheiten, die die Menschheit im Laufe der Zeit so hervorgebracht hat, handelt es sich hierbei um eine der eher harmloseren. Das Teil wird nämlich an möglichst uneinsehbarer Stelle an den Weihnachtsbaum gehängt, wo es dann seiner Entdeckung harrt. Und wer das Gurkenteil am heiligen Abend zuerst erblickt, darf dann auch als erster seine oder als erste ihre Geschenke öffnen. Goldig!

Während man sich also in den USA, wo der Brauch mit der Gurke recht prominent ist, also ein paar Gedanken darum gemacht hat, das Fest der Liebe zum Kommerz ein wenig aufzuheitern, geht man in good old germany den gegensätzlichen Weg. Statt den Menschen ein Lachen auf das rotbäckige Gesichtchen zu zaubern, gibt es den Roundhouse-Kick auf das Geschmackszentrum: Tausende und abertausende von Weihnachtskarten fliegen einem in den Briefkasten; und während man von einem Berg aus sinnlos gefällten Bäumen erschlagen wird, bekommt man eine Ahnung davon, warum Glühwein in rauen Mengen in der Weihnachtszeit so beliebt ist.

Tun Sie sich bitte nicht weh!

Mal ›lustig‹, mal ›nachdenklich‹, mal ›kreativ‹ – aber immer zum Wegschnarchen langweilig übermitteln sie den Empfangenden die Nachricht, dass die Weihnachtszeit vor der Tür steht (ach, was?!?), dass man gefällst eine geruhsame ebensolche zu verleben habe und den unvermeidlichen guten Rutsch ins neue Jahr (»Aber tun Sie sich nicht weh, höhö!«) – und man fragt sich, ob man sich zu diesem Feste endlich eine Scharfschützenausrüstung wünschen sollte.

Die für gute Kunden beiliegende Flasche Wein, der Batzen Marzipan (natürlich Niederegger, nicht der Noname-Quatsch vom Aldi!!!) oder welche einfallslose Gruseligkeit dem Paket auch beiliegen mag, entlarvt es als das, was es tatsächlich ist: eine ganz billige Marketingaktion. Beziehungsweise ein Grund, warum die Deutschen mit 643 Kilogramm pro Kopf die drittgrößte Menge Müll in Europa erzeugen.

Mag ja sein, dass die lieblose Weihnachtskarte als Obligatorikum tatsächlich ein notwendiges Ich-denk-an-Dich ist. Dass eine kleine beiliegende Spezialität aus der Region tatsächlich eine Kundenbindung fester zurren kann. Kann. Nicht muss! Denn mal ernsthaft: wer seine Kunden liebt, spült ihnen nicht zu Weihnachten (wie übrigens auch zum Geburtstag!) irgendwelchen Akquise-Müll vor die Türschwelle, der direkt in die Ablage P wandert. Mit so einer Aktion sagt man nicht »Ich denke an dich, liebe*r Geschäftspartner*in«, sondern »Ich will, dass *du* an *mich* denkst, du Geldbörse auf zwei Beinen«. Tun Sie nicht nur Ihren Kund*innen, sondern auch sich selbst einen Gefallen und machen Sie keine durchsichtige Marketingmaßnahme daraus!

Ein echtes Verbrechen

Es geht aber noch schlimmer: Ganz eitle Absender*innen versenden wahlweise ihre eigenen Bücher oder sogar (halten Sie sich fest, das ist tatsächlich ein *true crime!*) das erste Kapitel ihres Hörbuchs zum Gratis-Download. Das ist wohl das geschäftskommunikative Äquivalent zum Blankziehen in aller Öffentlichkeit.

Dass es auch eleganter geht, zeigen die wenigen guten Beispiele, die es in diesem Wald aus schierer Selbstbezogenheit natürlich auch gibt: Vor ein paar Jahren wies jemand in seinem Adventsanschreiben auf ein soziales Projekt hin mit dem Hinweis, ihm bitte keine Aufmerksamkeit zukommen zu lassen, sondern stattdessen an diese (oder eine andere) wohltätige Organisation zu spenden. Das passt perfekt in die Weihnachtszeit und sekundenklebt sich an die Hirnrinde des Empfangenden. Zumindest an meine!

Die Agentur, in der mein Partner anno dunnemal hat arbeiten müssen, hat zu Weihnachten übrigens mal Gaspistolen versendet, was definitiv auffiel. Womit wir wieder bei der Scharfschützenausrüstung wären, mit der ich mich auf meinem Balkon verschanzen und jeden über den Haufen knallen werde, der es wagt, sich meinem Briefkasten mit einer Weihnachtskarte auch nur zu nähern. Dazu gibt es drei Liter Glühwein per Druckbetankung und das sehr gute und überaus schmackhafte Marzipan von Niederegger (Liebe Jungs und Mädels von Niederegger, ich erwarte die Zusendung einer weihnachtlichen Präsentbox noch in diesem Jahr!).

Ich wünsche Ihnen, liebe Leserin, lieber Leser, übrigens ein gesegnetes ... na, Sie wissen schon! Eine – ach, was sag ich: hunderte Karten sind bestimmt schon unterwegs zu Ihnen.

Die anlasslose Ansprache – Königsdisziplin im Beratermarketing

Gutes Marketing braucht Inhalte, schlechtes nicht. Leider hat man diese Inhalte nicht jeden Tag zur Hand, weswegen sich viele Consultants dann Irrelevantes aus den Fingern saugen, um ihre Fanbase auf XING und LinkedIn tagtäglich bespielen zu können. Dabei, ach!, könnte es doch so einfach sein. Wie, das verrät Ihnen Kolumnist Wolfram Saathoff hier und jetzt.

Von der Polizei ausdrücklich erlaubt: Gutes Beratermarketing

›Aqua Teen Hunger Force‹ ist eine amerikanische Zeichentrickserie, in der anthropomorphe Lebensmittel aus dem eigentlich einigermaßen unerquicklichen Bereich des Fast Food ziemlich bizarre Geschichten erleben. Da wären zum Beispiel *Master Shake* (ein Milchshakebecher) und *Frylock* (eine Tüte Pommes) und so weiter. Die über einhundert kurzen Folgen sind recht unterhaltsam und wenden sich mit ihrem sehr makabren Humor eher an Erwachsene mit durchweg robustem Pointenverständnis. Man fühlt sich an die ›Happy Tree Friends‹ der wundervollen 90er erinnert.

Im Rahmen einer Marketingkampagne, die auf das Erscheinen einer neuen Staffel der Serie hinweisen sollte, ließ die Produktionsfirma Turner Broadcasting Ende 2006, Anfang 2007 in diversen US-amerikanischen Städten kleine Leuchttafeln aufstellen und -hängen, auf denen die stilisierten Figuren der Serie den flanierenden Pedestranten den Stinkefinger zeigten. Eine launige Guerillakampagne, mag man meinen. Ein Aufreger für die einen, ein Pennälerwitz für die anderen, so weit so alltäglich. »Werbung halt«, mag man stöhnen, während sich die Augen langsam Richtung Hinterkopf wenden.

Die Sache wäre wahrscheinlich im Orkus menschlicher Aufmerksamkeit verschwunden, wären da nicht die nervösen Bewohner der Heimatstadt der Boston Celtics und des Boston Symphonic Orchestra gewesen. Sie werden es erraten haben, ich spreche von Boston, wo die Marketingaktion schnell zum Ausnahmezustand führte, da eine wachsende Anzahl Bürgerinnen und Bürger die Leuchttafeln für Sprengsätze hielt und immer wieder die Polizei anrücken musste, um die vermeintlichen Bomben zu entschärfen. Wir reden wohlgemerkt über eine Zeit sechs Jahre vor dem fürchterlichen Anschlag auf den Boston Marathon, soviel zur Verteidigung der dezent überambitionierten Werber!

Es entstand ein Schaden von über einer halben Million Dollar und zwei der Verantwortlichen wurden festgenommen. Weltweit berichteten Medien über den Vorfall.

Von gravitätischen Grußkarten zu feuchtfröhlichem Firmenjubiläum

Frage: Ist das jetzt ein Fall von gutem oder ein Fall von schlechtem Marketing? Was meinen Sie? Die Antwort auf die Frage gibt es am Ende dieses Artikels, seien Sie gespannt oder auch nicht oder nur so ein bisschen.

Die Produktionsfirma der Serie hatte einen großen Vorteil, den kleine und mittlere Beratungshäuser in aller Regel nicht haben: Sie hatte einen Anlass, nämlich das Erscheinen der neuen Staffel einer Erfolgsserie. Gleiches gilt auch für die großen Beratungshäuser wie McDonalds, Toilette oder Cappucchimimi – da gibt es immer mal wieder eine neue Studie, ein Whitepaper oder anderweitiges stinklangweiliges Infotainmentmaterial, das man in den digitalen Äther blasen und sich damit regelmäßig bei Fans und Feinden bemerkbar machen kann.

Den kleinen und mittleren Beratungen bleiben dann die erkennbar heillos hilflosen Hinweise auf fünfjähriges Bestehen, Grußkarten zum Geburtstag oder zu Weihnachten (mehr dazu in ›Die Weihnachtskarte – Müll zum Fest!), die scheinbar unvermeidlichen Kalendersprüche (mehr dazu in ›Holleri du Diarrhö – Aphorismen-Durchfall im Business-Netzwerk‹), oder Verkrampftes à la Firmenjubiläum, eine neue Angestellte et cetera ad obscurum – einen wirklichen, *echten* Anlass, für den sich auch der Empfänger erwärmen kann, gibt es selten.

Ein Kunde formulierte es mal ganz schön: »Marketing fühlt sich an, als müsste man einem unbekannten Menschen auf der Straße einen Heiratsantrag machen.« Und das nicht nur einmal, sondern immer und immer und immer und immer wieder, Tag auf Tag auf Tag auf Tag, denn Marketing ist ein endloser Hürdenlauf, kein kurzer Sprint über fünfzig Meter. Das unterscheidet Marketing von klassischer Produktwerbung: Während es in letzterer darum geht, die Vorzüge eines Produktes zu kommunizieren, geht es in ersterem darum, eine Marke dauerhaft in den Köpfen der potenziellen Käuferschaft festzubetonieren. Das ist der längere aber nachhaltigere Weg, denn nicht jeder benötigt jetzt gerade in diesem Moment eine Beratungsleistung. Aber *wenn* er oder sie sie oder ihn denn eines schönen Tages benötigt, dann soll er gefälligst sofort an Sie denken statt an sie. Oder etwa nicht?

Leider haben kleine und mittlere Beratungen in der Regel weder das Geld, noch die Wo*Manpower, das Marketing auf die Schiene zu bringen, das sie dringend benötigen, um gegen die Großen bestehen zu können und an einem annähernd gesättigten Markt Aufmerksamkeit auf sich ziehen zu können. Kreative Lösungen müssen daher her!

Da schießt natürlich direkt meine Servicementalität ein und lässt mich bestürzt rufen: Haltet ein, edles Beratervolk, bevor Ihr Eure Kundschaft vergrault mit ewig

Langweiligem, bevor Ihr die Eingabemasken von LinkedIn, XING und wem auch sonst noch füllt mit Worten, für die sich in etwa so viele Menschen interessieren wie die FPD Wähler im Osten hat.

Interessanter, knackiger, auffälliger – wie auf Tinder

Stellen Sie sich vorher diese drei Fragen:

1. Wofür interessiert sich unsere Kundschaft?

Es mutet so unglaublich naheliegend an, aber nach eingehendem Überfliegen meiner Timeline muss ich zum tausendsten Male feststellen, dass es noch lange nicht überall angekommen ist: Ihr Marketing soll sich an Ihre Kunden wenden, nicht an Sie selbst und auch nicht an Ihre Mitbewerber (mehr dazu in ›Der Haken am Wurm – Warum Beratermarketing so häufig am Kunden vorbeifischt‹). Stattdessen überall die üblichen Worthülsen, die mich als potenziellen Kunden nicht aufklären, sondern mich mit meinen unbeantworteten Fragen einfach im Regen stehen lassen. Viel um-sich-selbst-Gedrehe, schwafelige Textwüsten an der Oberfläche, phrasenhafte Leistungsversprechen à la »Wir sind die, die immer alles besser machen«, die Aussagekraft von Wahlplakaten.

Konservativ geschätzt gehen 99 Prozent allen Beratermarketings auf diese Weise komplett am Betrachtenden vorbei, der doch ganz konkrete Probleme hat. Sonst bräuchte er ja auch keine Beratung, oder?

2. Wie machen wir es knackiger?

Beraterinnen und Berater haben das große Talent, viele Worte für wenig Inhalt zu verwenden. Das liegt zumeist daran, dass sie das Bedürfnis pflegen, ihre Texte so zu formulieren, dass am Ende alle Fragen beantwortet sind. Das ist schön für einen Fachartikel. Im Marketing geht es aber darum, Interesse zu schaffen. Und das schafft man nur, wenn man bewusst Lücken lässt. Lücken, die dazu führen, dass ein potenzieller Kunde es genauer wissen will und sich bei Ihnen meldet. Ganz davon abgesehen kommen dabei auch noch Punchlines heraus, die plakativ und aufmerksamkeitsfördernd inszeniert werden können, denn

3. Das geht auffälliger, oder?

Die Philosophie hinter meiner Kolumne ist ja ungefähr dieselbe wie bei der chinesischen Wasserfolter: Steter Tropfen höhlt das Hirn. Auf dass die Nachricht einsickern möge, dass es in unserem Zeitalter der Aufmerksamkeitsönomie darauf ankommt, erst einmal überhaupt wahrgenommen zu werden. Da mag die Botschaft noch so klug und richtig und wichtig sein – wenn niemand sie sieht, finden wir sie schnell in oben benanntem Orkus, wo sie gemeinsam mit meinen unbeantworteten Fragen ein tristes Dasein in graublauer Dunkelheit zu fristen hat. A propos: Gedeckte Farben sind genauso passé (mehr dazu in ›Fifty Shades of Blaugrau‹) wie Symbolbilder, die wir alle schon tausendfach gesehen haben (mehr dazu in ›Bilder sagen manchmal gar nichts – Wie Sie mit falschen Symbolbildern Kunden vergraulen‹). Sie müssen sich unterscheiden. Und das tun Sie nicht, indem Sie es genauso machen wie Ihre Mitbewerber. Seien Sie anders, seien Sie besser, seien Sie *auffälliger*.

Womit wir bei der Frage von oben wären: War die Kampagne zur ›Aqua Teen Hunger Force‹ jetzt gutes oder schlechtes Marketing? Sie hat alle drei obenstehenden Kriterien erfüllt: Sie hat 1. das Interesse der Kundschaft getroffen, sie war 2. knackig und sie war 3. auffällig. Ob sie jedermanns und jederfraus *Geschmack* getroffen hat ist dabei vollkommen irrelevant. Wichtig ist nur, dass sie bei der Zielgruppe hervorragend funktioniert hat: Die Einschaltquoten gingen durch die Decke!

Aber keine Angst, nicht jedes gute Marketing ruft zwangsläufig die Polizei auf den Plan. Ich bin mir sicher, bei Ihnen ist deutlich harmloseres aber nicht weniger interessantes Material vergraben. Man muss es nur suchen. Und dabei helfen wir Ihnen wirklich sehr gerne.

Ich würde mich freuen, von Ihnen zu hören!

„Wo Manni lebt" – Werbeslogans und die Tücken der Globalisierung

„Come in and find out" - „Komm rein und finde wieder heraus" – Nicht jeder englische Slogan ist für Konsumenten unmittelbar verständlich. Prof. Lippold analysiert anhand aktueller und älterer Beispiele, warum manche Slogans funktionieren, andere dagegen kontraproduktiv sind.

Mit "Come in and find out" meinte Douglas nicht "Komm herein und finde wieder heraus". Englische Slogans sollen Marken jugendlicher machen, doch verwirren diese oft die Zielgruppe (Bild: picture alliance / SvenSimon | Frank Hoermann/SVEN SIMON).

Zu den wichtigsten Aufgaben der inhaltlichen Gestaltung von Werbebotschaften zählt die Formulierung des Slogans. Die Entwicklung eines **Slogans**, der trotz gewisser Unterschiede häufig auch als **Claim** bezeichnet wird, erfordert besonders viel Kreativität.

Ein Slogan, der das „Werbekonzentrat" einer Marke darstellt, sollte kurz, einfach, eingängig und unverwechselbar sein. Vor allem aber sollte er eindeutig sein und keinen Raum für Fehlinterpretationen lassen. Die Wirklichkeit sieht aber anders aus, insbesondere wenn es sich um englische Slogans handelt. Die Ergebnisse der Marktforschung sprechen hier eine deutliche Sprache.

Die Botschaft ohne Umwege in das Gedächtnis der Zielgruppe

„Nichts ist unmöglich" verspricht ein großer Automobilhersteller. „Wohnst Du noch oder lebst Du schon?" fragt eine omnipräsente Möbelkette und „Quadratisch. Praktisch. Gut" verkündet ein Süßwarenproduzent. „Alles Müller, oder was?" kennt fast jeder in deutschen Landen, sobald es um Milchprodukte geht. Wenn man sofort weiß, um welche Marken es sich handelt, dann haben die werbenden Unternehmen ihren Markenkern in klare Worte übersetzt und diese dort verankert, wo sie hingehören: im Gedächtnis der Zielgruppe.

Ferrero mit Teekesselchen

Auch der Slogan der Marke Ferrero „Guten Freunden gibt man ein Küsschen" ist wohl den meisten Menschen bekannt. Da das Produkt hier als „Teekesselchen"-Wort daherkommt, wird damit sogar eher ein Gefühl angesprochen, als ein konkretes Produkt beworben. „Damit Sie auch morgen noch kraftvoll zubeißen können" ist ein Werbeversprechen, das als wirklich gelungener Slogan verpackt ist. Mit „3-2-1-Meins" hat die Auktionsplattform ebay einen Werbeslogan mit Wiedererkennungswert geschaffen. Die Verbindung zum Gefühl einer erfolgreichen Auktion und der angenehme Sprechrhythmus sind es, was den Slogan so erfolgreich machen. Selbst als geflügeltes Wort ist der Slogan im Sprachgebrauch anzutreffen.

Persil bleibt Persil und da weiß man, was man hat – nämlich das Beste, das es je gab

Zu den bekanntesten Slogans, die sich seit Jahren als eingängig und unverwechselbar bewährt haben, zählen Slogans wie „Freude am Fahren" (BMW), „Ich will so bleiben, wie ich bin" (Du darfst) oder „Just do it" (Nike).

Doch selbst erfolgreiche Slogans haben nicht immer eine lange Lebensdauer, sondern werden dem Zeitgeschmack angepasst und verändert. Beispiele dafür sind die Marken Persil und McDonald's, deren Slogans im Zeitablauf verändert bzw. ersetzt wurden. „Persil bleibt Persil" wurde 1913 zum ersten Mal verkündet, 1959 fiel der Startschuss für „Das beste Persil, das es je gab", 1970 kann dann „Unser Bestes" mit Schleifchen auf der Packung und seit 1973 ist „Da weiß man, was man hat" in unser aller Gedächtnis. Die amerikanische Fast-Food-Kette dagegen durchlief von 1971 bis heute sogar insgesamt sieben Slogans. Es begann in den 1970er Jahren mit „Das etwas andere Restaurant" und endet heute (vorläufig) mit „Ich liebe es" (siehe Abbildung 1).

Fast 30 Jahre warb Gillette mit dem Slogan „Für das Beste im Mann". Doch selbst die besten Werbesprüche sind irgendwann überholt. Gillette trennte sich 2019 von dieser Botschaft, die heute für viele aus der Zeit gefallen wirkt. Die MeToo-Debatte habe alles verändert, so das Unternehmen. „Ist das das Beste im Mann?", fragt Gillette nun selbstkritisch in einem US-Werbefilm und versucht auf neue Inhalte zu setzen, die sensibler mit dem Thema toxischer Maskulinität umgehen.

Und der allseits bekannte Deutsche Bahn-Slogan „Alle reden vom Wetter. Wir nicht" wurde von der Wirklichkeit eingeholt und hat sich von selbst erledigt. Erledigt hat sich (leider) auch der Slogan „Nicht immer, aber immer öfter!" - der Spruch, mit dem Clausthaler-Alkoholfrei in den 90er Jahren die Bierwerbung aufmischte und der uns allen bis heute in Erinnerung geblieben ist. Allerdings hat sich der Slogan im Laufe der Zeit verselbständigt und sich von der Alkoholfrei-Marke aus der Radeburger Gruppe entkoppelt. Im komplett neuen Markenauftritt von Clausthaler wird daher auf den Slogan auch kein Bezug mehr genommen.

Abb. 1: Erfolgreiche Slogans mit langer oder angepasster Lebensdauer

Global Branding kann brandgefährlich sein

Im Zuge der Globalisierung ist es nur logisch, dass sich viele Konzerne darauf verlegt haben, ihre Slogans weltweit einzusetzen. Da liegt es natürlich nahe, einheitliche Slogans zu entwickeln und als Global Branding zu verbreiten. Und es liegt ebenso nahe, dieses Global Branding in englischer Sprache zu realisieren.

Besonders die deutschen Unternehmen springen gerne auf den Zug der Anglizismen. Denn die englische Sprache erweckt – insbesondere bei den jüngeren Käuferschichten – den Eindruck der Modernität, auf viele wirkt sie cool und jugendlich. Sie soll Internationalität suggerieren.

Andererseits gibt es aber auch die alte englische Weisheit „Every business is local". Hinzu kommt, dass viele Konsumenten glauben, einen Slogan verstanden zu haben. Bei näherem Hinsehen ist dies häufig aber gar nicht der Fall. Welche zum Teil abenteuerlichen Übersetzungsversuche bei englischen Slogans vorkommen, zeigen sehr eindrucksvoll die Ergebnisse der Marktforschung, die in der nachstehenden Tabelle abgebildet sind.

Slogan	Absender	Voll verstanden in %	Geglaubt verstanden zu haben in%	Interpretationen
Every time a good time	McDonalds	59	65	„Alle Zeit ist Gottes Zeit"
There's no better way to fly	Lufthansa	54	62	„Nur Fliegen ist schöner", „Es gibt keine besseren Fliegen"
Come in and find out	Douglas	34	54	„Komm herein und finde wieder heraus"
Powered by emotion	SAT.1	33	49	„Kraft durch Freude", „Elektrisierende Gefühle"
We are drivers too	Esso	31	44	„Wir fahren auch zu ...", „Wir sind zwei Fahrer"
The power to surprise	Kia Motors	25	38	„Die Überraschungsmacht", „Mit Strom überraschen"
Stimulate your senses	Loewe	25	34	„Die Sense stimulieren"
Driven by instinct	Audi TT	22	30	„Triefen vor Gestank", „Abtriften der Gefühle"
Where money lives	Citibank	21	34	„Wo Manni lebt", „Wer liebt Geld"
One Group. Multi Utilities	RWE	8	15	„Ohne Gruppe. Multikulti", „Eine Gruppe, viele Werkzeuge"

[Quelle: Endmark International Namefinding 2004]

Abb. 2: Verständnis englischsprachiger Slogans in Deutschland

Come in and find out – Komm rein und finde wieder raus

So glaubten 54 Prozent aller Befragten, den Douglas-Slogan „Come in and find out" verstanden zu haben. Tatsächlich waren es aber nur 34 Prozent, also 20 Prozentpunkte weniger. Viele Probanden hatten den Claim mit „Komm rein und finde wieder raus" übersetzt und waren dementsprechend davon überzeugt, den Slogan verstanden zu haben. Nicht ganz so groß war der Unterschied in Prozentpunkten bei dem Esso-Slogan „We are drivers too", den 44 Prozent der Befragten glaubten, verstanden zu haben. Letztlich waren es aber nur ganze 31 Prozent, die den Claim voll verstanden und nicht mit „Wir sind zwei Fahrer" oder „Wir fahren auch zu ..." übersetzt hatten.

Where money lives – Wo Manni lebt

So konnten lediglich 22 Prozent der befragten Testpersonen mit dem Audi TT-Slogan „Driven by instinct" etwas anfangen. Ein Übersetzungsversuch war „Triefen vor Gestank". „Powered by emotion" („Angetrieben durch Gefühle") von SAT.1 übersetzten viele Befragte mit „Kraft durch Freude". Da sieht man mal, wie ein Slogan generationsübergreifend im Kopf der Menschen verbleiben kann! 21 Prozent der Befragten verstanden den Claim der Citibank „Where money lives" („Wo Geld lebt") richtig, einige übersetzten ihn allerdings mit „Wo Manni lebt". „One Group. Multi Utilities." („Eine Gruppe. Viele Werkzeuge") ist der Slogan des Energieversorgers RWE. Er hat mit acht Prozent die schlechteste Übersetzungsquote. Ein Angebot war „Ohne Gruppe. Multikulti.", ein anderes „Eine Gruppe. Viele Werkzeuge". Inzwischen heißt es „Alles aus einer Hand". Doch nicht nur RWE hat daraus die Konsequenzen gezogen und den englischen Slogan durch einen deutschsprachigen ersetzt. So heißt es bei Douglas anstatt „Come in and find out" seit 2004 nun „Douglas macht das Leben schöner".

Werbung bis ins Grab

Das Phänomen falscher Übersetzungen gilt aber nicht nur im deutschsprachigen Raum. So wurde der Pepsi-Slogan „Come alive with the Pepsi Generation" total missraten in Taiwan mit „Pepsi holt Deine Vorfahren aus dem Grab" übersetzt. Das lässt sich wohl nur dadurch erklären, dass die chinesische Sprache reich an Subtilitäten und feinen lautlichen Nuancen ist. Ein Fehlgriff ist auch dem japanischen Automobilhersteller

Mitsubishi bei der weltweiten Einführung seines Geländewagens „Pajero“ unterlaufen: Erst später hat man realisiert, dass dieser Name umgangssprachlich in spanisch sprechenden Ländern für das Schimpfwort „Wichser“ steht. Seitdem heißt der Wagen dort „Montero“.

Siemens – Ingenuity for life

Das Kurioseste zum Schluss: Siemens, der wohl konservativste unter den DAX-Konzernen, hat rechtzeig zum 200. Geburtstag des Firmengründers Werner von Siemens seine Positionierung überarbeitet und verkündet seit 2016 seine Markenbotschaft künftig auf Englisch. „Ingenuity for life“ lautet der neue Claim, der so etwas wie Einfallsreichtum oder Erfindungsgabe bedeutet.

Doch mal ehrlich, wer kannte das Wort vorher? Selbst ansonsten anglophile Mitbürger vermuten hier ein Kunstwort. Doch es gibt noch ein zweites Problem, denn auch in einigen romanischen Sprachen stiftet der Begriff einigermaßen Verwirrung. Auf Französisch zum Beispiel bedeutet „Ingénuité“ nicht etwa Ingenieurskunst, sondern Treuherzigkeit. Das Gleiche gilt fürs Portugiesische und somit auch für den großen Wachstumsmarkt Brasilien: Das Adjektiv „ingênuo“ heißt übersetzt „ahnungslos“. Dort wird Siemens in Anzeigen zwar mit dem Original werben, allerdings erscheint dazu klein gedruckt jedes Mal eine Übersetzung. Nicht gerade eine überzeugende Lösung für einen Weltkonzern …

Generelles ‚Aus‘ für Anglizismen in Deutschland?

Die Befragungsergebnisse in der Tabelle überraschen natürlich. Aber bedeutet das schon ein generelles ‚Aus‘ für Anglizismen in der Marketing-Sprache, die ja ihren Ursprung in Amerika hat? Nein, denn bei bestimmten Zielgruppen kann die englische Sprache durchaus Sinn machen, wie etwa im Umfeld von Consulting-Unternehmen oder Trendsportarten, deren Fachsprache ohnehin Englisch ist. Auch ist es eher verständlich, wenn eine Fluggesellschaft sich der internationalen Luftfahrtsprache Englisch bedient, als wenn ein deutsches Unternehmen wie Siemens in Frankreich französisch, in Spanien spanisch – aber in Deutschland englisch wirbt und das auch noch mit dem Zungenbrecher „Ingenuity for life“.

Was macht Slogans erfolgreich?

Bleibt letztlich die Frage, was einen Slogan wirklich erfolgreich macht. Hier der Versuch einer kurzen Antwort:

Zunächst sollte der Slogan kurz und bündig sein („Just do it“, „Bitte ein Bit“), einprägsam wie „Intel inside“ und assoziativ wie „Freude am Fahren“. Verständlich und markenbezogen wie „Haribo macht Kinder froh“, manchmal auch ein wenig witzig („Wir können alles. Außer Hochdeutsch“) und schließlich auch interessant wie „Wohnst Du noch oder lebst Du schon“ sind weitere Erfolgsfaktoren guter Slogans. Übrigens, so heißt der Berliner Slogan in Assoziation zu Baden-Württemberg: „Wir können alles. Nur nichts richtig“.

… und die Musik spielt dazu

Und wenn es dann noch gelingt, einen **Jingle** – also ein musikalisches Klangelement – einzusetzen, um die Wirkung eines Slogans auditiv zu unterstützen, dann wird der Markenkern auch als akustisches Logo dort verankert, wo er hingehört: im Gedächtnis der Zielgruppe.

Eines der bekanntesten Beispiele ist das „DingDingDing di-Ding"-Klingelzeichen der Deutschen Telekom, bei dem die fünf Töne optisch den vier Punkten neben dem Telekom-„T" entsprechen, wobei alle vier Punkte den gleichen Ton besitzen und das „T" eine Terz höher erklingt. Besonders wirksam sind Jingles dann, wenn der Markenname in die Melodie eingebunden ist, wie dies bei „Haribo macht Kinder froh…", „Ei, Ei, Ei Verporten" oder bei „Waschmaschinen leben länger mit Calgon" der Fall ist. Aber auch die „Sail-Away"-Melodie von Beck's, deren Songtext einen direkten Bezug zum „Schlüsselbild" grünes Segelschiff und Assoziationen zu Freiheit und Abenteuer herstellt, zeigt ebenso wie Melodie und Text von „What ever we do" der zweiwöchentlichen Apotheken-Umschau, dass auch Jingles ohne Integration des Markennamens äußerst erfolgreich sein können.

Fazit: Ein Patenrezept für gute Slogans gibt es also nicht – dafür aber wichtige Anhaltspunkte, die uns vornehmlich die Marktforschung mit ihren Instrumenten ‚Befragung' und ‚Beobachtung' liefern kann.

Quellen:

D. Lippold: Marktorientierte Unternehmensführung und Digitalisierung. Management im digitalen Wandel, 2. Aufl., Berlin-Boston 2021

D. Lippold: Die Marketing-Gleichung. Einführung in das prozess- und wertorientierte Marketingmanagement, 2. Aufl., Berlin-Boston 2015

https://www.adobe.com/de/express/learn/blog/30-companies-with-famous-brand-slogans-taglines

https://www.sortlist.de/blog/werbeslogans/

https://www.horizont.net/marketing/nachrichten/redesign-das-ist-der-neue-markenauftritt-von-clausthaler-172597

Holleri du Diarrhö – Aphorismen-Durchfall im Business Netzwerk

»Wer selbst nichts zu Wege bringt, kann immer noch andere beraten«, sagte Horst-Eberhard Richter und wer nichts Interessantes zu sagen hat, der postet solcherlei Zitate in den sozialen Medien. Doch wer sich mit Napoleon, Piaf oder Tolstoi schmückt, wird dadurch nicht klüger, nur langweiliger. Seien Sie smart und teilen nur noch Relevantes. Der Algorithmus wird Sie lieben!

Hat niemals auf LinkedIn langweilige Zitate gepostet: George W. Washington

Ich habe mal eine kleine Denksportaufgabe für Sie: In dem Satz »Es ist zwölf Uhr« – was ist dieses Es? Wenn zum Beispiel jemand sagt »Es ist zehn Jahre alt«, dann ist dieses Es vielleicht ein Kind, ein Auto oder ein nässendes Furunkel, unter dem der Mensch seit zehn Jahren leidet. Sagt jemand »Es ist blau«, so meint sie oder er mit diesem Es die Wandfarbe, den Himmel oder den Kollegen, der immer diese anzüglichen Witze macht. Aber wenn jemand sagt »Es ist zwölf Uhr« – was genau ist denn da zwölf Uhr?

In dem Satz »Es ist lecker«, ist das Es ein ganz profanes Pronomen, das ein Substantiv (das Essen) ersetzt, wie es die deutsche Rechtschreibkommission glücklich macht. Wer in der Schule für fünf Pfennig aufgepasst hat weiß, dass man das Substantiv ganz einfach erfragen kann: »*Was* ist lecker?« – »Das Essen.« Bei der Uhrzeit geht das nicht: »*Was* ist zwölf Uhr?« – »Du mich auch!«

Das in der Uhrzeitangabe verwendete Es ist ein sogenanntes ›expletives Es‹, im Englischen passender ›dummy pronoun‹ genannt, und ist semantisch so leer wie eine zweistündige Rede von Olaf Scholz – existiert zwar als Geräusch, bedeutet aber nichts und verweist auch auf nichts. Dennoch ist es notwendig, weil in der deutschen Sprache ein Aussagesatz zwingend eines Subjektes bedarf. Sie erinnern sich an die Schulzeit: Subjekt, Prädikat, Objekt. Und genau *jetzt* ist ›Es‹ Zeit, zum Thema zu kommen.

Vor einiger Zeit entdeckte ich auf LinkedIn dieses bedenkenswerte Bonmot: »Denken ist das Handeln für Dumme«, schreibt da ein User auf LinkedIn und hält sich wahrscheinlich für einen genialen Aphoristiker mit Heranreichungspotenzial an Georg Christoph Lichtenberg. Ich hielt kurz inne, kapierte es nicht (Sinn und Unsinn wurden auch nirgends erläutert, es stand einfach so da) und zog weiter. Es blieb mir aber offensichtlich erinnerlich, denn es sticht mir seitdem immer wieder ins Hirn wie ein Schlaganfall, wenn mir diese unsinnigen Sinnsprüche in meine LinkedIn-Timeline gespült werden wie tote Fische ans Oderufer.

Seien sie allgemeingültig (»Vereinte Kraft ist zur Herbeiführung des Erfolges wirksamer als zersplitterte oder geteilte«, Thomas von Aquin), motivierend (»In einem wankenden Schiff fällt um, wer stillsteht und sich nicht bewegt«, Ludwig Börne), geistreich (»Erfolg hat nur, wer etwas tut, während er auf den Erfolg wartet«, Thomas Edison) oder auch nicht (»Du musst nicht spitze sein, um anzufangen. Aber du musst anfangen, um spitze zu werden«, wer auch immer Zig Ziglar war), widersprüchlich (»Verfolgt man seine Träume nicht, so ist man am Schlafen und nicht am Leben« von jemandem namens Tom Stephan, der die Antwort auf die Frage schuldig bleibt, ob man nicht am Leben sein muss um überhaupt träumen zu können) oder auch gewollt lustig (»Die Ärzte haben es am besten: ihre Erfolge laufen herum und ihre Misserfolge werden begraben«, Jacques Tati) – eines haben sie doch alle gemein: Es sind Phrasen, leer wie das Es in »Es ist zwölf Uhr«.

Ein Genickschuss vom Arschloch aus der BuHa

Stellen Sie sich vor, Sie haben auf der Arbeit einen richtig beschissenen Tag, Ihnen fliegen die Projekte nur so um die Ohren, fünf Kollegen und drei Kolleginnen sind krank, zuhause ist ein Rohr gebrochen und Ihr Auto hat Brechdurchfall. Sie gehen in die Kaffeeküche, um mal für zwei Minuten durchzuatmen, da steht das Arschloch aus der BuHa, klopft Ihnen kumpelhaft auf die Schulter, sagt: »Wie Enrique Iglesias schon sagte: ›Es gibt zwei Arten von Stress: Einen, wenn du Arbeit hast, und einen, wenn du keine hast‹«, und zieht lachend von dannen. Hilfreicher wäre nur ein Genickschuss.

Dennoch begegnet man diesen im alten Griechenland als *gnōmai* (in kurzen Versen ausgedrückte Lebensregeln weiser Männer) bezeichneten Sinnsprüchen ü-ber-all! Natürlich auch in den LinkedIn-Profilen der unterschiedlichsten Beraterinnen und Berater. Die Frage muss lauten: Warum nur?

Die Antwort ist wohl genauso profan wie einleuchtend: Es wird den Menschen ständig eingebläut, sie müssten regelmäßig ›etwas‹ posten, damit der Algorithmus zufrieden schmatzend die Relevanz des Users hochstuft und ihn in mehr Timelines rotzt als einen User, der qualitativ hochwertige, dafür aber deutlich weniger Inhalte postet. Auf diese Weise entstehen immer mehr quasi expletive Posts.

Wer nichts Kluges zu sagen hat, sollte gar nichts sagen

Das Problem ist, dass man nicht jeden Tag irgendwas Kluges zu sagen hat. Und anstatt dann weise zu schweigen fluten die Like-Süchtigen den Äther dann mit Essen, Tieren oder Zitaten. Wobei Zitate gegenüber Essen und Tieren den Vorteil haben, dass sie die zitierende Person so schlau aussehen lassen wie die zitierte. Denken die zumindest: Ich zitiere Goethe, also muss ich wohl so schlau wie Goethe sein. Mindestens.

Ein Problem, das uns häufig begegnet im Social Marketing: Man muss die Kanäle regelmäßig bespielen, um wahrgenommen zu werden. Und wenn man sich nicht einreihen möchte in die Riege derer, die ein Bild von Hubba Bubba posten und dazu schreiben: »Wer erinnert sich noch? #Schulzeit«, gerät man schnell ins Schwimmen. Allzu viele landen dann an dem Ort, an dem diverse Kalenderhersteller bereits waren: auf www.zitate.de, Suchworte: Erfolg, Beruf, Motivation etc. pp.

Zum Glück hat LinkedIn das Problem erkannt und User*innen, die nur auf Likes und Klicks und Views aus sind, den Kampf angesagt, denn, wie LinkedIn-Chefredakteur Dan Roth sagt: »When things go viral on LinkedIn, usually that's a sign to us that we need to look into this, because that's not celebrated internally.« Also werden zukünftig fachliche Inhalte bevorzugt vom Algorithmus ausgespielt und Clickbaiting weitestgehend ignoriert.

Auch die Kommentare werden auf ihren Gehalt gescannt, ebenso die Beziehung zwischen Postendem und Kommentierendem. Ob und wie das in der Praxis funktionieren wird, wird man sehen. Aber unterschätzen wir den Algorithmus und die dahintersteckenden Hirne mal nicht und gehen vom Besten aus. KI wird ihren Teil dazu beitragen.

Was heißt das für Sie? Nun, entfernen Sie zuallererst zitate.de aus Ihrer Lesezeichenleiste und machen sich mal ein paar Gedanken, wie man das, was Sie den ganzen Tag sonst so machen, bereichernd für die Community aufbereiten kann. Und wenn Ihnen partout nichts einfallen mag, machen Sie das, was weise Menschen in dieser Situation tun: schweigen. Denn wie sagte schon Karl Valentin: »Gesegnet seien jene, die nichts zu sagen haben und trotzdem den Mund halten.«

Ein Fall für TKKG – Abkürzungswut in der Beratungsbranche

Pragmatismus ist häufig nur ein anderes Wort für Faulheit. Zum Beispiel dort, wo Menschen eine Partei gründen und diese nach keinen fünf Minuten Nachdenken nach sich selbst benennen wie Karl Marx den gleichnamigen Ismus. Wenigstens ist Sarah Wagenknecht keine Unternehmensberaterin. Anders als Olaf Scholz und Ricarda Lang. Zumindest in der Phantasie unseres Klugsch… äh … Kolumnisten Wolfram Saathoff.

Abbreviatur-Alarm auf Burg Falkenfels – Klößchen ermittelt

Stellen Sie sich vor, Sie sind auf einer Party, die Musik ist gut und es befinden sich schon ein paar Strawberry-Daiquiri in Ihrer Umlaufbahn. Sie wippen am Rande der Tanzfläche auf und ab, checken die Umgebung, wie wir Detektive es nennen, und da ist er oder sie: Nicht zu groß, nicht zu klein, blonde bis dunkle Haare, schöne Augen (zwei davon), ein strahlendes Lächeln – präzisestens in Ihre Richtung geworfen. Sie sind hin und weg, Liebe auf den ersten Blick. Wie passend: Der DJ spielt gerade ›Zehn nackte Friseusen‹ von Helene Fischer – Ihr Lied! Das wird dann die Musik zum Hochzeitstanz, malen Sie sich aus.

Sie fassen sich also ein Herz, stürzen zwei Wodka runter und gehen rüber, im Angesicht des Blutalkohols erstaunlich trittfest. Es entspinnt sich folgendes Gespräch, es beginnt Person 1 (Sie): »Hey!« – »Hey. Na?« – »Auch hier?« – »M-hm.« – »Wie heißt'n du?« – »X Æ A-Xii.« – »Hä?« – »X Æ A-XII!« – »Ich … äh … hä?« – »X. Ligatur aus A und E. Normales A. Gedankenstrich. Noch mal X. Römisch 1. Römisch 1.« – »Ah. Äh. Hm. Ich geh mal wieder da rüber, ja?«

Sie sind offensichtlich an einen Sprössling aus der noblen US-amerikanischen Unternehmer-Dynastie derer von Musk geraten. Oder einen Droiden aus dem Star Wars-

Universum. Oder hat Ihnen da jemand seine Handynummer gegeben? Die Modellnummer einer Jaeger-LeCoultre? Schon mal sein Safeword für später? Sie sind verwirrt.

1,8 Millionen Jahre Schweigen – wie schön!

Seit wann in etwa der Mensch sprechen kann, ist nicht abschließend geklärt. Aufgrund physiognomischer Eigenschaften geht man davon aus, dass bereits der Homo erectus artikulierte Laute von sich zu geben imstande war. Den Homo erectus gab es vor etwa 2 Millionen Jahren, ausgestorben sein dürfte er dann vor etwa 200.000. Er existierte also knapp 1,8 Millionen Jahre, die Vorstellung, dass er das ganz ohne Sprache tun musste, ist zugleich bestürzend wie sehnsuchtsauslösend, letzteres zumindest für Menschen, die Christian Lindner bei Caren Miosga sehen und vor allem hören mussten. Ich bin mir sicher, ›Schuldenbremse‹ ist *sein* Safeword.

Es war aber wohl der vor gerade mal 150.000 Jahren auftauchende Homo sapiens, der aufgrund seiner Kopfform, der Größe seines Hirns und der Stellung seines Kehlkopfes dazu in der Lage war, nicht nur Laute von sich zu geben, sondern so etwas zu entwickeln wie eine Sprache in unserem heutigen Sinne. Der große Vorteil dieser neuen Kommunikation war, dass der Mensch nicht wie andere Primaten seine Hände zum Sprechen nutzen musste, also seine Grunzlaute durch Gesten ergänzen, und sie somit frei hatte für andere Dinge. Zum Beispiel seine Mit-Höhlenbewohner würgen, wenn sie zu viel über Schuldenbremsen redeten.

Die Forschung geht heute davon aus, dass sich schon sehr früh die Tradition herausschälte, nicht nur Dingen, sondern auch Menschen individuelle Namen zu geben, um sie besser unterscheiden zu können.

Kehren wir zurück auf die Party, auf der Sie bei einem nun wirklich letzten, versprochen!, allerallerletzten Absacker versuchen, sich an den Namen der ach so bestechenden Person zu erinnern. Es war irgendwas mit … X? Y? Z? War da eine Zahl mit drin? Mit ß oder Doppel-S? Pi? Ach, verdammt, er oder sie ist schon weg. Für immer aus Ihrem Leben verschwunden. Zeit für einen letzten Drink und dann ab nach Hause!

Ungefähr ganz und vollkommen präzise genau so müssen sich die Kundinnen und Kunden der diversen Unternehmensberatungen fühlen, die eine wilde Buchstabenkombination als Firmennamen ihr Eigen nennen. Sie kennen das: Da heißt dann jemand Christian Lindner und eröffnet meinetwegen ein Beratungsunternehmen im Bereich Forschung und Entwicklung und nennt sich dann CLFE für ›Christian Lindner Forschung und Entwicklung‹. Oder Ricarda Lang und Olaf Scholz, die ihre Unternehmung dann RLOS nennen (dass sich das wie ›ehrlos‹ spricht, fällt allen Beteiligten zwei Jahre später auch auf).

Der Roubourt von der CLFE GmbH

Der Mensch ist ein soziales Wesen, daher wurde unser Gehirn über die Jahrhunderte darauf geeicht, sich Namen gut merken zu können. Das gilt vor allem für Namen, die aus uns bekannten Phonemen gebildet werden, die gehen glatt in die Hirnrinde. Ein ›Robert Habeck‹ lässt sich zum Beispiel besser memorieren als ›Oumou Daou-Koumoue‹, ihres Zeichens Kommunikationsberaterin der Afrikanischen Union bei den

Vereinten Nationen, in deren Namen das ›Können Sie das bitte buchstabieren‹ fest verschraubt ist.

Roland Berger, Simon Kucher, Miebach, Horn … wer von uns müsste da nachfragen, das erinnert sich fehlerfrei von selbst. Bei Hórvath (»Mit H hinten«), Staufen (»Nur mit mit einem F, bitte«) oder Goetz (»Mit O-E, nicht Ö«) wird es anspruchsvoller, aber man weiß, was gemeint ist. Bei Accenture, Deloitte oder Capgemini haben Menschen mit Fremdsprachenkenntnissen ganz okaye Chancen, nicht komplett danebenzuliegen.

Aber ein Gespräch meinetwegen auf einer Messe oder nach einem Vortrag kann noch so anregend sein – eine Buchstabenkombination wie ›CLFE GmbH‹ hat man nach fünf Minuten vergessen wie die Französischvokabeln vom Vortag. Ganz davon abgesehen, dass das Firmenlogo dann aussieht als hätte der Trigema-Affe eine Tastatur zuerst gegessen und dann erbrochen.

Kurzum: Wer eine Firma gründet, steht vor dem Dilemma, dass das Kind einen Namen braucht. Wer es da seinen potenziellen Kundinnen und Kunden schwer macht, hat einen deutlichen Wettbewerbsnachteil. Deshalb sei eindrücklich zu Eindeutigkeit in der Namensgebung geraten.

Wer als Einzelgänger*in unterwegs ist, hat es da in aller Regel mit seinem eigenen Namen am besten, zumindest solange die Eltern bei der Namensgebung nicht von der aztekischen Schöpfungsgottheit Chiconahuiehecatl (vulgo: »Können Sie das bitte buchstabieren?«) inspiriert wurden.

Kleine Stolpersteine sind hierbei sogar gar nicht verkehrt. Ich zum Beispiel werde von Menschen in der Regel als ›Wolfgang‹ bezeichnet, woraufhin ich sie korrigieren kann, dass mein Name ›Wolfram‹ ist, woraufhin sie sich das tatsächlich besser merken können, Stichwort: aus Fehlern lernen.

Wer eine größere Unternehmung plant und nicht Sarah Wagenknecht heißt, die Unternehmung also nicht im Cäsarenwahn nach sich selbst benennen will, der hat es etwas schwerer. Aber auch hier gilt: Es sollte gewohnt klingen. Ein Grund, dass zum Beispiel immer weniger latinisierte Firmennamen unterwegs sind ist der, dass heutzutage immer weniger Menschen Latein lernen. Machen Sie es griffig, eindeutig. Aber überladen Sie es nicht mit Bedeutung. Dass Sie Ihre Firma ›Phacochoerus GmbH‹ genannt haben, weil das der lateinische Name vom Warzenschwein ist, das symbolisch für Ihre Firma steht, weil es tagaktiv ist, aber in der Mittagshitze gerne ruht, interessiert, excusez-moi, kein Warzenschwein!

Aber tun Sie sich bitte, bitte, bitte einen riesengroßen Gefallen und geben sich keine Abkürzung als Namen! Da fällt Ihnen doch mit Sicherheit etwas besseres ein. Und wenn nicht gibt es ganz tolle Agenturen, die Ihnen dabei helfen können. Haus am Meer zum Beispiel. Das ist doch mal ein toller Name! Leicht zu merken und … ach, melden Sie sich einfach!

Marketing für Gewinner – Was Consultants von Populisten lernen können

Ab einer gewissen Flughöhe reichen Qualifikationen, so beeindruckend sie auch sein mögen, nicht mehr aus, sich von seinen Mitstreitenden ausreichend abzuheben. Einen entscheidenden Vorteil hat, wer eine Persönlichkeit vorweisen kann. Nehmen Sie sich ein Beispiel an Markus Söder und gewinnen Sie zukünftig jede Wahl!

Markus Söder, Abbildung seeeeehr ähnlich

Ein weiteres Mal, einen weiteren Monat, den inzwischen 28. in Folge, treffen wir uns hier als letztes Bollwerk gegen die kollektive Übellaunigkeit, die Olaf Scholz als größtes Problem der Deutschen seit dem Beginn seiner Kanzlerschaft vor gefühlten drei Jahren ausmacht. Und gegen die zu unternehmen uns allen ins Stammbuch geschrieben sein soll, so darf man ihn wohl verstehen, den Mann, für den das Wort ›Kommunikation‹ einst erfunden wurde. Im Sinne von etwas, das es auf jeden Fall zu vermeiden gilt. Yolo, Olaf!

Eine weitere Sache, der man sich unbedingt mal mutigen Schrittes nähern sollte, im Gegensatz zu Olaf Scholz, der um diese Sache ebenfalls einen weiten Bogen macht, ist Persönlichkeit.

Darüber musste ich kürzlich grübeln, als ich mich bei dem Gedanken ertappte, welches Duftwasser Markus Söder wohl benutzen mag. Ich traue ihm alles zu: von beherzt-langweiligem aber volksnahem ›Old Spice‹, über ich-nehm-halt-was-da-ist ›Cool Water‹ bis sonnenköniglich-abgehobenem ›Creed Aventus‹, um sich auch olfaktorisch von denjenigen abzuheben, die für ihr Geld einer geregelten Arbeit nachgehen müssen, diese Bauern im Schachspiel des Lebens.

Jäh fiel mir auf, dass ich etwas tat, was für mich einigermaßen ungewöhnlich ist: Ich machte mir Gedanken über Markus Söder! Was zur Hölle?!

Nachdem ich mich unter der Dusche mit einer Wurzelbürste gründlich abgeschrubbelt hatte und wieder Herr meiner Vernunft war, begann ich zu analysieren. Was suchte plötzlich der Söder Markus in meinen Hirnwindungen, wie war er dort hineingelangt?

Was Herr Söder ja wirklich ganz vorzüglich hinbekommt, muss man zugeben, ist die wahnsinnige Anpassungsfähigkeit an das, was man als Zeitgeist bezeichnen mag. Durch diese Fluidität bekommt man bei ungenauerer Betrachtung gar nicht mit, wie er sich ständig selbst widerspricht, sondern man merkt nur sein eigenes beständiges Nicken oder Kopfschütteln über diesen Mann. Sei es die Forderung nach deutschen Flugzeugträgern, das Umarmen von Bäumen, Kruzifixen und Weißwürsten, oder der neue Bart nebst schickem old-money-Maßanzug irgendwo zwischen altenglisch und neuberlinerisch. Jemandem wie ihm mag man es abwinkend verzeihen, wenn er Wüst und Günther als Provinzpolitiker abkanzelt, während er sich selbst als Zoon politikon von mindestens nationaler Tragweite begreift. Das ist halt der Söder Markus, heißt es. So ist er halt, sagt man. Eine echte Persönlichkeit!

In der Politik ist eine Persönlichkeit zum einen etwas, das einem von den bösen gleichgeschalteten Medien angehängt wird (Olaf Scholz' schlaftablettige Roboterhaftigkeit, Christian Lindners glanzrhetorisch überspielte Schuljungen-Unsicherheit oder Robert Habeck als Zerstörer der deutschen Wirtschaft), zum anderen etwas, das sorgfältig kuratiert und mithilfe von Imageberaterinnen und Imageberatern zeitintensiv gepflegt wird. So müht sich Friedrich Merz seit seinem kometenhaften Aufstieg zum Chef der Union nebst absehbarer Anschlussverwendung als Kanzlerkandidat ebendieser darum, sich einen ›christlich-konservativen‹ Anstrich zu verleihen, wo vorher nur neoliberal war. Oder nehmen wir Marie-Agnes-Strack-Zimmer-Mann (entscheiden Sie selbst, wo die Vornamen aufhören und die Nachnamen anfangen), die sich große Mühe gibt, als alte weise Frau der FDP in Annalen der deutsch-deutschen Politik einzugehen, indem sie sich selbst zum Beispiel als ›Oma Courage‹ paraphrasiert (wobei man davon ausgehen muss, dass sie Brechts Drama wohl niemals gelesen hat, dann wüsste sie nämlich, dass Mutter Courage eine mitleidlose Kriegsgewinnlerin ist, die ihre Kinder opfert, so viel sei am Rande erwähnt).

In einem unübersichtlichen und mehrfach gesättigten Markt ist Persönlichkeit etwas, das den Unterschied nicht nur machen kann, sondern ihn tatsächlich macht!

Der Bauch isst mit!

Bei Wahlentscheidungen gilt genau wie bei Kaufentscheidungen und der Frage, was es zum Abendessen gibt: Der Bauch entscheidet zumindest gleichberechtigt, wenn nicht sogar maßgeblich mit. Ob ich jemandem zutraue, meine Probleme zu lösen, hängt nicht einfach nur von dessen fachlicher Eignung ab (die meisten Politiker sind Juristen, von Eignungen welcher Art auch immer kann da wohl eh keine Rede sein, lol), sondern auch davon, ob ich es ihr oder ihm schlichtweg zutraue.

Wenn ich denke, in der Migrationspolitik wäre ein harter Kurs angebracht, dann fühle ich mich bei Merz und Söder definitiv besser aufgehoben als bei jemandem wie Habeck oder Klingbeil, die den Menschen in den Mittelpunkt stellen, was auch immer das nun wieder bedeuten mag. Welcher von diesen Vieren *tatsächlich* dazu geeignet sein mag (und ob überhaupt), die Probleme zu lösen – der Hardliner oder der Gutmensch –, das werden wir wohl erst im Nachhinein erfahren. Zum jetzigen Zeitpunkt muss es uns reichen, einem von denen es schlicht zuzutrauen. Oder auch nicht.

Genau das ist der Punkt: Wir sollen uns an der Wahlurne für jemanden entscheiden, von dem wir gar nicht wissen, ob er oder sie geeignet ist. Und das kann unser Kopf nicht, denn dem fehlen Informationen, die für eine qualifizierte Entscheidung notwendig wären. Hier kommt unser Bauch ins Spiel, dem Zahlen, Daten und Fakten schlichtweg egal sind. Der vielmehr darauf achtet, ob jemand eine Krawatte trägt oder nicht, ob jemand zulässig zuspitzt oder fahrlässig Realitäten verzerrt. Ob jemand sich kompetenter macht als er oder sie ist. Ob jemand mir das Blaue vom Himmel verspricht oder ich schlüssig finde, was mir gesagt wird. Ob ich jemanden sympathisch finde oder nicht. Ich muss auf meinen Bauch vertrauen!

In genau und exakt und zu einhundert Prozent derselben Situation befindet sich ein Entscheider, eine Entscheiderin in einem Unternehmen, in dem es darum geht, sich Hilfe von außen zu holen. Die Zahlen sind nicht gut, es muss irgendwas modernisiert oder gar transformiert werden, und man schafft das nicht mit Bordmitteln. Eine Beratung muss ins Haus geholt werden. Nur welche? Es gibt so viele. Und die ähneln sich auch noch wie ein Ei dem anderen (lesen Sie zu diesem Thema auch gerne jede andere Ausgabe meiner Kolumne). Welche von denen es wirklich kann? Ich weiß es nicht! Behaupten tun sie's alle – ich muss irgendeiner schlichtweg vertrauen. Nur welcher?

Im Vorteil ist, wer jetzt eine Persönlichkeit vorweisen kann.

Personal abbauen mit Persönlichkeit

So wie Menschen können auch Firmen, Unternehmen, Marken eine Persönlichkeit haben. Das Blöde ist: Eine Persönlichkeit legt fest, weswegen viele diesen Schritt nicht gehen. Sie wollen nirgends anstoßen, dass jemand mit dem Zeigefinger auf sie zeigen und sagen kann: Das sind doch die-und-die. Sie wollen sich frei jeglicher Zuschreibungen jenseits von Phrasen wie ›kompetent‹ oder ›seriös‹ halten. Am Ende sind sie wieder der rundgelutschte Kiesel, an dem das Wasser unbemerkt vorbeifließt.

Und es ist ja nicht komplett falsch: Wer sympathisch rüberkommt, dem wird unter Umständen ein straffer Personalum- oder sogar -abbau nicht zugetraut. Wer allzu selbstbewusst wirkt, schreckt vielleicht ein junges, dynamisches Start-up ab. Wer keine Krawatte trägt wirkt auf superseriöse Finanzdienstleister unter Umständen zu wenig ernsthaft.

Auf der anderen Seite wirkt der Krawattenlose auf das junge, dynamische Start-up vielleicht ganz angenehm? Wer Selbstbewusstsein ausstrahlt, der kann auch Personal abbauen, mag manch ein Bauch denken. Sie verstehen, worauf ich hinauswill?

Wer eine Persönlichkeit hat, ist erkennbar unter vielen. Er findet mit dieser Persönlichkeit vielleicht nicht überall Anklang, aber das muss er ja auch nicht. Dafür findet er bei anderen umso mehr Anklang. Und vermag dort einen Pitch für sich zu gewinnen, wo die anderen nur mit absolut vergleichbaren Leistungen punkten können.

Während das, was Sie *können*, die Torte ist, kann eine nach außen gestellte Persönlichkeit die Kirsche sein, das notwendige Distinktionsmerkmal, das Sie von Ihren Mitstreitern unterscheidet, das Sie in den Köpfen Ihrer (potenziellen) Kundschaft verankert. Das die emotionale Bindung zu Ihnen und Ihrer Dienstleistung darstellt, wo andere nur trocken ihre Qualifikationen aufzählen können. Das mag ja ganz beeindruckend sein, kommt drauf an. Aber es bietet keine Möglichkeit, emotional anzudocken. Zu sagen: Hier *fühle* ich mich gut aufgehoben. Es kann also sehr lohnend sein, sich auch im Marketing eine wiedererkennbare Persönlichkeit als Identifikationspunkt zuzulegen.

Markus Söder hat das begriffen wie kein anderer. Und seien wir ehrlich: Seine Masche verfängt längst nicht bei allen! Er gilt als arrogant, maulaffig, affektiert, herablassend und so weiter. Bei seiner Kundschaft hingegen genießt er ein Ansehen, eine Glaubwürdigkeit und eine Authentizität, die in der deutschen politischen Landschaft absolut einzigartig ist.

Wie lang er auf dieser Flughöhe noch alleine unterwegs sein mag, ist ein Ding der Spekulation, Sarah Wagenknecht ist ihm wohltoupiert auf den Spuren. Aber bis es in ferner Zukunft soweit sein mag, bleibt einem nur übrig, das Spektakel mit offenem Mund zu bestaunen und sich vielleicht das eine oder das andere von diesem Mann abzuschneiden. Ein Ohr, einen Finger oder auch nur eine Scheibe von diesem unglaublichen Talent, seine Persönlichkeit vor aller Augen so gekonnt zu ondulieren, dass selbst den ärgsten Feinden nichts anderes übrigbleibt als abwinkend zu sagen: Ach, das ist der Söder Markus. So isser halt.

Übrigens: Ich habe im Hauptquartier der CSU angefragt wegen Herrn Söders Duftwasser. Bis Redaktionsschluss hatte man frecherweise noch nicht geantwortet. Ich halte Sie auf meinem LinkedIn-Profil gerne auf dem Laufenden. Bis dahin rufe ich Ihnen frohen Mutes zu: O'zapft is! Over and out.

Kapitel 5: Consulting und Kunden

Ach, was wäre das Consulting nur ohne die Kunden. Überflüssig, würde man vermuten. ›Überflüssiger‹, würden manche unken, lägen aber meilenweit daneben. Wie aber kommen Consultants und Kunden zusammen. Und warum überhaupt?

In diesem Kapitel besuchen wir den Schamanen und lassen Ihnen die Karten legen: Welche Rollen sollten Sie als Beraterin oder Berater am besten einnehmen? Warum schmeckt Kuchen besser als Wurm? Was ist der Unterschied zwischen Kauf und Verkauf?

Ein wichtiges Take-away vorweg: Nach dem Nürnberger hat nun auch der Verkaufstrichter ausgedient. Statt getrichtert wird zukünftig gefiltert. Was und wie – das verrät Dirk Lippold, seien Sie gespannt!

Wenn Beraterrollen auf Kundenerwartungen treffen

Die Erwartungen an die Leistung von Unternehmensberatern kann je nach Projekt und Kundenunternehmen unterschiedlich ausfallen. Um diese besser einschätzen zu können, hilft es diese an bestimmten Rollen festzumachen, findet Kolumnist Prof. Lippold, und erläutert, was es beispielsweise mit dem Irritierenden, dem Schamanen und dem Benchmarker auf sich hat.

Der Schamane als Beratertyp vermittelt zwischen verschiedenen Sphären und kann Kräfte jenseits der Ratio wecken. (Bild: picture alliance / Shotshop | Addictive Stock)

Wenn Beraterrollen auf Kundenerwartungen treffen, wird es spannend. Werden die Kundenerwartungen erfüllt oder gar übertroffen, spricht man von *Kundenzufriedenheit*. Werden sie nicht getroffen, stellt sich Frust ein. Insofern sind die Erwartungen des Kunden Ausgangspunkt jeder Beratungsleistung. Daher ist es nur konsequent, dass Beratende den *Erwartungswert* ihrer Leistung hinterfragen.

Da bei einer Dienstleistung die Erwartungen auch immer an bestimmte Personen gerichtet sind, ist es bisweilen anschaulicher, die Erwartungen an bestimmten Rollen festzumachen und den Mehrwert dieser Rollen zu hinterfragen. Folgende Rollen sollen hier beispielhaft erläutert werden:

Der Irritierende. In der Rolle des Irritierenden unterbricht der Berater Routinen und stört Bestehendes. Das können Strukturen, Weltbilder, mentale Modelle, soziale Schemata, Einstellungen, Normen oder Regeln sein, kurz alles, was der Berechenbarkeit der

Organisation dient. Seinen Mehrwert stiftet der Irritierende durch Perspektiven, die das Kundenunternehmen selbst vielleicht nie verfolgt hätte.

Der Mentor. Mit der Rolle des Mentors verbindet man einen erfahrenen Ratgeber und Helfer. Er führt das Kundenunternehmen durch schwierige Themen (Markt, Technologie) und besticht durch das breite Spektrum seiner Kompetenzen. Er hilft, wahrgenommene Komplexität zu bewältigen. Sein Mehrwert entsteht aus intensiver Beobachtung, aktivem Zuhören und gemeinsamer Reflexion.

Der Konzeptlieferant. Der Konzeptlieferant bietet Werkzeuge (engl. *Tools*) an, die – sofern sie zu den Problemen passen – als kostengünstige Lösung einen erheblichen Mehrwert bieten können. Allerdings ist beim Konzeptlieferanten die Versuchung groß, dass das Verkaufen der Tools über die Beratung gestellt wird.

Der Schamane. Der Schamane ist Mittler zwischen der gruppengemeinsamen Alltagsrealität und der transzendenten Welt. Er steht besonders den beiden Problemfeldern von Organisationen sehr nahe: der Zukunft und der Kultur. Sein Mehrwert kann darin liegen, dass er die Kräfte jenseits der Ratio zu wecken weiß.

Der Benchmarker. Benchmarking, d. h. das Lernen von den Besten und das Gucken über den Tellerrand, ist eine ureigene Disziplin des Beraters. Aufgrund seiner Branchenkenntnisse verfügt keiner über so viel Benchmark-Know-how wie der Berater. Der Mehrwert des Benchmarkers liegt darin, dass das Kundenunternehmen Einsicht in das (anonyme!) Wettbewerberumfeld bekommt und von den Besten lernen kann.

Der Umsetzer. Der Umsetzer stellt sein Handeln über das Denken. Er ist der Macher unter den Beratern. Im Gegensatz zum Konzeptlieferanten kann das Konzept beim Macher durchaus auch vom Kunden selbst oder ggfs. auch von anderen Beratern kommen. Und anders als beim Mentor pocht er auf eine rasche Umsetzung, die den Mehrwert seiner Aktivitäten darstellt.

Der Spiegel. Von Zeit zu Zeit ist es unumgänglich, dass Organisationen einen Blick in den Spiegel werfen. Be*rat*er halten diesen Spiegel sehr gerne vor, weil sich im Spiegelbild einer Organisation immer Abweichungen vom Idealzustand finden lassen. Die Rolle des Spiegels hat insbesondere den Mehrwert, dass ein Problembewusstsein in der Organisation geschaffen wird.

Der Legitimator. Häufig gibt es Ideen im Kundenunternehmen, die weder auf fremden Konzepten beruhen noch einer Umsetzung durch andere bedürfen. Doch da der „Prophet im eigenen Lande" nichts zählt, ist es sehr schwierig, solche Ideen umzusetzen. Hier springt der Berater als Legitimator ein. Sein Mehrwert liegt darin, dass er der Idee oder dem Projekt seinen guten Ruf leiht.

Der Change Agent. Unternehmen auf neue Trends und Zukunftsmärkte vorzubereiten, das ist die Aufgabe von Change Agents. Mit dieser Rolle wird der Berater zum Brückenbauer zwischen Wissenschaft und Praxis. Mit seinen profunden IT-Kenntnissen spürt er neue Entwicklungen auf und hilft dabei, den Anwendungsbezug verständlich zu machen und diese Trends in Innovationsfelder und neue Produkte zu transferieren.

Der Zeitarbeiter. Zeitweise geht es den Kundenunternehmen einfach nur darum, vorhandene Kapazitätsspitzen abzudecken bzw. auszugleichen, ohne gleich neue Mitarbeiter, die man nach Projektabschluss nicht mehr benötigt, einstellen zu müssen. Hier ist die Rolle des Beraters als Zeitarbeiter gefragt. Dieser arbeitet zwar nicht konzeptionell, sein Mehrwert liegt aber in der Beseitigung von Kapazitätsengpässen.

Der Moderator. Die Rolle des Beraters als Moderator ist mehr auf der Managementebene angesiedelt. Der Moderator hat nicht den Ehrgeiz und Willen, dem Kunden neues Wissen zu vermitteln. Ihm geht es vielmehr um eine neutrale Einflussnahme und Steuerung, um Arbeitsgruppen in die Lage zu versetzen, effektiv und effizient zu arbeiten.

Der Coach. Coaching ist ein Mittel zur Förderung der Entwicklung von Führungskräften und Mitarbeitern und vereinfacht in der Regel dadurch angestoßene Veränderungsprozesse. Der *Coach* zieht diverse Gesprächstechniken und seine professionelle Erfahrung heran, um den *Coachee* dabei zu unterstützen, dessen gesetzten Ziele zu erreichen.

Der Gutachter. Der Gutachter wird besonders in Zweifelsfällen herangezogen. Er bewertet Geschäftsvorfälle und stellt so etwas wie eine letzte, unumstößliche Instanz dar. Sein Mehrwert besteht hauptsächlich darin, Projektergebnisse gegenüber einem interessierten Kreis zu plausibilisieren und zu evaluieren.

Alle hier aufgeführten Rollen sind nicht überschneidungsfrei und damit häufig auch nicht isoliert zu sehen. So kann ein Berater durchaus in mehrere Rollen schlüpfen. Ein *Change Agent* kann irritieren, spiegeln oder umsetzen. Oder er kann als Mentor, Schamane oder Legitimator agieren.

Weitere Informationen und Quellen hier:

D. Lippold: Die Unternehmensberatung. Von der strategischen Konzeption zur praktischen Umsetzung, 4. Aufl., Berlin/Boston 2022.

D. Lippold: Einführung in das Consulting. Strukturen – Trends – Geschäftsmodelle, Berlin/Boston 2022.

Der Haken am Wurm – Warum Beratermarketing häufig am Kunden vorbeifischt

Offensichtlich wissen viele Beratungsunternehmen nicht, wer ihre Kunden sind und was deren Bedürfnisse sind. Anders kann sich Kolumnist und Tiefseeangler Wolfram Saathoff nicht erklären, warum eine derart große Masse an Beratermarketing vollkommen an der Zielgruppe vorbeigekübelt wird. Eine Spurensuche in einem gesättigten Markt.

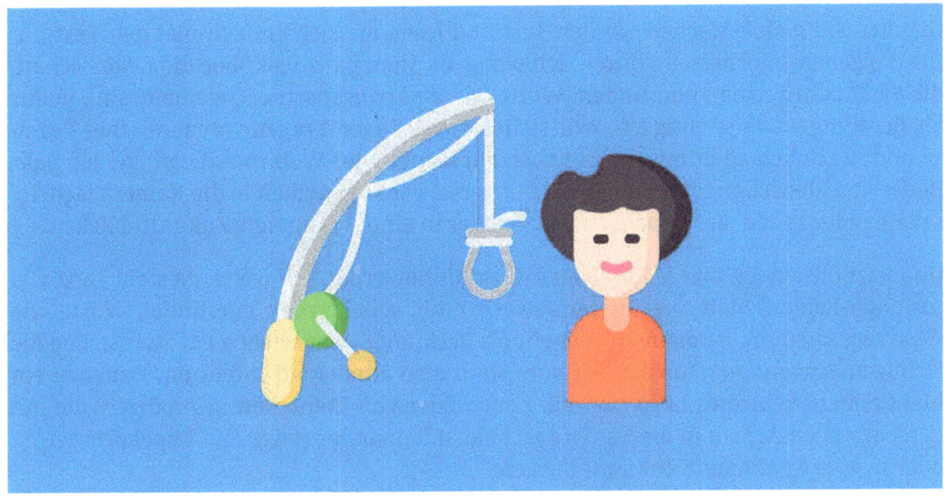

Menschenfischen im Jemen – Beratermarketing anno 2024

Ich will es mal in aller Deutlichkeit sagen: Viele Beratungsunternehmen denken, ihr Auftritt müsste *ihnen selbst* gefallen. Deshalb lesen sich viele Texte so verquarzt (mehr dazu in ›Marketing zum Hirnverbiegen? – Das können Sie von McKinsey, Roland Berger & Co. lernen!‹), deshalb sind Logos gerne total überladen (mehr dazu in ›Das Kreuz mit dem Pfeil‹ und ›Das Typochen auf dem i – Über Logos in der Beratungsbranche‹) und deshalb sind die meisten Farbkonzepte stinkendlangweilig (mehr dazu in ›50 Shades of Blaugrau‹). Wer mit seinem eigenen Geschmack argumentiert, argumentiert in der Regel vollkommen an seiner Kundschaft vorbei. Marketing ist keine Frage von ›Schön‹ und ›gefällt mir‹, sondern von ›funktioniert‹ – oder funktioniert eben nicht. Geschmack hat da nichts verloren!

Kurz gesagt: Als Beratungsunternehmen bewerben Sie sich nicht bei sich selbst und auch nicht bei anderen Beratungsunternehmen. Sondern bei Unternehmen, die Ihre Beratung brauchen. *Deren* Logik muss Ihr Marketing folgen, *deren* Bedürfnisse müssen Sie in Ihrer Kommunikation adressieren.

Dabei geht es nicht darum, um jeden Preis aufzufallen. Hab ich auch schon oft genug geschrieben. Sondern es geht darum, sich von den Mitbewerbern zu unterscheiden.

Mein Kollege Bernhard Kuntz schrieb in einem sehr lesenswerten Beitrag auf Consulting.de, dass es Neukunden im Beratungsmarkt (fast) nicht gibt: »Neukunden gewinnen – das klingt banal. In der Praxis erweist sich dieses Vorhaben im B2B-Bereich aber meist als schwierig, denn Neukunden gibt es zwar aus Sicht der Berater, doch nicht aus Marktsicht. Aus Marktsicht sind die sogenannten Neukunden (sieht man von den Start-ups ab) fast stets Wettbewerberkunden – also Unternehmen, die bisher mit anderen Beratern zusammenarbeiten.«

Es stimmt: Der Markt ist einigermaßen gesättigt, die Angebote aus Sicht der zu gewinnenden Kunden austauschbar. Und am Ende entscheidet sich der Kunde dann halt nicht für das beste Angebot, sondern für das billigste.

Die Banalität des Öden

Glauben Sie nicht? Machen Sie den Test und lesen Sie sich einfach mal den Text auf Ihrer eigenen Internetseite durch. Ich wette, da steht ganz viel über die Leidenschaft, die Sie für Ihre Arbeit empfinden, Worte wie ›Sparringspartner‹, ›gemeinsam‹, ›mehr als Beratung‹, ›was wichtig ist‹, ›wir stellen die richtigen Fragen‹, ›dynamisches Team‹ so und so ähnlich ad infinitum. Daneben ein blaues oder Weinrotes Logo und ein paar Bilder von Menschen in Anzügen, die mit verschränkten Armen in die Kamera lächeln, miteinander reden, auf Flipcharts zeigen oder in eine ›spannende Zukunft‹ blicken.

Und jetzt öffnen Sie mal die Websites Ihrer Mitbewerber. Ich wette, da steht ganz viel über die Leidenschaft, die ihr Mitbewerber für seine Arbeit empfindet, Worte wie ›Sparringspartner‹, ›gemeinsam‹, ›mehr als Beratung‹, ›was wichtig ist‹, ›wir stellen die richtigen Fragen‹, ›dynamisches Team‹ so und so ähnlich ad infinitum. Daneben ein blaues oder Weinrotes Logo und ein paar Bilder von Menschen in Anzügen, die mit verschränkten Armen in die Kamera lächeln, miteinander reden, auf Flipcharts zeigen oder in eine ›spannende Zukunft‹ blicken.

Sehen Sie?!

Das liegt daran, dass Sie – genau wie alle anderen – Ihre Website *für sich selbst* entwickelt haben. Sie haben die Texte geschrieben, die Fotos gemacht, die Farben ausgewählt als wären *Sie selbst* Ihr Kunde. Das ist, mit Verlaub, Quatsch. Ihre Website muss nicht *Ihnen* gefallen, sondern *Ihren Kunden*. Und Ihre Kunden haben andere Bedürfnisse als Sie!

»Aber meine Internetseite muss mir doch auch gefallen!?«, höre ich Sie jetzt murmeln, lege Ihnen sanft die Hand auf die Schulter, blicke Ihnen ganz tief in die Augen und sage: »Nope!« Wer Fische fangen will sollte Würmer an den Angelhaken machen und nicht Kuchen! Hören Sie also auf, Ihren Kunden zu erzählen, warum *Sie sich selbst* engagieren würden. Zeigen Sie lieber, was Sie von all den anderen unterscheidet, was Sie besser, besonderer machen. Warum man *Sie* beauftragen sollte und nicht Ihren Mitbewerber.

Oder, anders gesagt: Behalten Sie den Kuchen für sich – lassen Sie Ihre Kunden Würmer fressen!

B2B: Wenn sich Buying Center und Selling Center gegenüberstehen

Der Akquisitionsprozess im B2B-Bereich läuft grundsätzlich rationaler, systematischer, formeller und langfristiger ab als bei B2C-Gütern. Doch ebenso wie bei Konsumgütern gibt es auch beim Verkauf von erklärungsbedürftigen Produkten und Leistungen keinen festgeschriebenen Prozess. Besonders interessant ist hier, auf welcher Seite welche Personen mit welchen Aktivitäten zum Einsatz kommen können.

Bei Kaufprozessen stehen auf der einen Seite das Buying Center und auf der anderen das Selling Center (Bild: picture alliance / Westend61 | Gustafsson)

Die Personen, die auf der **Einkaufsseite** mitwirken, werden häufig in einem Gremium zusammengefasst, das bekannterweise als **Buying Center** bezeichnet wird. Es weist den Beteiligten verschiedene Rollen im Hinblick auf den Beschaffungsprozess zu: Initiatoren, Informationsselektierer (Gatekeeper), Beeinflusser (Influencer), Entscheider (Decider), Einkäufer (Buyer) und Benutzer (User) sind hier die (sprechenden) Rollenbezeichnungen, die kürzlich die beiden Professoren Michael Fretschner und Jan-Paul Lüdtke in ihrer Kolumne „50 Jahre Buying Center - Wer kauft da eigentlich ein?“ beschrieben.

Den teilweise sehr hohen Anforderungen beim Vertrieb von komplexen und höchst erklärungsbedürftigen Produkten und Leistungen kann der Verkäufer als Einzelperson in aller Regel nicht mit gleicher Qualität entsprechen.

Es ist also nicht ganz einfach, dem Buying Center etwas Adäquates auf der Verkäuferseite gegenüberzustellen. Häufig ist es dann die *Geschäftsführung* selbst, die evtl. vorhandene Defizite im Qualifikationsprofil durch ihre hierarchische Stellung wettmachen kann. Eine weitere Möglichkeit ist darin zusehen, dem Vertriebsmanagement (Vertriebsleiter) Spezialisten, zum Beispiel für systemtechnische oder konzeptionelle Fragen, an die Seite zu stellen.

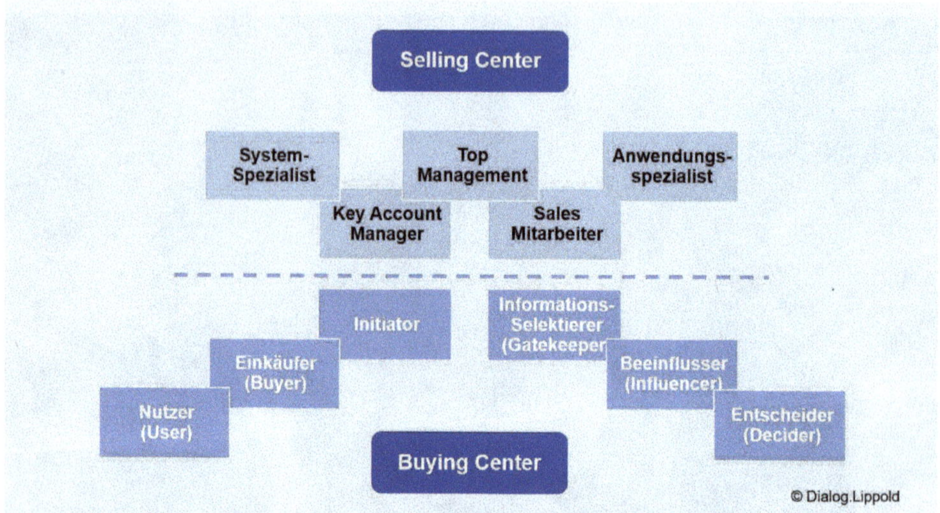

Abb. 1: Gegenüberstellung der beiden Centermitglieder

Quasi als Antwort auf das Buying Center hat sich auf der Grundlage dieser Idee der Teambildung das **Selling Center** als multipersonale Form der Akquisition für größere Projekte etabliert. Teammitglieder im Vertrieb von komplexen Produkten (und Leistungen) können Verkäufer, Key Account Manager, System- und Anwendungsspezialisten oder die Geschäftsführung selbst sein. Mit dieser Teambildung kann man dem vielfältigen Informationsanspruch der Einkaufsseite ein entsprechendes Gewicht auf der Verkaufsseite gegenüberstellen.

In Abbildung 1 sind die Teammitglieder des Buying Center den entsprechenden Vertriebsrepräsentanten des Selling Center beispielhaft gegenübergestellt.

Die Darstellung kann als typisch für die meisten größeren Akquisitionsprozesse besonders im Geschäft mit komplexen Produkten und Leistungen (zum Beispiel IT-Projekte, High Tech-Produkte, Anlagen, Systeme) angesehen werden. Eine etwas vereinfachte Form des Selling Center ist die Bildung eines **Tandems**, bestehend aus einem Kunden- und einem Konzeptmanager, aus einem anwendungsorientierten und einem systemorientierten Verkäufer oder aus einem strategie- und einem umsetzungsbetonten Berater. Der Vorteil einer solchen Tandemlösung liegt in der Einsparung von Kosten unter Aufrechterhaltung eines arbeitsteiligen Vorgehens.

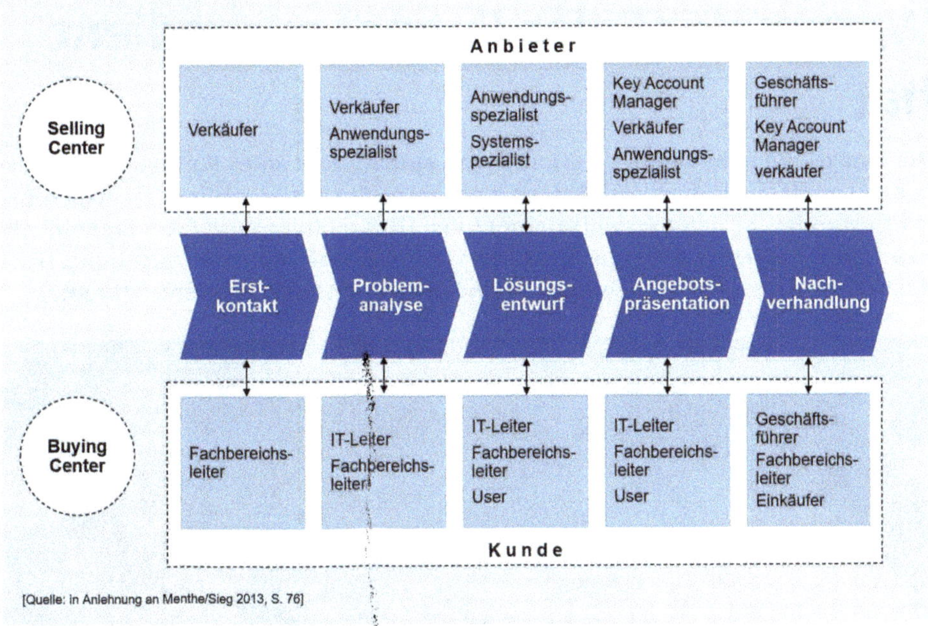

Abb. 2: Akquisitionsprozess mit den jeweiligen Center-Mitgliedern

In Abbildung 2 sind Anbieter- und Kundenseite im Akquisitionsprozess mit ihren jeweiligen Center-Mitgliedern beispielhaft dargestellt. Dabei wird deutlich, dass sich in Abhängigkeit der Prozessphase die Zusammensetzung des jeweiligen Centers ändern kann. Von besonderer Bedeutung für das B2B-Marketing ist es, die Mitglieder des Buying Center zu identifizieren und diese in ihrem Rollenverhalten zu analysieren.

Selling Center bilden sich – ebenso wie Buying Center – **informell** und sind in der Regel nicht organisatorisch verankert. Daher sind Umfang und Struktur dieses Verkaufsgremiums auch nur sehr schwer zu erfassen. Es lässt sich aber die These vertreten, dass die Anzahl der jeweils Beteiligten am Selling Center im Wesentlichen von folgenden Faktoren abhängt:

- Wert bzw. Größe und Komplexität des Verkaufsobjektes
- Einfluss des Produkts bzw. der Problemlösung auf Prozesse und Organisation beim Kunden
- Größe des Anbieters

Auch kann nicht festgeschrieben werden, ob teilweise mehrere Rollen von einer Person und ob die einzelnen Rollen teilweise von mehreren Personen wahrgenommen werden.

Ausführliche Informationen zum B2B-Marketing hier:

D. Lippold: B2B-Marketing und -Vertrieb. Die Vermarktung erklärungsbedürftiger Produkte und Leistungen, Berlin/Boston 2021.

D. Lippold: Die Unternehmensberatung. Von der strategischen Konzeption zur praktischen Umsetzung, 4. Aufl., Berlin/Boston 2022.

Warum der Sales Funnel ausgedient hat

Die ganze – naja die halbe – Verkaufswelt spricht vom Sales Funnel. Und natürlich die anglo-amerikanische Sales Community. Sie hat ja schließlich diesen Begriff erfunden beziehungsweise eingeführt. Unser Kolumnist Prof. Lippold will kein ewiger Nörgler oder gar Besserwisser sein, aber diese Bezeichnung trifft das wahre Vertriebsgeschehen aus seiner Sicht nun wirklich nicht. Warum?

Was oben in einen Trichter reingefüllt wird, kommt unten wieder raus. So aber nicht beim Sales Funnel, der laut Prof. Lippold eigentlich gar nicht existiert. (Bild: picture alliance / Newscom | Rafael Ben-Ari/ Chameleons Eye)

Sales Funnel bedeutet übersetzt **„Vertriebstrichter"**. Und bei einem Trichter kommt alles, was man oben in ihn hineingegeben hat, auch unten wieder heraus. Und danach müssten **alle** Kontakte, die man in den Trichter hineingibt, auch bis zum „bitteren Ende" verfolgt werden. Das ist beim Akqui-sitionsprozess aber ganz anders, denn auf jeder Kontaktstufe werden Kontakte (engl. Leads), die nicht weiterverfolgt werden sollen, herausgefiltert. Daher ist **„Vertriebsfilter"** (und nicht Vertriebstrichter) die einzig richtige Bezeichnung.

Diese Überlegung ist deshalb so wichtig, weil der Vertriebsbereich bzw. die Akquisition wohl das teuerste Handlungsfeld im B2B-Bereich überhaupt ist.

Und die teuerste Aktion innerhalb des gesamten Vertriebsbereichs wiederum heißt **„Luftnummern verfolgen“**. Somit ist ganz entscheidend, dass die „Luftnummern“ – also die Kontakte ohne seriösen Hintergrund – sehr frühzeitig herausgefiltert werden, da sonst die teuren vertrieblichen Ressourcen unnötig vergeudet werden. Und zur Sichtbarmachung solcher Luftnummern dient der **Vertriebsfilter mit seinen Eskalationsstufen**. Die grundsätzliche Systematik bietet dazu die Darstellung als Vertriebstrichter, pardon als Vertriebsfilter.

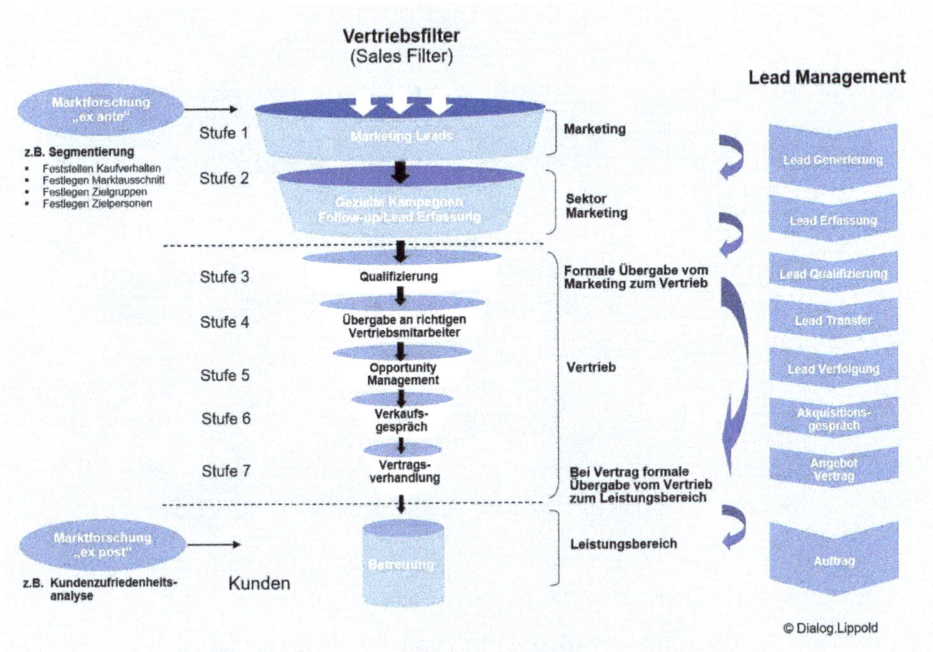

Abb. 1: Beispiel für einen Vertriebsfilter im B2B-Bereich

In Abbildung 1 ist dieser Vertriebsfilter auf der Grundlage von **sieben Kontaktstufen** beispielhaft dargestellt. Während in Stufe 1 sämtliche Kontakte als Leads des Unternehmens erfasst sind, **verdünnt sich der Filter** stufenweise bis zur Stufe 7, in der nur noch jene Kontakte enthalten sind, die eine hohe Auftragswahrscheinlichkeit haben und bei denen die Akquisition prinzipiell abgeschlossen ist.

Eingebettet ist der Vertriebsfilter in den **Sales Cycle** (Akquisitionszyklus). Der Sales Cycle befasst sich mit den vertrieblichen Aktivitäten innerhalb eines Zeitraumes, der sich vom Erstkontakt mit einem Interessenten beziehungsweise Kunden bis zum Auftragseingang oder der Ablehnung eines Angebotes erstreckt. Besonderes Merkmal von stark erklärungs- und unterstützungsbedürftigen Produkten und Leistungen ist ein **relativ langer Akquisitionszyklus**. Neben Entscheidungstragweite und Risiko dürfte die Länge des Akquisitionszyklus von der Anzahl der am Entscheidungsprozess beteiligten Personen (beziehungsweise von der Größe des Buying Centers) abhängen.

Im Geschäftskundenbereich und bei Systemprodukten kann der Sales Cycle durchaus mehrere Monate oder auch ein Jahr dauern. Die beiden Prozesse, die den Akquisitionszyklus bestimmen, sind der **Leadmanagement-Prozess** sowie der eigentliche

Akquisitionsprozess, wobei die Grenze zwischen dem Leadmanagement und den nachfolgenden Sales-Prozessen, die zuweilen auch als **Opportunity Management** bezeichnet werden, nicht klar zu ziehen ist. Abbildung 2 gibt einen Überblick über die verschiedenen Begrifflichkeiten und Prozesse im Vertriebsmanagement.

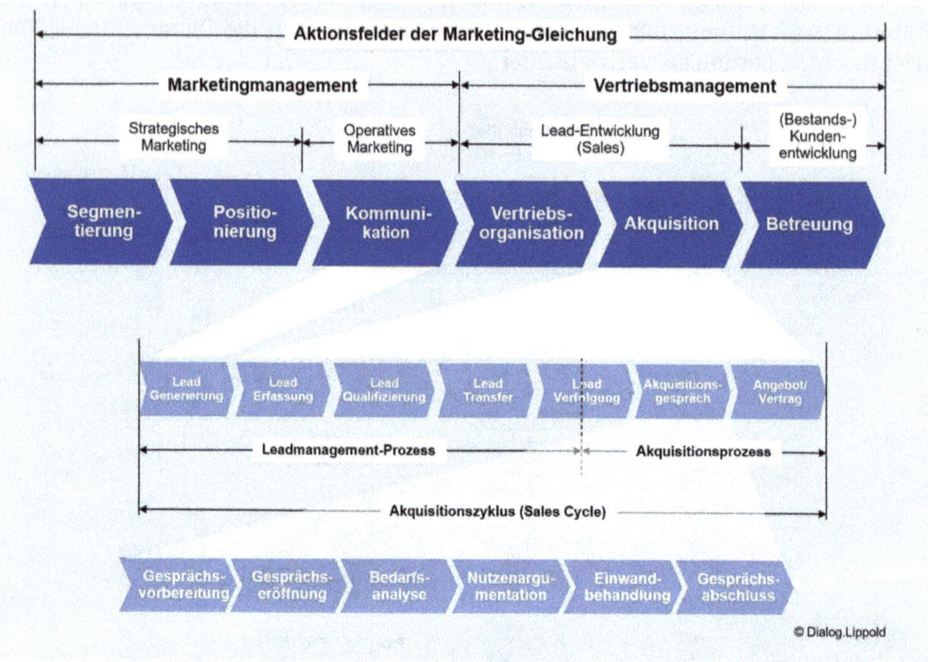

Abb. 2: Begrifflichkeiten und Prozesse im Vertriebsbereich

Der Vertriebstrichter und das damit verbundene Pipeline Management ist Teil des **Leadmanagement-Prozesses**. Das Leadmanagement befasst sich mit der Generierung, Qualifizierung und Priorisierung von potenziellen Kunden mit dem Ziel, dem Sales werthaltige Kontakte bereitzustellen.

Zu guter Letzt stellt sich für die **Marktforschung** die Frage, an welcher Stelle des Vertriebsfilters ihre Leistung besonders gefragt ist. Entsprechend dem Grundsatz, dass die Marktforschung vor („ex ante“) und nach (ex post“) den Marketingentscheidungsprozessen zum Einsatz kommt, ist zum einen eine Aktivierung in der ersten Phase, also bei der Gewinnung von Leads anzustreben. Hierbei geht es um die Segmentierung des Marktes mit der Festlegung des Marktausschnittes, der Zielgruppen und der Zielpersonen. Auf der anderen Seite ist eine Aktivierung der Marktforschung zum Schluss des Sales Cycles, also in der Phase der Betreuung zu sehen. Hierbei kann es beispielsweise um die Durchführung einer **Kundenzufriedenheitsanalyse** gehen.

Quellen (mit weiteren Literaturhinweisen):

D. Lippold: B2B-Marketing und -Vertrieb. Die Vermarktung erklärungsbedürftiger Produkte und Leistungen, Berlin/Boston 2021.

D. Lippold: Die Marketing-Gleichung. Einführung in das Prozess- und wertorientierte Marketingmanagement, 2. Aufl. Berlin/Boston 2015.

Die größte Missetat im Vertrieb ist „Luftnummern" verfolgen

Zeitverlust und die Vergeudung von Ressourcen sind die Folge, wenn Unternehmen im Vertrieb Kontakten ohne seriösen Hintergrund hinterherlaufen. Wie es gelingen kann, diese „Luftnummern" zu identifizieren und herauszufiltern, erläutert Prof. Lippold in seiner aktuellen Kolumne.

(Bild: picture alliance / Westend61 | Evrymmnt)

Ob bei der Vermarktung von Roh-, Hilfs- und Betriebsstoffen, technischen Anlagen, Ersatzteilen, Werkzeugmaschinen, Produktkomponenten, Telekommunikationseinrichtungen, ERP-Systemen oder **Marktforschungsleistungen**, die Akquisition – also der **persönliche Verkauf** – ist hauptverantwortlich für den Markterfolg.

> Gleichzeitig ist der persönliche Verkauf aber auch das teuerste Handlungsfeld im B2B-Bereich überhaupt.

Diese wichtige Erkenntnis bekommt dadurch noch eine besondere Note, wenn man bedenkt, dass die teuerste Aktion innerhalb des gesamten Vertriebsbereichs wiederum die Verfolgung von **„Luftnummern"** ist. Somit ist ganz entscheidend, dass die Luftnummern – also die Kontakte ohne seriösen Hintergrund – sehr frühzeitig herausgefiltert werden, da sonst die teuren vertrieblichen Ressourcen unnötig vergeudet werden.

In meiner Kolumne zum „ausgedienten" Sales Funnel habe ich über Luftnummern berichtet, die im Rahmen des Sales Cycle herausgefiltert werden. Grundlage dazu ist der

Sales Filter, der fälschlicherweise häufig als Sales Funnel (Trichter) bezeichnet wird. Doch was sind eigentlich „Luftnummern" und wie kann man sie identifizieren?

Monatliche Vertriebsmeetings meist wenig erhellend

Dazu stellen wir uns folgende Situation vor: Wir sind im B2B-Bereich mit seinem direkten Vertriebsweg. Im Rahmen des monatlichen Vertriebsmeetings stellen die verantwortlichen Vertriebler die Erfolgswahrscheinlichkeit beziehungsweise Ernsthaftigkeit ihrer vertrieblichen Kontakte vor. Einen Monat später kommen dieselben Kontakte mit derselben Ernsthaftigkeit wieder zur Sprache. Einen weiteren Monat später das gleiche Prozedere und das Entscheidende: Kaum einer der Kontakte (Leads) konnte zwischenzeitlich in einen Abschluss umgemünzt werden. Monat für Monat wird so die verantwortliche Geschäftsleitung vertröstet. Mit teilweise fatalen Folgen, denn an die Durchführung vieler Aufträge sind Investitionen (in Personal und Sachmittel) geknüpft.

Was läuft hier falsch?

Der angesprochene direkte Vertriebsweg kann sehr erfolgreich, aber auch sehr teuer sein. In jedem Fall ist er der bedeutendste Kostenfaktor im Vermarktungsprozess von erklärungsbedürftigen Produkten und Leistungen. Jede Stunde, die der Vertriebsmitarbeiter mit vertrieblich unproduktiven Tätigkeiten verbringt, fehlt für die qualifizierte Vertriebsarbeit. Bereits in den 1980er Jahren wurde im Rahmen einer Untersuchung festgestellt, dass vertrieblich unproduktive Tätigkeiten etwa die Hälfte aller Vertriebsaktivitäten ausmachen (siehe Abbildung).

> Der größte Zeitfaktor dabei ist: „Luftnummern verfolgen".

Mit vier Fragen den scheinbar ernsthaften Vertriebskontakt entzaubern

Um solche Luftnummern rechtzeitig zu erkennen, bietet es sich an, bereits direkt im Verkaufsgespräch oder im Vertriebsaudit **Akquisitionsschwellen** zu setzen. Wichtige Fragen in diesem Zusammenhang sind:

- Stimmt das Anforderungsprofil des Kundenunternehmens (z.B. aus der Ausschreibung/dem Pflichtenheft) auch wirklich mit dem Produkt- bzw. Leistungsprofil der angebotenen Lösung überein?
- Wann soll das Projekt gestartet werden und wann ist die Einführung der Problemlösung geplant?
- Ist ein angemessenes Budget (und wenn ja, welches) für die Realisierung/Einführung der Problemlösung vorhanden?
- Wer entscheidet letztendlich über die Vergabe des Auftrags, d.h. wird in der Endphase des Akquisitionsprozesses auch mit dem richtigen Ansprechpartner (Entscheider) verhandelt?

Sollten keine zufriedenstellenden Antworten auf diese oder ähnliche Fragen gegeben werden, so ist die Ernsthaftigkeit des Vertriebskontakts mehr als in Frage gestellt. Ggf. ist der Kontakt aus der Auftragserwartung zu streichen.

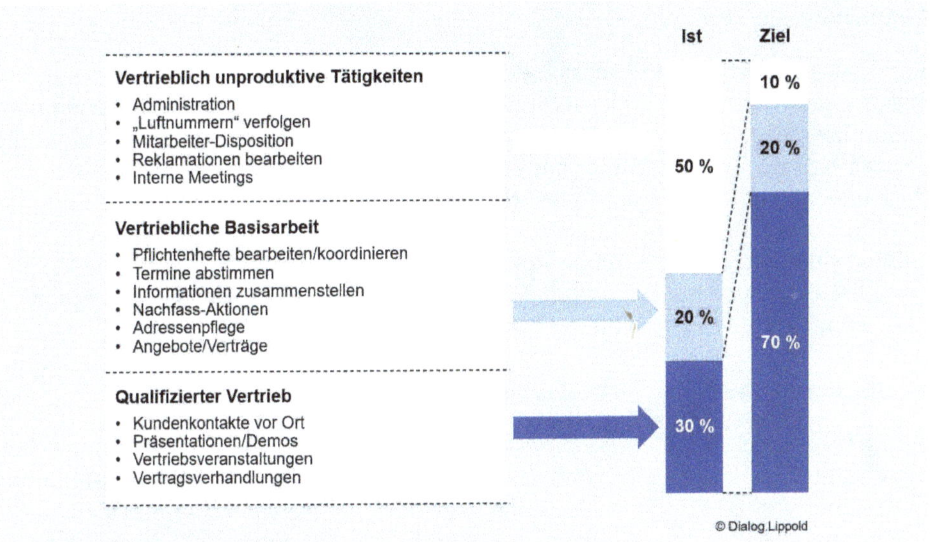

Tätigkeiten eines Vertriebsbeauftragten im High-Tech-Bereich

Filterfragen sind der wichtigste Hebel

Zusammen mit solchen Filterfragen ist der Einsatz von Informations- und Kommunikationssystemen der stärkste Hebel zur Steigerung der Wirtschaftlichkeit im Vertrieb.

Im Vordergrund steht das Customer Relationship Management (CRM), das eine konsequente Ausrichtung des Unternehmens auf seine Kunden und die systematische Gestaltung der Kundenbeziehungsprozesse zum Gegenstand hat. Die dazu gehörende Verfolgung (Historie) von Kunden- und Interessentenbeziehungen ist ein wichtiger Baustein und ermöglicht ein vertieftes Beziehungsmanagement. Gerade im B2B-Bereich sind Beziehungen zwischen Anbieter und Kunden langfristig ausgerichtet. Mit Hilfe von CRM-Systemen werden diese Kundenbeziehungen gepflegt und eine differenzierte Kundenbetreuung (z. B. Fokus auf „wertvolle“ Kunden) ermöglicht. Gleichzeitig dienen die CRM-Daten der Vorbereitung und Durchführung des Kundenbesuchs.

Filter und nicht Trichter

Dabei erfolgt die Verwaltung und Dokumentation von Geschäften, die sich in Anbahnung befinden, nach den einzelnen Stufen des Verkaufsprozesses (Sales Cycle). Auf diese Weise ist es möglich, Vertriebsanalysen, Auftragswahrscheinlichkeiten und Erfolgsquotenmessungen je Kontaktstufe vorzunehmen. Es hat sich dabei durchgesetzt, die einzelnen Kontaktstufen eines Sales Cycle in Form eines „Vertriebstrichters“ (engl. *Sales Funnel*) abzubilden. Allerdings ist diese Bezeichnung verwirrend, denn bei einem Trichter kommt alles, was man oben in ihn hineingegeben hat, auch unten wieder heraus. Das ist beim Akquisitionsprozess ganz anders, denn auf jeder Kontaktstufe werden Kontakte, die nicht weiterverfolgt werden sollen, herausgefiltert und erreichen nicht die nächste Kontaktstufe. Daher ist „Vertriebsfilter“ die treffendere Bezeichnung.

Kennzahlen im Vertrieb

Für den Vertriebsbereich bietet sich eine ganze Reihe wichtiger Kennzahlen (engl. Key Performance Indicators – KPIs) als Steuergrößen bzw. verdichtete Informationen über quantifizierbare Tatbestände im Akquisitionsprozess an. Allerdings gibt es nicht die „besten Kennzahlen“ oder das „beste Kennzahlensystem“ – zu unterschiedlich sind Ziele und Strategien einzelner Unternehmen und Branchen.

Kennzahlen sind unternehmensindividuell und sollen Potenzial für Verbesserungen aufzeigen und nicht als pure Kontrolle missverstanden werden. Kennzahlen sollten nicht isoliert betrachtet werden.

Kennzahlen steuern die Vertriebsorganisation als Ganzes

Ihre größte Aussagekraft entfalten sie erst im Gesamtzusammenhang des Kennzahlensystems in einer langfristigen Entwicklung. Für eine erfolgreiche Vertriebssteuerung ist es daher wichtig, die für das Unternehmen wirklich relevanten Kennzahlen auszuwählen und zeitnah zur Verfügung zu stellen. Denn mit einem effektiven Vertriebskennzahlensystem besitzt das Unternehmen ein umfassendes Informationsinstrument für sämtliche Absatz-, Kunden-, Wettbewerbs- und Marktsituationen. Vertriebskennzahlen bilden die Zielvorgaben für einzelne Vertriebsprozesse und steuern somit die Vertriebsorganisation als Ganzes als auch den einzelnen Vertriebsbeauftragten [vgl. Bitkom 2006, S. 2 ff.].

Vertriebskennzahlen füllen in erster Linie drei Funktionen aus. Sie dienen

- als die Grundlage für die Vertriebsplanung,
- dem Controlling als Grundlage für das Aufspüren von Verbesserungspotenzialen und
- der Motivation der Mitarbeiter, indem sie die einzelnen Vertriebsleistungen bewerten und vergleichen und damit Basis für die Berechnung von variablen Vergütungsanteilen sind.

Kapitel 6: Consulting und Recruiting

Seit Corona ist die Welt nicht mehr dieselbe, vor allem die der Consultants: Wer früher noch eifrig durch die Weltgeschichte zog, als gäbe es kein Morgen, findet sich heute vor Webcams wieder, wo er High Potentials dann stammelnd erklären muss, welche anderen Vorteile ein Job in der Unternehmensberatung so mit sich bringt. Klar, viel Geld (lacht). Und dann?

Wie man sich den besten Nachwuchs sichert, sich selbst als begehrter Arbeitgeber positioniert und was die jungen Leute heute generell so erwarten, das erfahren Sie in diesem Kapitel. Und wie man es falsch macht – so man das denn möchte.

Aber auch die andere Seite wird beleuchtet: Lohnt es sich heute überhaupt noch, Consulting zu studieren? Kann man das überhaupt? Und wenn ja: Lohnt es sich heute überhaupt noch, Consulting zu studieren?

Die Antwort ist übrigens nicht immer BWL!

Consulting ist die Wunschbranche der Wirtschaftswissenschaftler – doch wo kann man Consulting studieren?

Befragt man Studierende der Wirtschaftswissenschaften, so nennen fast die Hälfte davon „Consulting" als Wunschbranche. Doch wo in Deutschland kann man eigentlich Consulting studieren? Prof. Lippold hat nachgeforscht und fasst die wichtigsten Erkenntnisse für Sie zusammen.

Consulting zählt zu den beliebtesten Branchen unter Studierenden der Wirtschaftswissenschaften. (Bild: picture alliance / Geisler-Fotopress | Christoph Hardt/Geisler-Fotopress)

In Deutschland gibt es knapp drei Millionen Studierende, von denen wiederum (als größte Gruppe) die Wirtschaftswissenschafter (BWLer, VWLer, Wirtschaftsingenieure, Wirtschaftsinformatiker) ein Sechstel (rund eine halbe Million) ausmachen. Von diesen knapp 500.000 Studierenden haben nach einer repräsentativen Umfrage von EY unter 2.000 Studierenden der Wirtschaftswissenschaften **erstaunliche 48 Prozent** – also knapp die Hälfte – **Consulting** bzw. Beratung/Prüfung **als Wunschbranche** genannt.

Trifft diese Nachfrage aber auch auf ein entsprechendes Studienangebot?

Die Bologna-Reform hat uns bis heute über 20.000 Studiengänge beschert, davon weit mehr als tausend Studiengänge in den Wirtschaftswissenschaften. Darunter sind allerdings nur ganze 30 (!) Consulting-Studiengänge zu finden. Diese werden von 26 verschiedenen Hochschulen angeboten. Von den 30 Studiengängen schließen fünf mit dem Bachelor und 25 mit dem Master ab. Soweit die einschlägige Statistik (www.studycheck.de) dazu.

Lediglich **sechs staatliche Universitäten** haben den Studiengang Consulting in ihr Studienprogramm aufgenommen. Davon haben die Consulting-Studiengänge in Bochum, Hamburg und Oldenburg einen betriebswirtschaftlichen Ansatz. Die Beratungsformate der HU Berlin und der Universitäten in Kassel und Bielefeld setzen dagegen auf organisationspsychologisch-systemische Konzepte. Die übrigen Studiengänge entfallen ausschließlich auf Fachhochschulen, darunter **acht Privathochschulen.** Bei den „Privaten" kostet das gesamte Studium zwischen 9.500 und 31.000 Euro. Diese Gebühr ist abhängig von der Anzahl der Semester. Die Regelstudienzeit beim Bachelor beträgt sechs bis sieben Semester und beim Master drei bis vier Semester. Vier Hochschulen bieten jeweils zwei Consulting-Studiengänge an, wobei nur die Hochschule Albstadt-Sigmaringen sowohl einen Bachelor- als auch einen Masterstudiengang offeriert.

Accenture deckt in Deutschland einen Teil der Nachfrage an jungen Consultants über die Hochschule Accadis in Bad Homburg mit dem Studiengang „Business-IT-Consulting" ab. Allerdings ist dies nur ein sehr kleiner Teil des Recruitingbedarfs, der damit gedeckt wird, denn alleine mit organischem Wachstum lassen sich die Ambitionen der weltweit größten Consultingfirma nicht befriedigen. So hat Accenture seit 2019 allein in der DACH-Region 14 Unternehmen mit etwa 6.800 Mitarbeitern übernommen. Der akquisitionsfreudige Dienstleister, der seit 2013 auf über 220 Zukäufe kommt, investiert dabei sehr stark in digitale Technologien wie Cloud, künstliche Intelligenz und 5G und weniger in die klassischen Strategiefelder.

Consulting-Studiengänge mit diversen Nuancen

Bemerkenswert ist weiterhin, dass der Begriff „Consulting" nicht als Solitär in der Bezeichnung des jeweiligen Studiengangs zu finden ist. Die Studiengänge heißen vielmehr (richtigerweise):

- Strategic Management Consulting
- Business IT-Consulting
- Digital Technology & Consulting
- Wirtschaftsinformatik mit Schwerpunkt Data Science & Consulting
- Business Analytics, Controlling & Consulting
- Business Consulting & Digital Management

High Potentials werden von den Beratungsunternehmen zunehmend bei den Informatikern, Mathematikern, Physikern und Ingenieuren gesucht. Bei den Betriebs- und Volkswirten, der eigentlichen Rekrutierungsquelle für Consultants und Führungsnachwuchskräften, sind zumeist nur die Hochschulabsolventen mit der „eins vor dem Komma" im Fokus der Recruiter. Wirtschaftswissenschaftler, die nicht über diesen Notendurchschnitt verfügen, haben aber durch die Belegung des Studiengangs Consulting und der damit verbundenen Spezialisierung eine gute Kompensationsmöglichkeit.

Überblick über Consulting-Studiengänge in Deutschland

Hochschule Standort	Studiengang	Abschluss	Studienprofil	Regel-studienzeit	Sprache	Hochschultyp
CBS International Business School	1) Strategic Management & Consulting	M.Sc.	Vollzeit	7 Semester	Englisch	Privathochschule
Köln, Mainz	2) Strategisches Management & Consulting	M.A.	Vollzeit Berufsbegleitend	4-5 Semester	Deutsch	Privathochschule
Accadis Hochschule Bad Homburg	Business IT-Consulting	B.Sc.	Vollzeit Berufsbegleitend	6-8 Semester 9 Trimester	Deutsch Englisch	Privathochschule
Hochschule Albstadt-Sigmaringen	1) Digital Technology & Consulting	B.Sc.	Vollzeit	7 Semester	Deutsch	Staatliche Hochschule
Albstadt	2) Data Engineering & Consulting	M.Sc.	Vollzeit	3-6 Semester	Deutsch	Staatliche Hochschule
HHN Hochschule Heilbronn	Business Analytics, Controlling & Consulting	M.Sc.	Vollzeit	3 Semster	Deutsch Englisch	Staatliche Hochschule
Hochschule Harz Wernigerode	Business Consulting	M.A.	Vollzeit	3-4 Semester	Deutsch	Staatliche Hochschule
HFU Hochschule Furtwangen	Business Consulting	M.Sc.	Vollzeit	3 Semster	Englisch	Staatliche Hochschule
Hochschule Emden – Leer – Oldenburg	Management Consulting	M.A.	Vollzeit	4 Semester	Deutsch	Staatliche Hochschule
Hochschule Wismar	Tax & Business Consulting	Master	Vollzeit	3 Semester	Deutsch	Staatliche Hochschule
Hochschule Reutlingen (in Kooperation mit der EBS)	Consulting & Business Analytics	M.Sc.	Vollzeit	4 Semester	Deutsch Englisch	Private Hochschule
FOM Hochschule 19 Standorte	1) Business Consulting & Digital Management	M.Sc.	Berufsbegleitend	5 Semester	Deutsch	Privathochschule
15 Standorte	2) Wirtschaftspsychologie & Beratung	M.Sc.	Berufsbegleitend	4 Semester	Deutsch	Privathochschule
DHBW Duale Hochschule BW Heilbronn	Consulting & Sales	B.A.	Berufsbegleitend	6 Semester	Deutsch	Staatliche Hochschule
Hochschule Hamm-Lippstadt Lippstadt	Technical Consulting & Management	M.Sc.	Teilzeit Vollzeit	3-6 Semester	Deutsch	Staatliche Hochschule
Ruhr Universität Bochum	1) Economic Policy Consulting	M.Sc.	Vollzeit	4 Semester	Deutsch Englisch	Universität
	2) Management & Consulting im Sport	M.Sc.	Vollzeit	4 Semester	Deutsch	Universität
FH Wedel	IT-Management, Consulting & Auditing	B.Sc.	Vollzeit	7 Semester	Deutsch	Privathochschule
Beuth Hochschule für Technik Berlin	Management & Consulting	M.A.	Vollzeit	5 Semester	Deutsch	Staatliche Hochschule
Universität Hamburg	IT-Management & Consulting	M.Sc.	Vollzeit	4 Semester	Deutsch	Universität
Berufsakademie Dresden	Steuern Prüfungswesen Consulting	B.Sc.	Berufsbegleitend	6 Semester	Deutsch	Staatliche Hochschule
Hochschule für Wirtschaft und Gesellschaft Ludwigshafen	Data Science & Consulting	M.Sc.	Vollzeit	4 Semester	Deutsch Englisch	Staatliche Hochschule
Hochschule Offenburg Gengenbach	International Business Consulting	MBA	Vollzeit	3 Semester	Englisch	Privathochschule
IMC International Management College (3 Standorte)	Consulting & Digital Business	MBA	Vollzeit	3 Semester	Deutsch Englisch	Privathochschule
SRH Hochschule Berlin	Business Coaching & Organisationsentwicklung	MBA	Vollzeit	3 Semester	Deutsch	Privathochschule
Humboldt-Universität Berlin in Verbindung mit Artop GmbH*	Coaching – Training – Consulting & Human-Centred Design	M.Sc.	Berufsbegleitend	4 Semester	Deutsch	Universität/Privat
Universität Oldenburg	Management Consulting	M.A.	Vollzeit	4 Semster	Deutsch	Universität
Universität Kassel *	Coaching, Organisations-beratung & Supervision (COS)	M.A.	Berufsbegleitend	6 Semester	Deutsch	Universität
Universität Bielefeld *	Supervision & Beratung	M.A.	Berufsbegleitend	6 Semester	Deutsch	Universität
Hochschule für Wirtschaft & Recht Berlin	International Business & Consulting	M.A.	Vollzeit	3 Semester	Englisch	Staatliche Hochschule

* Systemisch-psychoanalytisches Konzept

Quelle: www.studycheck.de

https://www.studycheck.de/
https://de.statista.com/statistik/daten/studie/2140/umfrage/anzahl-der-deutschen-studenten-nach-studienfach/
D. Lippold: Einführung in das Consulting, Berlin-Boston 2022.

Ich sehe in Dein Herz – sehe gutes Recruiting, schlechtes Recruiting

Beratungsunternehmen tun sich wie Unternehmen generell schwer in Sachen Recruiting. Statt sich klug beim potenziellen Nachwuchs als Arbeitgeber zu bewerben, wird getanzt, gescherzt, gelogen. Megapeinlich! Stellen Sie Ihr Recruiting lieber um auf 65% E-Fuels!

Machen Sie sich hübsch für den Nachwuchs

Ich hatte mich an dieser Stelle ja schon einmal über den Pfeil nach oben in Beratungslogos aufgeregt (mehr dazu in ›Das Kreuz mit dem Pfeil‹). Und was ist ein Kompass anderes als ein Pfeil, der in eine Richtung zeigt? Womit wir bei Bain & Company wären, deren Kompass dorthin zeigt, wo Beraterpfeile immer hinzeigen: Nach ganz oben!

Der Beratungsbranche im Speziellen geht es wie der Bundesrepublik im Allgemeinen – sie hat ein Nachwuchsproblem. Zu wenig junge, gut (aus-)gebildete Menschen wollen rein, zu viele, die bereits drin sind, wieder schnell wieder raus. Das sehen wir auch in unserem Agenturalltag: Inzwischen ist jede zweite unserer Kundinnen, jeder zweite unserer Kunden einer dieser Menschen, studiert, durchaus schon mit ein paar Jahren Branchenerfahrung in renommierten Beratungshäusern und ein paar ansehbaren Klientinnen und Klienten, der sich bei uns meldet und sagt: »Ich hab keinen Bock mehr, ich mach mich selbständig.«

Zu tranig, zu behäbig, zu sehr top-down kommen sie daher, die großen Beratungshäuser, als unflexibel gelten sie und unmodern. Die Faxgeräte der deutschen Wirtschaft, quasi.

Reingekommen um rauszufinden

A propos Fax: Bei Bain & Company ist man zum Glück weiter und versendet E-Mails. Eine ebensolche traf die Consulting.de-Redaktion unvermittelt und kündete von einer neuen Kampagne, mit der Bain den attraktiven Nachwuchs auf sich aufmerksam machen möchte. Die E-Mail selbst liest sich wie das übliche Werber-Blabla (hinter der Kampagne steckt übrigens die Agentur Serviceplan, wenn es jemanden interessiert) mit den ausgeleierten Buzzwords der letzten Dekade: »Wir sind überzeugt, dass sich mit selbstbewussten Schritten die Zukunft definieren lässt. So treiben wir außergewöhnliche Veränderungen voran.« – »Klares Profil für eine neue Generation.« – »Gesucht werden Persönlichkeiten, die an Zukunftsthemen arbeiten und alte Denkmuster durchbrechen möchten.« Ja, ja. »You never walk alone«, möchte man ausrufen, das wird »sehr, sehr, sehr gut«, würde Olaf Scholz es ausdrücken.

Diese Phrasen sind schnell durchschaut, aber es handelt sich ja auch nur um ein Begleitschreiben. Betrachten wir lieber die Kampagne selbst, die unter der Überschrift ›Go Bold.‹ (mit Interpunktion) läuft, und sehen, dass man da einiges lernen kann. Denn die Beratungsunternehmung, die so heißt wie ein Batman-Bösewicht (ich weiß, der schreibt sich ›Bane‹, ist aber trotzdem lustig!), hat tatsächlich einiges erfrischend richtig gemacht. Wohlgemerkt einiges, nicht alles.

›Go Bold.‹ soll nicht bedeuten, dass man bei Bain schnell eine ganze Menge Pfunde zulegt, sondern so viel heißen wie ›werde mutig‹ und man fragt sich, was ist das für eine Firma, bei der sich zu bewerben Mut erfordert. Aber es ist schnell gecheckt, dass das nicht so gemeint ist, sondern dass Bain & Company wohl einen Arbeitsplatz zur Verfügung stellt, an dem man durchaus auch mal mutig sein darf. Insofern trifft man hier den Nerv der Angesprochenen schon ganz gut. Und da man es mit jungen Talenten zu tun hat, ist ein PR-Desaster wie Douglas' ›Come in and find out‹, das laut einer Stern-Umfrage viele Befragte als ›Komm rein und finde wieder raus‹ übersetzten, nicht zu befürchten.

Ein bisschen schade, dass die Fotomotive in hipster-mäßiger Krisseligkeit ein paar geschätzt Mittzwanziger bei allem möglichen zeigen, was mit tatsächlicher Arbeit wenig zu tun hat: Es wird Fahrrad gefahren, gebouldert, zusammen Kaffee getrunken oder irgendwie in die Ferne geguckt, wie es Christina Aguilera macht, wenn sie so tut, als wäre ihr der Text, den sie jodelt, total deep. Als handele es sich um Werbung für ein Jugendzentrum.

Die Menschen tragen dem Zeitgeist entsprechend Nasenringe, unterschiedliche Hautfarben und angesagte Frisuren. Dabei schafft man es jedoch, dass die Motive nicht verkrampft auf Diversität gebürstet sind, sondern wirken, als hätte man auf der Einweihungsparty im Studentenheim der Privatuni Sankt Haumichtot Einwegkameras herumgehen lassen. Wenn ich mich mal der Scholz'schen Verdreifachung bedienen darf: Endlich, endlich, endlich mal authentische Authentizität! Oder, anders: Ich sehe vielleicht keine echte Arbeitssituation, aber tatsächlich mal echte Menschen. Schön, das!

Der Toefl-Test für Ihr Recruiting

Diese Authentizität erreichte man, indem man etwas ebenso Naheliegendes wie Geniales tat: man ließ die tatsächlichen Angestellten, im Firmen-Slang ›Bainies‹ genannt, fotografieren. Zumindest wird das behauptet, ich kann es nicht überprüfen und muss es folglich glauben. Sei's drum, vertrauen wir auf die PR und stellen fest: Dadurch entsteht eine Ästhetik, die auf natürliche Weise an Instragram oder TikTok erinnert – wo man den Nachwuchs wähnt. Ob er da wirklich ist, wird sich zeigen, aber bis hierhin bin ich aufrichtig begeistert, das geht auch anders!

Dafür zahnschmerzt es doch sehr bei den Texten. ›We champion the bold to achieve the extraordinary‹ sagt Bain von sich selbst, und man hört bereits erwähnten Olaf Scholz hinzufügen: ›You never walk alone.‹ Die Taglines auf den Kampagnenmotiven lesen sich ganz ähnlich hohl: ›New ground beats comfort zone‹, ›Belonging beats fitting in‹ und ›Room to grow beats office space‹. Wo die Authentizität ganz schnell einer schillernden Seifenblase weicht, die beim ersten Hindenken zerplatzt: Ganz abgesehen, dass dieses Englisch für Menschen mit Toefl-Test auf Mensa-Niveau getextet ist, steckt da wenig drin.

Ein Problem, das auch viele unserer Kunden haben, die längst nicht die (finanzielle) Power von Bain & Company haben, ist die offenkundige Ratlosigkeit in der Ansprache junger Talente, was dann eben zu solchen und ganz ähnlichen Stilblüten führt (mehr dazu in ›Die anlasslose Ansprache – Königsdisziplin im Beratermarketing‹).

Wenn ich Ihnen für Ihr Recruiting also drei Dinge raten darf:

1. Seien Sie nicht nur ehrlich, sondern aufrichtig. Sie legen Wert auf Krawatte oder Business-Kostüm? Dann zeigen Sie sich und Ihre Angestellten nicht in Freizeitkleidung. Junge Menschen haben keine Allergien gegen Windsor-Knoten und Schluppenblusen. Aber wer regelmäßig mit Instagram und TikTok umgeht, entwickelt eine präzise Antenne für Bullshit.

2. Verstehen Sie, dass Sie sich bei potenziellen Bewerbern bewerben. Zeigen Sie nicht nur, dass bei Ihnen auch mal gekocht wird oder man nach Feierabend zusammen bowlen geht. Die Leute suchen Jobs, keine Freundeskreise. Dass es am Arbeitsplatz auch bunt und kollegial und lustig zugeht, ist zwar wichtig. Es geht aber auch um Aufstiegschancen, Bezahlung und fairen Umgang während der Arbeitszeit. Nehmen Sie das ernst!

Und versprechen Sie 3. nichts, was Sie nicht halten können. Machen Sie keine Videos, in denen Sie tanzen, wenn Sie kein Tanzstudio sind. Bieten Sie dem Nachwuchs lieber eine Viertagewoche. Oder übernehmen Sie den Yogakurs nach Feierabend. Oder was auch immer. Aber tun Sie nie, nie, nie, nie, niemals so, als wären Sie der coolste Arbeitgeber der Welt. Das sind Sie nicht. Und das müssen Sie auch gar nicht sein!

Oh – und suchen Sie sich eine Agentur, die ein wenig Ahnung von Ihrer Branche hat! Sonst kommt Batman und – Piff!, Paff!, Puff! – war's das mit dem Nachwuchs!

Warum der Unterschied zwischen Kompetenzen und Qualifikationen so wichtig ist

Worauf kommt es beim Einstieg in die Unternehmensberatung an? Wer wird zum Bewerbungsgespräch eingeladen, und wie punktet man dann am besten? Antworten auf diese Fragen und sechs Karrieretipps liefert Prof. Dirk Lippold in seiner aktuellen Kolumne.

Die Qualifikation ist die Eintrittskarte zum Bewerbungsgespräch, bei dem dann die Persönlichkeit die wichtigste Rolle spielt.(Bild: picture alliance / Zoonar | Robert Kneschke)

Immer wieder werde ich gefragt, welcher Weg der **ideale Einstieg in die Unternehmensberatung** ist. Naturgemäß ist der (klassische) Weg über Hochschulabschluss, Bachelor, Praktika und Master einfacher als der Weg über Hochschulabschluss, Berufsausbildung, berufsbegleitendem Bachelor und berufsbegleitendem Master beziehungsweise über den zweiten Bildungsweg. Doch das ist nicht entscheidend.

Wichtig ist einzig und allein, dass man die Chance zu einem Vorstellungsgespräch bei einem Beratungsunternehmen seiner Wahl erhält. Dann hat man alles Weitere selbst in der Hand. Also, es geht um die Eintrittskarte zu einem Vorstellungsgespräch.

Um aber zu erkennen, welche Voraussetzungen für die Eintrittskarte und welche für das Vorstellungsgespräch selber gelten, sollte man sich den Unterschied zwischen den nicht unerheblichen Anforderungen in den Bereichen Wissen, Kompetenzen und Qualifikationen deutlich machen.

Die Wünsche der Beratungsfirmen hinsichtlich

- **Kompetenzen** (z.B. Dienstleistungsdenken, Teamfähigkeit, analytisches Denkvermögen) und
- **Wissen** (z.B. Präsentations- und Moderationstechniken, Wissen um Zukunftstrends)

können zumeist nur im direkten Kontakt – also im Vorstellungsgespräch – herausgefunden werden.

Qualifikationen dagegen sind eher formal und müssen zwingend durch Zeugnisse etcetera im Vorfeld belegt werden. Das Wichtigste sind also zunächst die Qualifikationen. Sie entscheiden darüber, ob man die Eintrittskarte zu einem Vorstellungsgespräch bekommt.

Erst die Eintrittskarte lösen, dann mit Persönlichkeit überzeugen

Und genau das muss das **erste Ziel** für den Einstieg in die Unternehmensberatung sein. Nachgefragt im Bewerbungsschreiben werden hier:

- Überdurchschnittlicher Notendurchschnitt
- Berufserfahrung (bei Hochschulabsolventen belegt durch funktionsorientierte Praktika oder Praktika in der Beratung und im Ausland)
- Berufsausbildung mit Masterabschluss (BWL, VWL, Wirtschaftsingenieur, Informatik und zunehmend Mathematik und Physik)
- Außeruniversitäres Engagement.

Das **zweite Ziel** ist dann der gute Eindruck, den man beim Bewerbungsgespräch hinterlassen sollte. Hier entscheidet nicht mehr die Qualifikation, sondern einzig und allein ihre **Persönlichkeit**, in die Ihr Gegenüber möglichst tief „eintauchen" möchte. Einstellungen, Werte, Interessen, Talente, Motivation, Integrität, Loyalität sind Eigenschaften, die das Unternehmen erst später – aber dann mit aller Wucht – zu spüren bekommt. Beratung ist schließlich „People Business" und daher legt jede Beratungsorganisation sehr viel Wert darauf, die passenden Mitarbeiter zu finden.

Letztlich läuft der Einstiegsprozess in die Unternehmensberatung in fünf Stufen ab, die in der Abbildung zusammengefasst aufgeführt sind.

Abschließend noch **sechs Tipps** für den angehenden Unternehmensberater beziehungsweise die angehende Unternehmensberaterin:

1. Tipp: Gute Abschlussnoten (mind. eine Eins vor dem Komma).
2. Tipp: Freude an den MINT-Fächern haben (Stichwort: Digitalisierung).
3. Tipp: Praktika nach Bachelorabschluss und vor Masterbeginn bei bekannten Firmen durchführen.

4. Tipp: Belegen Sie eine Vorlesung/Übung zum Thema "Business Consulting & Change Management".
5. Tipp: Auslandsaufenthalt mit Praktikum verbinden. Ohne Englisch geht gar nichts.
6. Tipp: Bauen Sie sich ein Netzwerk auf. Karriere machen Sie zumeist nicht ohne einen Godfather.

Literatur:

D. Lippold: Die Unternehmensberatung. Von der strategischen Konzeption zur praktischen Umsetzung, 4. Aufl., Berlin/Boston 2022.

D. Lippold: Einführung in das Consulting. Strukturen – Trends – Geschäftsmodelle, Berlin/Boston 2022.

T. Deelmann/A. Krämer: Consulting. Ein Lehr-, Lern- und Lesebuch zur Unternehmensberatung, Berlin 2020.

Mit dem Zweiten fährt man (häufig) besser

Seit den 1990er Jahren stehen sie im Mittelpunkt aller Recruiting-Bemühungen: die High Potentials. Sie sind die zentrale Ressource jedes Unternehmens. Keine Personengruppe ist wohl je so umworben worden. Die Gewinnung und Bindung dieser Hochleister ist der grundlegende Beitrag des Personalmanagements zur Wettbewerbsposition und zur Produktivität des Unternehmens. So weit, so gut. Manchmal ist aber auch die zweite Wahl die bessere Wahl. Warum, erläutert Prof. Dirk Lippold in seinem Beitrag.

Bei der Bewerberauswahl sollten nicht nur die besten Noten im Vordergrund stehen. (Bild: picture alliance / Westend61 | Bartek Szewczyk)

Da besonders qualifizierte Bewerber zumeist die Wahl zwischen den Angeboten mehrerer Unternehmen haben, können sie auch besonders selbstbewusst bei ihrer Arbeitsplatzwahl auftreten. Somit stehen sich auf dem Arbeitsmarkt für High Potentials zwei Partner **„auf Augenhöhe“** gegenüber. Wie sollen sich die personalsuchenden Firmen in solch einer Situation „auf Augenhöhe“ verhalten? Es gibt grundsätzlich zwei Möglichkeiten, die – wenn sie richtig „gehändelt“ werden – jeweils ihre Vorzüge haben:

- Die Unternehmen machen das “Spielchen” mit und bewerben sich um die Besten, weil sie davon überzeugt sind, dass sie nur mit den **allerbesten Kandidaten** ihre Ziele erreichen können und zudem auch nur die Rekrutierung von High Potentials zu ihrem Image passt.

- Die Unternehmen machen das Rennen um die Besten ganz einfach **nicht** mit. Stattdessen konzentrieren sie sich auf die (vermeintlich) **Zweitbesten**, also auf diejenigen Hochschulabsolventen, die nicht zwingend Jahrgangsbeste sind und die nicht mit Zeugnissen aus dem „Jenseits" aufwarten können.

Die Personalmarketing-Gleichung geht nicht immer auf

Schauen wir uns die erste Option einmal näher an:

> Die große Gefahr dabei ist, dass sich die Unternehmen im Wettbewerb um die Besten mit horrenden Einstiegsgehältern und sonstigen „Goodies" gegenseitig überbieten.

Bereits heute liegen die Einstiegsgehälter in bestimmten Branchen im Bereich der Vergütung von Junior-Professoren an Universitäten. Um hier erfolgreich zu bestehen, d.h. ohne auf dem Gehaltssektor erpressbar zu werden und die Gehaltsinflation nicht noch weiter anzuheizen, sind Unternehmen zum Umdenken gezwungen und dazu veranlasst, ihre Personalauswahlprozesse neuzugestalten und auszuweiten. Als praxiserprobtes Vorgehensmodell und Handlungsrahmen kann dazu die Personalmarketing-Gleichung dienen.

Um im Wettbewerb um die Besten erfolgreich zu bestehen – so die Denkhaltung der Personalmarketing-Gleichung – müssen geeignete Bewerber quasi als Kunden genauso umworben werden wie potenzielle Käufer von Produkten und Dienstleistungen. Daher ist auch die Übertragung von Begriffen wie *Positionierung, Segmentierung, Kommunikation* oder auch *Branding*, die allesamt ihren Ursprung und ihre konzeptionellen Wurzeln im klassischen Marketing haben, auf das Personalmarketing eine wichtige Grundlage für den erfolgreichen „War for Talents". High Potentials werden heute von Unternehmen umworben, noch bevor sie die Hochschulausbildung abgeschlossen haben. Weil solche Talente mittlerweile über fundierte Netzwerke in den sozialen Medien verfügen, sind sie über konventionelle Recruiting-Kanäle wie Stellenanzeigen kaum zu erreichen.

Performance statt Noten und Potenziale

Kommen wir zur zweiten Option:

> Natürlich sind (Abschluss-) Noten nicht unwichtig, aber immer mehr Unternehmen erkennen, dass es kurzsichtig und manchmal auch wenig dienlich sein kann, die **Note** als einziges Zulassungskriterium zum persönlichen Vorstellungsgespräch für Hochschulabsolventen heranzuziehen, um die richtigen Kandidaten für den ausgeschriebenen Job zu gewinnen.

Solche Unternehmen suchen vielmehr nach dem oder der **Zweitbesten.** Hervorragende sportliche Leistungen oder zwei Masterabschlüsse in verschiedenen Bereichen, ein selbstfinanziertes Studium vielleicht sogar über den zweiten Bildungsweg oder berufsbegleitend, ein Engagement als Schul- oder Studierendensprecher, Praktika oder Auslandsaufenthalte, die allesamt vielleicht zu einer etwas schlechteren Durchschnittsnote, aber auch zur Entwicklung der individuellen Persönlichkeit beigetragen haben, können den Unternehmen mindestens genau so viel Wert sein, wie die Noten mit der „Eins vor dem Komma“.

„Performance statt Potenziale“ ist hier die Losung, denn Potenziale sind zunächst einmal nur vage Erwartungen – also Hoffnungen auf Leistungen, die der Kandidat später einmal erbringen könnte. Oder auch nicht. Doch wie kann man Performer erkennen? In dem man bspw. auf Lebensläufe achtet, die Ergebnisse und nicht Positionen in den Mittelpunkt stellen. Hierbei handelt es sich in aller Regel um besonders wirksame Führungsnachwuchskräfte.

Zur Vertiefung:

D. Lippold: Personalmanagement und High Potentials: Top-Talente finden und binden, Berin/Boston 2021.

D. Lippold: Personalmanagement im digitalen Wandel. Die Personalmarketing-Gleichung als prozess- und wertorientierter Handlungsrahmen, 3. Aufl., Berlin/Boston 2019.

Warum Consulting nach wie vor so attraktiv für BWL-Absolventen ist

Besonders Hochschulabsolventen der Wirtschaftswissenschaften sehen im Consulting einen idealen Einstieg in das Berufsleben. Aber auch bei Juristen steht die Beratungsbranche hoch im Kurs. Warum das so ist, erklärt Prof. Lippold in seiner neuen Kolumne und betrachtet dabei auch die Frage, wie weiblichen Studierenden der Einstieg in die Branche gelingen kann.

Die Beratungsbranche ist gerade für BWL-Studierende nach wie vor attraktiv (Bild: picture alliance / Geisler-Fotopress | Christoph Hardt/Geisler-Fotopress)

Die Beratungsbranche hat sich in den letzten dreißig Jahren zu einer der attraktivsten Industrien überhaupt entwickeln. Sie wächst um ein Vielfaches schneller als die Wirtschaft insgesamt. Attraktiv ist das Beratungsgeschäft aber nicht nur für Stake- und Shareholder. Besonders **Hochschulabsolventen** sehen im Consulting den idealen Einstieg in das Berufsleben. Eine abwechslungsreiche, herausfordernde Tätigkeit, gutes Arbeitsklima, selbstständiges Arbeiten, hervorragende Weiterbildungsmöglichkeiten und gute Bezahlung werden mit dem Berufsbild des Beraters in Verbindung gebracht.

Consulting als Wunschbranche der BWLer

Heute sind es in Deutschland knapp drei Millionen Studierende, von denen wiederum (als größte Gruppe) die Wirtschaftswissenschafter (angehende Betriebswirte, Volkswirte, Wirtschaftsingenieure, Wirtschaftsinformatiker) ein Sechstel, also rund eine halbe Million ausmachen. Von diesen knapp 500.000 Studierenden haben 2022 nach einer repräsentativen Umfrage von EY unter mehr als 2.000 Studierenden der Wirtschaftswissenschaften erstaunliche **33 Prozent** – also genau ein Drittel – **Consulting** bzw. Beratung/Prüfung **als Wunschbranche** genannt. Und selbst bei den angehenden Juristen liegt Beratung/Prüfung mit 29 Prozent aller Befragten an zweiter Stelle hinter dem öffentlichen Dienst (40 Prozent) (siehe Abbildung).

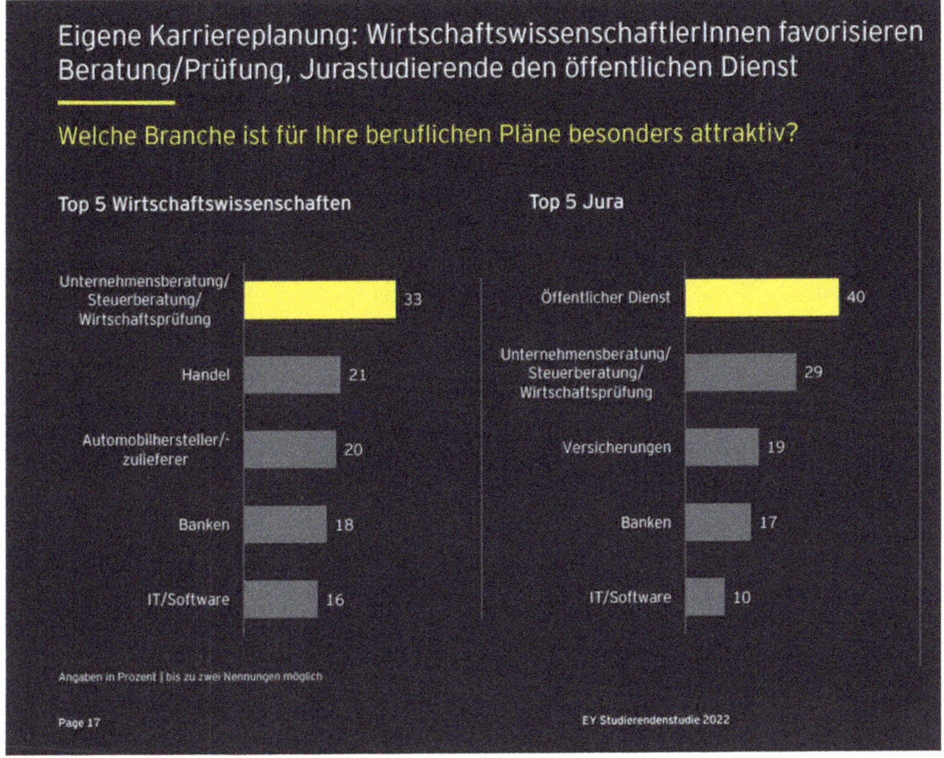

Attraktive Branchen für Wirtschaftswissenschaftler und Juristen (Quelle: EY)

Wandel ist das tägliche Brot des Beraters

Halten wir zunächst fest, dass es nur wenige Berufsgruppen gibt, die so hautnah mit den aktuellen Herausforderungen von Wirtschaft und Gesellschaft zu tun haben wie die Unternehmensberater. Nur wenige Professionals wissen über Trends in Management, Technologie und Organisation ähnlich gut Bescheid wie Berater. Diese gehören einer Branche an, die sich wie kaum eine andere dynamisch bewegt und täglich vor neue Herausforderungen gestellt wird.

> Consultants erleben hautnah mit, wie sich Unternehmen, ganze Branchen und Märkte in kurzer Zeit bewegen und verändern. Die Begleitung des Wandels ist das tägliche Brot des Beraters.

Für die Kunden ist das eine hochprofessionelle Dienstleistung, über die man kurzfristig nicht verfügt und sie deshalb vorübergehend ins Unternehmen holt. Mit der Nachfrage nach externer Lösungskompetenz für strategische und operative Fragen ist zugleich auch das Konzept arbeitsteiliger Spezialisierung verbunden. Eine solche Arbeitsteilung funktioniert immer dann, wenn Professionalität, Kompetenz, analytische Brillanz und innovative Kreativität zu den Vorgaben eines jeden Beraters zählen.

Idealer Berufseinstieg

Für viele Hochschulabsolventen ist dieser Berufseinstieg auch deshalb ideal, weil er eine streng praxisorientierte Grundausbildung erhält und sich prinzipiell nicht gleich zu Beginn seines Berufslebens auf eine Branche oder auf einen Funktionsbereich festlegen muss. Die beraterische Grundausbildung erhält der Berufsanfänger in größeren Beratungsunternehmen schwerpunktmäßig durch Training-off-the-job-Maßnahmen, d. h. durch spezielle, nicht fakturierbare Aus- und Fortbildungsmaßnahmen, die teilweise in eigenen Trainingszentren oder Hochschulen („Corporate Universities") durchgeführt werden. In kleineren Beratungsunternehmen erfolgt diese Grundausbildung zum Berater dagegen regelmäßig im Rahmen von Training-on-the-job-Maßnahmen. Den offensichtlichen Vorzügen dieser Profession stehen außerordentlich hohe Anforderungen an **Mobilität und Flexibilität** als Nachteil gegenüber. Besonders im Fokus steht dabei eine **Work-Life-Balance**, die vor allem die weiblichen Berater vor hohe Herausforderungen stellt. Überdies ist es eine Tatsache, dass nahezu jedes Beratungsprojekt überall angesiedelt ist, nur nicht am eigenen Standort.

Anteil weiblicher Consultants steigt

Und doch ist der **Anteil weiblicher Consultants**, die von diesen Nachteilen in der Regel besonders betroffen sind, in den letzten Jahren signifikant gestiegen. Aus Sicht der Unternehmensberatungen befindet sich dieser Anteil aber immer noch auf deutlich zu niedrigem Niveau. So beträgt der weibliche Anteil auf Leitungsebene 14 Prozent, 24 Prozent bei den Senior Consultants und 39 Prozent bei den. Über alle Ebenen hinweg beträgt der Anteil weiblichen Mitarbeiter in der Beratungsbranche 35 Prozent [vgl. BDU 2023].

Es ist zwar eine Tatsache, dass Frauen aus familiären Gründen häufiger Abstriche in Bezug auf den eigenen Beruf und die eigene Karriere machen als Männer. Neue Arbeitszeitmodelle, Home-Office-Möglichkeiten und die New Work-Philosophie kommen aber gerade den weiblichen Consultants stark entgegen und werden über kurz oder lang zu einem deutlichen Zuwachs der Anteile weiblicher Mitarbeiter in der Unternehmensberatung führen.

High Potentials sind besonders begehrt

> Besonders die High Potentials unter den weiblichen Arbeitnehmern werden immer wichtiger und damit begehrter für die Unternehmensberatungen.

Um Frauen an das Unternehmen zu binden und besser zu integrieren, achten immer mehr Beratungsunternehmen neben einer familienfreundlichen Gestaltung der Arbeitszeiten gezielt auf die Förderung der Karriere von weiblichen Arbeitnehmern. Und da ohnehin die durchschnittliche Verweildauer eines Consultant im Beratungsgeschäft drei bis fünf Jahre beträgt, werden Frauen nach der Babypause einen idealen Wiedereinstieg mit profunden Kenntnissen finden.

„Der Kampf um digitale Beratungstalente ist in vollem Gange"

Die Digitalisierung ist einer der größten Veränderungsmotoren auch für die Beratungsbranche. Wie sich dieser Trend in der Arbeitskultur und im Recruiting von Consultancies bemerkbar macht, beschreibt Prof. Lippold im Gespräch mit Consulting.de, der dem Thema auch ein eigenes Kapitel in der neuen Auflage seines Lehrbuchs „Grundlagen der Unternehmensberatung" widmete.

Herr Professor Lippold, kürzlich ist die dritte Ausgabe Ihres Lehrbuchs „Grundlagen der Unternehmensberatung" erschienen. Wie würden Sie aus Ihrer Sicht das Besondere an diesem Lehrbuch beschreiben?

Dirk Lippold: ‚Lehrbuch' ist das richtige Stichwort. Meines Wissens sind die ‚Grundlagen der Unternehmensberatung' das einzige Lehrbuch in unserer Branche. Es gibt zwar eine Vielzahl hochinteressanten Abhandlungen über das Consulting. Der inhaltliche Fokus dieser Bücher liegt aber ausschließlich auf der Strategieberatung. Das Tätigkeitsfeld ‚Consulting' hat jedoch weitaus mehr Aspekte. Es reicht von der klassischen Strategie- und Managementberatung über die Organisations-, Prozess- und IT-Beratung bis hin zum IT-Outsourcing und zur IT-Systemintegration.

Mein Anliegen war es nun, das gesamte Tätigkeitsspektrum zu strukturieren, Gesetzmäßigkeiten zu finden und darüber hinaus dem Beratungstyp ‚Strategieberatung' den weitaus umsatzstärkeren Beratungstyp ‚IT-nahe Beratung' gleichwertig gegenüberzustellen.

Seit der ersten Ausgabe im Jahr 2016 hat sich die Consulting-Branche weiterentwickelt. Wo beobachten Sie die größten Veränderungen, und welche neuen Kapitel haben Sie deshalb aufgenommen?

Dirk Lippold: Die digitale Transformation – basierend auf dem Internet als Querschnittstechnologie – ist sicherlich der größte Veränderungsmotor. Sie findet mindestens auf vier Gebieten statt: Internet der Dinge, Roboter, künstliche Intelligent und 3D-Druck. Der digitale Wandel ist nicht nur ein zentrales Beratungsthema bei den Kundenunternehmen, sondern er hat auch spürbare Auswirkungen auf die Consultingbranche selbst.

Da ist zunächst einmal die Digitalisierung der Beratungsthemen und des Beraterwissens. Hier geht es für die Berater darum, die neuen Technologien (E-Business, Web 2.0, Industrie 4.0, Big Data etc.) für die Kundenunternehmen nutzbar zu machen. Mit einer Digitalisierung der Beratungsprozesse sollten Berater auch im eigenen Unternehmen für eine durchgängige Unterstützung der Geschäftsprozesse unter Einsatz moderner IT-Technologien sorgen.

Die Digitalisierung der Beratungsgeschäftsmodelle reicht vom Modell der Peer2Peer-Beratung über die Arbeitsform des Freelance-Consultings bis hin zur Idee des Crowd-Consultings. Auch für die Digitalisierung der Beratungsleistungen gibt es verschiedene

Ausprägungen. Die Remote-Beratung als internet-basierte Kommunikation ermöglicht eine durchgängige Erreichbarkeit unabhängig von Zeit und Ort. Ein typisches Beispiel ist Videoconferencing. Mit dem „Stand der digitalen Transformation in der Beratung" habe ich diesen Herausforderungen ein eigenes Kapitel gewidmet.

Unternehmensberatung ist ein weites Feld. Von welcher Definition gehen Sie in Ihrem Buch aus? Was gehört für Sie zu diesem Berufsfeld, wo setzen Sie Grenzen?

Dirk Lippold: Formal ist die Beratung von Unternehmen und Organisationen eine eigenverantwortlich, zeitlich befristet, auftragsindividuell und zumeist gegen Entgelt erbrachte Dienstleistung. Der Dienstleistungsbegriff dient im Wesentlichen zur Abgrenzung von Sachleistungen, also Produkten. Inhaltlich – und das erwähnte ich bereits – reicht das Consulting-Tätigkeitspektrum im Kern von der Strategieberatung bis hin zur IT-Systemintegration.

Angrenzende Bereiche wie Steuerberatung, Wirtschaftsprüfung, Personalberatung, Rechtsberatung, Engineering-Beratung, Standardsoftwareerstellung und -vermarktung werden im Buch zwar immer wieder gestreift, zählen aber nicht unbedingt zum Betrachtungsschwerpunkt.

Was sind aus Ihrer Sicht heute die wichtigsten Qualifikationen und Kompetenzen für angehende Consultants? Welche haben in den vergangenen Jahren besonders an Bedeutung gewonnen? Kurzum, welcher Berater-Typ ist besonders gefragt?

Dirk Lippold: Unter dem besonderen Gesichtspunkt der digitalen Transformation ist heutzutage ein Berater-Typ gefragt, der es den Kundenunternehmen ermöglicht, digitale Lösungen zu einem angemessenen Preis-Leistungsverhältnis anzubieten. Gefragt ist aber auch ein Berater-Typ, der die Möglichkeiten der digitalen Transformation ebenso für die eigenen Themen, Prozesse und Geschäftsmodelle umsetzen und nutzbar machen kann.

Unabhängig davon, ob das Digitalisierungs-Know-how nun für den Einsatz beim Kundenunternehmen oder für den Eigenbedarf benötigt wird: Der Kampf um die digitalen Beratungstalente ist in vollem Gange und wird sich sicherlich noch eine ganze Weile fortsetzen.

Welche Tipps geben Sie Ihren Studierenden für den Bewerbungsprozess? Worauf muss der Bewerber bzw. die Bewerberin besonders achten, wenn der Einstieg in die Unternehmensberatung erfolgreich sein soll?

Dirk Lippold: Berater gehören einer Branche an, die sich wie kaum eine andere dynamisch bewegt und täglich vor neue Herausforderungen gestellt wird. Nur wenige Professionals wissen über Trends in Management, Technologie und Organisation so gut Bescheid wie Berater. Das hat dazu geführt, dass sich die Beratung zu einer der attraktivsten Branchen für Hochschulabsolventen überhaupt entwickelt hat.

> Jedem Studierenden, der mit dem Einstieg in die Unternehmensberatung liebäugelt, versuche ich den wichtigen Unterschied zwischen Qualifikation und Kompetenz klarzumachen.

Qualifikationen, in entsprechenden Zeugnissen dokumentiert, sind immer dann gefragt, wenn es um die Eintrittskarte zum Vorstellungsgespräch geht. Im Gespräch selbst geht es aber immer nur noch um Kompetenzen, also um bestimmte, gewünschte Fähigkeiten des Kandidaten. Diese Kompetenzen versucht die personalsuchende Unternehmensberatung dann im Interview herauszufinden, in dem sie möglichst tief in die Persönlichkeit des Bewerbers eintaucht.

Die Consulting-Branche erlebte in den vergangenen Jahren einen enormen Boom, klagt inzwischen sogar über einen Fachkräftemangel. Was glauben Sie: Werden Beratungshäuser ihre Anforderungen an angehende Consultants verändern müssen? Sollten neben Wirtschaftswissenschaftlern und ITlern nicht auch ganz neue Bewerbergruppen angesprochen werden? Wie sehr ist der Beruf Consultant geeignet für Quereinsteiger?

Dirk Lippold: Der Fachkräftemangel hat dazu geführt, dass sich Bewerber und die personalsuchenden Unternehmensberatungen auf Augenhöhe gegenüberstehen. Und das bedeutet, das geeignete Bewerber quasi als Kunden genauso umworben werden müssen wie potenzielle Käufer von Produkten und Dienstleistungen. Daher ist auch die Übertragung und inhaltliche Ausführung von Begriffen wie Positionierung, Segmentierung, Kommunikation oder auch Branding, die allesamt ihren Ursprung und ihre konzeptionellen Wurzeln im klassischen Marketing haben, auf das Personalmarketing eine wichtige Grundlage für den erfolgreichen „War for Talents“. Es gibt dabei sicherlich keinen Königsweg, aber Active Sourcing oder die Ansprache neuer Bewerbergruppen wie Physiker, Mathematiker oder gar Mediziner als Quereinsteiger scheinen mir durchaus erfolgversprechend zu sein.

Mindestens ebenso wichtig wie die Mitarbeitergewinnung ist aber auch die Mitarbeiterbindung, denn neben den Kundenbeziehungen sind die Mitarbeiter mit ihren Fähigkeiten und ihrer Motivation das eigentliche Kapital jeder Beratungsgesellschaft. Der oft geäußerte Anspruch, dass der Berater „besser“ als der Kundenmitarbeiter sein sollte, kann nur dann erfüllt werden, wenn sehr gute Mitarbeiter rekrutiert und – vor allem – auch gehalten werden. Nur so kann die notwendige Zirkulation von Ideen, die Bindung von neuem Wissen ans Unternehmen und der interne Wettbewerb um Spitzenleistungen gewährleistet werden. Allerdings macht die enorme Bandbreit der Beratungstätigkeit, die von der Strategieberatung bis zur Auftragsprogrammierung reicht, ein einheitliches Ausbildungskonzept für die Profession Unternehmensberatung nahezu unmöglich.

Als Hochschuldozent bereiten Sie junge Leute auf den Beraterberuf vor. Wie sieht es auf der anderen Seite aus: Inwieweit sind die Consultancies vorbereitet auf eine jüngere Absolventengeneration, die Sie im Hörsaal erleben? Es haben sich ja auch Erwartungshaltungen an Arbeitgeber gewandelt – etwa hinsichtlich Work-Life-Balance, Arbeits- und Führungskultur sowie Nachhaltigkeit.

Dirk Lippold: Beratungsfirmen, die wachsen wollen, kommen nicht daran vorbei, ihr Recruiting-Weltbild an die tatsächlichen Gegebenheiten und hier insbesondere an die Einstellungen und Wertvorstellungen der Generationen Y und Z anzupassen. Ich bin nun seit mehr als 15 Jahren in der überaus spannenden Zielgruppe der ‚Studierenden‘ unterwegs. Sie gehören den Generationen Y oder Z an und sind nach 1980 geboren, sehr technikaffin und mit Internet und mobiler Kommunikation aufgewachsen. Beide Generationen werden daher auch als Digital Natives bezeichnet. Diese Gruppe fühlt sich vergleichsweise freier und unabhängiger. Sie verehrt und bewundert machtbeflissene Vorgesetzte nicht und strebt vor allem nach Selbstwirksamkeit und Partizipation auf Augenhöhe.

Ein Arbeitsethos, der auf Fleiß, Disziplin und Gehorsam basiert, wird tendenziell abgelehnt. Ziele und Aufgaben werden mehr nach Sinnhaftigkeit und persönlichem Lerninteresse beurteilt. Für Digital Natives ist es motivierend, berufliches Schaffen mit individuellem Lebenssinn zu verknüpfen. Oberste Maxime vieler Einzelner könnte sogar lauten: „Was ist mein Beitrag für die Welt?“ Im Ernstfall bringen sie nicht Ideologie und Streit mit, sondern Pragmatismus, Sachorientierung und Fachwissen. Und genau deshalb mag ich die Generationen Y und Z, und die Consultancies sollten sie deshalb ebenso wertschätzen.

Das Interview führte Alexander Kolberg von Consulting.de.

Bachelor- oder Master – Welchen Weg sollte ein angehender Consultant einschlagen?

Eigentlich sollte die Bologna-Reform dazu beitragen, dass die Studienzeit verkürzt wird, weil ein Bachelor-Abschluss als Qualifikation für die meisten Berufe völlig ausreicht. Professor Dirk Lippold analysiert, warum die Reform nicht das gewünschte Ergebnis erzielt hat und wie heute für Studienanfänger der beste Weg ins Consulting aussehen könnte.

Die Bologna-Reform hat für Studierende nicht nur Gutes gebracht (Bild: picture alliance / Zoonar | benis arapovic).

Consulting ist die meistgenannte Wunschbranche aller BWL-Studierenden. Das ist das Ergebnis einer EY-Studie aus dem Jahr 2018. Wo man Consulting als Studienfach belegen kann, habe ich an dieser Stelle ausführlich dokumentiert. Und ob der Ruf der Hochschule für den späteren Berufseinstieg eine Rolle spielt, habe ich ebenfalls an dieser Stelle diskutiert.

In meinem dritten Beitrag zur „Aus- und Weiterbildung der Consultants" geht es um die besondere Herausforderung des Bachelor-/Mastersystems, vor der jeder angehende Consultant heutzutage steht.

Ziele der Bologna-Reform

Vor mehr als 20 Jahren wurde die **Bologna-Reform** verabschiedet. Das zweistufige **Bachelor- und Mastersystem** ist der Kern der Reform. Es betrifft alle Studiengänge – mit Ausnahme der Medizin und der Rechtswissenschaft. In der Medizin und in der Rechtswissenschaft gilt nach wie vor das System des ersten und zweiten (in Medizin dritten) Staatsexamens [vgl. Wagner/Herlt 2010, S. 305 ff.].

Zwei Dinge wollte die Bologna-Reform erreichen: Erstens die Schaffung eines europäischen Hochschulraumes, das heißt die Studienabschlüsse sollten europaweit vergleichbarer und die Studierenden international mobiler werden. Zweitens sollten die Abschlüsse besser auf den Bedarf der Wirtschaft abgestimmt werden. Besonders mit dem zweiten Ziel ging das Bestreben einher, die Studienzeit zu verkürzen und die Berufsfertigkeit zu erhöhen. Schließlich wurde den deutschen Hochschulabsolventen immer wieder vorgeworfen, dass sie im internationalen Vergleich zu alt seien und dass die deutschen Hochschulen sie zu wenig auf die Erfordernisse in der Praxis vorbereiten würden.

Kernstück der Reform und des Problems: das Bachelor-Studium

Ausgangspunkt und Kernstück der Reform ist das Bachelor-Studium. Und genau die Konzeption dieses Studienganges ist die Schwachstelle der Bologna-Reform. Das in der Regel drei Jahre dauernde Bachelor-Studium ist auf breiter Front verschult und von den Inhalten her sehr verdichtet. Das führt dazu, dass ein Praktikum oder ein Auslandsaufenthalt nur noch schwer durchführbar sind. Ebenso ist das „Jobben", also das Nebenher-Arbeiten immer schwieriger.

> Die Leidtragenden zwischen starren Modulplänen, ausufernden Prüfungsleistungen und unrealistischen Workload-Annahmen sind die Bachelor-Studierenden. Sie sollen mindestens ein Praktikum und das möglichst im Ausland machen. Dafür ist im Lehrplan aber häufig gar kein Platz vorhanden.

Sie sollen Persönlichkeiten statt nur Absolventen sein. Besonders hinderlich sind die sich anhaltend verschlechternde Betreuungsrelation von Studierenden zu Professoren und die geringe Verzahnung von Theorie und Praxis. Der angehende Bachelor hört sich durch vorgegebene Einführungsvorlesungen – und muss durch Anwesenheit glänzen, auch wenn das Thema nicht interessiert.

Alles in allem also keine leichte Situation für den angehenden Bachelor, der zumeist noch ein Semester dranhängen muss, um überhaupt ein qualifiziertes Praktikum durchführen zu können.

Wo die Probleme begannen

Geht man der misslichen Situation auf den Grund, so bildet die Bologna-Reform den Ausgangspunkt. Bologna sah für den fertigen Bachelor vier grundsätzliche Wege in die Berufstätigkeit vor (siehe Grafik).

Den Weg (1) sollten nach den Vorstellungen der Reformverantwortlichen 80 bis 90 Prozent aller Bachelor einschlagen. Mit anderen Worten, der Bachelor-Abschluss sollte für die überwältigende Mehrheit aller Studierenden ausreichen.

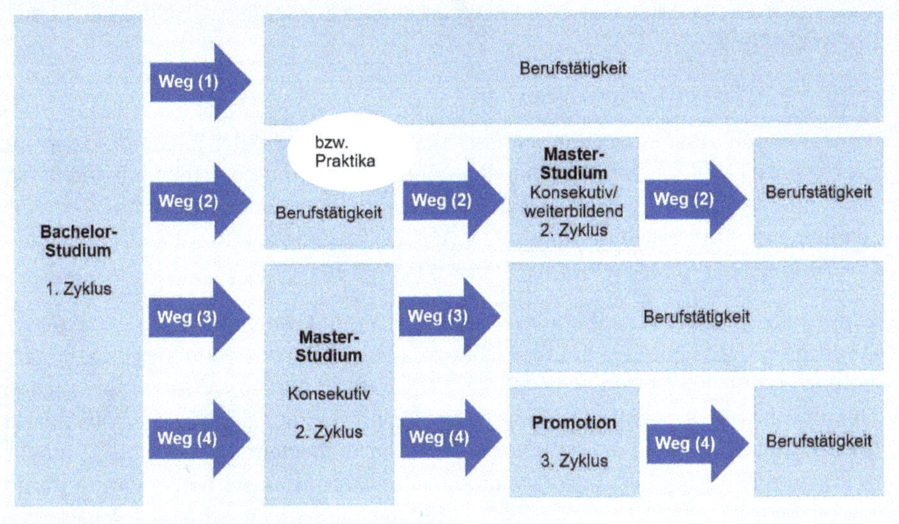

[Quelle: modifiziert nach Wagner/Herlt 2010]

Es stellte sich aber sehr schnell heraus, dass die fertigen Bachelor – um bei ihren Bewerbungen wettbewerbsfähig zu sein – zunehmend gezwungen waren, die Wege (2), (3) oder (4) einzuschlagen beziehungsweise nun **auch noch den Master draufzusatteln**. Warum?

Doch besser einen Master-Absolventen wählen

Dazu müssen wir uns noch einmal die beiden Hauptziele der Hochschulreform vor Augen führen, nämlich die **Schaffung eines europäischen Hochschulraumes** und der deutlich **frühere Berufseinstieg**. Beide Ziele und ganz besonders der frühere Berufseinstieg hatten die Personalabteilungen unserer deutschen Unternehmen doch gar nicht interessiert. Als die beiden neuen Bezeichnungen (Bachelor und Master) „auf den Markt" kamen, war für die diplomierten Personaler doch nur eines wichtig: **Welcher ist der bessere Abschluss – Bachelor oder Master?** Und es sprach sich sehr schnell herum, dass man anstatt eines jungen, verschulten Bachelors auch – ohne große Mehrkosten – einen erfahrenen Master bekommen konnte. Man brauchte nur ein „Upgrade" der Stellen- und Anforderungsprofile in den Online-Jobbörsen vorzunehmen. Studienzeit verkürzt? Leider nicht.

Damit wurde das zweite Ziel deutlich verfehlt, denn der Wirtschaft lag ursprünglich sehr daran, die **Studienzeit zu verkürzen** und die Studierenden schneller für den Arbeitsmarkt fit zu bekommen. Aber für das rekrutierende Personalmanagement – insbesondere im Beratungsbereich – war es viel wichtiger, einen Master und nicht einen Bachelor als Berufseinsteiger einzustellen. Schließlich seien Top-Talente nur unter den Master-Absolventen zu finden.

Das wäre sicherlich alles ohne große Wirkung geblieben, wenn **nur einige wenige** Personalreferenten so vorgegangen wären. Es waren aber nicht nur einige wenige, sondern die **überwältigende Mehrheit aller Recruiter**, die sehr schnell auf die neue Einstellungspolitik umgeschwenkt sind. Offensichtlich mit „Erfolg", denn der fertige

Bachelor spürte sehr bald, dass er in vielen Bereichen mit seinem Abschluss nicht mehr wettbewerbsfähig war.

Eigentlich würde der Bachelor reichen

Und dass, obwohl für die weitaus meisten Akademikerberufe der Bachelor locker ausreichen würde – und in der Beratung allemal. Das sind nämlich prinzipiell alle Berufe, in denen nicht geforscht wird. Die Unternehmen, nein, die verantwortlichen Personaler, wollen aber vollausgebildete Wissenschaftler für Tätigkeiten, wo nicht die Qualifikation, sondern die Kompetenz entscheidend sein sollte.

So kam es eben, dass heute die allermeisten Bachelor-Absolventen einen Master machen möchten, nein: machen **müssen**. Ursprünglich war – wie oben bereits erläutert – gedacht, dass nur die besten zehn bis 20 Prozent der Bachelor-Absolventen auch ein Masterstudium absolvieren. Dies sollte entweder direkt nach dem Bachelor ("konsekutiv") oder später im Berufsleben (zum Beispiel berufsbegleitend, "exekutiv") möglich sein. Entsprechend fehlt **es an ausreichend Masterstudienplätzen** – gerade im universitären Bereich. Da bei weitem nicht jeder Bachelor-Absolvent einen Master-Platz bekommt, stehen viele nach dem ersten Abschluss vor einer akademischen Zwangspause.

Empfehlung

Und genau hier setzt **meine Empfehlung** an: Allen Bachelor-Absolventen im Beratungsbereich, die noch einen Master draufsatteln wollen (pardon: müssen), empfehle ich den Weg (2) – also zwischen Bachelor und Master eine Pause einzulegen. Diese Zäsur sollte dann mit einer ersten Festanstellung oder einer Werkstudententätigkeit oder einem vernünftigen Praktikumsplatz ausgefüllt werden.

Hören Sie zu dem Thema auch Professor Lippold im Interview mit Moritz Neuhaus

Wie wichtig ist der Ruf der Hochschule für die Bewerbung als Consultant?

Achten Recruiter in Consultinghäusern darauf, an welcher Hochschule ein Talent studiert hat? Entscheidet der Ruf der Hochschule tatsächlich über den späteren Job? Befragungen zu diesem Thema zeigen ein höchst unterschiedliches Bild.

Macht der Ruf der Hochschule einen Unterschied bei der Bewerbung im Consulting? Hier der Campus Düsseldorf der WHU (Bild: WHU, Berlin Cramer).

Zwei Beispiele: Nach der Umfrage des Research Unternehmens CRF Institute bei den Top-Arbeitgebern Deutschlands, liegt „Art und Standort der Hochschule" hinter „Persönlichkeit", „Kommunikationsfähigkeit" und „Praktische Erfahrung" an vierter Stelle der Einstellungskriterien beim Bewerbungsgespräch.

Dagegen zeigt die Studie JobTrends Deutschland 2016, dass im Schnitt nur für acht (!) von hundert Arbeitgebern der gute Ruf einer Hochschule besonders relevant ist.

Doch wer befeuert eigentlich diesen **augenscheinlichen Mythos**, dass ein Studium der Wirtschaftswissenschaften an einer Top-Hochschule die Chancen auf den Traumjob erhöht? Und was sind dann die vermeintlichen Top-Hochschulen?

Überforderte Recruiting-Abteilungen

Da sind zunächst einmal die DAX-Konzerne und vor allem die Unternehmensberatungen, die ständig auf der Suche nach High Potentials sind und dabei die Reputation der

Hochschule immer noch gerne als Auswahlkriterium heranziehen. Das hängt wohl ursächlich mit der Entwicklung und Struktur der deutschen Hochschullandschaft zusammen:

In Deutschland wurden im Wintersemester 2020/21 insgesamt 423 Hochschulen, darunter 114 Universitäten und 190 Fachhochschulen gezählt (siehe Abbildung).

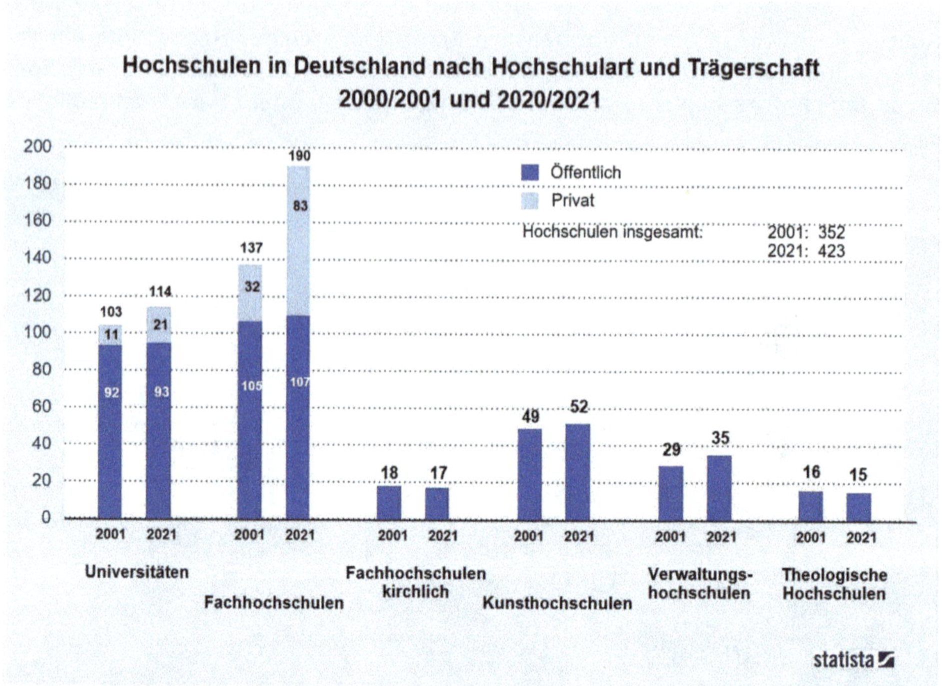

Entwicklung der Anzahl der Hochschulen in Deutschland nach Hochschulart und Trägerschaft zwischen den Jahren 2001 bis 2021 (Quelle: Statista)

Unter den Hochschulen gewinnen die privaten Institutionen seit der **Bologna-Reform** zunehmend an Bedeutung. So haben sich die nichtstaatlichen Universitäten seit dem Jahr 2000 auf über 20 nahezu verdoppelt und die Anzahl der privaten Fachhochschulen ist sogar um das 2,6-fache auf über 80 gestiegen. Angesichts dieser Flut an Universitäten und Fachhochschulen zeigen sich viele Recruiting-Abteilungen überfordert. Das ist augenscheinlich einer der Gründe, warum viele Consulting-Recruiter dazu übergegangen sind, ihre High Potentials eher an Universitäten und weniger an Fachhochschulen zu suchen.

Exzellenz zielt nicht auf Lehre ab

Und dann sind es die Universitäten selbst, denen ihr Leitbild, ihr Status und vor allem ihr Image sehr wichtig ist und die damit den Mythos festigen. Für die Wirtschaftswissenschaften werden hier immer wieder die **LMU** und **TU München** sowie die **Universität Mannheim** zuerst genannt. Hinzu kommt seit 2005 die Exzellenzinitiative, die 13 ausgewählte Universitäten mit Millionenbeträgen fördert. Dies sind neben den drei Berliner und den beiden Münchener Universitäten die **RWTH Aachen**, die

Universitäten in **Bonn**, **Tübingen**, **Hamburg**, **Konstanz** und **Heidelberg** sowie die Technischen Universitäten in **Dresden** und **Karlsruhe**. Allerdings muss der Elite-Gedanke unter dem Aspekt des Recruitings doch stark relativiert werden, denn Exzellenz zielt ja vor allem auf die **Qualität der Forschung**, weniger aber auf die Lehre ab.

Universitätsbotschafter als Katalysator

Viel entscheidender ist vielmehr, dass viele personalsuchende Unternehmen bei ihrem Hochschulmarketing auf Zielhochschulen setzen. Das sind die Hochschulen, die ihrer Erfahrung nach die besten Absolventen hervorbringen. Dazu ernennen sie sogenannte Universitätsbotschafter, die zu den jeweiligen Lehrstühlen Kontakt halten und direkt auf dem Campus Karriere-Lunches veranstalten und Wochenendworkshops, Sommerakademien (jeweils mit entsprechenden Case-Studies) oder Firmenkontaktmessen organisieren. Damit ist für die Studierenden die Wahrscheinlichkeit, mit einem potenziellen Arbeitgeber schon während des Studiums in Kontakt zu kommen, wesentlich größer. Ist der Kontakt der Hochschule und der Professoren zur Wirtschaft gut, profitieren also auch die Studierenden. Vermittlungen für Praktika und Förderungen für Master- oder Bachelor-Arbeiten können Türöffner für den ersten Job sein.

Vorteil der „Privaten“

Gerade die privaten Hochschulen haben genau diese Vorteile schon früh erkannt und den Kontakt zu den Unternehmen zusehends intensiviert. Heute gehören die WHU in Vallendar bei Koblenz, die Mannheim Business School, die EBS in Oestrich-Winkel bei Wiesbaden oder die ESCP in Berlin zum auserwählten Kreis privater Hochschulen, die als besonders erfolgversprechend für den Führungsnachwuchs gelten. Unternehmen als Förderer oder Stifter dieser Hochschulen kooperieren sehr eng und rekrutieren die abschlussnahen Studierenden direkt vom Campus weg.

Diesen exklusiven Service können Absolventen weniger bekannter Hochschulen allerdings nicht in Anspruch nehmen. Solche Bewerber und Bewerberinnen sollten mit Persönlichkeit, Engagement, Praktika, Auslandssemestern und den passenden Zusatzqualifikationen punkten.

Fazit: Es kommt auf die Persönlichkeit an, nicht auf den Ruf der Hochschule

An einer Hochschule mit hervorragendem Ruf studiert zu haben ist allein überhaupt kein Argument für weitergehendes Interesse des potenziellen Arbeitgebers. Das wichtigste Argument für jeden Arbeitsgeber ist die eigene Persönlichkeit!

Wenn Sie das Thema interessiert, hier finden Sie weitere Informationen dazu:

D. Lippold: Einführung in das Consulting. Strukturen – Trends – Geschäftsmodelle. Berlin/Boston 2022

D. Lippold: Personalmanagement und High Potentials. Top-Talente finden und binden. Berlin/Boston 2021

Recruiting im Consulting: Warum müssen es immer High Potentials sein?

Es ist sicherlich legitim, dass Unternehmensberatungen nur die Besten, also die High Potentials einstellen möchten. Es gibt wohl ohnehin kaum ein Unternehmen, das sich freiwillig mit dem zweitbesten Bewerber oder der zweitbesten Bewerberin zufriedengibt. Dies gilt ganz besonders für die Recruiting-Abteilungen der bekannten Unternehmensberatungen. Eine Kolumne von Prof. Dr. Dirk Lippold.

Hermann Wottawa vergleicht High Potentials mit Condottieri, den italienischen Söldnerführern aus dem Spätmittelalter, wie etwa Giovanni de' Medici aus Florenz, dem Begründer der Medici Dynastie. (Bild: picture alliance / CPA Media Co. Ltd | David Henley)

Doch wer sind die Besten? Und vor allem: Wer sind die Besten für das jeweilige Unternehmen? Wer sind die Besten für das jeweilige Assignment? Und schließlich: Wozu braucht man unbedingt High Potentials?

Eine kritische Einstellung gegenüber den High Potentials zeigt der Autor **Hermann Wottawa**. Er vergleicht diese Zielgruppe mit den **Condottieri**, den italienischen Söldnerführern des späten Mittelalters. Zu den bekanntesten Condottieri zählen **Francesco Sforza, Andrea Doria, Cesare Borgia** und **Giovanni de Medici**.

Arbeitgebern Bedingungen diktieren

Sie wechselten durchaus die Seiten für bessere Bezahlung und dies nicht nur vor, sondern sogar mitten in der Schlacht. Sie waren aber dennoch enorm begehrt und in den Augen der jeweiligen Fürsten unverzichtbar. Aufgrund ihres Einflusses, ihrer Macht und sicherlich auch aufgrund ihres Könnens begannen sie, ihren Arbeitgebern die Bedingungen zu diktieren. Soweit soll hier nicht gegangen werden, aber es ist kein Geheimnis, dass manche High Potentials Akzeptanzprobleme bei schwächeren Kollegen und eine "spezielle" Persönlichkeit haben. Sie kommen sehr häufig arrogant und überheblich rüber.

Das ist allermeist auch der Grund dafür, dass es ihnen nicht gelingt, die notwendige Glaub- und Vertrauenswürdigkeit bei Mitarbeitern und Führungskräften zu schaffen. Dafür benötigen sie eine besondere Führung, um voll motiviert zu sein. Vor allem wechseln sie aber schnell zum Konkurrenten, wenn dieser ihnen ein besseres finanzielles Angebot macht.

Was ist besser für das Unternehmen?

Es gibt also noch eine andere Seite, die bei High Potentials zu beachten ist: So stellt sich vielerorts die Frage: Was ist besser für das Unternehmen? Ein loyaler, begeisterter Mitarbeiter mit gutem Sachverstand oder ein High Potential, der ob seiner geringen emotionalen Bindung ständig mit den Hufen scharrt und dem das nächste attraktive Angebot eines Headhunters herzlich willkommen ist. Vielleicht ist für die eine oder andere Stelle (besser: Assignment) ein Kandidat besser geeignet, der keine „Eins vor dem Komma" hat. Natürlich sind (Abschluss-)Noten nicht unwichtig, sie aber als erstes und häufig auch als einziges Zulassungskriterium zum persönlichen Vorstellungsgespräch zu missbrauchen, ist kurzsichtig und wenig dienlich, um die richtigen Kandidaten für den ausgeschriebenen Job zu bekommen.

Entwicklung individueller Persönlichkeit

Sportliche Bestleistungen, Masterabschlüsse in unterschiedlichen Studiengängen oder ein selbstfinanziertes Studium haben häufig mehr Aussagekraft. Oder auch ein Studium über den zweiten Bildungsweg oder berufsbegleitend, ein Engagement als Schul- oder Studierendensprecher, Praktika oder Auslandsaufenthalte, die allesamt vielleicht zu einer etwas schlechteren Durchschnittsnote, aber auch zur Entwicklung der individuellen Persönlichkeit beigetragen haben, sollten den Unternehmen doch mindestens genau so viel Wert sein, wie die Noten mit der „Eins vor dem Komma". **Persönlichkeit** kann man nur bedingt lernen, Sprachen oder Mathematik sehr wohl.

Hier mehr zu den High Potentials:

H. Wottawa: High Potentials – Die Condottieri unserer Zeit. Vortrag im Rahmen der Management-Konferenz „Talent Management in der Praxis" am 8.5. 2008 München.

D. Lippold: Personalmanagement und High Potentials. Top-Talente finden und binden, Berlin-Boston 2021.

Kapitel 7: Consulting und Frauen

»Männer sind ... und Frauen auch ...überleg dir das mal«, wusste schon der altehrwürdige Loriot und legte damit unwissentlich das Fundament für dieses Kapitel, das wir ausschließlich dem starken Geschlecht widmen. Lassen Sie sich also gerne von zwei Männern erklären, warum Frauenförderung auch Männerförderung ist, warum Frauen besser riechen als Männer und was der Gender Employment Gap ist.

Aber passen Frauen überhaupt ins Consulting, fragt man sich und Dirk Lippold gibt die Antwort: Ja, klar. Das Problem ist nur: Die Branche hat große Probleme, sich trotz hervorragendem Angebot für die Damen hübsch zu machen.

Wolfram Saathoff geht noch einen Schritt weiter und hält ein flammendes Plädoyer für mehr Weiblichkeit im nach wie vor männlich dominierten Consulting. Bereiten Sie sich auf Weltbewegendes vor, es wird Sie treffen wie ein Pferdefuß: Frauen sind nicht dumm! Mach Sachen!

Unternehmensberatung und Frauen – passt das zusammen?

Durch flexible Arbeitsformen und eine praxisorientierte Grundausbildung ist die Beratungsbranche attraktiver denn je für weibliche und männliche Hochschulabsolventen. Prof. Dr. Dirk Lippold widmet sich der Frage, warum die Zahl der Beraterinnen in der Branche nur leicht steigt und zeigt die Vorteile auf, welche die Branche mit sich bringt.

Die Beratungsbranche hat für Frauen viel zu bieten (Bild: picture alliance / Shotshop | marcus).

Attraktiv ist sie, die Beratungsbranche – ganz besonders für Hochschulabsolventen: Nahezu jeder zweite BWL-Hochschulabsolvent sieht in der Unternehmensberatung den idealen Karriereeinstieg. Eine Abwechslungsreiche, herausfordernde Tätigkeit, gutes Arbeitsklima, selbstständiges Arbeiten, hervorragende Weiterbildungsmöglichkeiten und gute Bezahlung werden mit dem Berufsbild des Beraters in Verbindung gebracht. Doch gelten diese Vorzüge auch für weibliche Consultants?

Geschlechtergemischte Teams als Treiber für Erfolg

Die Antwort: ein ganz klares Ja! Mehrere Gründe sind es, die den Frauen in der Beratung entgegenkommen:

Zum einen ist es der leergefegte Markt an Beraternachwuchs. Zum anderen ist es die Erkenntnis, dass geschlechtergemischte Teams ein wesentlicher Treiber für Innovation und den Unternehmenserfolg sind. Gemischte Teams wirken sich positiv auf Diskussion, Interaktion und Entscheidungsfindung aus. Überhaupt können durch geschlechtergemischte Fortbildungen die Zusammenarbeit von Frauen und Männern gefördert werden. Weibliche und männliche Teilnehmer können so voneinander lernen.

So ist es kein Wunder, dass gute, leistungsfähige weibliche Hochschulabsolventen und insbesondere die High Potentials unter ihnen heiß begehrt sind und zunehmend im Fokus von Personalrecruitern stehen. Beratungsunternehmen, die hier nicht nur die richtige Ansprache, sondern vor allem auch die richtigen Rahmenbedingungen nachhaltig vorweisen können, werden künftig über einen der wichtigsten Erfolgsfaktoren im Beratungsgeschäft verfügen.

Veränderte Rahmenbedingungen

Ein weiterer wichtiger Grund sind die veränderten Rahmenbedingungen. So haben **flexiblere Arbeitsformen** – durch die Corona-Pandemie verstärkt – und die Zunahme von Remotearbeit in den meisten Unternehmen zu einem veränderten Arbeitsumfeld für Mitarbeitende in der Consultingbranche geführt. Konkret bedeutet dies, dass die extremen Anforderungen an die Mobilität, die ja charakteristisch für die Beratungsbranche sind, durch die verstärkten Möglichkeiten zum **Home Office** deutlich zurückgegangen sind.

Trotz dieser Veränderungen betrug der Frauenanteil nach Angaben des Bundesverbandes Deutscher Unternehmensberatungen (BDU) unter den rund 231.000 Beschäftigten in der Beratungsbranche im Jahr 2023 lediglich 36 Prozent (plus ein Prozentpunkt gegenüber Vorjahr). Der Frauenanteil auf Consultingebene – also bei den Beratungsprojekten – stieg nur leicht auf 30 Prozent, und obwohl der Frauenanteil in der Unternehmensleitung auf 14,5 Prozent anwuchs, bleibt eine Diskrepanz zu den ambitionierten Zielen der Beratungsunternehmen bestehen.

Praxisorientierte Grundausbildung

Sowohl für männliche als auch für weibliche Hochschulabsolventen ist der Berufseinstieg in das Consulting vor allem deshalb ideal, weil sie eine streng praxisorientierte Grundausbildung erhalten und sich prinzipiell nicht gleich zu Beginn des Berufslebens auf eine Branche oder auf einen Funktionsbereich festlegen müssen. Die beraterische Grundausbildung erhält der Berufsanfänger in größeren Beratungsunternehmen schwerpunktmäßig durch Training-off-the-job-Maßnahmen, das heißt durch spezielle, nicht fakturierbare Aus- und Fortbildungsmaßnahmen, die teilweise in eigenen Trainingszentren oder Hochschulen („Corporate Universities") durchgeführt werden. In kleineren Beratungsunternehmen erfolgt diese Grundausbildung zum Berater regelmäßig im Rahmen von Training-on-the-job-Maßnahmen.

Den offensichtlichen Vorzügen dieser Profession standen bislang als Nachteil außerordentlich hohe Anforderungen an Mobilität und Flexibilität gegenüber. Das hat sich inzwischen aber – wie oben dargestellt – gravierend verändert, so dass sich die Work-Life-Balance auch im Beratungsbereich deutlich verbessert hat.

Frauen (m/w/d) im Consulting – Eine Geschichte voller Missverständnisse

Während gerade zwei Alphamänner und ein Olaf um die Vorherrschaft in Germanien in den Grenzen von 2025 streiten, kämpft Kolumnist Wolfram Saathoff für die wirklich gute Sache – die Zukunft Ihrer Unternehmensberatung. Spoiler: Ohne Frauen wird das nix! Transparenzhinweis: Dieser Artikel entstand komplett ohne Zufallsmehrheiten mit AfD und FDP.

(Bild: Picture alliance / imageBROKER | Heinz-Dieter Falkenstein)

Ich bin Feminist durch und durch, trotzdem habe ich Humor. Mein liebster feministischer Witz geht so: Frauen sind selbst Schuld daran, dass sie weniger Geld verdienen als Männer. Männer entscheiden sich nämlich in aller Regel für Berufe, in denen sie viel Geld verdienen, beispielsweise Arzt, Anwalt oder Profi-Fußballer. Frauen hingegen wählen häufiger Jobs, in denen sie weniger verdienen, wie zum Beispiel Ärztin, Anwältin oder Profi-Fußballerin.

In Sachen Geschlechtervielfalt gibt es in Deutschland eher weniger zu lachen: Während der Gender Pay Gap sich in der EU stetig verbessert auf inzwischen immerhin 12,7 Prozent, steht er im Land von Goethe, Schiller und Linnemann bei wenig muckeligen 18 Prozent.

Das sieht umso dramatischer aus, wenn man weiß, dass der Gender Employment Gap in Deutschland bei gerade einmal 9 Prozent liegt, was ergo bedeutet, dass Frauen für weniger Geld mehr arbeiten müssen. Womit das Argument, der Gender Pay Gap resultiere aus der Tatsache, dass Frauen einfach häufiger in Teilzeit, vulgo: weniger Stunden arbeiten, entkräftet wäre. Wenn ich die Zahlen, die ich mir gerade mal locker zusammen gegoogelt habe, denn richtig deute. Mansplainen Sie mir das gerne auf LinkedIn!

Die Aussichten sind indes heiterer, darf man der aktuellen Berichterstattung glauben, denn der Fachkräftemangel macht sich auch im Consulting breit wie Schimmel in einer Obstschale (auch für dieses Jahr hatte ich mir mit mäßigem Erfolg eine gesündere Ernährung vorgenommen). Deshalb wird eingestellt, als gäbe es kein Morgen: Mein Kollege Jörg Hossenfelder von Lünendonk & Hossenfelder rechnet mit einer glatten Verdoppelung des Personalzuwachses in 2025 in der Beratung. Servieren Sie mir gerne einen gut gegarten Besen an Erbspüreespiegel mit Wintergemüse, sollten sich unter den Neuanstellungen nicht auch ein paar Menschen, die es nicht geschafft haben, vor ihrer Geburt ein Y-Chromosom herauszubilden, befinden.

Der Zahn des Zeitgeists nagt bereits deutlich an den Branchengrößen, die auf ihren Websites und in den mehr oder weniger sozialen Businessnetzwerken schon explizit nach weiblichem Nach- und Aufwuchs fahnden, was sich dann blumig ›Uplifting women at BCG‹, ›Female Talent Program‹ bei Accenture oder ›Werde NextGen Woman‹ bei EY nennt.

Gut und schlecht für's Geschäft

Ob das aus geschäftlicher Sicht klug ist, vermag ich nicht zu sagen, schließlich bin ich Marketeer und kein Wissenschaftler, und die Studienlage ist da leider auch noch recht dünn. Eine Studie von McKinsey deutet zum Beispiel darauf hin, dass Unternehmen mit gemischten Führungsteams eine um 60% höhere Chance haben, profitabel zu sein. Eine andere Studie von KPMG hingegen weist gegenteilig darauf hin, dass Diversität schadet, zumindest so sie denn falsch kommuniziert würde.

Es scheint hier auf jeden Fall das eine oder andere zu korrelieren – ob sich dahinter aber auch eine Kausalität findet, sei dahingestellt.

Seien wir aber ehrlich: So Sie noch nicht auf diesen Zug gesprungen sind, sollten Sie sich spätestens jetzt ein Ticket holen, denn die Zukunft steht ganz im Zeichen beherzter Gleichstellung der Geschlechter – und wer das nicht begreift, dem bleibt nur noch der Ausweg in das Artensterben, nicht umsonst spricht man von Dinosauriern, wo stieselige Kerle der Meinung sind, der natürliche Lebensraum einer berufstätigen Frau befinde sich im Dunstkreis der Kaffeemaschine.

Wer seine Mann(höhö)schaft zukünftig also klüger aufstellen will, sollte drei Dinge wissen. Die kann ich, wie gesagt, nicht mit Studien belegen, Sie müssen mir schlichtweg einfach glauben. Mir und meiner Erfahrung als Geschäftsführer einer seit 15 Jahren auf Sie und Ihr großes und kleines Geschäft spezialisierten Werbe- und PR-Agentur mit nahezu paritätisch besetzter Kundinnen- und Kundenstruktur, um präzise zu sein.

1. Es reicht nicht aus, Frauen bloß mitzumeinen

BCG, EY, McK und MfG haben es begriffen: Während für Männer berufliche Anerkennung über Beförderungen und die damit verbundenen Gehaltssprünge funktioniert, sind Frauen anspruchsvoller. Auch sie wollen Karriere, Kohle und Karre, klar. Zusätzlich dazu bedürfen sie aber auch einer Ansprache, die sie *explizit* erwähnt. Ein bürokratisches ›m/w/d‹ oder ein vulgärgermanisches Genderzeichen à la ›Berater:innen‹, ›Berater_innen‹, ›Berater*innen‹ sind da nicht ausreichend. Deshalb basteln die Branchengroßen den Frauen eigene Bereiche in ihre Karriereportale. Dort kann dann von ›Beraterinnen‹, ›Expertinnen‹ oder ›Strateginnen‹ gesprochen werden, ohne durch sprachakrobatische Wortungetüme die männlichen Pendants miterwähnen zu müssen.

Auf kleineren Internetseiten mit weniger Portalcharakter kann man ausweichen, indem man es zum Beispiel so macht wie ich in meinen Texten und statt ›Berater:innen‹ stets beide Formen verwendet, also von ›Beraterinnen und Beratern‹ schreibt. Das liest sich auch deutlich flüssiger und meint Frauen nicht nur mit, sondern spricht sie gleichwertig an.

Wie wichtig solche vermeintlich kleinen sprachlichen Details sein können, zeigt eine Studie der Princeton University, in der man zwei Gruppen von Kindern entweder aufgerufen hat »Lasst uns Wissenschaft machen und XY herausfinden« (ich übersetze hier dem Sinne nach), beziehungsweise »Lasst uns Wissenschaftler sein und XY herausfinden«. Tatsächlich fühlten sich in zweitem Falle weniger Mädchen dazu befleißigt, dem Aufruf zu folgen. Sie empfanden sich schlichtweg nicht als angesprochen, auch wenn der englische Begriff ›scientist‹ sie ja geschlechtsneutral eigentlich mitmeint, von ihnen aber eher männlich konnotiert wurde.

Es ist also wichtig, sich Mühe zu geben, die Menschen, die man ansprechen möchte, nicht nur implizit, sondern auch explizit anzusprechen. Klingt logisch, ist aber leider die absolute Ausnahme, betrachten Sie dafür die diversen Consulting-Website:innen.

2. Frauen sind nicht dumm!

Ja, es gibt Unterschiede zwischen den Geschlechtern, das gehört zur Wahrheit dazu: Frauen sind hübscher anzusehen, riechen besser, nehmen weniger Platz weg und sitzen nicht so lange auf dem Klo wie Männer. Aber sie sind nicht dümmer und wollen auch nicht dafür gehalten werden. Sie haben ein über die Jahrhunderte hinweg entwickeltes feines Gespür für ihnen zuteil werdende Ungleichbehandlung und Herablassung.

Wer auf seinen Karriereseiten Männer in Anzügen beim Händeschütteln oder an Flipcharts zeigt, Frauen hingegen in Freizeitkleidung beim Yoga oder Fahrradfahren, hat dasselbe Problem wie jemand, der Männern ihre Aufstiegschancen vorrechnet, während er oder sie Frauen sagt, dass Arbeitszeiten auch flexibel gestaltet werden können – damit für Yoga und Fahrradfahren nach dem früheren Feierabend noch genug Tageslicht bleibt, nehme ich an.

Es geht aber auch subtiler: Selbst dort, wo Unternehmen es gut meinen und Frauen und Männer gleichwertig abzubilden versuchen, geht es gerne in Hose oder Rock. Ein Motiv, das uns in jedem Fotoshooting mit tropfenähnlich steinhöhlender Stete begegnet ist die ›Gesprächssituation‹, wie es im Briefing heißt: Zwei oder mehr Mitarbeitende sollen vor der Kamera so tun, als würden sie sich nicht nur in der Büroküche zum Gruß unverbindlich zunicken, sondern total kollegial auf Augenhöhe und in gegenseitigem Respekt miteinander über ein maximalspannendes Kundenprojekt kommunizieren. Das dann gerne auch mithilfe der unvermeidlichen Consulting-Insignien wie Flipchart, Laptop oder ausgedruckter PowerPoint-Folie, ich schrieb bereits an mehreren Orten darüber.

Haben wir es dann auch noch mit einer gemischtgeschlechtlichen Paarung zu tun, dann wird es mit an Sicherheit grenzender Wahrscheinlichkeit am Ende so aussehen, dass der Mann der Frau etwas erklärt. Was nur zum Teil daran liegt, dass der Mann körperlich schlicht größer ist als die Frau – Männer nehmen zudem in solchen Situationen stets die aktivere und dynamischere Rolle ein, zeigen auf etwas, zum Beispiel einen Bildschirm, gestikulieren raumgreifend, reden, erklären. Frauen begeben sich dann in eine zurückhaltende Position: Sie hören zu, lächeln, nicken allenfalls. Sagt der Mann etwas Lustiges, erzählt er zum Beispiel den Witz vom Anfang dieses Artikels, dann lacht die Frau herzhaft, nimmt ansonsten aber möglichst wenig Platz ein. (Das gleiche Problem haben übrigens auch Bilder aus dem wissenschaftlichen Bereich, weswegen kleine Mädchen sich nicht mitgemeint fühlen, wenn von ›scientists‹ gesprochen wird.)

Das ist nichts, das sorgsam choreografiert würde, nein! Ich habe genug dieser Shootings hinter mir um zu wissen, dass sich beide unbewusst in diese ihnen wie natürlich zugedachte Rolle begeben. Es ist einfach so, es geschieht aus sich heraus, vollautomatisch und undurchdacht.

Umso wichtiger ist, dass man das beim Shooting bedenkt, um dem Eindruck entgegenwirken zu können, hier wären Frauen lediglich Informations- oder gar Befehlsempfänger. Auch in der finalen Bildauswahl sollten solche mansplaining-artigen Bilder großzügig aussortiert werden. Und man kann auch dem Größenproblem begegnen, nämlich indem man diese Gesprächssituationen im Sitzen am Konferenztisch stattfinden lässt, statt im Stehen an Flipchart oder Kaffeemaschine. Nur so als Tipp am Rande.

3. Funktionierendes Marketing ist weibliches Marketing!

Ich schreibe diese Kolumne nun seit drei Jahren, dies hier ist die 31. Folge und von Beginn an erzähle ich Ihnen jedes Mal mit immer anderen aber stets eloquenten Worten immer exakt dasselbe: Wer nicht auffällt, geht unter. Punkt. Oder, nein: Ausrufezeichen! Semikolon, Doppelpunkt und Geteilt-Zeichen.

Immer und immer wieder wenden sich Unternehmensberatungen an uns und klagen, dass sie zwar Marketing machen, durchaus aufwändig, in der Regel aber zumindest zeit-, häufig sogar kostenintensiv. »Aber‹, so wird geklagt, » es bringt irgendwie nichts. Wir machen und tun – und kommen trotzdem nicht vom Fleck.« Der Grund ist einfach: 80% allen Beratermarketings da draußen ist langweilig und farblos. Dafür können die Unternehmen mit Männerüberschuss auch erst mal recht wenig: Wo soll in Fotos von hemdsärmeligen Kerls die Farbe herkommen?

Abgesehen von ihrer fachlichen Eignung bringen Frauen mittels zum Beispiel koralfarbener Kostüme Farbe in Unternehmen, wo Mann das Anthrazit, Dunkelblau und Schwarz nur mit einer karmesinroten Krawatte unterbrechen könnte, wenn er denn überhaupt eine trüge und nicht durch modernmännliche Krawattenlosigkeit seine uferlose Unkonventionalität unter Beweis stellen müsste.

Dieser Punkt ist fürwahr ein sehr oberflächlicher, aber unterschätzen Sie das bitte nicht!

Nicht nur die Internetseiten der Beratungshäuser sind voller Männer in nachtblauen Komfortanzügen nebst bügelfreier Weißhemden, unter denen sich besagtes farbenfrohes Kostüm wie eine Oase inmitten honeckerhafter Tristesse ausmacht.

Auch die Wirtschaftsmagazine bevorzugen inzwischen ganz klar weibliche Experten für ihre Einschätzungen jedweder wirtschaftlicher Großwetterlagen. Was die in den Interviews so von sich geben ist mindestens genauso klug wie das salbungsvolle Kolloquium eines männlichen Kollegen – die ganzseitigen Hochglanzfotos bringen allerdings die sonst so schmerzhaft vermisste Farbe ins Heft.

Ach, jetzt bin ich schon auf Seite vier und es gäbe noch so viel zu schreiben. Das muss jedoch aufgeschoben werden. Ich notiere mir, dass ich unbedingt mal wieder eine Kolumne zum Thema Recruiting schreiben muss.

Bis dahin verbleibe ich mit den allerbesten Grüßen und dem obligatorischen Gesprächsangebot: Fragen, Lob und Anregungen gerne per Direktnachricht auf LinkedIn, Kritik und Beschwerden rund um die Uhr an parteizentrale@fdp.de.

Ist Consulting immer noch eine Männerdomäne?

Obwohl der Frauenanteil auf Führungsebenen immer noch gering ist, haben Consulting-Unternehmen die Bedeutung von Geschlechter-Diversität inzwischen erkannt. Prof. Lippold beschreibt, was sich inzwischen geändert hat und welche Vorteile aus der Förderung weiblicher Karrieren resultieren.

Die Haltung der Consulting-Branche zum Thema Geschlechter-Diversität hat sich in den letzten Jahren verändert (Bild: picture alliance / Zoonar | Robert Kneschke).

Es geht um **Frauen in der Beratung**. Besonders die Talente unter den weiblichen Arbeitnehmern werden immer wichtiger und geschätzter für Unternehmen und ganz besonders für Beratungsunternehmen. Doch nicht nur der leergefegte Markt für männliche High Potentials, sondern auch die Erkenntnis, dass geschlechtergemischte Teams ein wesentlicher Treiber für Innovation und den Unternehmenserfolg sind, ist ein maßgeblicher Grund für die neue strategische Priorität der Geschlechterdiversität.

Vor diesem Hintergrund ist zunächst einmal zu klären, wie hoch der Anteil weiblicher Mitarbeiter in der Beratung überhaupt ist. In der Beratungsbranche sind nach Schätzungen des Bundesverbandes Deutschen Unternehmensberater (BDU) rund 220.000 festangestellte Mitarbeiter beschäftigt. Davon sind **35 Prozent**, also 77.000 weiblich. Das ist im Branchenvergleich ein relativ niedriger Wert. Zieht man dann auch noch die rund 47.000 Mitarbeiter und Mitarbeiterinnen im Backoffice ab, so sind von den dann verbleibenden 173.000 Consultants – also den eigentlichen Projektmitarbeitern – nur noch knapp **28 Prozent** weiblich. Auffallend ist, dass der weibliche Anteil mit steigendem Hierarchielevel deutlich abnimmt (siehe Abbildung). Stellen in den Einstiegspositionen (Junior Consultants) weibliche Angestellte noch knapp zwei Fünftel, so ist auf der Ebene der Senior Consultants nur noch weniger als ein Viertel weiblich. Auf der Leitungsebene ist durchschnittlich nur jede siebte Position weiblich besetzt.

Angesichts dieser Statistiken ist es kein Wunder, dass die Beratungsbranche jahrelang als absolute Männerdomäne galt. Das hat sich grundlegend geändert.

Heutzutage achten Consulting-Firmen zunehmend darauf, nicht nur die weibliche Einsteigerquote, die laut BDU aktuell bei 49 Prozent liegt*, sondern auch die Anzahl der Beraterinnen, die bleiben und in der Firma aufsteigen, zu erhöhen. Dies ist auch einer der Gründe, warum das Thema **Gender-Diversity** im Consulting neben der Gewinnung qualifizierter Talente in den letzten Jahren zunehmend an Bedeutung gewonnen hat.

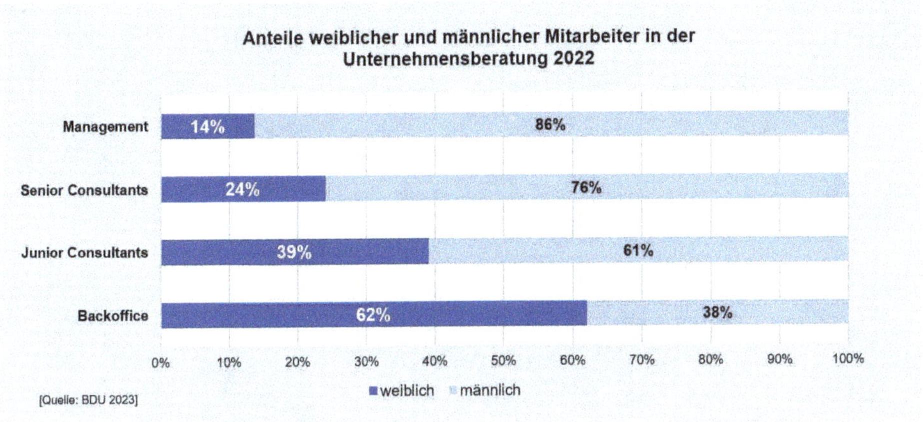

Beschäftigte in der Unternehmensberatung nach dem Geschlecht 2022

Frauenförderung ist auch Männerförderung

Um Frauen an das Unternehmen zu binden und besser zu integrieren, geht es neben einer familienfreundlichen Gestaltung der Arbeitszeiten vor allem darum, die Karriere von weiblichen Arbeitnehmern gezielt zu fördern. Interessant ist dabei die Erkenntnis, dass Personalentwicklungsmaßnahmen, die gezielt auf Frauen und ihre vielfältigen Lebensmuster zugeschnitten sind, sich in aller Regel auch optimal für Männer erweisen. Ein weiterer Grund ist die Erfahrung, dass sich gemischte Teams positiv auf die Diskussion, Interaktion und Entscheidungsfindung auswirken. Überhaupt kann durch geschlechtergemischte Fortbildungen die Zusammenarbeit von Frauen und Männern gefördert werden. Weibliche und männliche Teilnehmer können so voneinander lernen. Schließlich geht auch um die Rahmenbedingungen, die so angepasst werden müssen, dass mehr Frauen die Teilnahme an solchen Personalentwicklungsmaßnahmen ermöglicht wird. So werden Weiterbildungen häufig nicht für Teilzeitstellen angeboten, obwohl gerade diese vielfach von Frauen besetzt sind. Fortbildungen, die weit entfernt vom Arbeitsplatz oder Wohnort durchgeführt werden oder gar eine Übernachtung erfordern, sind zumeist Ausschlusskriterien für berufstätige Mütter.

*Anmerkung: In meinen Consulting-Vorlesungen liegt der weibliche Anteil der Studierenden regelmäßig sogar zwischen 65 und 70 Prozent.

Ein *, der/die Deinen Namen trägt – Vom Sinn und Unsinn des Genderns

Liebe LeserInnen, liebe Lese*r, liebe Lesende, es nützt nix – wir müssen uns mit dem allseits nervigen Thema ›Gendern‹ beschäftigen. Kann man gleichzeitig vernünftige Texte schreiben und trotzdem so tun, als wären Frauen auf Augenhöhe mit uns Penisträgern? Kann man. Und Frau auch.

Weißt du, wie viel Sterne stehen / In einem unlesbaren Text?

Auch ein Panzer ist ein Arbeitsplatz

Wo gerade alle Welt von Panzern spricht – auch ein Panzer ist ein Arbeitsplatz. Kein normaler, versteht sich, aber auch in einem Panzer gilt die deutsche Arbeitsstättenverordnung (ArbStättV). Und die sieht vor, dass jeder Arbeitsplatz auch für Schwangere geeignet sein muss. Klingt wie eine Geschichte aus Schilda, ist aber so. Ob sich jetzt so viele Schwangere auf Schlachtfeldern herumtreiben, sei dahingestellt, aber seit Ursula ›Flintenuschi‹ von der Leyen dürfen ja auch pummelige Mitbürgerinnen und Mitbürger den Dienst an der Waffe versehen. So ergibt es am Ende vielleicht doch alles einen Sinn, denke ich die Fäuste gen Himmel reckend.

Schick machen für die Arbeitskräfte von morgen

Hintergrund des Ganzen ist natürlich das durchaus zu goutierende Ansinnen, Arbeitsplätze wie Kampfpanzer und andere auch für Frauen attraktiver zu machen. In Zeiten von Fachkräftemangel kein komplett unsinniges Unterfangen, schließlich wissen inzwischen auch die kleinen und großen Paschas dieser Republik (von Einzelschicksalen abgesehen, die man zum Beispiel auf LinkedIn in ihrem natürlichen Habitat beobachten kann, wenn man das denn will), dass man sich für die Arbeitskräfte von morgen schick machen muss – auch für die weiblichen.

Je spezialisierter man ist, desto fachlicher werden die Texte

Natürlich spielt da auch die Kommunikation eine wichtige Rolle, womit wir direkt schon beim Gendern wären.

Das große Problem, das viele unserer Beratungskunden umtreibt, ist dieses hier: Je spezialisierter man ist, desto fachlicher werden die Texte. Für das Arbeitsbeispiel eines Digitalisierungsprojektes in der mongolischen Tiefebene mit Worten wie ›Cyber-physische Systeme (CPS)‹, ›Virtual Impeller Trimming‹ oder ›Software as a Service (SaaS)‹ gibt es kein Like. Und dann auch noch gendern? Zu Recht mahnt die interessierte Leserin hier die Lesbarkeit an, schließlich soll ein Text auf der Website eines Beratungsunternehmens nicht in der Schönheit eines daktylisches Knittelverses sterben, sondern, ganz im Sinne Watzlawicks, verstehbar sein.

Auch Frauen müssen mitgemeint werden

Auf der anderen Seite muss, wer nicht als engstirniger Fritze Merz-Fanboy mit Hang zum verschwiemelten Klartexten rüberkommen will, Frauen heute einschließen. Und zwar in seinen Texten, nicht wie noch in den guten alten 60ern in der Küche. Tut mir leid, ist halt so!

Wir Trockennasenaffen erfassen Texte beim Lesen nicht Wort für Wort oder Buchstabe für Buchstabe, sondern das Auge gleitet über die Zeilen und erfasst den Sinn des Textes quasi ideomotorisch.

> Bei Fachtexten mit vielen Fachbegriffen bleibt das Auge unweigerlich ständig hängen.

Auf Rollsplitt gleitet es sich halt extrem ungut. Die Texte mit Sternchen, Unterstrichen oder Doppelpunkten weiter zu verhackstückeln deucht der Schreibenden dann wenig klug. Für Rechtschreibfehler gilt übrigens dasselbe!

Lesbarkeit meets Gendern

Im Alltag haben sich zwei Varianten herauskristallisiert, die den meisten als relativ praktikabel bei ganz okayer Lesbarkeit (vulgo: Verstehbarkeit) erscheinen: ›Die Chefinnen und Chefs‹ (diese Variante hat den Vorteil, dass keine ungewohnten Elemente den Lesefluss stören, allerdings den Nachteil, dass Texte dadurch länger werden als unbedingt nötig) oder ›die ChefInnen‹ (das große I fügt sich zumindest optisch gut ein, verkompliziert das ideomotorische Erfassen des Textes allerdings auch).

> Für welche Variante man auch immer sich entscheidet – so oder so haben wir es mit Textergänzungen oder -veränderungen zu tun, die unser Gehirn (noch) nicht gewohnt ist und sich deshalb daran stört.

Die bessere Lösung: Mal weiblich, mal männlich

Wirklich elegant finde ich das – wie Sie, verehrter Leser, wahrscheinlich ebenfalls – nicht. Zum Glück haben sich klügere Schreiberinnen als ich ein paar mehr Gedanken gemacht als ›Nee, hab ich keinen Bock drauf‹ und eine Methode des Frauen-Mitmeinens entwickelt, von der ich aus dem Brustton der Überzeugung sagen kann: Sie baden gerade Ihre Hände drin.

Ich kenne diese Methode aus der ZEIT und die geht so: Wechseln Sie in Ihren Texten die Geschlechter einfach ab. So wie ich in diesem Text. Bei der ZEIT erklärt man es so: »Wir verwenden Doppelformen. Geschieht das am Anfang einmal explizit, können wir im Weiteren abwechselnd sowohl den weiblichen als auch den männlichen Plural nehmen, um anzuzeigen, dass weiterhin alle gemeint sind. Das mag auf einige irritierend wirken, anderen wird es gar nicht auffallen.«

Ist diese Methode perfekt? Nein, auf gar keinen Fall.

Aber sie ist praktikabel, sie kommt ohne unnötige Verdoppelungen oder komische Satzzeichen aus – und man wirkt nicht wie sein eigener Uropa, der vom Kaiser redet, unter dem es ›so was‹ nicht gegeben hätte.

So viel von mir für heute aus der EMMA-Redaktion*innen. Nächstes Mal gibt's wieder was Oberflächliches, versprochen. Wolle over and out.

Kapitel 8: Consulting und Personal

Consulting ist People Management und damit zählt das Personalmanagement zu den Haupt- bzw. Kernprozessen (Primäraktivitäten) der Wertschöpfungsstruktur für Beratungsunternehmen. Entsprechend groß ist der Raum, den die Beiträge zum Personal hier einnehmen. Die beiden anderen Kernprozesse sind Marketing/Vertrieb und Leistungserstellung (Delivery).

Der erste Beitrag in diesem Kapitel befasst sich mit Referral-Programmen. Referrals zählen zu den durchschlagskräftigsten Recruiting-Kanälen im Beratungsbereich.

Empowerment ist ein zentrales Kriterium der Führungsnachwuchsentwicklung und damit Wegbereiter einer von Agilität geprägten neuen Führungskultur.

Es folgt ein Beitrag über die Bedeutung der Fluktuationsrate im Beratungsgeschäft. Diese Kennziffer ist die wichtigste KPI im Personalbereich und zählt zu den zehn bedeutendsten Unternehmenskennzahlen überhaupt.

‚Employer Branding' ist in allen seinen Facetten durch Corporate Branding vollständig abgedeckt. Entsprechend überflüssig ist dieser Begriff, der aus dem angelsächsischen stammt und über den sich eigentlich nur Personalberatungen und Werbeagenturen freuen dürften.

Dass sich Stellenbeschreibungen und damit Stellenausschreibungen längst überholt haben und durch Anforderungen oder bestenfalls durch Assignments ersetzt werden sollten, behandelt der nächste Artikel.

Wahrnehmungsverzerrungen begleiten uns tagtäglich. Im Personalbereich können solche individuellen Fehler allerdings weitreichende Konsequenzen haben.

Ja. Wir haben einen Fachkräftemangel. Im wirtschafts- und sozialwissenschaftlichen Bereich allerdings nicht. Hier besteht ein Überangebot an jungen Talenten. Warum? Das klärt der nächste Beitrag.

Wie wichtig die Unterscheidung von Personalfreisetzungen mit und ohne Personalabbau ist, zeigt eindringlich der letzte Artikel in diesem Kapitel.

Warum Unternehmen nicht auf Referral-Programme verzichten sollten

Es gibt Dinge, die so selbstverständlich sind, dass man sie manchmal aus den Augen verliert. Dazu gehören in personalsuchenden Unternehmen die sogenannten Referral-Programme. Immerhin gehören Referrals zu den wichtigsten Recruiting-Kanälen mit den größten Erfolgschancen überhaupt. Prof. Dr. Dirk Lippold erläutert, warum Mitarbeiterempfehlungen den Unternehmen nur Vorteile bringen.

Beim Recruiting spielen Referral-Programme eine entscheidende Rolle (Bild: picture alliance / PantherMedia | Andrey Popov)

Referral-Programme sind eine **Recruiting-Option**, die augenscheinlich deshalb so stiefmütterlichbehandelt werden, weil die Umsetzung im Vergleich zu anderen Kanälen so einfach ist. Dabei ist es nicht nur einfach, sondern der Erfolg ist auch durchschlagend:

Mitarbeiter des eigenen Unternehmens werden gebeten, interessante Kandidaten (z. B. aus ihrem Bekannten- oder Freundeskreis) für bestimmte Positionen vorzuschlagen – und das Ganze branchen- und funktionsunabhängig. Nach erfolgreichem Ablauf der Probezeit des Kandidaten erhält der Mitarbeiter, der den Kandidaten vorgeschlagen hat, eine entsprechende **Prämie**. Hierzu drei Grundüberlegungen:

Erstens: Ein Mitarbeiter wird keinen Freund/Bekannten empfehlen, von dessen Leistungsfähigkeit er nicht voll überzeugt ist, weil er sonst nur seiner eigenen **Reputation** schaden würde.

So sind Mitarbeiter, die über persönliche Empfehlungen eingestellt wurden, loyaler und passen in aller Regel besser zur Unternehmenskultur.

Zweitens: Ein Referral-Programm sorgt für eine **Win-Win-Situation in dreifacher Hinsicht**: Eine Prämie für den Mitarbeiter, eine erstklassige Arbeitskraft für das Unternehmen und einen neuen, chancenreichen Arbeitsplatz für die empfohlene Person.

Drittens: Unternehmen mit Referral-Erfahrung sehen in Mitarbeiterempfehlungen die Chance, ihre Mitarbeiter als **Botschafter des Unternehmens** einzusetzen und Kontakt zu potenziellen Kandidaten aufzubauen, die häufig gefragte Ausbildungswege, Berufserfahrungen oder Profile haben.

Die Rekrutierung über Mitarbeiterempfehlungen hat sich immer dann bewährt, wenn ein Mangel an qualifizierten Mitarbeitern vorherrscht.

Referral-Programme werden von bestimmten Firmen flächendeckend bei der Rekrutierung von Hochschulabsolventen sowie gezielt bei „Seiteneinsteigern" herangezogen. Bei manchen Firmen werden bis zu **20 Prozent aller Vakanzen** über Referral-Programme besetzt.

Bei Rekrutierungsmaßnahmen, die **ausschließlich** über Mitarbeiterempfehlungen erfolgen, besteht allerdings die Gefahr, dass das Unternehmen nicht mehr die gesamte Bandbreite des Arbeitsmarktes ausschöpft und damit nicht die Vielfalt der Mitarbeitenden nutzt. Daher sollten Referral-Programme immer im Verbund mit anderen Recruiting-Kanälen durchgeführt werden.

Vertiefende Literatur:

D. Lippold: Modernes Personalmanagement. Personalmarketing im digitalen Wandel, 4. Aufl., Berlin/Boston 2023.

Empowerment ist ansteckend – ganz besonders im Consulting

Das Thema Führungskräfteentwicklung steht seit Jahren ganz oben auf der Liste der Top-Themen des Personalmanagements – nicht nur in der Beratungsbranche. Doch das derzeitige Konstrukt der Förderung, Weiterentwicklung und Bindung von Führungs- und Führungsnachwuchskräften in den eigenen Reihen funktioniert nicht mehr. Warum, erläutert Prof. Lippold in seiner aktuellen Kolumne.

Führungskräfteentwicklung zielt auf die Entwicklung der Führungskompetenzen von Managern und Führungsnachwuchskräften ab. Stattdessen sollten die Führungskräfte den Weg hin zu einem zeitgemäßen Talent Empowerment gehen. Es handelt sich dabei aber nicht um die Maximierung der eigenen Karriereschritte, sondern um die Ermächtigung der Mitarbeiter. Empowerment ist entscheidend, um Talente mit den richtigen Fähigkeiten anzuziehen, zu fördern, zu engagieren und so die digitale Transformation voranzutreiben. Denn im Kern geht es bei New Work um Beziehungsarbeit, d.h. um wertebasierte Beziehungen, die aufgebaut, gepflegt und gegebenenfalls auch professionell beendet werden müssen. Und das bedeutet in letzter Konsequenz, dass individuelle (und keine standardisierten) Talententfaltungsformate erarbeitet werden müssen.

Agile Organisation in Teilbereichen überlegen

Durch die Ermächtigung der Mitarbeiter (engl. Empowerment) werden Potenziale gehoben, die in nicht-agilen Organisationen zumeist verloren wären. Das Empowerment ist quasi die Messlatte für New Work. Digitale Talente verfügen über eine Kombination aus spezifischen Soft- und Hard-Skills, die für eine erfolgreiche Umsetzung der digitalen Transformation entscheidend ist. Deshalb sind zumindest in klar abgegrenzten Bereichen die agile Organisation und das agile Lernen den klassischen Organisations- und Denkmustern deutlich überlegen. Der wahrscheinlich wichtigste Schritt hierbei ist, die Lernenden mit ihren individuellen Bedarfen, Vorkenntnissen, Stärken und Ressourcen vorbehaltlos in den Mittelpunkt zu stellen.

Individuelle Ziele müssen sich in gemeinsamer Vision wiederfinden

Hinzu kommt, dass die Verantwortung in Unternehmen immer seltener bei Einzelpersonen mit zentraler Direktivgewalt liegt. Verantwortung wird zunehmend mehr kollektiv in eingesetzten Teams wahrgenommen, in denen Führungskräfte eher eine moderierende Funktion innehaben. Es geht um gemeinsame, selbstorganisierte Führung. Menschen mit Führungsverantwortung dürfen auch Lernende sein und müssen nicht alles beherrschen. Die Führungskraft im agilen Umfeld setzt sich für eine gemeinsame Vision ein, die so klar formuliert ist, dass der Einzelne seine individuellen Ziele dazu in Bezug setzen kann. Ausschließlich mit Kontrollen bekommt man die Komplexität der Arbeitswelt nicht mehr in den Griff. Im New Work-Prozess müssten Führungskräfte eine neue Rolle lernen und annehmen. Sie müssen Macht weiterreichen, loslassen, stimulieren und einfach auf die Selbstverantwortung der Mitarbeiter vertrauen. Allerdings, und das ist die Erkenntnis einer SRH-Studie: „Empowerment ist ansteckend.

Positiv, aber auch negativ: Wenn Führungskräfte aus einer höheren Hierarchieebene wenig Bedeutsamkeit, Kompetenz, Einfluss und Selbstbestimmung erleben, weil sie durch Bürokratie oder andere Umstände gegängelt werden, geben sie das an Abteilungs- und Teamleiter weiter, bis runter zu den Praktikanten," so Studienleiter Schermuly [https://newmanagement. haufe.de/organisation/new-work-ist-messbar].

Drei Kriterien bei der Auswahl von Führungsnachwuchskräften

Die Auswahl der potenziellen Führungsnachwuchskräfte sollte sich daher an folgenden drei Kriterien orientieren:

Vielfalt statt Konformität: Gefragt sind keine „abgerundeten" Persönlichkeiten, die keine Schwächen (aber eben auch keine Stärken) haben. Es geht um Kandidaten mit Ecken und Kanten, die eine ausgeprägte Stärke für Führungsaufgaben haben und an deren Ecken und Kanten auch einmal wirksame Vorschläge hängen bleiben.

Performance statt Potenzial: Potenziale sind zunächst immer nur vage Hoffnungen auf Leistungen, die der Aspirant später einmal erbringen könnte – oder auch nicht. Es geht um solche Führungsnachwuchskräfte, die Leistungen und Ergebnisse gezeigt haben. Das sind zumeist solche Kandidaten, die in ihrem Lebenslauf Ergebnisse und nicht Positionen angegeben haben.

Sensibilität statt Fachwissen: Fachliche Fähigkeiten sind Voraussetzungen. Wichtiger als Fachkenntnisse sind für eine potenzielle Führungskraft dessen Sensibilitäten, Werte, Verhaltensmuster, Prägungen und die innere Einstellung zur Selbstverantwortung. Hierdurch entscheidet sich, ob die Führungskraft einen substanziellen Beitrag zur Weiterentwicklung des Unternehmens liefern wird oder nicht.

Agilität im Zentrum einer neuen Führungskultur

Viele Unternehmen beobachten, dass der Mangel an digitalen Talenten zu einem Verlust von Wettbewerbsvorteilen führt. Den Unternehmen ist zu raten, ihre traditionellen Leadership Praktiken in ein zeitgemäßes Talent Empowerment umzuwandeln. Dabei stehen individuelle Personalentwicklungsangebote mit entsprechenden Beziehungstrainings im Vordergrund – Trainings, bei denen das agile Lernen der zentrale Baustein einer neuen Führungskultur ist. Trainings, die besser auf die Bedürfnisse der heutigen digitalen Talente zugeschnitten sind als die traditionellen Management-Praktiken.

Weitere Informationen mit der entsprechenden Literatur:

C. Schermuly: New Work Dystropia. Scheitern im Wandel und wie es besser geht, Freiburg 2023

V. Gehlen-Baum/M. Illi: Agiles Lernen als zentraler Baustein einer neuen Führungskultur, in: https://dialog-lippold.de/agiles-lernen-als-zentraler-baustein-einer-neuen-fuehrungskultur

Die Reduktion der Fluktuationsrate als Erfolgsfaktor im Beratungsgeschäft

Die zentrale Ressource erfolgreicher Unternehmen ist hochqualifiziertes und motiviertes Personal. Eine hohe Fluktuation trifft solche Unternehmen besonders hart. Doch was sagt eine Fluktuationsrate von zum Beispiel 15 Prozent eigentlich aus? Wie ist sie entstanden? Ist sie zu hoch oder zu niedrig? Ist sie gesund? Macht sie Täter oder Opfer?

In fast allen Unternehmen gibt es ein Kommen und Gehen von Mitarbeitenden. Ab wann wird die Fluktuation ungesund? (Bild: picture alliance / dpa-tmn | Christin Klose)

Die Fluktuationsrate ist die wichtigste Kennziffer (engl. *Key Performance Indicator = KPI*) im Personalbereich und zählt zu den zehn bedeutendsten Unternehmenskennzahlen überhaupt. Sie wird in aller Regel als ein Barometer für die Attraktivität eines Unternehmens, einer Organisation oder einer Branche angesehen. Sie wird sehr häufig herangezogen, um die Leistungsfähigkeit des Personalmanagements zu incentivieren. Doch wenn diese Kennziffer ein solch wichtiges Instrument ist, muss sie dann nicht auch einheitlich interpretiert werden?

„Up-or-out"-Prinzip leistet Fluktuation Vorschub

Beginnen wir mit den Tätern: In manchen Branchen (zum Beispiel in der Managementberatung) wird eine Fluktuationsrate um die 20 Prozent als durchaus gesund angesehen. Denn neues Personal bedeutet auch, dass neue Kollegen mit unterschiedlichen Sichtweisen und Charakteren die Kreativität des Unternehmens neu ankurbeln. Neue Mitarbeiter verfügen unter Umständen über ein Netzwerk, von dem das Unternehmen profitieren kann. Auch stellt eine hohe Fluktuation das Unternehmen immer wieder auf den Prüfstand: Eine Außenperspektive kann Schwachstellen aufzeigen und Betriebsblindheit vorbeugen. Solche Überlegungen haben schließlich dazu geführt, dass manche Unternehmen das „Up-or-out"-Prinzip propagieren und zum Bestandteil ihrer Firmenkultur gemacht haben.

Dass damit einer höheren Fluktuation Vorschub geleistet wird, liegt auf der Hand. Insofern sollte man auch nicht von einer gesunden, sondern von einer gewollten Fluktuation sprechen.

Wiederbeschaffungskosten als Maßstab

Kommen wir zu den Opfern: Die Fluktuation stellt für jedes Unternehmen eine signifikante Kostengröße dar. Obwohl sie in der Gewinn- und Verlustrechnung nicht als eigenständige Kostenposition auftaucht, sollte sich jedes verantwortliche Management darüber im Klaren sein, dass die Fluktuationskosten einen erheblichen Einfluss auf das Unternehmensergebnis haben. Maßstab für die Kosten der Fluktuation sind die Wiederbeschaffungskosten (engl. *Replacement costs*). Folgende Faktoren gehen in die Wiederbeschaffungskosten ein:

Kosten vor der Kündigung. Der Mitarbeiter, der das Unternehmen verlassen will, hat seine innere Kündigung bereits ausgesprochen, arbeitet nicht mehr mit dem gleichen Engagement und stößt vielleicht keine Neuerungen mehr an.

Kosten, die sofort durch den Weggang entstehen. Bei einer Aufhebungsvereinbarung oder bei einem etwaigen Rechtsstreit entstehen hier zusätzliche Kosten.

Kosten durch die unbesetzte Stelle. Die Aufgaben werden später erledigt, Chancen können nicht genutzt werden oder werden auf andere Mitarbeiter verteilt. Im schlimmsten Fall bleibt etwas Wichtiges (zum Beispiel Kundenaufträge) längere Zeit liegen, auf das andere Mitarbeiter bei ihrer Arbeit angewiesen sind.

Rekrutierungskosten. Hier sind alle Kosten zu berücksichtigen, die durch die Auswahl eines neuen Mitarbeiters entstehen. Von der Stellenanzeige über die Testverfahren bis zu den Vorstellungsgesprächen. Die Personalbeschaffung kann sehr kostspielig werden, je nachdem, welchen Rekrutierungsprozess ein Unternehmen wählt.

Integrationskosten. Die Integration eines neuen Mitarbeiters läuft zumeist in mehreren Phasen ab. Nach einem Basisseminar (Onboarding) erfolgt eine mehr oder weniger lange Einarbeitungsphase. Im Beratungsgeschäft geht man davon aus, dass der neue Mitarbeiter erst nach zirka drei Monaten eine vollwertige Kraft ist. Auch muss das Wissen, das mit dem vorherigen Mitarbeiter abgewandert ist, durch entsprechende Schulungen beziehungsweise Ausbildungseinheiten ersetzt werden.

Kalkulatorische Kosten. Sind Mitarbeiter damit beschäftigt, neue Mitarbeiter einzuarbeiten oder an Auswahlverfahren teilzunehmen, können sie sich nicht ihrer eigentlichen Aufgabe widmen.

Motivationskosten. Diese sind schwer messbar, jedoch (fast) immer gegeben: Unzufriedene Mitarbeiter ziehen durch Demotivation das sie umgebende Team mit „herunter".

Die Wiederbeschaffungskosten sind von Position zu Position, von Stelle zu Stelle, von Aufgabe zu Aufgabe, von Assignment zu Assignment und natürlich von Branche zu Branche unterschiedlich. In der Beratungsbranche betragen die Wiederbeschaffungskosten mindestens die Hälfte eines Jahresgehalts. In der Managementberatung sind dies rund 40.000 Euro, in der IT-nahen Beratung etwa 30.000 Euro.

Anhand der folgenden **Beispielrechnung** wird deutlich, welch ein enormes Ergebnispotenzial durch das Absenken der Fluktuationsrate erzielt werden kann:

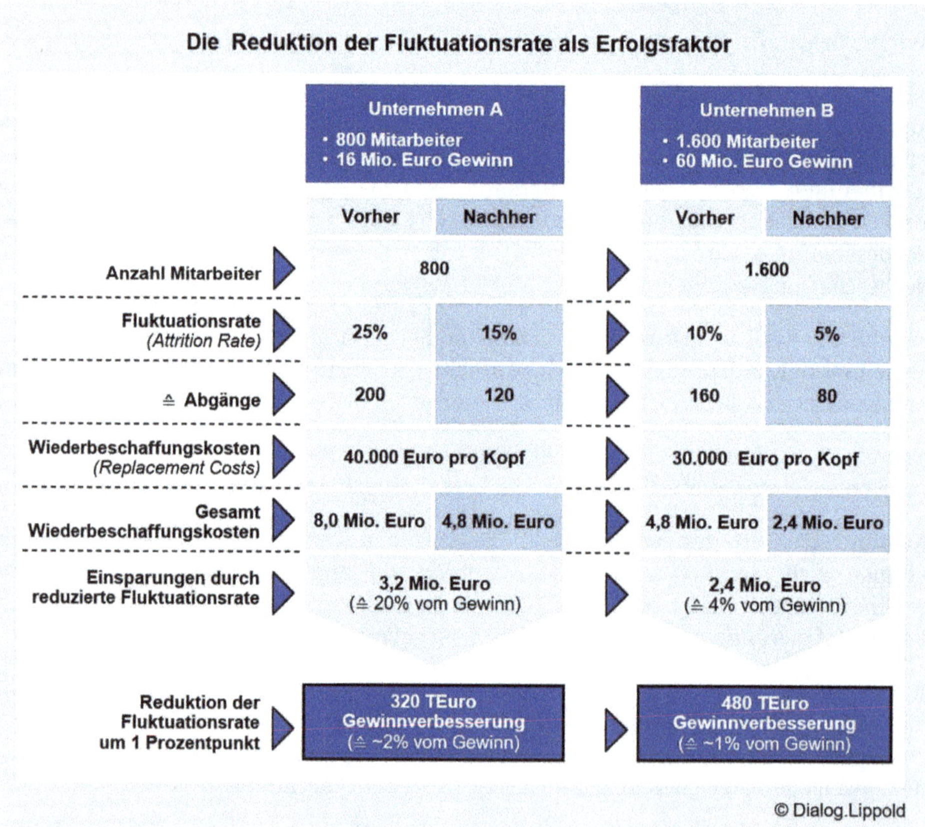

Die Reduktion der Fluktuationsrate als Erfolgsfaktor

Das **Unternehmen A**, eine Management- und Strategieberatung, beschäftigt 800 Mitarbeiter, erzielt einen Jahresgewinn von 16 Millionen Euro und weist eine Fluktuationsrate von 25 Prozent auf. Die Wiederbeschaffungskosten für einen neuen Berater betragen 40.000 Euro. Damit belaufen sich die Wiederbeschaffungskosten für 200 neue Berater auf insgesamt acht Millionen Euro, um die Fluktuation auszugleichen. Lässt sich diese Fluktuationsrate von 25 auf 15 Prozent senken, so verringern sich ceteris paribus die Wiederbeschaffungskosten für 120 Berater auf 4,8 Millionen Euro. Damit ließen sich die Rekrutierungskosten allein durch die Absenkung der Fluktuationsrate um 3,2 Millionen Euro vermindern. Bei einem angenommenen Gewinn von 16 Mio. Euro bedeutet dies eine Gewinnverbesserung für das Consulting-Unternehmen von 20 Prozent. Die Absenkung der Fluktuationsrate um einen Prozentpunkt würde also zu einer Gewinnverbesserung von zwei Prozent führen.

Das **Unternehmen B** ist ein IT-Beratungs- und Serviceunternehmen. Es beschäftigt 1.600 Mitarbeiter und erzielt einen Jahresgewinn von 60 Mio. Euro. Das Unternehmen weist eine Fluktuationsrate (engl. *Attrition Rate*) von zehn Prozent auf. Die Wiederbeschaffungskosten für einen neuen IT-Berater betragen 30.000 Euro. Um die Fluktuation ceteris paribus auszugleichen, belaufen sich die Wiederbeschaffungskosten) für 160 neue IT-Berater auf insgesamt 4,8 Mio. Euro. Bei einer Absenkung der Fluktuationsrate von zehn auf fünf Prozent, ließen sich in dem Fall die Wiederbeschaffungskosten um 2,4 Mio. Euro vermindern. Bei einem angenommenen Gewinn dieses Unternehmens von 60 Millionen Euro per anum bedeutet diese Reduzierung eine Gewinnverbesserung von vier Prozent. Die Reduktion der Fluktuationsrate um einen Prozentpunkt führt hier also zu einer Gewinnverbesserung von rund einem Prozent.

Angesichts der hohen Wiederbeschaffungskosten für qualifiziertes Personal kann die Reduktion der Fluktuationsrate ceteris paribus einen sehr beachtlichen Erfolgsfaktor mit unmittelbarem Einfluss auf die Gewinnsituation eines Unternehmens darstellen.

Fazit: Erfolgreiche Unternehmen sind weder Täter noch Opfer

Unternehmen, die ausschließlich gute Leute einstellen, diese richtig einsetzen und dann noch gute Führung im Unternehmen sicherstellen, können auf Fluktuation komplett verzichten. Das heißt, sie sind weder Täter noch Opfer. Schließlich gibt es kaum einen größeren Hebel zur Verbesserung des Unternehmensergebnisses als die Reduktion der Fluktuationsrate. Dazu sind Mitarbeiterbindungsprogramme erforderlich, die sich an den Kriterien Führung, Gerechtigkeit, Wertschätzung, Fairness sowie Forderung und Förderung orientieren.

Vor allem aber muss ein vorausschauendes Management das traditionelle und hierarchische Leadership durch agiles und generationenübergreifendes Führen ersetzen, um den Unternehmenserfolg zu sichern. Die digitale Transformation erfordert also nicht nur neue Geschäftsstrategien, sondern auch neue Führungsmodelle und Organisationsansätze, die sich an den veränderten Werten der jungen Mitarbeitenden orientieren müssen. Stichwort: flachere Hierarchien. Wir erleben einen Veränderungsprozess, bei dem Entscheidungsfähigkeit und Macht zunehmend auf Teams und Projektgruppen verteilt werden. Digital Natives erwarten andere Menschenführung, und Führungskräfte sind gut beraten, wenn sie ihr bisheriges Führungsverständnis überdenken.

Employer Branding – das personalwirtschaftliche Unwort des Jahres

„Employer Branding" ist ein überflüssiger Begriff und bringt keinen Erkenntniszuwachs gegenüber dem Corporate Branding. Daher sollte dieser Anglizismus aus unserem Vokabular gestrichen werden, findet Kolumnist Prof. Lippold und erläutert seine Gründe.

Jobmessen sind eine gute Gelegenheit sich als Arbeitgeber zu präsentieren. Die dort nach außen getragene Arbeitgebermarke sollte sich allerdings nicht von der Unternehmensmarke unterscheiden, sondern als ein Teil von ihr konzipiert sein. (Bild: picture alliance / dpa Themendienst | Robert Guenther).

‚**Klimaterroristen**' ist das Unwort des Jahres 2022. Das ist allgemein bekannt. Weniger bekannt ist das **personalwirtschaftliche** Unwort des Jahres. Für mich ist es **„Employer Branding"**. Ich bin mir bewusst, dass meine Meinung nicht populär ist. Schließlich gibt es kaum einen angelsächsischen Begriff im personalwirtschaftlichen Umfeld, der in den letzten Jahren einen größeren Hype hatte. Meine Begründung ist ganz einfach:

Das Ergebnis von Employer Branding ist die **Arbeitgebermarke** (engl. Employer Brand), also die vom Unternehmen gezielt gestaltete Art und Weise, wie ein Unternehmen im Arbeitsmarkt als Arbeitgeber wahrgenommen wird.

Es gibt aber bereits eine Marke des Arbeitgebers, die genau dieses leistet: die **Corporate Brand**, also die Unternehmensmarke. Employer Branding ist also nichts anderes als ein

Teilaspekt des Corporate Branding. Eine Unternehmensmarke beinhaltet die Arbeitgebermarke.

Denn die Unternehmensmarke wendet sich bereits an **alle Zielgruppen** des Unternehmens, also an die Stakeholder wie: Kunden, Lieferanten, Presse, Gläubiger, Gesellschaft, Anteilseigner (Shareholder) und eben auch an Bewerber und Mitarbeiter.

Eine eigene Marke auch für Lieferanten und Aktionäre?

Wenn man nun für bestimmte Stakeholder-Gruppen jeweils eine eigene Marke kreieren würde, dann müsste man konsequenterweise auch eine Lieferantenmarke entwickeln. Aber kein Unternehmen käme auf die Idee, eine Marke für die Kommunikation mit seinen Lieferanten oder seinen Aktionären einzurichten, obwohl diese Zielgruppen andere Anforderungen als die Zielgruppe der Kunden haben. Nun könnte man einwenden, dass die Unternehmensmarke den Anforderungen der Bewerber und Mitarbeiter schon lange „nicht mehr hinterherkommt".

Aber genau diese – zunächst durchaus richtige Überlegung – macht es ja nur noch schlimmer, denn dann würde die Unternehmensmarke von der Arbeitgebermarke überholt werden. Und genau das hieße, dass sich beide Marken voneinander unterscheiden. Und dann hätte das Unternehmen wirklich ein Problem ...

Nein, das Corporate Branding ist auch gleichzeitig für die Corporate Identity verantwortlich und die erlaubt keinen unterschiedlichen, sondern nur einen integrierten, einheitlichen Auftritt. Wenn also das Corporate Branding den Anforderungen der Bewerber und Mitarbeiter – also der Zielgruppe des Personalmanagements – nicht mehr genüge leistet, dann muss das Corporate Branding verbessert werden und kein – im Zweifel – zweiter Markenaufritt inszeniert werden. Ein leistungsfähiges Corporate Branding, also eine gut geführte Unternehmensmarke, beinhaltet immer alle Merkmale einer starken Arbeitgebermarke.

Risiko: Die Arbeitgebermarkte verwässert die Unternehmensmarke

Als ich meine ersten Überlegungen zum personalwirtschaftlichen Unwort auf LinkedIn einem größeren Leserkreis – ich erhielt über 5.000 Impressions – offenbarte, zeigten die entsprechenden Kommentare, dass es sich bei meinen Ausführungen keinesfalls um eine einzelne Meinung, sondern um eine fundierte und nachvollzierbare Überlegung handelt.

So stellte Frank Krupka in der Kommentarleiste fest:

> Eine eigenständige Arbeitgebermarke, die neben einer Unternehmensmarke etabliert wird, muss sich zwangsläufig von dieser unterscheiden und schwächt damit die Unternehmensmarke. Die grundlegende Theorie der identitätsbasierten Markenführung spricht ohnehin nicht von zwei Marken, sondern von einer eindeutigen Markenidentität und einem individuell relevanten symbolischen und funktionalen Nutzen.

Und Robert Ebert-Weglehner kommt zur folgenden Einschätzung:

Eine gute Corporate Brand braucht neben sich kein Employer Branding. Schon gar keines, dass sich unterscheidet, denn dann ist offensichtlich eines falsch. ... Für die meisten Probleme muss heute erst mal ein Begriff gefunden werden – wenn möglich Denglish. Und dann wird es auch ein Geschäft, weniger für das Unternehmen, aber z.B. für Werbeagenturen und (Personal)Beratungen.

Auf denselben Gaul umgesattelt

Daran möchte ich gerne anknüpfen, denn aus meiner Sicht sind es **zwei Treiber**, die diesen Hype um das Employer Branding entfacht haben:

Zum einen sind es die **Werbe- und Kommunikationsagenturen**, die gemerkt haben, dass mit ihrem ureigensten Thema, nämlich dem Corporate Branding, längst kein „frisches" Geld mehr zu verdienen war. Also stieg man von einem Gaul ab, der sich nicht mehr schneller reiten ließ. Stattdessen sattelte man ein neues Pferd in der Hoffnung, hiermit zu neuen Ufern zu kommen. Doch in Wirklichkeit war es derselbe Gaul.

Zum anderen sind es viele **Personalberatungen**, die neben dem puren Hiring ein Thema gefunden haben, das ein bisschen nach „Beratung" roch und damit zusätzliche Honorare versprach, ja vielleicht sogar ein neues Geschäftsmodell in Aussicht stellte. Ein solch thematischer Ausflug ist ja auch mal ganz nett – aber eben (für den Kunden) nicht zielführend (weil doppelt gemoppelt!).

Fazit: Ein gutes Unternehmensbranding braucht **kein** Employer Branding, das ihm an die Seite gestellt wird und sich im Zweifel von ihm unterscheidet. Ein gutes Unternehmensbranding ist automatisch auch immer ein Employer Branding. Man sollte die Dinge also nicht komplizierter machen als sie sind. Schließlich ist das Unternehmen zugleich auch immer der Arbeitgeber.

Stellenbeschreibungen haben sich vielfach überlebt

In vielen Fällen beginnt die Personalsuche und -auswahl mit der Frage: Welcher Kandidat passt am besten zu der offenen Stelle? Doch das ist eine falsche Vorgehensweise. Kaum eine Stelle bleibt angesichts der wirtschaftlichen Dynamik unserer Märkte unverändert, weiß unser Kolumnist Prof. Dr. Dirk Lippold. Entsprechend kommen viele Unternehmen nicht nach, ihre Stellenbeschreibungen ständig auf dem neuesten Stand zu halten. Daher muss die Ausgangsfrage ganz anders lauten.

Statt der Frage „Welcher Kandidat passt am besten zur offenen Stelle?“ sollten sich Unternehmen angesichts der wirtschaftlichen Dynamik und der sich ständig ändernden Anforderungen fragen: ‚Welche Persönlichkeit passt am besten zu unseren zukünftigen Anforderungen?“ (Bild: picture alliance / AnnaStills | Anna Tolipova).

Die **Stellenbeschreibung** (engl. *Job Description*) liefert Informationen über die Einordnung der Stelle in der Organisationsstruktur, über die Ziele und Aufgaben der Stelle sowie über die Rechte und Pflichten des Stelleninhabers. Allerdings hat die Bedeutung der Stellenausschreibung für solche Unternehmen deutlich abgenommen, die in innovativen Märkten agieren. Und welche Unternehmen sind nicht permanenten Veränderungen unterworfen? Kaum sind Stellen – meist in mühsamer Fleißarbeit – definiert und eingerichtet, sind sie auch schon überholt. **Stellen sind starr, unbeweglich und statisch.** Stellenbeschreibungen überholen sich dementsprechend ständig selbst.

Anforderungsprofil statt Stellenbeschreibung

Die Stellenbeschreibung gibt nicht einmal Auskunft über die benötigten Qualifikationen des potenziellen Stelleninhabers. Die Qualifikationen, das heißt die Anforderungen in Verbindung mit einem Arbeitsplatz, werden erst im Rahmen eines Anforderungsprofils (engl. *Job Specification*) festgelegt. Das Anforderungsprofil beschreibt die Kriterien, die Bewerber erfüllen müssen und sollen. Ein aus einer offenen Stelle oder anderen Überlegungen abgeleitetes Sollprofil ist die entscheidende Grundlage für einen fundierten, zielorientierten Personalbeschaffungsprozess.

Die Frage muss also lauten: Welche Persönlichkeit passt am besten zu unseren zukünftigen Anforderungen? Es ist also ratsam, von Anforderungen oder bestenfalls von Assignments und nicht von Stellen zu sprechen.

Nun sollte man die Stellenbeschreibung für solche Unternehmen, die ein stellenbezogenes Anforderungsprofil über alles stellen, auch nicht total verteufeln. In jedem Fall zeigen aber Untersuchungen, dass Vorstellungsgespräche und andere Auswahlinstrumente, die auf der Grundlage von Anforderungsprofilen durchgeführt werden, deutlich höhere Validitätswerte erreichen als Verfahren, die nur auf oberflächlichen Stellenbeschreibungen beruhen.

Sympathie statt Eignung?

Neben der hohen Volatilität von Stellen kommt noch hinzu, dass Prozessbeteiligte mit der vermutlich höchsten methodischen Kompetenz – nämlich Mitarbeitende aus dem Personalbereich – die zu besetzende Position oft gar nicht aus eigener Praxis, sondern nur von Beschreibungen her kennen. Damit besteht die Gefahr, dass Personalauswahlentscheidungen eher intuitiv auf der Grundlage von Sympathie und Antipathie gefällt werden.

In der Personalbeurteilung üblich: Verzerrung der Wahrnehmung

In dieser Kolumne legt Prof. Dr. Dirk Lippold den Fokus auf die Zusammenarbeit von Unternehmen und Personen, um innovative Lösungen zu entwickeln. Durch kreative Ideen und fundierte Expertise entstehen erfolgreiche Partnerschaften, die neue Maßstäbe setzen. Dabei steht die Effizienz im Vordergrund, um gemeinsame Ziele zu erreichen.

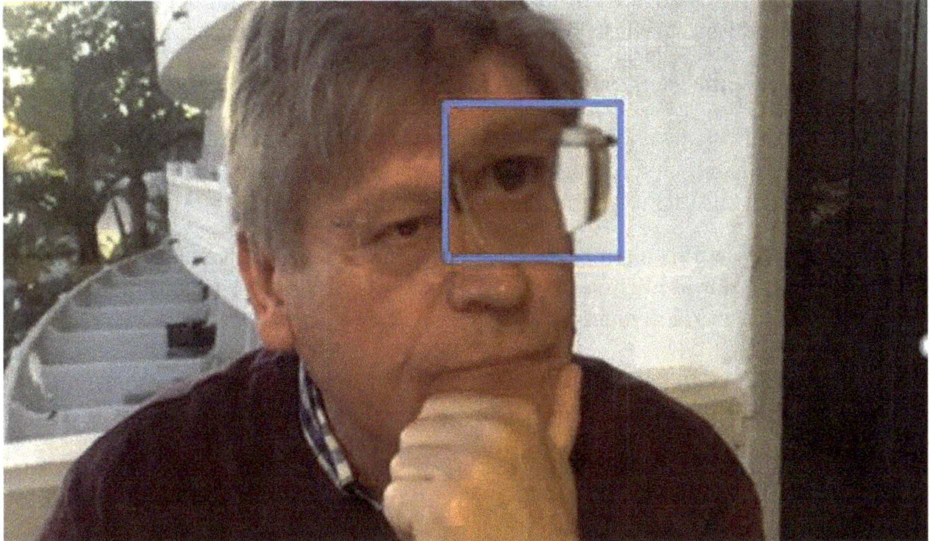

Es ist uns allen schon passiert: Wir sind von Dritten beurteilt worden. Im Vorfeld einer Beförderung (Promotion), zum Beispiel im Rahmen eines Bewerbungs- oder eines Jahresendgesprächs, bei einem Vorgesetztenwechsel, nach Ablauf der Probezeit oder bei Beendigung des Arbeitsverhältnisses bei unserem letzten Arbeitgeber. Doch waren wir mit den Beurteilungsergebnissen auch immer einverstanden? Waren die Beurteilungen gerecht? Warum waren sich die Beurteilenden in ihrer Bewertung nicht immer einig?

Die Rede ist von **Wahrnehmungsverzerrungen** (auch als Wahrnehmungsfehler bezeichnet)! Und diese können fatale Auswirkungen haben: Keine Beförderung, obwohl diese schon längst fällig war, aber mein Vorgesetzter schon immer Männer bevorzugte. Eine fehlgeschlagene Bewerbung, weil der Beurteilende seine selektive Wahrnehmung nicht ausschalten konnte. Oder eine nicht verlängerte Probezeit, weil eine klitzekleine negative Erfahrung alles andere überstrahlt hat.

Müssen wir mit Beurteilungsfehlern leben?

Es ist eine Tatsache, dass die Beurteilenden – trotz einheitlich vorgegebener Kriterien – nicht immer zu den gleichen Ergebnissen kommen. Und das bei teilweise existenziellen oder zumindest wegweisenden Auswirkungen! Warum ist das so? Müssen wir mit solchen Fehlurteilen leben oder lassen sie sich vermeiden oder doch zumindest eindämmen? Was sind die Ursachen solcher Abweichungen?

Jeder Beurteilende unterliegt einer Reihe von subjektiven Einflüssen, die dazu führen, bestimmte Aspekte stärker oder verfremdet zu sehen und andere eher auszublenden.

Diese Wahrnehmungsverzerrungen werden durch Einflüsse, die sich unmittelbar auf den Beurteilenden zurückführen lassen oder die in der Beziehung zwischen den Beteiligten der Personalbeurteilung begründet sind.

Kommen wir zunächst zu den Einflussfaktoren, die unmittelbar auf den Beurteilenden zurückführen beziehungsweise ein dessen Persönlichkeitsstruktur begründet sind.

Einflussfaktoren, die in uns selber liegen

Hierzu zählt zunächst die **selektive Wahrnehmung**, bei der der Betreffende aus einer Vielzahl von Informationen nur einen kleinen Ausschnitt bewusst oder unbewusst auswählt und diesen zur Grundlage seines Urteils macht.

Vorurteile und Vermutungen beruhen auf positiven oder negativen Erfahrungen, die der Beurteilende mit ähnlichen Personen gemacht hat. Sie überdecken die tatsächlichen Fakten und Zusammenhänge.

Der **Hierarchieeffekt** liegt dann vor, wenn die Beurteilung umso besser ausfällt, je höher die hierarchische Position des Beurteilten ist.

Beurteilende können durch die **Projektion ihres persönlichen Wertesystems** zu einer Fehleinschätzung gelangen. In diesem Fall übertragen sie Vorstellungen und Erwartungen, die sie bei sich selbst wahrnehmen, unreflektiert auf andere.

Zu dieser Art von Wahrnehmungsverzerrungen zählen schließlich noch **Tendenzfehler**, die aus den unterschiedlichen Beurteilungsgewohnheiten des Beurteilenden resultieren. Bei der **Tendenz zur Milde** *(Milde-Effekt)* neigt der Beurteilende dazu, generell keine negativen Aussagen über die Beurteilten zu machen.

Der Milde-Effekt tritt empirischen Untersuchungen zufolge dann verstärkt auf, wenn die Beurteilung für Beförderungszwecke durchgeführt wird. Im Gegensatz dazu steht die **Tendenz zur Strenge** *(Strenge-Effekt)*, bei der der Beurteilende aufgrund seines sehr hohen individuellen Anspruchsniveaus gute oder sehr gute Leistungen als normal ansieht. Eine **Tendenz zur Mitte** *(Zentraltendenz)* liegt dann vor, wenn bei der Beurteilung einer Person positive und negative Extremurteile vermieden werden. Der vorsichtige Beurteilende nimmt eine Maßstabsverschiebung derart vor, dass er überproportional häufig mittlere Urteilswerte über seine Mitarbeiter abgibt.

Einflussfaktoren, die in unserer Beziehung zur beurteilten Person liegen

Kommen wir zur zweiten Kategorie der Wahrnehmungsverzerrungen. Sie sind in der Beziehung zwischen den Beteiligten der Personalbeurteilung begründet. Diese Einflüsse machen sich zumeist als Sympathie oder Antipathie bemerkbar.

Bedeutsam ist der so genannte Halo- oder Überstrahlungseffekt, bei dem die beurteilende Person von einer prägnanten Eigenschaft beziehungsweise einem spezifischen Verhalten auf andere Merkmale des Beurteilten schließt. Beispiel: Stellen Sie sich eine Person mit auffallend guten Umgangsformen vor. Wer sich so benimmt – so schließen wir – muss einfach ein guter und sympathischer Mensch sein. Muss er aber gar nicht ...

- Der **Kontakt-Effekt** besagt, dass die Beurteilung eines Mitarbeiters umso besser ausfällt, je häufiger er Kontakt mit dem Beurteilenden hat.
- Der **Recency-Effekt** drückt aus, dass der Beurteilende bei der Bewertung speziell auf Ereignisse, die erst kürzlich stattgefunden haben, abzielt.
- Der **First-Impression-Effekt** drückt aus, dass die in einer Beurteilungsperiode zuerst erhaltenen Informationen bzw. Eindrücke auf den Beurteilenden größere Wirkung erzielen als später erhaltene und von daher unbewusst bei der Bewertung übergewichtet werden.
- Der **Nikolaus-Effekt** geht davon aus, dass der Beurteilte seine Leistung im Hinblick auf den Beurteilungszeitpunkt sukzessiv steigert.
- Das **Andorra-Phänomen**, das nach dem Schauspiel von Max Frisch benannt ist, geht von einer gegenseitigen Einflussnahme dahingehend aus, dass der Beurteilte in die Rolle schlüpft, die sein Gegenüber (also der Beurteilende) von ihm erwartet.

Haben wir wirklich einen Fachkräfte-mangel?

Insbesondere im wirtschafts- und sozialwissenschaftlichen Bereich sind die Chancen für Absolventen oft gering. Unternehmen greifen sogar auf Beratungsfirmen zurück, um die Bewerberflut zu reduzieren. Prof. Dr. Dirk Lippold stellt sich bei diesem scheinbaren Überangebot von jungen Talenten die Frage: "Haben wir einen Mangel an Fachkräften?"

Wenn man die vielen arbeitssuchenden Hochschulabsolventen einmal weglässt, lässt sich die Ausgangsfrage sicherlich bejahen. Doch Fachkraft ist nicht gleich Fachkraft. Gefragt sind insbesondere Kräfte aus dem IT- und ingenieurnahen Umfeld (Stichwort: Digitalisierung) und vor allem aus dem Handwerks- und Pflegebereich. Akademische Fachkräfte aus dem wirtschafts- und sozialwissenschaftlichen Bereich dagegen müssen häufig unzählige Bewerbungen schreiben, um überhaupt die Chance auf ein Vorstellungsgespräch zu bekommen.

Grotesk: Aufgrund der Vielzahl von Bewerbungen, die heute auf den Tischen der Recruiter landen, schalten Unternehmen sogar Beratungsfirmen ein, die sich auf Employer Branding spezialisiert haben und ihren Kunden versprechen, deren Arbeitgeberprofil so zu schärfen, dass künftig auf eine offene Stelle nicht mehr 200 (!), sondern nur noch 100 (!) Bewerber kommen.

Und wenn unsere Jungakademiker schließlich – oftmals nach monatelanger Suche – einen Job gefunden haben, dann müssen sie in vielen Fällen **Sachbearbeiteraufgaben** übernehmen, für die früher ein ausgebildeter Industriekaufmann mit mittlerer Reife zuständig war.

(Zu) Viele Studienanfänger

Ein Großteil der Studienanfänger, deren Anzahl in den letzten Jahren deutlich gestiegen ist, drängt in wirtschafts- und sozialwissenschaftliche Studiengänge und will Betriebswirt, Volkswirt oder Sozialwirt werden. Heute sind es in Deutschland knapp drei Millionen Studierende, von denen wiederum (als größte Gruppe) die Wirtschaftswissenschaftler (angehende Betriebswirte, Volkswirte, Wirtschaftsingenieure, Wirtschaftsinformatiker) ein Sechstel, also rund eine halbe Million, ausmachen. Und diese knapp 500.000 Studierenden drängen sukzessive in den Arbeitsmarkt.

> „Der Boom bei den Studentenzahlen geht zulasten der dualen Berufsausbildung. Wir leiden an einer Überakademisierung“, so der DIHK-Ehrenpräsident Eric Schweitzer.

Dieser Effekt wird auch noch dadurch verstärkt, dass **viele tausend Bachelor- und Master-Studierende**, die berufsbegleitend, also nach Feierabend, ihre Freizeit opfern, um sich „employable“ (beschäftigungsfähig) für eine neue Bewerbung zu machen, ebenfalls in diesen dritten Arbeitsmarkt eintreten.

Wo fehlen die Fachkräfte?

Handwerksbetriebe und technisch ausgerichtete Klein- und Mittelunternehmen suchen händeringend nach praktisch ausgebildeten Nachwuchskräften. Groß- und Mittelunternehmen können sich dagegen der Bewerberflut in kaufmännischen Bereichen kaum erwehren. Es ist schon absurd, wenn sich diejenigen jungen Menschen mit der vermeintlich höheren Ausbildungsstufe auf dem Arbeitsmarkt hintenanstellen müssen, während praktisch ausgebildete Fachkräfte mit Kusshand genommen werden.

Sicherlich muss man den **Akademikerwahn** ein wenig relativieren, denn Hochschulabsolventen der so genannten MINT-Fächer (Mathematik, Informatik, Naturwissenschaft, Technik) fehlen uns allenthalben.

Über 2.500 Studiengänge in den Wirtschaftswissenschaften

Aber die **Bologna-Reform** hat innerhalb weniger Jahre eine enorme Vielfalt an Bachelor- und Masterstudiengängen hervorgebracht, die allein in der wirtschaftswissenschaftlichen Fächergruppe zu einem ausdifferenzierten Angebot von über 2.500 (!) Studiengängen geführt hat. Da ein solches Angebot bedient werden will, legt es die Vermutung nahe, dass damit ein ernstzunehmender Teil der jungen Menschen den praktischen Berufen entzogen wird, nur um dem akademischen Trend zu folgen.

Es gibt noch „Ausfahrten" vor der ultimativen Kündigung

Personalfreisetzungsmaßnahmen sind immer ein tiefer Einschnitt für die betroffenen Mitarbeitenden. Die Vielzahl von Insolvenzen und Restrukturierungen in jüngster Zeit führen uns den Ernst solcher Ereignisse zeitnah vor Augen, sagt Prof. Dr. Dirk Lippold.

Vor dem unglücklichen Ende durch eine Kündigung, gilt es, andere Optionen zu suchen, sagt unser Kolumnist Prof. Lippold (Bild: picture alliance/dpa | Matthias Balk).

Existenzsorgen und Ängste vor einem sozialen Abstieg sind häufige Begleiter in solchen Situationen. Allerdings ist die Kündigung grundsätzlich das letzte Mittel, das ergriffen werden sollte. Zuvor sind in jedem Fall einige „Ausfahrten", also mögliche Alternativen, vor dem Vollzug einer Kündigung zu prüfen.

Bevor es zum Abbau einer personalen Überdeckung überhaupt kommt, muss geprüft werden, ob es nicht noch andere Lösungen zum Beispiel in Form von Übernahmen, Fusionen oder Veräußerungen gibt. Häufig ist dies Aufgabe des Insolvenzverwalters.

Doch auch Personalfreisetzungen sind nicht in jedem Fall gleichzusetzen mit einer Kündigung; sie besagen lediglich, dass ein weiterer Verbleib des Stelleninhabers auf seiner jetzigen Position auszuschließen ist. So sind Personalfreisetzungen auch über die Änderung bestehender Arbeitsrechtsverhältnisse realisierbar.

Indirekt vs. direkt

Man kann somit zwischen einer Personalfreisetzung *mit* und *ohne* Personalabbau unterscheiden. Der Abbau von Überstunden oder die Einführung der Kurzarbeit stellen zum Beispiel Maßnahmen ohne Bestandsreduktion dar.

Lässt sich eine Personalbestandsreduktion nicht vermeiden, so muss aber immer noch nicht zwingend eine Kündigung ausgesprochen werden. Denn der Arbeitgeber hat prinzipiell die Wahl zwischen *indirekten* und *direkten* Personalfreisetzungsmaßnahmen.

Die indirekte Freisetzung zielt auf einen Personalabbau ab, ohne dass bisherige Arbeitsverhältnisse davon berührt werden. Zu den Maßnahmen der indirekten Personalfreisetzung, bei denen es sich um eine Personalflexibilisierung durch Umgehung der Arbeitgeberverantwortung handelt, zählen Einstellungsbeschränkungen, Nichtverlängerung befristeter Arbeitsverträge sowie Nichtverlängerung von Personalleasing-Verträgen.

Direkte Maßnahmen der Personalfreisetzung zielen darauf ab, einen relativ kurzfristigen Personalabbau herbeizuführen. Aber auch hier gibt es noch einige „Ausfahrten" vor der Kündigung als ultima ratio. Im Vordergrund stehen dabei die „sanften" Freisetzungsmaßnahmen. Hier geht es um die Beendigung bestehender Arbeitsverhältnisse durch einen Aufhebungsvertrag, zum Beispiel um ein Outplacement anzutreten oder für eine Vorruhestandsregelung.

Das Modell der Alterszeit

Eine besonders bevorzugte Form des „sanften" Vorruhestands ist die Altersteilzeit, die sowohl für Arbeitnehmer, die das 55. Lebensalter erreicht haben, als auch für Arbeitgeber eine ganze Reihe von – primär steuerlichen – Vorteilen bringt.

Das Modell der Altersteilzeit, das leider in vielen Unternehmen noch nicht angekommen ist, sieht vor, dass die bisherige Arbeitszeit des Arbeitnehmers halbiert wird. Wie dann die Arbeitszeit während der Altersteilzeit verteilt wird, können Arbeitnehmer und Arbeitgeber frei vereinbaren.

Die Form, die am häufigsten praktiziert wird, ist das sogenannte Block-Modell. Bei dieser Ausprägung werden zwei gleich große Zeitblöcke gebildet: eine Vollarbeitszeitphase und eine anschließende Freistellungsphase. Während der gesamten Altersteilzeit, die in der Regel zwischen drei und sechs Jahre beträgt, zahlt der Arbeitgeber 50 Prozent des bisherigen Gehalts.

Hinzu kommen für maximal sechs Jahre steuerfreie Aufstockungsbeträge des Arbeitgebers in Höhe von 20 Prozent der Regelarbeitsentgelts, so dass der Arbeitnehmer für die gesamte Altersteilzeit mit Netto-Beträgen von teilweise über 80 Prozent seines „normalen" Einkommens rechnen kann – eine in der Tat "sanfte" Personalfreisetzungsmaßnahme.

Zu den schlimmsten Pflichten

Erst wenn sich all diese „Ausfahrten" nicht realisieren lassen, ist die **Entlassung** nicht mehr zu vermeiden. Entlassungen von Mitarbeitenden gehören zu den schlimmsten

Pflichten, die eine Führungskraft wahrnehmen muss. Wichtig dabei: Entlassungs**gespräche** gehören zum Führungsgeschäft dazu.

Doch auch das Personalmanagement muss bei einer Freistellung verschiedene Maßnahmen ergreifen. Neben der Erstellung eines Arbeitszeugnisses sollte der ausscheidende Mitarbeiter mit Hilfe eines **Austrittsinterviews** zu charakteristischen Merkmalen des Unternehmens, zu Stärken und Schwächen in der Personalführung sowie zu seiner subjektiven Bewertung dieser Aspekte befragt werden.

Kündigt der Mitarbeiter selbst, so bietet ein Austrittsinterview zudem die Gelegenheit, Gründe für das geplante Ausscheiden zu erheben. Mit einem Austrittsinterview lassen sich verschiedene Problembereiche in einem Unternehmen identifizieren. Die erhobenen Daten bilden somit eine wesentliche Grundlage für die Formulierung von **Personalentwicklungsmaßnahmen**.

Hintergrundinformationen hier:

D. Lippold: Modernes Personalmanagement, 4. Aufl., Berlin/Boston 2023

D. Lippold: Personalmanagement und High Potentials, Berlin/Boston 2020

Kapitel 9: Consulting und Karriere

Karriere ist immer ein Reizwort, insbesondere wenn sie die eigene betrifft. Karriereschritte in Verbindung mit einer Promotion, mit dem Gehalt oder mit der eigenen Wahrnehmung, ob man zu den High Potentials gehört, sind dabei besonders spannend.

Die grundsätzliche Überlegung, ob eine Promotion für das berufliche Fortkommen besonders dienlich ist, haben schon viele Hochschulabsolventen angestellt. Auch hierzu gibt es ein klares Jein.

Ganz besonders hellhörig wird man immer dann, wenn alternative Karrierewege zu unterschiedlichen Gehältern führen.

Ja und dann gibt es noch die Überlegung, ob man selber zu den High Potentials auf dem Arbeitsmarkt gehört. Wenn ja, woran erkennt man das? Vielleicht zählt man aber „nur" zu den zahllosen Talenten, die erst ihre Leistungsfähigkeit unter Beweis stellen müssen.

Schließlich wird in diesem Kapitel noch ein ganz spezielles, enorm wichtiges Phänomen angesprochen: die kognitive Dissonanz. Was es damit auf sich hat und wie sie sich bei der Suche nach der richtigen Karriere auswirken kann, lesen Sie im letzten Beitrag dieses überaus spannenden Kapitels.

Was bringt mir der Doktortitel für meine Karriere?

Die Frage, ob man nach dem Studium noch promovieren sollte, beschäftigt viele Studierende, so Hochschulprofessor Dr. Dirk Lippold. Sein Rat: Eine Promotion sollte nur dann angestrebt werden, wenn Leidenschaft und klare Ziele dahinterstehen – reines Prestige genügt nicht.

Eine Promotion sollte gut durchdacht sein und anderen Beweggründen als Prestige und Karriere zugrunde liegen – obwohl so mancher es auch nur macht, um dem Gänseliesel auf dem Göttinger Marktplatz ein Schmatzer auf die Backe zu drücken.

Diese Frage stellen mir viele meiner Studierenden immer wieder. Ich verweise dann sehr gerne auf ein Interview, das ich vor fast 15 Jahren der Süddeutschen Zeitung gegeben habe. Das Interview mit dem Untertitel „Was der Doktortitel wert ist und was er für Karriere und Geldbeutel bringt" würde ich heute ähnlich beantworten. Es hat an Aktualität kaum etwas eingebüßt. Hier noch einmal die wichtigsten Argumente aus meiner Sicht.

Grundsätzlich rate ich von einer Promotion ab, es sei denn, mindestens einer der folgenden Punkte ist evident:

- Es wird eine Hochschullaufbahn angestrebt. Für eine Karriere in Forschung und Lehre ist die Promotion in der Regel eine Voraussetzung. Gleiches gilt für Mediziner, Chemiker, Biologen und Physiker.
- Das Promotionsthema, für das man brennen (!!!) sollte, ist für die spätere persönliche berufliche Entwicklung von Bedeutung – unabhängig davon, ob die Zielbranche in Forschung und Lehre oder in der freien Wirtschaft liegt.

- Die Promotionszeit sollte zweieinhalb Jahre nicht übersteigen.
- Es wird eine Karriere in einer Branche angestrebt, in denen eher konservative Arbeitskulturen vorherrschen. In Banken, Versicherungen, bei Wirtschaftsprüfungen und auch im öffentlichen Bereich kann (muss aber nicht zwingend) ein Doktortitel (bei sonst gleicher Qualifikation) den Unterschied ausmachen.
- Es existieren besondere Anreize aus dem familiären Umfeld.

Grundsätzlich gilt, dass man in den allermeisten Bereichen sehr schnell merkt, ob jemand etwas kann oder nicht bzw. ob die Persönlichkeit zum Unternehmen passt. Das gilt ganz besonders für die Beratungsbranche, in der ich zu Hause bin. Ansonsten ist der Doktortitel bestenfalls ein gutes Zubrot, aber nicht wirklich erforderlich.

Kurzum: Ich rate allen, die mit einer Promotion liebäugeln, nur dann zu einer Doktorarbeit, wenn der Antrieb überwiegend intrinsisch motiviert ist.

Eine Dissertation nur aus reinen Prestige- und Karrieregründen ist „l'art pour l'art" und sollte schon aus Kosten- und Zeitgründen tunlichst vermieden werden.

Zur Abbildung oben: Der einzig wichtige Grund für meine Promotion war, das „Gänseliesel" zu küssen :-)

Anmerkung dazu:

An der Universität Göttingen ist es ein alter Brauch, dass die Graduierten mit dem Bollerwagen nach der Promotionsfeier zum "Gänseliesel" auf den Marktplatz der Stadt fahren. Die Graduierten klettern auf die steinerne Umrandung der Brunnenfigur, springen von dort aus waghalsig über einen Wassergraben, bringen dem Gänseliesel Blumen und geben ihr einen symbolischen Kuss. Während dieser Zeremonie sind die Graduierten Zielscheibe von "Wasserbomben", die nach Ihnen von Freunden und von der applaudierenden Menge geworfen werden (siehe Foto).

Welcher Karriereweg führt zum höchsten Gehalt?

Consultants gehören einer Berufsgruppe an, die sich – wie kaum eine andere – diese spannende Frage immer wieder stellt. Zur Lösung einer solchen Fragestellung, die sich hierarchisch strukturieren lässt, kann die sogenannte Entscheidungsbaumanalyse eine sinnvolle Hilfestellung bieten. Doch wie geht man hier vor? Welche Entscheidungsalternativen hat man?

(Bild: picture alliance / PantherMedia | Robert Przybysz)

Auf einer ersten Ebene werden die Alternativen einer Entscheidungssituation dargestellt. Die Auswirkungen führen dann wiederum zu Verästelungen der nachgelagerten Entscheidungsebene. Diese nachgelagerte Entscheidungssituation führt wiederum zu einer nachgelagerten Entscheidungsebene. Ziel ist es, die Auswirkung alternativer Entscheidungsergebnisse über mehrere Entscheidungsebenen hinaus zu simulieren, um Rückschlüsse für die anstehende Entscheidung der ersten Entscheidungsebene zu erlangen.

Die nachstehende Abbildung illustriert den Aufbau eines Entscheidungsbaumes anhand eines fiktiven Beispiels aus der beruflichen Karriereplanung eines Consultant mit einem Bachelor-Abschluss.

Auf der ersten Ebene steht der Entscheider vor drei Entscheidungsalternativen, die sich gegenseitig ausschließen:

1. Er kann weiterhin seinen jetzigen Beruf bei seinem derzeitigen Arbeitgeber verfolgen.
2. Er kann ein Master-Studium in Vollzeit beginnen, einhergehend mit einer Berufsunterbrechung.
3. Er kann sein Master-Studium berufsbegleitend beginnen und parallel bei seinem derzeitigen Arbeitgeber weiterarbeiten.

Im Beispiel wird unterstellt, dass er jede dieser drei Anfangsoptionen frei wählen kann, also ohne etwa ein Aufnahmeverfahren in der Hochschule absolvieren zu müssen. Insofern wird auf dieser Ebene auf Eintrittswahrscheinlichkeiten verzichtet. Auf der nächsten Ebene kann ein Studium entweder abgeschlossen oder abgebrochen werden. Beide Ausgänge sind voneinander abhängig und benennen alle denkbaren Alternativen; die Eintrittswahrscheinlichkeiten summieren sich daher auf 100%.

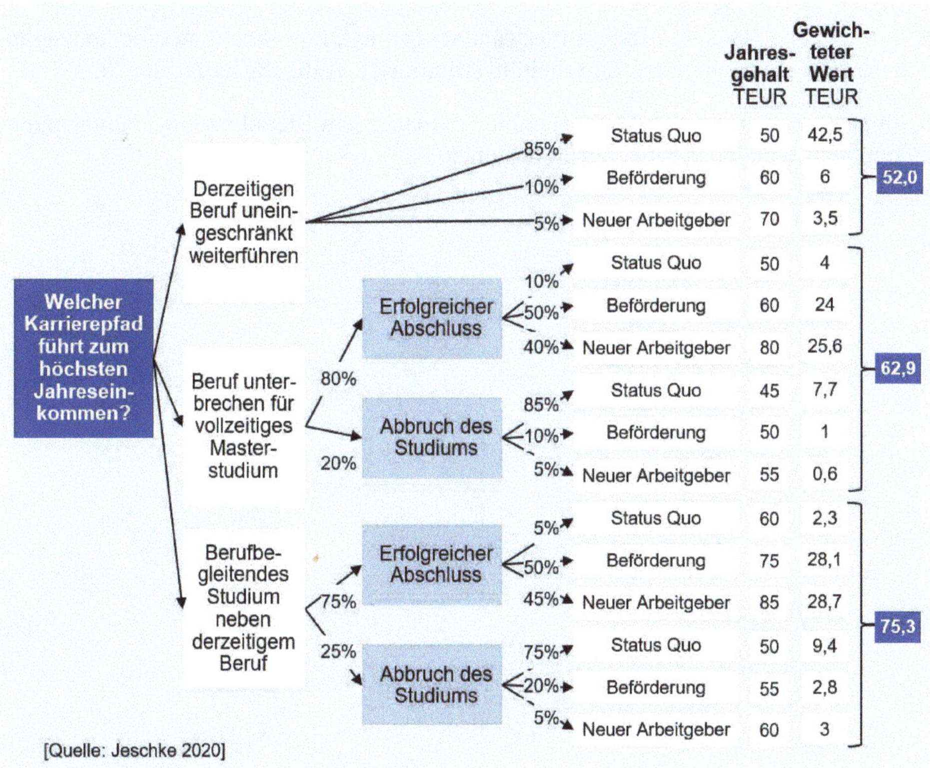

Auf der letzten Ebene des Entscheidungsbaumes gibt es für den Arbeitnehmer jeweils drei Möglichkeiten:

1. Er kann auf seiner gegenwärtigen Stelle, und somit auch bei seinem gegenwärtigen Arbeitgeber verbleiben.
2. Er kann bei seinem gegenwärtigen Arbeitgeber verbleiben, dort aber befördert werden.
3. Er kann den Arbeitgeber wechseln und dort eine neue Position bekleiden.

Jede dieser drei Optionen geht mit einem erwarteten Jahreseinkommen einher. Dies wird auch vom gewählten Karrierepfad abhängen: Die Zusatzausbildung eines Masterstudiums wird honoriert wer-den, das Pausieren wird vom bisherigen Arbeitgeber eher kritisch gesehen werden. Der Abbruch des Studiums wird sich auf dem Lebenslauf und bei der Gehaltsfestlegung eher negativ auswirken.

Ausschlaggebend für die Beurteilung der drei Entscheidungsalternativen ist die letzte Spalte mit den gewichteten Werten. Hier wird der Erwartungswert mit den vorgelagerten Eintrittswahrscheinlichkeiten gewichtet. Alle gewichteten Werte einer Entscheidungsalternativen werden dann aufsummiert. In diesem Beispiel ergibt sich der höchste Erwartungswert für die Option eines berufsbegleitenden Studiums.

Die Entscheidungsbaumanalyse zählt zu den monodimensionalen Entscheidungsregeln bei Risiko. Zu weiteren Entscheidungsmodellen siehe

B. G. Jeschke.: Entscheidungsorientiertes Management. Einführung in eine konzeptionell fundierte, pragmatische Entscheidungsfindung, 2. Aufl., Berlin/Boston 2020.

D. Lippold: Marktorientierte Unternehmensführung und Digitalisierung. Management im digitalen Wandel, 2. Aufl., Berlin/Boston 2021.

Was Talente von High Potentials unterscheidet

„Getting the right people with the right skills into the right jobs" ist die Maxime des Personalmanagements in Verbindung mit der Zielgruppe der High Potentials. Doch wer sind die „right people"? Was unterscheidet High Potentials von „normalen" Talenten?

Nicht jedes Talent wie Youssoufa Moukoko, vormals Borussia Dortmund, entwickelt sich automatisch und geradlinig zur Spitzenkraft (Bild: picture alliance/dpa/dpa-Zentralbild | Soeren Stache).

Der Begriff **Talent**, der sich in seiner ursprünglichen Bedeutung allgemein auf Elemente wie Ausgleich und Begabung bezog, ist mehrheitlich stark positiv besetzt und geht heute einher mit Bezeichnungen wie Hochleistungsträger, Top-Performer, A-Player oder Hochbegabte. Insofern kann man bei erster Betrachtungsweise beide Begriffe – also Talent und High Potential – synonym behandeln. Im Folgenden wird gezeigt, dass man zudem Talente einmal als Obermenge und einmal als Vorstufe von High Potentials begreifen kann.

High Potentials als Teilmenge von Talenten

Zur konkreten (mengentheoretischen) Abgrenzung der Begriffe *High Potential* und *Talente* werden zwei Faktoren herangezogen: Leistung und Potenzial. Betrachtet man diese als unabhängige Dimensionen und führt sie zusammen, so spannen sie eine zweidimensionale Matrix auf, die in dieser oder in ähnlicher Form in vielen Unternehmen angewendet wird und dabei helfen soll, High Potentials von anderen Mitarbeitergruppen zu unterscheiden.

Die **Leistungsbeurteilung** basiert auf dem „Können" in der Vergangenheit oder Gegenwart. Leistung basiert auf vorhandenen Kompetenzen und berücksichtigt den „Output" des Mitarbeiters. Das Leistungsergebnis ist daher messbar. Doch selbst wenn Mitarbeitende ein hohes Leistungsniveau zeigen, so müssen diese noch lange nicht High Potentials sein. Der Grund: Die vorhandenen Kompetenzen und deren Ausprägungen entsprechen lediglich den Anforderungen an die "*derzeitige*" Position.

High Potentials sollen aber in Zukunft weiterführende, erfolgskritischere Positionen bekleiden. Daher lehnen manche Autoren die Berücksichtigung von Leistung zur Bestimmung von High Potentials ab. Stattdessen betonen sie stärker den Potenzialaspekt.

Die **Potenzialbeurteilung** ist dagegen eher zukunftsbezogen und geht vor allem von dem erwarteten zukünftigen Beitrag der Führungskräfte bzw. Mitarbeitende zur Erreichung der Unternehmensziele aus. Damit wird der zukunftsbezogene Aspekt des Potenzials deutlich. Allerdings muss die Existenz von Potenzial nicht zwangsläufig dazu führen, dass die jeweilige Person die erforderlichen Kompetenzen (und damit die erhoffte Leistung) auch tatsächlich entwickelt. Entscheidend dafür ist die Motivation (also das „Wollen"). Nur wenn die Person die Lernfähigkeit und Lernbereitschaft aufweist, sich den notwendigen zukünftigen Anforderungen anzupassen, erscheint der High-Potential-Status gerechtfertigt.

Zurück zur mengentheoretischen Betrachtung der beiden Begriffe *Talente* und *High Potentials*. Abbildung 1 zeigt High Potentials als Teilmenge der Talente, die wiederum die gesamte Gruppe der Menschen mit einem hohen Potenzial umfasst. High Potentials verfügen darüber hinaus über das Merkmal eines hohen Leistungsniveaus.

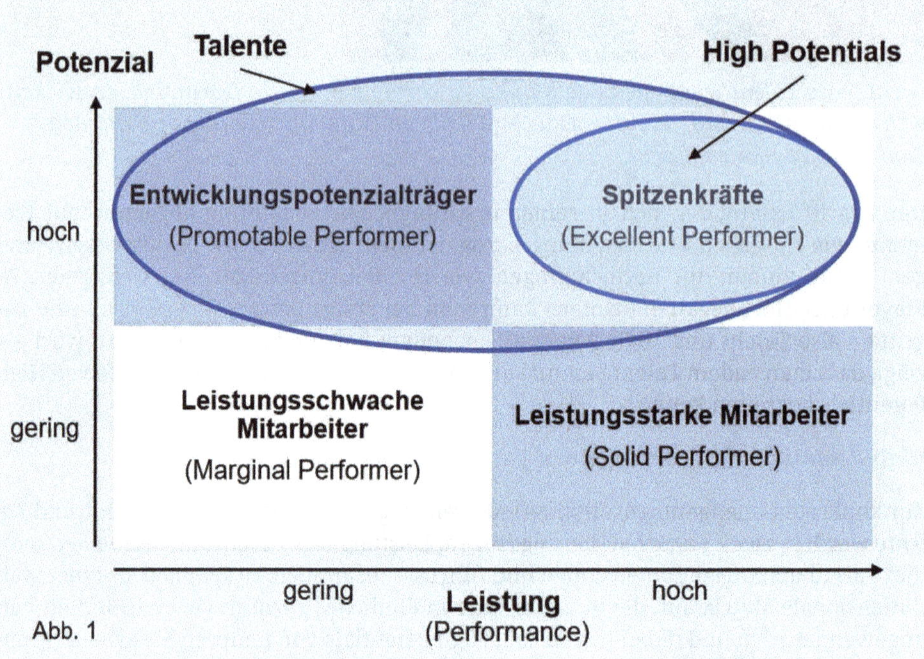

Abb. 1: Leistungs-Potenzial-Matrix

Talent als Vorstufe von High Potentials

Eine Darstellung, die etwas weiter ausdifferenziert ist, zeigt das „Personalportfolio“ in Abbildung 2. Danach werden als Talente jene Mitarbeitende angesehen, die über ein hohes Potenzial zur Wahrnehmung komplexer Aufgaben verfügen und sich auf dem Entwicklungsweg zu einem High Potential befinden. Gleichzeitig werden aber noch weitere Mitarbeitergruppen (zum Beispiel Fragezeichen, Problemfälle) aufgeführt, die in dieser zweidimensionalen Matrix verortet sind.

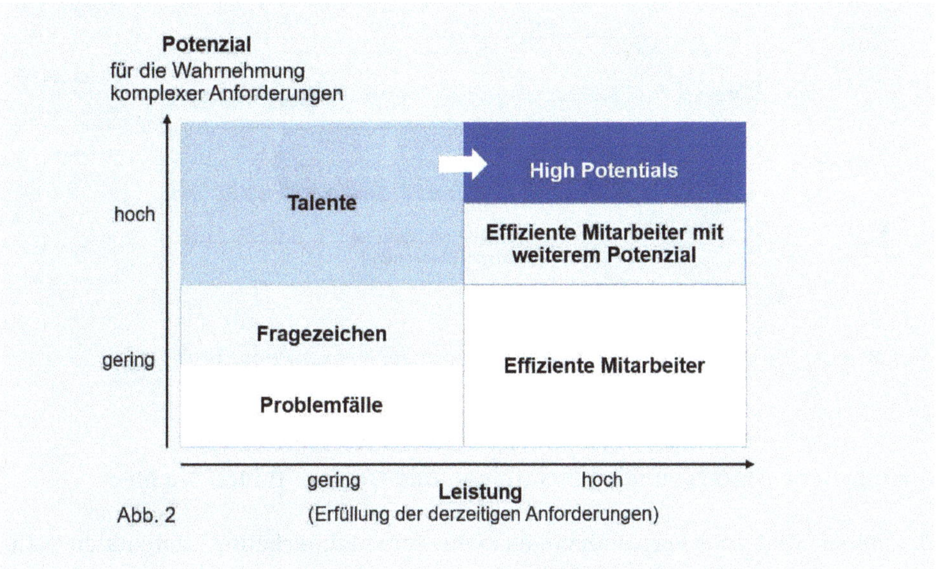

Abb. 2: Personalportfolio

Beide Abbildungen machen deutlich, dass die Grenze zwischen Talenten und High Potentials fließend ist.

Hinzu kommt noch eine weitere Überlegung, die in den beiden **Wertschöpfungsketten** der **Personalmarketing-Gleichgung** ihren Ausgang hat (siehe Abbildung 3):

So kann es in der Wertkette **Personalbeschaffung** definitionsgemäß noch gar keine High Potentials geben, da diese ja noch keinen Leistungsnachweis (zumindest in diesem Unternehmen) erbringen konnten. Insofern zielen die Personalbeschaffungsaktivitäten auf die Gewinnung von Talenten. Bei der Wertkette **Personalbetreuung** geht es dagegen um die Bindung von Talenten und deren Weiterentwicklung zu High Potentials.

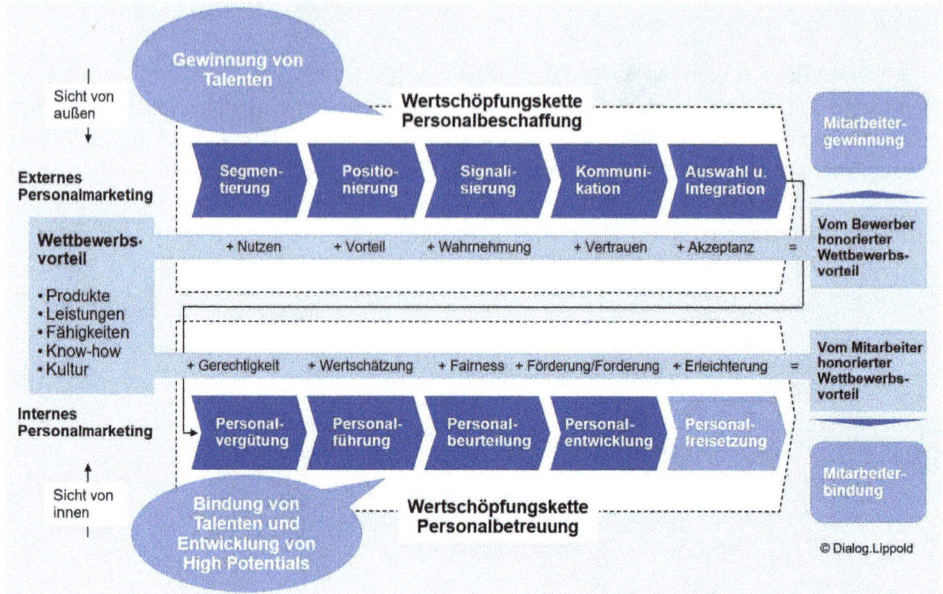

Abb. 3: Die beiden Wertschöpfungsketten der Personalmarketing-Gleichung

Ausführliche Hintergrundinformationen und Quellen finden Sie hier:

D. Lippold: Modernes Personalmanagement: Personalmarketing im digitalen Wandel, 4. Aufl., Berlin/Boston 2023.

Warum der richtige Umgang mit der kognitiven Dissonanz so wichtig ist

Die kognitive Dissonanz ist ein Phänomen, das uns im Alltag immer wieder begegnet. Aber was ist das überhaupt? Unser Kolumnist Prof. Lippold zeigt anhand dreier Beispiele aus dem Berufsleben, warum sich eine intensivere Auseinandersetzung mit diesem unangenehmen Gefühlszustand lohnt.

Die kognitive Dissonanz – was hat es damit auf sich? Und welche Folgen kann sie haben? Drei Situationen aus dem beruflichen Alltag sollen helfen, sich dem Phänomen anzunähern: Das erste Beispiel bezieht sich auf eine Situation vor dem Berufseinstieg, das zweite auf eine Situation unmittelbar nach dem Berufseinstieg und das dritte Beispiel kommt aus dem beruflichen Alltag einer Führungskraft.

Vorweg aber noch kurz die betriebswirtschaftlich relevante Sicht auf dieses Phänomen, dessen Namen 1957 vom US-amerikanischen Sozialpsychologen **Leon Festinger** geprägt wurde.

> Danach bezeichnet die kognitive Dissonanz einen als unangenehm empfundenen Gefühlszustand, der vor oder nach wichtigen Entscheidungen auftreten kann.

Die kognitive Dissonanz entsteht sehr oft, wenn die betrachteten Alternativen sowohl Vor- als auch Nachteile haben. Dies führt zu einem kognitiven Konflikt für den Entscheider, wodurch es zu einer Verzögerung oder gar zu einer **Nicht-Entscheidung** kommen kann.

Bewerber kauft Mantel für Vorstellungsgespräch

Erstes Beispiel: Ein junger Hochschulabsolvent möchte sich nach dem Masterstudium bei einer renommierten Unternehmensberatung bewerben. Die Noten stimmen. Praktische Erfahrungen sind ausreichend vorhanden. Die Chancen stehen gut. Seine Partnerin, mit der er seit zwei Jahren zusammenlebt, bemerkt allerdings ganz beiläufig, dass er unmöglich mit der Nato-grünen Parka zum Vorstellungsgespräch gehen könne. Unser Hochschulabsolvent macht sich kurzerhand auf den Weg, um in einem der Berliner Kaufhäuser einen Mantel zu erwerben. Er nimmt „kurzerhand" wörtlich und kauft gleich den erstbesten Mantel.

Zu Hause angekommen empfängt ihn seine Partnerin nach einer kurzen Musterung mit den vernichtenden Worten: „Wie siehst Du denn aus?! Was hast Du denn da gekauft." **Der Gefühlszustand der kognitiven Dissonanz macht sich bemerkbar.** Was nun? Zwei grundsätzliche Alternativen bieten sich an: a) Unser sonst so selbstsicherer Master knickt ein und erkennt, dass er so nicht zum Vorstellungsgespräch gehen kann. Er nimmt seine Partnerin an die Hand, tauscht den Mantel um und sucht sich mit ihr einen neuen Mantel aus. b) Unser Master bleibt selbstbewusst, negiert den Geschmack seiner Partnerin und zieht den Mantel trotzdem an. Danach bleibt der Mantel dann – nur einmal getragen – zumeist im Schrank hängen, um seine Partnerin nicht zu verärgern.

Neuer Mitarbeiter sitzt am ersten Tag zwei Stunden im Foyer

Zweites Beispiel: Ein anderer junger Hochschulabsolvent hat bereits mehrere Vorstellungsgespräche erfolgreich durchgeführt. Zwei Angebote, die beide eine ähnliche Dotierung des Einstiegsgehaltes vorsehen, kommen für ihn in die Endauswahl. Der erste Arbeitgeber befindet sich an seinem Wohnort. Beim zweiten Arbeitgeber, dessen Reputation ihm eigentlich besser gefällt, müsste er einen Wohnortwechsel vornehmen. Unser Kandidat entscheidet sich für den Verbleib am Wohnort, also für die ihm bekannte Komfortzone.

Am ersten Tag bei seinem neuen Arbeitgeber muss er allerdings feststellen, dass dieser nicht einmal ein motivierendes Onboarding für seine neuen Mitarbeiter durchführt. Stattdessen musste er am ersten Tag im Foyer zwei Stunden lang Prospekte durchblättern, bevor ihn sein neuer Chef in Empfang nahm. **Der Gefühlszustand der kognitiven Dissonanz macht sich auch hier bemerkbar und bleibt seit dem ersten Arbeitstag latent vorhanden.** Und zwar so lange, bis eine Veränderung vorgenommen wird.

Gute Führungskräfte können sich entscheiden

Drittes Beispiel: In meinem ziemlich langen Berufsleben habe ich so einige Führungskräfte kennen gelernt. Gute und weniger Gute. Führen heißt Orientierung geben – also den Weg zum Ziel aufzeigen – und in Konfliktsituationen einschreiten. Und natürlich kommen einige weitere Eigenschaften wie Wertschätzung, Respekt, Fairness, Begeisterung für die jeweilige Aufgabe, soziale und kognitive Präsenz hinzu. Die „guten“ Führungskräfte hatten allerdings alle etwas, was die weniger Guten nicht hatten: Sie konnten Entscheidungen treffen. Und das in einem Umfeld, **in dem der Gefühlszustand der kognitiven Dissonanz alle anderen Gefühlszustände bei weitem übertraf.**

Lähmung im Entscheidungsverhalten

Kommen wir zurück auf das erste Beispiel: Das Ergebnis des Mantelkaufs ist nur ein Beispiel dafür, was es mit Leuten macht, die sich „verkauft“ haben. Wenn sie sich nämlich mehrmals verkauft haben, dann kommt es immer häufiger zum Nichtkauf, d.h. zu keiner Entscheidung, oder zum Rücktritt vom Kauf bzw. zum Umtausch. Nicht wenige „Mantelkäufer“ gehen künftig immer nur mit der ganzen Familie zum Einkauf, weil sie sich alleine nicht (mehr) entscheiden können.

Frust, Selbstzweifel und krankhafte Symptome

Auch ein Rückblick auf das zweite Beispiel kann erkenntnisreich sein: Mitarbeiter, die bereits am ersten Tag oder in der Probezeit merken, dass Sie die falsche Entscheidung getroffen haben, können ihre kognitive Dissonanz nur dann reduzieren bzw. verhindern, wenn sie sich einreden, dass die Situation doch gar nicht so schlimm ist oder wenn sie sich zügig auf die Suche nach einem neuen Arbeitgeber begeben. In dem frustrierenden Zustand zu verharren, führt zu weiterem Frust, Selbstzweifel, krankhafte Symptome und so weiter. Hier gilt der Satz von Hermann Hesse:

> „In jedem (neuen) Anfang wohnt ein Zauber inne, der uns beschützt und der uns hilft zu leben.“

Hauptsache Entscheidungen treffen

Und schließlich noch ein Wort zum letzten Beispiel, in dem es um Top-Manager geht, die sich dadurch auszeichnen, dass sie sich entscheiden können. Der Vorstandvorsitzende eines überaus erfolgreichen DAX-Unternehmens sagte mir einmal: „Bestimmt die Hälfte meiner beruflichen Entscheidungen waren falsch. Die wirklich wichtigen Entscheidungen waren aber – glücklicherweise – zumeist richtig." Ergo, nichts ist schlimmer, als sich nicht entscheiden zu können. Aussitzen hat noch keinem Unternehmen weitergeholfen.

Fazit: Unter entscheidungsorientierten Aspekten tritt kognitive Dissonanz dann auf, wenn man eine Entscheidung getroffen hat, die sich anschließend als Fehlentscheidung erweist (1. Beispiel) oder wenn man eine Entscheidung getroffen hat, obwohl die Alternativen ebenfalls attraktiv waren (2. Beispiel). Welche Lösungsmöglichkeiten bieten sich an? Da gibt es die Strategie **der Dissonanzauflösung beziehungsweise -reduktion**. Dies kann erreicht werden durch Ignorieren, Verdrängen oder Vergessen (sehr leicht möglich im 1. Beispiel) oder indem man der gewählten Entscheidung konsonante Kognitionen hinzufügt (Schönreden der aktuellen Situation im 2. Beispiel). Die Strategie der **Dissonanzvermeidung**, die auch immer wieder als Lösungsansatz angeführt wird, führt aus meiner Sicht allerdings leicht dazu, dass künftig gar nicht mehr entschieden wird (siehe Beispiel 3 oder auch Beispiel 1 „Familieneinkauf").

Kapitel 10: Consulting und Inhouse Consulting

Also wäre der Markt nicht schon voll genug (siehe dazu auch Kapitel 3: Consulting und Wettbewerb) gründen immer mehr Firmen ihre eigenen Consulting-Abteilungen. Sogar die Bundeswehr! Warum zu Henker denn das?

Aber haben diese Inhouse Consultings überhaupt eine Daseinsberechtigung? Dirk Lippold antwortet mit einem glasklaren Jein: Lediglich bei der Porsche Consulting läuft es super, bei allen anderen so lala bis gar nicht. Warum das so ist, erfahren Sie im ersten Beitrag dieses Kapitels, wo sich Lippold überhaupt erst einmal fragt: Braucht man das oder kann das weg?

Wer selber eine Inhouse Consulting ist oder hat, der hat ein großes Problem mit mangelnder Sichtbarkeit im Markt, weiß Wolfram Saathoff. Und reicht passenderweise ein paar Werkzeuge an, mit denen man auch als Inhouse Consulting am Markt auf sich aufmerksam machen kann. Wohlgemerkt trotz dem Konzern, zwischen dessen Beinen man baumelt. Denn zu viel Unsichtbarkeit schadet.

Sei es, wie es ist: Während Beratungsunternehmen quasi rund um die Uhr vor großen Herausforderungen stehen, Inhouse Consultings haben stets noch ein paar Arschkarten mehr auf der Hand. Dennoch muss man den Laden nicht gleich dicht machen – was Sie stattdessen tun können, lesen Sie in diesem Kapitel. Viel Spaß dabei!

Welche Existenzberechtigung hat eigentlich das Inhouse Consulting?

Die Motive für die Gründung von Inhouse-Beratungen in Deutschland sind vielschichtig, wobei Kostenüberlegungen sicherlich ein Hauptmotiv darstellen. Denn ab einer bestimmten Unternehmensgröße ist der dauerhaft angestellte Berater kostengünstiger als das Engagement externer Unternehmensberater. Doch das Kostenargument bildet nur einen Teil der Motivation, sagt unser Kolumnist Prof. Dr. Dirk Lippold.

Bei welchen Inhouse Consultancies läuft es aktuell gut? Prof. Lippold ist überrascht, dass gerade bei vielen großen Konzern das Inhouse Consulting wenig Wirkung zu haben scheint (Bild: Porsche Consulting).

Neben der Kostenersparnis ist es der Wissensvorsprung, den Inhouse Consultants in der eigenen Branche gegenüber externen Beratern haben. Schließlich sind hauseigene Berater und Beraterinnen mit dem Unternehmen und seinen formellen und informellen Strukturen und Besonderheiten bestens vertraut. Kürzere Zeiten der Einarbeitung in die spezifischen Aufgabenstellungen sind die Folge.

Interner Management-Nachwuchs

Neben der Problemlösungs- und der Wissenstransferfunktion kommt insbesondere bei den konzerneigenen Beratungseinheiten noch ein weiterer Aspekt hinzu: die Personalentwicklungsfunktion. Hierbei spielt die Überlegung eine Rolle, Mitarbeiter der internen Beratungseinheit weiterzubilden und zu fördern und damit den internen Management-Nachwuchs aufzubauen.

Betont wird aber immer wieder, dass Inhouse Consultants nicht eingesetzt werden, um externe Berater zu ersetzen.

Im Gegenteil, den Vorteilen der besseren Kenntnis des eigenen Unternehmens und seiner Märkte bei den Internen steht der oft so wichtige Blick von außen bei den Externen gegenüber.

Daher bewegen sich interne und externe Berater auf Augenhöhe. Somit sollte je nach Projekt immer wieder neu entschieden werden, ob die externe, die interne oder die Zusammenarbeit zwischen den Partnern der bessere Weg ist. Experten sprechen in diesem Zusammenhang vom „Hybriden Inhouse Consulting“, das die interne Beratung mit der externen Beratung kombiniert.

Inhaltliche Bedenken

Inhaltlich müssen bei den internen Beratern jedoch einige Bedenken angemeldet werden. Denn wie kann es sein, dass gerade die Inhouse Consulting-Abteilungen der drei kriselnden Konzerne ThyssenKrupp, Volkswagen und Bayer nicht in der Lage waren, ihrer jeweiligen Muttergesellschaft eine zukunftsträchtige Strategie zu vermitteln.

Thyssenkrupp Management Consulting, Volkswagen Group Consulting sowie Bayer Business Consulting haben offensichtlich entweder so wenig Einfluss auf die falschen Strategien ihrer Muttergesellschaften (Stichworte: Stahlkrise, E-Mobilität, Monsanto-Desaster) oder sie haben diese mit falschen Strategien beraten.

Konzernumbau zum Opfer gefallen

In Leverkusen ist die Inhouse-Beratung dem Konzernumbau und dem Sparprogramm sogar gänzlich zum Opfer gefallen. Etwa 200 Vollzeitberater müssen nun den Pharma- und Agrarchemiekonzern verlassen. Dabei wird ausgerechnet der Bayer Business Consulting die erste Gründung einer internen Beratungseinheit in Deutschland – schon im Jahr 1971 – zugeschrieben.

Nun ist es aber nicht so, dass lediglich Kostenüberlegungen und die Förderung des eigenen Management-Nachwuchses für die Existenzgründungen von Inhouse Consulting-Einheiten von maßgeblicher Bedeutung sind. So wurde im Rahmen einer Marktstudie, die unter Federführung der Bayer Business Consulting im Jahre 2009 die Frage gestellt, in welchen Situationen beziehungsweise Themenbereichen die deutschen Konzerne eher mit internen als mit externen Beratern zusammenarbeiten würden.

Entwicklung der Unternehmensstrategie

Das Ergebnis: Die Beauftragung zur Entwicklung der Unternehmensstrategie stand ganz oben im Ranking der bevorzugten Gebiete, auf denen man mit der jeweiligen Inhouse Beratung zusammenarbeiten möchte. Die Inhouse Consulting Studie zeigt weiter, dass der Fokus des Leistungsportfolios von Inhouse Consulting-Einheiten vornehmlich auf den Feldern Strategie/Organisation sowie Operations/Prozess liegt. Finance (elf Prozent der Beratungsleistungen) und IT oder Marketing (acht Prozent der Beratungsleistungen) spielten eine untergeordnete Rolle.

Inhouse mit zunehmend strategischen Ausrichtung

Vor allem große Einheiten arbeiten bei über 60 Prozent der Projekte in einem internationalen Kontext. Inhouse Consulting lässt sich aufgrund seiner zunehmend strategischen Ausrichtung als Strategieberatung einordnen.

Legt man dieses Befragungsergebnis bei den in Schieflage geratenen Konzernen (siehe oben) als möglicherweise gegeben zugrunde, so ist dies sicherlich kein gutes Zeugnis für die Strategieabteilungen der Inhouse Consultants.

Das Geschäftsmodell einer Inhouse Consulting-Einheit als Strategieberatung läuft wohl derzeit nur bei Porsche Consulting so richtig ...

Quellen:

Deelmann, T.: Inhouse Consulting – Vom Exoten zum Gestalter. (veröffentlicht am 16.12.2021)

Fröndhoff, B.: Chemiekonzern macht interne Beratungsgesellschaft dicht. veröffentlicht am 08.03.2024)

Lippold, D.: Die Unternehmensberatung. Von der strategischen Konzeption zur praktischen Umsetzung, 4. Aufl., S. 116-121.

Galal, K. /Richter, A. /Steinbock, K. (Galal et al. 2010): Inhouse-Beratung in Deutschland: Ergebnisse einer empirischen Studie, in: Moscho, A./Richter, A. (Hrsg.): Inhouse-Consulting in Deutschland. Markt, Strukturen, Strategien, Wiesbaden 2010.

Marquart, H./Springer, R.: Hybrides Inhouse-Consulting. In: Handbuch der Unternehmensberatung, Bd. 1, 1750 Berlin 2019.

Inhouse oder zum Mitnehmen? – Beratermarketing für den Spezialfall

Bei der Bundestagswahl 2025 geht es um alles: Die deutsche Wirtschaft, den Klimawandel und die Frage, ob Christian Lindners bis Redaktionsschluss ungeborenes Kind ihn irgendwann mal ›Herr Bundeskanzler‹ nennen kann. Es brennt also an allen Ecken und Ecken und deshalb schreibt unser zweitbestes Pferd im Stall über … Inhouse Consulting. Kein Scherz. Los geht's!

Im Würgegriff des Großkonzerns – Wo Beratung an ihre Grenzen stößt

Ich habe als Kind Orchideen gesammelt. Ich kann die ganzen lateinischen Namen immer noch auswendig, was mir hilft, wenn ich mal so tun muss, als wenn ich Arzt wäre: Paphiopedilum, Dendrobium, Oncidium und so weiter. Ein perfektes Hobby für Wichtigtuer wie mich also. So weiß ich zum Beispiel auch, dass das Wort ›Orchidee‹ vom griechischen ›Orchis‹ abstammt, was ›Hoden‹ heißt.

Orchideen sind dafür bekannt, nur unter ganz bestimmten Bedingungen zu wachsen. Viele von ihnen wachsen epiphytisch, also als Aufsitzer auf anderen Pflanzen. Das hat so manch einen Vorteil, zum Beispiel dass die Orchidee näher am Licht ist als ihre Kolleginnen auf dem Waldboden. Es hat aber auch Nachteile, als da wäre eine Abhängigkeit in Sachen Versorgung mit Nährstoffen wegen der fehlenden Verbindung zu besagtem Waldboden.

Weil dieser Vergleich ein guter ist hinkt er gewaltig, aber ganz ähnlich darf man sich das mit den Inhouse-Consultings vorstellen: Ein großer Konzern rechnet mal nach, was er so für McKinsey & Co. übers Jahr verteilt ausgibt, wird mit gleich mehreren Herzinfarkten gleichzeitig ins Krankenhaus eingeliefert und überlegt sich im Rahmen seiner Rekonvaleszenz, dass das doch auch billiger gehen muss. Drei Meetings, vier Workshops und zwei Brainstormings auf C-Level später hat man sich dann überlegt, dass man ja irgendwie auch selbst ganz kluge Leute an Bord hat, man kann sich noch ein paar von draußen dazu holen und macht den ganzen Mist einfach selbst. Dem Konzern wächst ein Hoden.

Die Branche braucht mehr Yachten!

Für das Unternehmen hat so ein Hoden große Vorteile: Man spart sich sehr viel Bürokratie, hat direkten Zugriff auf die Berater, die Leute kennen den Konzern in- und auswendig und so weiter und so fort. Und es ist einfach mal total viel billiger!

Da die Jungs und Mädels aber nicht rund um die Uhr was zu tun haben, weil auch im größten Konzern nicht ständig Beratungsleistungen erbracht werden müssen, denkt man sich irgendwann: Was wir für uns machen, das könnten wir super auch für andere machen.

Es startet ein Experiment: Was es vorher nur inhouse gab, gibt es jetzt auch zum Mitnehmen. Wenn es klappt – toll! Eine weitere Abteilung, die Geld erwirtschaftet, von dem sich die Aktionäre dann ihre achte Yacht kaufen können. Wenn es nicht klappt – na, dann hat man es wenigstens ausprobiert.

Mein Freund und Kollege Giso Weyand vergleicht das mit dem Aufwachsen eines Kindes: War es als kleiner Steppke noch brav und folgsam, kommt es plötzlich in die Pubertät und will dann irgendwann das sichere Zuhause verlassen. Na soll es doch, mögen die mehr oder weniger stolzen Eltern sich dann denken und erleichtert dem verwöhnten Balg hinterher winken. Wenigstens kommt es ab und an wieder nach Hause – schließlich muss die Wäsche gewaschen werden und Papa braucht Hilfe beim Einrichten des WLAN.

Das Kind seinerseits wird allerdings feststellen, dass das Leben da draußen ein raues ist, denn in der Welt sind noch ganz andere Consultings unterwegs. War das Kind zuhause noch die umhegte Prinzessin mit der Orchideensammlung, ist es plötzlich eines von ganz, ganz vielen auf einem eng begrenzten Spielplatz. Eines von knapp 26.500 Kindern, die um eine überschaubare Anzahl an Spielzeugen buhlen.

Bislang profitierte unsere kleine Inhouse-Consulting von ihrem Dasein als Epiphyt, der auf einem knorpeligen Ast des Konzernes fröhlich vor sich hin wucherte. Der Platz an der Sonne war gesichert.

Im Porsche zur Stiefmutter

Wer flügge wird, muss sich plötzlich selbst um die Nahrungsbeschaffung kümmern. Und verwöhnten Bälgern fällt das umso schwerer, je helikoptermäßiger die Parentalgeneration um sie kreiste. Da haben Inhouse-Consultings ein Nachsehen gegenüber anderen Beratungshäusern: Im Konzern großgepäppelt, mussten sie bislang nicht auf dem freien Markt auf sich aufmerksam machen, was nichts anderes bedeutet, als dass sie in Sachen Marketing quasi null Kompetenz aufweisen.

Zudem lässt der Konzern sie auch nicht wirklich aus dem Nest: Die Kommunikation muss intern abgestimmt werden, Marketingunterlagen werden zur Verfügung gestellt (vulgo: das Bestehende wird preisgünstig irgendwie hingebogen nach dem bekannten ›Reicht doch‹-Motto) und man stellt fest, dass so manch nach innen beeindruckender

Markenname nach außen eher abtörnend wirkt. Ganz davon abgesehen ist die finanzielle Ausstattung auch eher mau.

Gerade im Recruiting merken sie die Eisenkugel am Bein überdeutlich: Ein behäbiger Markenname, der bestimmt mit vielem assoziiert wird – nur nicht mit Consulting. Eine Struktur, die zwar de jure keine, de facto aber eine strenge Konzernstruktur ist. Die Karrierechancen sind überschaubar, infolgedessen sollten auch die Gehaltsvorstellungen zurückgeschraubte sein.

Zudem muss aufgrund der etwas stiefmütterlichen Behandlung (besagtes ›Reicht doch‹-Motto) mit denselben Vorlagen, mit denen ansonsten nach Blue Collar-Angestellten gesucht wird, plötzlich auch nach hochqualifizierten Studienabbrechern ... äh -gängern gesucht werden. So sucht zum Beispiel die DB Management Consulting mit denselben Vorlagen nach Schaffnern, Verzeihung: ›Kundenbetreuer:innen im Nahverkehr‹ wie nach ›Professionals‹ für ihre Managementberatung. Die Karriereseite der Lufthansa Consulting sieht eher aus, als könnte ich da meinen nächsten Flug nach Timbuktu buchen, und auf der erstaunlich unprofessionell gebastelten Nachwuchs-Suchseite der Telekom Strategy Consulting einen Telefonanschluss beantragen.

Dabei gibt es auch gute Beispiele. Da wäre die Porsche Consulting, die sich über die Jahre hinweg einen guten Ruf erarbeitet hat und in ihrer Kommunikation das Kunststück vollbringt, zugleich den großen Markennamen mit Würde nach außen zu tragen, darüber hinaus aber stets eine eigene Identität zu präsentieren.

Die Herkunft wird immer wieder schön eingeflochten (zum Beispiel im Claim ›Driven by Impact‹), aber man spürt an jeder Stelle, es hier mit einer selbständigen Einheit zu tun zu haben, mit einer eigenständigen Präsenz am Markt. Während ich bei der DB Management Consulting überall ICEs und Schaffner, Verzeihung: Kundebetreuer:innen im Nahverkehr sehe, finde ich auch bei genauerer Betrachtung der Porsche-Consulting keinen einzigen Porsche. Bemerkenswert. Und vorbildlich!

So gilt für Inhouse Consultings dasselbe wie für alle Consultings: Wer auf einem gesättigten Markt auf sich aufmerksam machen will, der muss sich anstrengen! Wer dann auch noch den Zwängen eines Konzerns unterliegt, der ansonsten mit Consulting nicht viel zu tun hat, hat eine zusätzliche Arschkarte gezogen. Aber auch hier lässt sich mit Sicherheit etwas finden, das den Unterschied machen kann. Wenden Sie sich gerne jederzeit vertrauensvoll an Ihren Lieblingskolumnisten, der jetzt aber erst mal im Weihnachtsurlaub ist. Sie melden sich dann im Januar, okay?

Bis dahin wünsche Ihnen eine ganz wundervolle Weihnachtszeit und Herrn Lindner für die Zeit nach seinem Rücktritt beruflich und menschlich alles Gute.

Inhouse Consulting – die unsichtbare Branche

Der Vorteil externer Beratungen gegenüber dem Inhouse Consulting schwindet, so Professor Lippold in seiner neuesten Kolumne. Allerdings sind solche Verschiebungen am Markt kaum nachvollziehbar, da es bislang so gut wie keine brauchbaren Daten gibt, die das Wirken des Inhouse-Consultings abbilden.

Der Markt des Inhouse Consulting ist vergleichsweise schlecht zu durchschauen. Vieles bleibt unsichtbar und diffus von extern betrachtet (Bild: picture alliance / Image Source | JOSE LUIS PELAEZ, INC.)

Vor gut 20 Jahren erklärte **Roland Berger** in einem Interview, dass die größten Wettbewerber von **McKinsey, BCG** und Co. deren Kunden sind. Warum? Weil die Kunden naturgemäß versuchen, Probleme selbst zu lösen, statt Berater damit zu beauftragen.

Ob diese Erkenntnis das Inhouse Consulting als damals noch relativ junges Phänomen in der deutschen Konzernlandschaft zusätzlich befeuert hat, muss allerdings bezweifelt werden. Zu vielschichtig sind die Motive für die Gründung von Inhouse-Beratungen. Inzwischen sind es wohl deutlich über 100 Unternehmen, die über eine eigene Beratungsabteilung verfügen. Etwa ein Drittel dürfte dabei aus dem Kreis der DAX-Unternehmen kommen.

Interne Experten schützen das interne Wissen

Die Erkenntnis von Roland Berger hat heutzutage allerdings eine neue Qualität bekommen.

Der Grund dafür sind die neuen und disruptiven technologischen Möglichkeiten, die nach Ansicht der Experten nun auch den Inhouse-Beratungseinheiten zur Verfügung stehen und dadurch die Nachfrage nach externen Beratungsfirmen verringern.

Die Verfügbarkeit von Informationen und die Nutzung neuer Technologien machen interne Expertenkapazitäten effizienter und schützen das Wissen der Unternehmen.

Der Vorteil externer Beratungen schwindet

Externe Beratungsunternehmen hatten früher den Vorteil, dass sie über überlegenes Wissen in ihrem Bereich mit hoher Markttransparenz und weitgehend exklusiven Marktinformationen verfügten. Doch dieser Vorteil schwindet mit der zunehmenden allgemeinen Verfügbarkeit von Informationen über Branchen und Märkte. Die Kundenunternehmen können wertvolle Daten und Erkenntnisse über „Knowledge as a Service" (KaaS)-Anbieter beziehen oder selbst die nötigen Daten sammeln. Die technologische Entwicklung mit dem zunehmenden Digitalisierungsgrad erfordert beim Sammeln, Bereinigen, Analysieren, Visualisieren und Interpretieren von Daten immer weniger Hilfe von externen Beratungsunternehmen. Ein Rückgang der Nachfrage nach externen Beratungsleistungen ist die Folge.

Nur wenig Sichtbarkeit von Inhouse Consulting am Markt

Die Zunahme der internen Beratungskapazitäten wird allerdings kaum sichtbar sein. Der Grund: Inhouse Consulting-Einheiten sind auf dem Beratungsmarkt nicht präsent und Zahlen über das Inhouse Consulting sind nicht verfügbar. Nicht einmal das umfangreiche Zahlenmaterial des Bundesverbandes Deutscher Unternehmensberatungen BDU enthält irgendwelche Daten über diese unsichtbare Branche.

Von der genauen Anzahl der internen Beratungseinheiten über die Anzahl ihrer Mitarbeiter bis hin zu den konzerninternen und -externen Umsätzen fehlen gänzlich jegliche Angaben in den Statistiken der Beratungsbranche.

Während in den „Facts & Figures" des BDU dezidiert die Umsatz- und Beschäftigtenentwicklung nach Beratungsfeldern und die Mitarbeiterstrukturen nach Level und Geschlechterdiversität jährlich dargestellt sind, gibt es für das Inhouse Consulting keinerlei Angaben. Auch fehlen so wichtige Informationen über die Strukturen der Angebots- und Nachfrageseite dieser Branche. Die letzte Marktstudie mit einigermaßen validen Zahlen entstand unter Federführung der Bayer Business Consulting. Sie stammt allerdings aus dem Jahre 2010.

Nicht einmal das ICN (Inhouse Consulting Network), das wichtige Inhouse-Einheiten deutscher Unternehmen verbindet, liefert genügend Daten, um ein klares Bild über die Größe dieses unsichtbaren Teils des Beratungsmarktes zu erhalten.

Quellen:

Gaitanides, M./Ackermann, I.: Die größte Konkurrenz sind immer die Kunden – Interview mit Prof. Dr. h.c. Roland Berger, in: Zeitschrift für Führung und Organisation, 71 (2002), S. 300-305.

Galal, K./Richter, A./Steinbock, K. (Galal et al. 2010): Inhouse-Beratung in Deutschland: Ergebnisse einer empirischen Studie, in: Moscho, A./Richter, A. (Hrsg.): Inhouse-Consulting in Deutschland. Markt, Strukturen, Strategien, Wiesbaden 2010.

Lippold, D.: Die Unternehmensberatung. Von der strategischen Konzeption zur praktischen Umsetzung, 4. Aufl., S. 116-121.

Weber, P: Business Model Innovation and the Change of Value Creation in Consulting Firms. In: Bodemann, M./Fellner, W./ Just, V (Hrsg.): Zukunftsfähigkeit durch Innovation, Digitalisierung und Technologien. Geschäftsmodelle und Unternehmenspraxis im Wandel, Wiesbaden 2021, S. 261-280.

Kapitel 11: Consulting und Tools

Tools zählen sicherlich zu den Erfolgsfaktoren im Beratungsgeschäft, die besonders schwer zu beschreiben und zu erklären sind. Wenn hier von Beratungstools die Rede ist, dann schließt das alle halbwegs standardisierten Know-how-Komponenten mit ein, die Berater nutzen, um ihre Kunden zu beraten.

Insofern reicht die vielfältige Palette der Beratungstools von simplen PowerPoint-Präsentationen und Workshops über Analysetools und der Bildrecherche bis hin zum agilen Scrum und den KI-Tools.

Bei diesem Kapitel finden wir neben der BCG-Matrix und seiner tatsächlichen Aussagekraft eine sehr unterschiedliche Auswahl an Tools und Techniken, die für den Berater interessant sind.

Dazu zählt das Wasserfallmodell aus der Softwareentwicklung ebenso wie die allgemein genutzte PowerPoint-Technik oder die Prozessidee, deren Anwendung viele Unternehmen, aber auch Unternehmensberatungen, veränderte.

Für Start-ups ist der konzeptionelle Kristallisationspunkt besonders relevant und praxistauglich.

Beratungstools auf dem Vormarsch – von der BCG-Matrix zu den agilen Tools

Beratungstools strahlen schon seit Jahren eine gewisse Faszination aus. Das gilt in den verschiedenen BWL-Studiengängen ebenso wie in den Chefetagen vieler Unternehmen. Unser Kolumnist Prof. Lippold beschäftigt sich mit ihrem Nutzen und Nachteilen im Hinblick auf verschiedene Einsatzszenarien.

Von der Produktion über das Qualitätsmanagement bis zum Marketing – es gibt kaum einen unternehmerischen Bereich, zu dem Beratungshäuser nicht bereits eine idealtypische Vorgehensweise in Tool-Form gegossen haben. Und ständig kommen neue Tools hinzu, so dass bereits von „Managementmoden“ und von „inflationärer Entwicklung auf dem Tool-Sektor“ die Rede ist (siehe Abbildung 1).

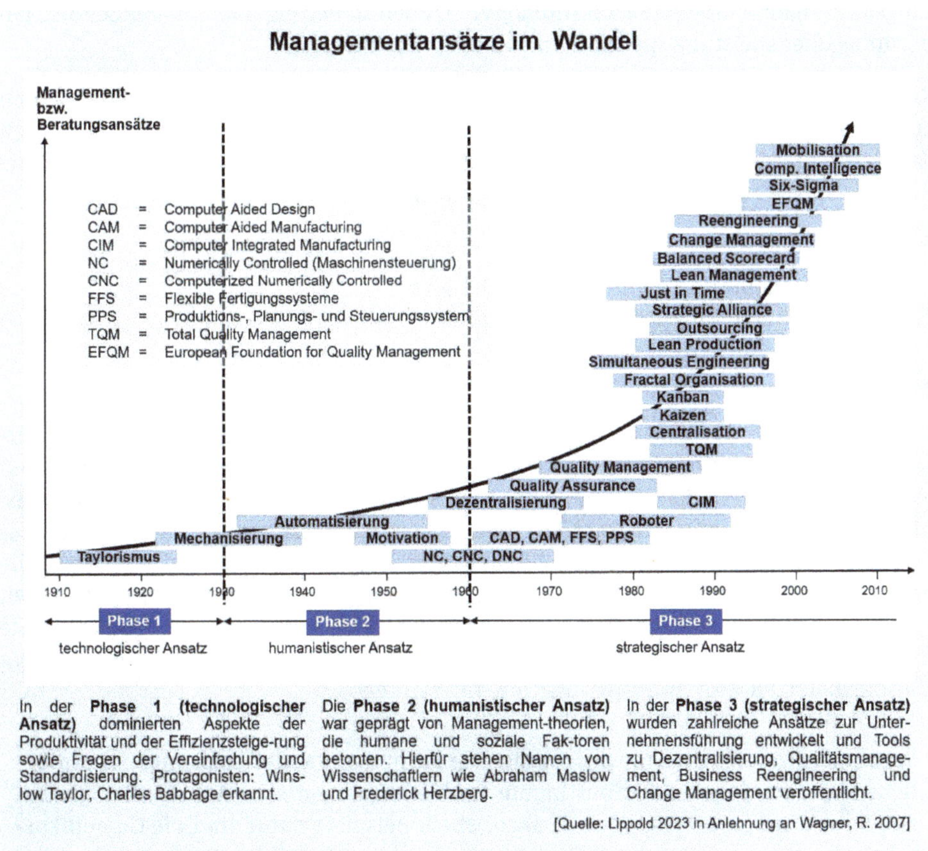

Abb. 1: Management- und Beratungsansätze im Zeitablauf

Diese betriebswirtschaftlichen Werkzeuge, auf die der Berater (und damit auch das Management) zurückgreifen kann, sind nicht nur derart zahlreich, sondern auch so unterschiedlich konzipiert, dass es eine besondere Herausforderung ist, Ordnung in diese Vielfalt zu bringen. Einige Techniken sind sehr einfach, andere wiederum sehr komplex konzipiert. Manche Tools stellen lediglich einen Formalismus, ein Schema dar. Andere Techniken beruhen auf empirischen Studien und haben gesetzesähnlichen Charakter.

Und noch ein weiteres Wort zur Klarstellung: Bei diesem Tool-Überblick soll kein Unterschied zwischen den Begriffen *Tools* und *Techniken* (und teilweise auch *Methoden*) gemacht werden. Denn auch bei der entsprechenden Namensgebung bestimmter Verfahren wird mal der Begriff *Tool* und mal die Bezeichnung *Technik* angehängt.

Unterteilung in drei Technologietypen

Allen Tools gemeinsam ist ein **hoher Standardisierungsgrad** der zugrundeliegenden Beratungskonzeption. Genauer geht es um den Standardisierungsgrad der in den Beratungsleistungen enthaltenen **Technologie**. Ja, auch in der eigentlich nichttechnischen Beratungsdienstleistung spricht man von einer Technologie.

Konkret werden unter **Beratungstechnologie** alle Tool- und Know-how-Komponenten zusammengefasst, die Berater nutzen, um ihre Kunden zu beraten. Dies schließt auch das Erfahrungswissen des Beraters mit ein. Hinsichtlich des **Standardisierungsgrades** lässt sich Beratungstechnologie unterteilen in

- individuelle, flexible Technologie,
- standardisierte Technologie (Tools) und
- starre Technologie (Beratungsprodukte).

Vorzüge und Nachteile standardisierter Beratungsleistungen

Die **Vorzüge** standardisierter Beratungsleistungen liegen zunächst in der Verkürzung der Beratungsdauer und damit in der Senkung der Beratungskosten, ohne dass es zu (nennenswerten) Qualitätseinbußen kommt. Standardisierte Beratungsleistungen weisen zudem eine vergleichsweise geringe Personenbindung auf, so dass neue Mitarbeiter schneller eingearbeitet und kreative Fähigkeiten an anderer Stelle effektiver eingesetzt werden können. Standardisierte Beratungsleistungen lassen sich darüber hinaus leichter positionieren und kommunizieren als individuelle Leistungen. Auf diese Weise ist bei den Beratungsunternehmen eine Vielzahl von standardisierten **Beratungsprodukten** entstanden.

Beratungsprodukte sind die ausgeprägteste Form der Standardisierung und ermöglichen es dem Berater, für bestimmte Problemlösungen eine Art „Marke" aufzubauen und sich vom Wettbewerb abzuheben. Beispiele dafür sind die Gemeinkostenwertanalyse (GWA) von McKinsey, die 4-Felder-Matrix der Boston Consulting Group oder das Economic Value Added-Modell (EVA) von Stern Stewart.

Die **Nachteile** standardisierter Beratungsansätze können darin gesehen werden, dass sie zumeist erhebliche Forschungs- und Entwicklungskosten verursachen und zudem Konjunktur- und Modezyklen unterliegen. Beratungsprodukte folgen einem ausgeprägten Lebenszyklus und veralten in aller Regel schneller als eine Beratungsspezialisierung auf Branchen oder Funktionsbereiche. Außerdem sind Beratungsprodukte und Tools durch Wettbewerber immer leichter kopierbar als „stilles" Wissen. Mit dem Einsatz einer starren Technologie verzichtet der Unternehmensberater zudem auf Handlungsspielräume. Konkret bedeutet dies, dass es bei Zieldefinitionen, bei der Personaleinsatzplanung und auch bei Honorarzahlungen kaum Freiheitsgrade gibt.

In Abbildung 2 sind die Konsequenzen dieser **drei Technologietypen** auf verschiedene Kriterien optisch zusammengefasst.

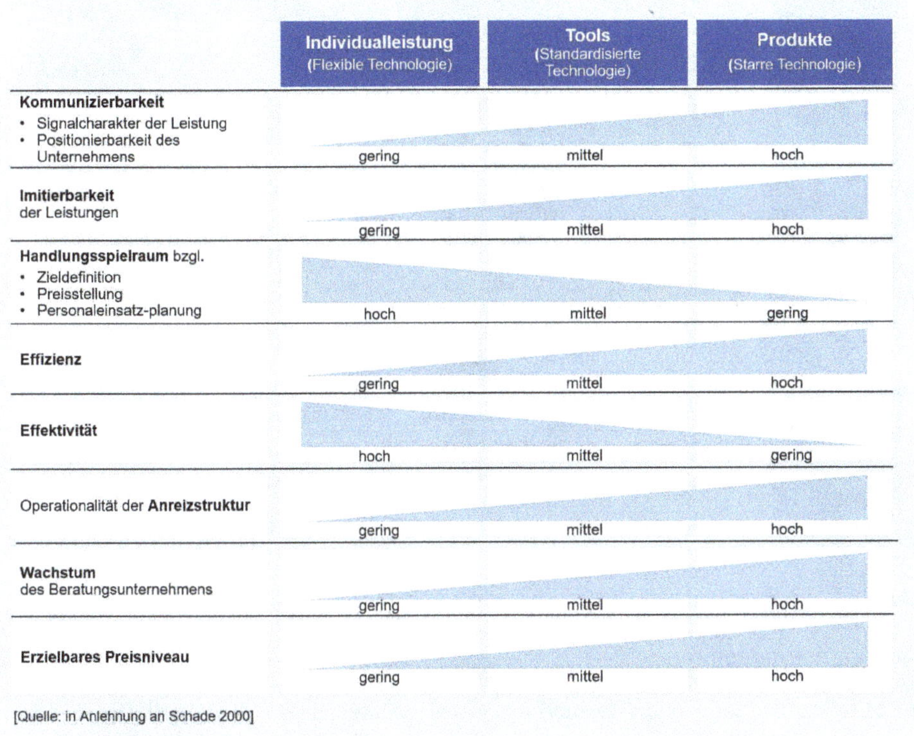

Abb. 2: Konsequenzen unterschiedlicher Beratungstechnologien

Systematik der Beratungstools

Strategieberatungen haben früher damit begonnen, auftragsindividuell entwickelte Vorgehensweisen als Beratungsprodukte zu entwickeln und zu vermarkten, als **IT-Beratungsgesellschaften**. Zwischenzeitlich werden aber auch von den **IT-Beratungsgesellschaften** gezielt (IT-) Beratungsprodukte entwickelt, die aber – mit wenigen Ausnahmen – noch bei weitem nicht den Bekanntheitsgrad und Einfluss erzielt haben wie Produkte der großen Strategieberater. Das bekannteste Beispiel in diesem Bereich ist das Prozessmodellierungstool **ARIS** der Software AG.

Um eine gewisse Ordnung bzw. Systematik in die Vielzahl der Tools zu bringen, bietet sich als Strukturierungsansatz das Prozessmodell eines idealtypischen Beratungsprojektes mit den folgenden Phasen an (siehe Abbildung 3):

- Akquisition,
- Analyse,
- Problemlösung und
- Implementierung.

Abb. 3: Systematik der Beratungstools. Zum Vergrößern anklicken

Die Akquisitionsphase

Im Mittelpunkt der **Akquisitionsphase** eines Beraters steht die Angebots- und Vertragsgestaltung. Die Besonderheit dieser Phase liegt darin, dass sie im Normalfall nicht Teil des eigentlichen Projektes ist. Die Akquisitionsphase liegt zeitlich vor der Leistungserstellung (engl. *Delivery*) und wird in der Regel vom Kundenunternehmen *nicht* bezahlt. Dennoch ist sie bei Kontraktgütern für den Verlauf und das Ergebnis des Projektes von enorm wichtiger Bedeutung. Zum einen wird in dieser Phase entschieden, ob der Berater den Auftrag für die Projektdurchführung überhaupt erhält. Zum anderen werden hier die Erwartungshaltungen beider Partner im Hinblick auf das letztlich angestrebte Projektergebnis festgelegt. Inhaltlich gesehen steht die Akquisitionsphase ganz im Zeichen der *Informationsbeschaffung.* Daher herrschen in dieser Phase, die häufig auch als *Informationsphase* bezeichnet wird, die **Tools zur Informationsbeschaffung, -auswertung und -darstellung** vor. Die wichtigste Informationsquelle ist dazu der mögliche Auftraggeber, also der potenzielle Kunde mit seinen Mitarbeitern.

Zu den Beratungstechnologien, die in dieser Phase zum Einsatz kommen können, zählen in erster Linie:

- **Kommunikationstools** wie Workshop, Moderation, Diskussion, Kartenabfrage, Präsentation
- **Tools zur Informationsbeschaffung und -darstellung** wie Sekundärauswertungen (z. B. Company Profiling) und Primärerhebungen auf der Basis von Befragungen und Beobachtungen
- **Prognosetools** auf der Basis von Befragungen, von Indikatoren, von Zeitreihen und von Funktionen.

Die Analysephase

Die anschließende **Analysephase** setzt unmittelbar nach dem Vertragsabschluss auf. Auch in dieser Phase stehen die einzuholenden Informationen im Vordergrund. Die Beschaffung, Vertiefung und Analyse der Informationen konzentrieren sich aber bereits auf das in der Angebotsphase spezifizierte Beratungsproblem. Interviews, standardisierte Fragbögen und Beobachtungen – letztlich also die Methoden der Marktforschung – dominieren den Informationsbeschaffungsteil in der Analysephase.

Die in dieser Phase eingesetzten Problemlösungstechnologien lassen sich in drei Kategorien einteilen. Zum einen sind es Informationsbeschaffungstools, wie sie bereits in der Akquisitionsphase zum Einsatz kommen und daher an dieser Stelle nicht noch einmal erläutert werden sollen (vornehmlich Befragungen, Darstellungs- und Prognosetechniken). Des Weiteren handelt es um standardisierte

- **Tools zur Umwelt-, Wettbewerbs- und Unternehmensanalyse** wie SWOT/TOWS-Analyse, Five-Forces-Modell, Analyse der Kompetenzposition, Wertkettenanalyse und Benchmarking,
- **Tools zur Zielformulierung** wie das SMART-Prinzip, Kennzahlensysteme, Zielsysteme und Balanced Scorecard sowie
- **Tools zur Problemstrukturierung** wie Aufgaben-, Kernfragen- und Sequenzanalyse, aber auch Strukturierungstools für Marketing/Vertrieb und Human Resources.

Die Problemlösungsphase als Kernphase

Die **Problemlösungsphase** ist in der Regel die Kernphase eines Beratungsprojekts. Diese Phase ist gekennzeichnet durch einen kreativen Prozess, der aufzeigen soll, wie man von einem analysierten Ist-Zustand, der unbefriedigend ist, zu einem Zustand gelangt, der für den Auftraggeber wünschenswert ist. Es geht in dieser Phase um die beste Gestaltungsalternative der Soll-Konzeption, die dann in einen Maßnahmenkatalog umgesetzt wird. Ein präziser Aktionsplan ist das Ergebnis.

Die in der Problemlösungsphase eingesetzte Beratungstechnologie dient dementsprechend vornehmlich der Generierung von *Gestaltungsalternativen*. Im Vordergrund stehen hierbei:

- **Planungs- und Kreativitätstools** wie Brainstorming, Brainwriting, Methode 635, Synektik, Bionik, Morphologischer Kasten

- **Tools zur Strategiewahl** wie Erfahrungskurve, Produktlebenszyklusmodelle
- **Portfoliotechniken** wie BCG-Matrix, McKinsey-Matrix, ADL-Matrix
- **Tools zur Formulierung der strategischen Stoßrichtung** wie Wachstumsstrategien, Wettbewerbsstrategien, Markteintrittsstrategien
- **Beratungsprodukte** wie Gemeinkostenwertanalyse, Zero-Base-Budgeting, Nachfolgeregelung, Mergers & Acquisitions, Business Process Reengineering
- **Tools zur Geschäftsprozessmodellierung** wie EPK und BPMN.

Die Implementierungsphase

Der Zweck der abschließenden **Implementierungsphase** besteht darin, die in der Problemlösungsphase verabschiedeten und abgesicherten Maßnahmen termin- und kostengerecht umzusetzen, in der Praxis zu erproben und Auswirkungen auf andere Bereiche zu analysieren. In den meisten Fällen übernimmt der Kunde in dieser Phase wieder die Hauptverantwortung, obwohl in diesem Projektabschnitt über den endgültigen ökonomischen Erfolg des Projektes entschieden wird.

Zur Sicherstellung der Qualität in der letzten Auftragsphase haben die meisten Beratungsunternehmen Checklisten erstellt, die vom Projektleiter sukzessive abgearbeitet werden. Die darüber hinaus eingesetzte Beratungstechnologie in der Implementierungsphase bezieht sich in erster Linie auf

- **Projektmanagement-Tools** wie Prince2 oder PMBoK,
- **Qualitätsmanagement-Tools** wie Fehlersammelliste, Histogramm, Kontrollkarte, Ursache-Wirkungsdiagramm, Pareto-Diagramm, Korrelationsdiagramm, Flussdiagramm,
- **Agile Tools** wie Scrum, Design Thinking, IT-Kanban und
- **Tools zur Evaluierung** wie Kundenzufriedenheitsanalyse, Auftragsbeurteilung, Abschlussakquisition.

Bekanntheitsgrad und Aussagekraft sind nicht immer deckungsgleich

In meinem neuesten Buch stelle ich „Die 80 wichtigsten Management- und Beratungstools. Von der BCG-Matrix zu den agilen Tools“ vor. Allerdings befinden sich bei weitem nicht alle Tools auf dem gleichen Qualitätsniveau. Auch erkennt man die tatsächliche Aussagekraft häufig erst dann, wenn man die Tools mit den entsprechenden Daten füllt. Ich möchte daher abschließend ein Beispiel benennen, in dem Image- und Bekanntheitsgrad und tatsächliche Aussagekraft weit auseinanderklaffen. Es handelt sich dabei um die **BCG-Matrix**, die auch als *4-Felder-Matrix* oder als **Marktanteils-Marktwachstums-Matrix** bezeichnet wird:

> Die **BCG-Matrix** ist wohl das bekannteste und bei vielen Beratern, Managern und auch BWL-Studierenden das beliebteste Tool. Es ist sehr einfach in der Handhabung und auch die Datenbeschaffung macht keine großen Probleme. Soweit zum Glanz des Tools. Problematisch dagegen ist seine Aussagekraft – und darum geht es ja schließlich.

Da die Kritikpunkte an diesem Werkzeug den Rahmen dieser kurzen Einführung sprengen würde, habe ich für die BCG-Matrix einen eigenen Beitrag verfasst. Er trägt den Titel „Die BCG-Matrix: Wenn das iPhone zum armen Hund wird“ und folgt als nächster Beitrag,

Quellen (mit weiteren Literaturangaben):

D. Lippold: Die 80 wichtigsten Management- und Beratungstools. Von der BCG-Matrix zu den agilen Tools, 2. Aufl., Berlin-Boston 2023.

D. Lippold: Die Unternehmensberatung. Von der strategischen Konzeption zur praktischen Umsetzung, 4. Aufl., Berlin-Boston 2022.

D. Lippold: Management-Tools richtig einsetzen, WISU-Reihe I-VI, Jg. 2021 und 2022.

Die BCG-Matrix: Wenn das iPhone zum armen Hund wird

Die BCG-Matrix ist wohl das bekannteste und bei vielen Beratern, Managern und auch BWL-Studierenden das beliebteste Tool. Es ist sehr einfach in der Handhabung und auch die Datenbeschaffung macht keine großen Probleme. Soweit zum Wohl des Tools. Problematisch dagegen ist seine Aussagekraft – und darum geht es ja schließlich.

Grundlage der BCG-Matrix, die auch als 4-Felder-Matrix oder auch als **Marktanteils-Marktwachstums-Matrix** bezeichnet wird, ist die **Portfoliotechnik**, die hier auf den Annahmen des **Lebenszykluskonzepts** und der **Erfahrungskurve** von Produkten aufsetzt. Die beiden Ordinaten der Matrix bilden das **Marktwachstum** und der **relative Marktanteil** sowie deren Unterteilung in *niedrig* und *hoch*. Der relative Marktanteil ergibt sich aus dem eigenen Marktanteil dividiert durch den Marktanteil des stärksten Wettbewerbers. Errechnet sich daraus für ein Unternehmen ein Wert >1, so ist dieses Produkt der Marktführer (siehe Abbildung 1).

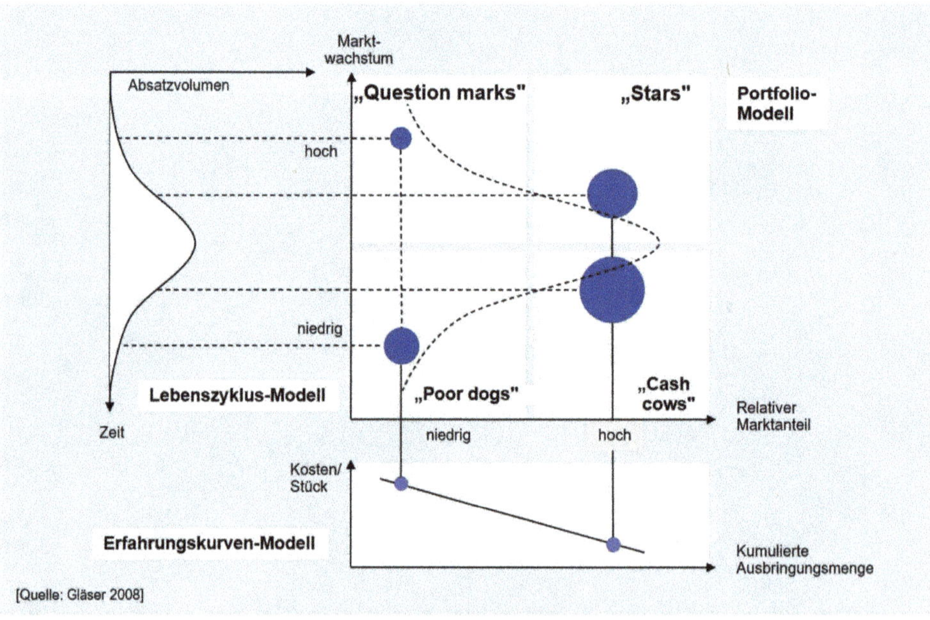

Abb. 1: Grundlage der BCG-Matrix

Je nach Positionierung ist jedes Produkt bzw. jede Strategische Geschäftseinheit (SGE) einem der vier folgenden Felder zugeordnet:

- **Fragezeichen** (Question marks) sind Produkte, die sich in der Einführungsphase befinden. Ihr relativer Marktanteil ist gering, die Stückkosten und das Marktwachstum dagegen hoch.

- **Sterne** (Stars) sind Produkte, die sich in der Wachstumsphase befinden. Sie verfügen über einen hohen relativen Marktanteil, über ein hohes Marktwachstum und niedrige Stückkosten.
- **Melkkühe** (Cash cows) befinden sich in der Reifephase. Sie zeichnen sich durch einen relativ hohen Marktanteil bei niedrigen Stückkosten aus. Das Marktwachstum ist gering.
- **Arme Hunde** (Poor dogs) sind bereits länger auf dem Markt. Sie haben hohe Stückkosten, ihr relativer Marktanteil und das Marktwachstum sind gering.

Auf der Grundlage dieser Portfolio-Ableitung leitet die BCG (Boston Consulting Group) nunmehr sogenannte **Normstrategien** ab. Und genau hier liegt der Hase im Pfeffer! Insbesondere wenn man die **Produktportfolios verschiedener Anbieter für einen Markt** zusammenlegt, wird die Schwäche der BCG-Matrix deutlich. Ein Beispiel aus dem Smartphone-Markt mit Original-Zahlen aus dem Jahr 2016 und hier mit den beiden erfolgreichsten Produkten iPhone von Apple und Galaxy von Samsung soll dies verdeutlichen (Abbildung 2):

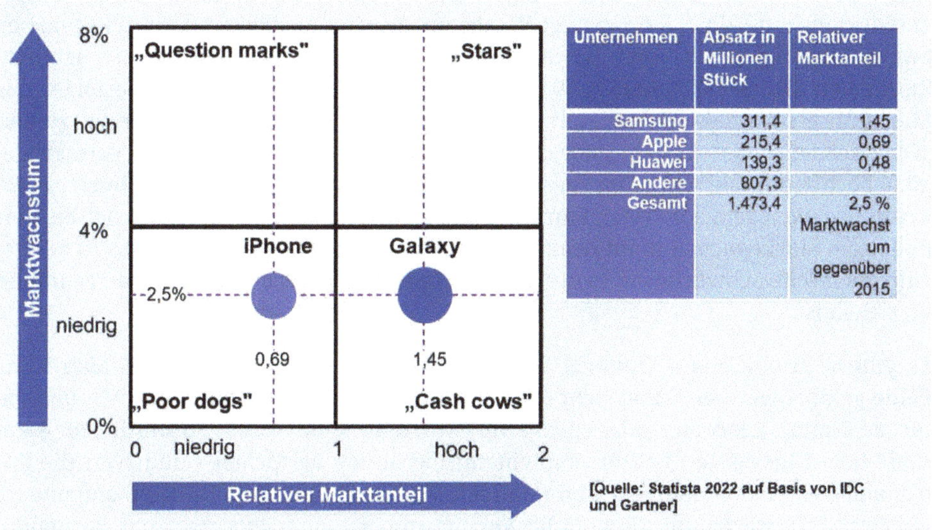

Unternehmen	Absatz in Millionen Stück	Relativer Marktanteil
Samsung	311,4	1,45
Apple	215,4	0,69
Huawei	139,3	0,48
Andere	807,3	
Gesamt	1.473,4	2,5 % Marktwachst um gegenüber 2015

Abb. 2: Normstrategie der BCG-Matrix

Sogar dem größten ökonomische Laien ist bekannt, dass Apple mit dem iPhone unmöglich einen „Armen Hund" in seinem Portfolio hat. Im Gegenteil, der Erfolg des umsatzstärksten Unternehmens der Welt basiert hauptsächlich auf den Verkaufszahlen des iPhone. Für mich ist das iPhone das erfolgreichste Produkt überhaupt. Insofern ist die obige Darstellung eine Farce. Noch schlimmer ist sogar die Normstrategie, also die empfohlene Strategie der BCG für diesen „Armen Hund" namens iPhone: **„Eine schwache Position in einem stagnierenden Markt. Marktanteile können nur von Konkurrenten kommen – abstoßen!"**

Nun lassen sich durchaus zwei seriöse Einwände gegen die Darstellung mit dem iPhone als „Armen Hund" anführen:

Erster Einwand: Die allermeisten Berechnungen des relativen Marktanteils eines Produkts beziehungsweise einer Strategischen Geschäftseinheit erfolgen auf Basis des Umsatzes – also **wertmäßig** – und nicht auf Grundlage von **Stückzahlen**. Da bekannt ist, dass das iPhone regelmäßig deutlich teurer ist als Galaxy von Samsung, würde sich die Marktführerschaft wahrscheinlich umkehren, d.h. Samsung wäre der „Arme Hund“ und Apple die „Cash cow“ im Smartphone-Markt. Auch das wäre – für das damalige Jahr 2016 – als **höchst weltfremd** zu bezeichnen.

Zweiter Einwand: In der obigen Darstellung ist die **Trennlinie zwischen niedrigem und hohem Wachstum** bei vier Prozent gezogen und damit liegt das Marktwachstum von 2,5 Prozent im Jahre 2016 im *niedrigen* Bereich. Das bedeutet, dass grundsätzlich **alle** Smartphones in diesem Jahr zu den „Armen Hunden“ gehören – mit Ausnahme des Marktführers, der den „Cash cows“ zuzurechnen ist. Nun könnte man die Trennlinie auch z. B. bei zwei Prozent ziehen, so dass dann alle Smartphones – mit Ausnahme des Marktführers – zu den „Fragezeichen“ gehören würden. Das wäre in diesem Fall aber nicht realistisch, denn im Jahr zuvor, also in 2015, betrug das Smartphone-Wachstum noch 10,4 Prozent und in 2013 sogar noch 27,7 Prozent. Angesichts dieser Marktentwicklung muss das 2,5-prozentige Wachstum also im „niedrigen“ Bereich liegen. Der zweite Einwand macht **zwei Schwächen der BCG-Matrix** ganz besonders deutlich. Zum einen zählen die Nummer zwei oder drei, also die unmittelbaren Verfolger des Marktführers niemals zu den „Stars“ und den „Cash cows“, sondern immer nur zu den „Fragezeichen“ oder zu den „Poor dogs“. Das ist aber angesichts der BCG-Normstrategien höchst unrealistisch. Um dies ein wenig auszugleichen, muss die **horizontale Trennlinie** in jedem konkreten Einzelfall **neu ermittelt werden** und kann sich bei verändertem Marktwachstum im Zeitablauf auch verschieben. Aber genau das ist wiederum die zweite Schwäche, da es der Willkür des Analytikers obliegt, wo die Trennlinie zu ziehen ist.

Es gibt noch eine Reihe **weiterer Kritikpunkte**, die gegenüber der BCG-Matrix ins Felde geführt werden. Dabei steht insbesondere die **Reduktion** aller internen und externen Einflussfaktoren auf lediglich zwei Parameter in der Kritik. So werden die **strategie-beeinflussenden Faktoren** in einem Höchstmaß verdichtet – und zwar die Unternehmenskomponenten auf den relativen Marktanteil und die Umweltkomponente auf das Marktwachstum. Diese **hohe Verdichtung** ist einerseits zwar das Besondere der 4-Felder-Matrix, andererseits bleiben Innovationen, Technologien, Verbundeffekte, Allianzen u.a. unberücksichtigt. Welche Folgen die Vernachlässigung solcher Faktoren hat, zeigt sich ganz besonders am Beispiel von Apples iPhone.

Die kritische Auseinandersetzung mit der **Marktanteils-Marktwachstums-Matrix** hat zur Entwicklung weiterer Ausprägungen der Portfolio-Analyse geführt. Besonders hervorzuheben sind die **Marktattraktivitäts-Wettbewerbsstärke-Matrix** von McKinsey mit neun Feldern und die **Marktlebenszyklus-Wettbewerbsposition-Matrix** von Athur D. Little (ADL-Matrix) mit 20 Feldern geführt.

Ausführliche Informationen zu allen relevanten Tools hier:

D. Lippold: die 80 wichtigsten Management- und Beratungstools. Von der BCG-Matrix zu den agilen Tools, 2. Aufl., Berlin/Boston 2023

Leider ungeil: Über den Einsatz von PowerPoint im Consulting

Für Menschen, denen das Texas Chainsaw Massaker zu öde ist, hält Microsoft seit 38 Jahren eine zuverlässige Quelle ständigen Grusels bereit, die selbst den ganz Hartgesottenen unter uns Albträume der übelsten Art beschert: PowerPoint.

Davor gruselt es selbst den Hartgesottenen: PowerPoint.

Kennen Sie Billie Eilish? Nicht? Okay, wie erklär ich das ...? Das, was in Ihrer Jugend Hartmann von Aue war, ist Billie Eilish für die coolen Kids von heute: Ein Grund, warum Kinder uns im Glauben an das Böse bestärken.

Auch wenn ich (noch?) nicht zu denen gehöre, die Sachen sagen wie »Das neue Album von Westernhagen ist richtig knorke«, ist Billie Eilish eigentlich nichts, was sich auf meinem Radar befindet. Dennoch weckte jemand mein Kurzzeitinteresse für die knuffige Sängerin, als er sagte: »Billie Eilish guckt immer so, als würde gerade jemand eine PowerPoint-Präsentation halten.« Ich googelte und musste sehr lachen. Um es mit Loriot zu sagen: »Das ist fein beobachtet.« Googeln Sie ruhig selbst mal, Sie werden es erkennen.

Apropos PowerPoint – wo ist eigentlich das Problem? Warum sehen PowerPoint-Präsentationen immer so aus, als hätten sie sich gegen die menschliche Fähigkeit zu sehen verschworen? Wie viel kürzer wäre der Herr der Ringe geraten, hätte man Saurons allsehendem Auge einfach eine PowerPoint-Folie präsentiert – es wäre sofort erblindet!

Da wäre zunächst einmal das Programm selbst. 1984 entwickelt (man könnte auch sagen: der Hölle entstiegen) und konsequent auf diesem Stand verblieben ist PowerPoint für 3D-Effekte und Textschatten was Brüssel für alt- und ausgediente Unions-Politfressen ist: der Gnadenhof. Der Ort, an dem neue Probleme entdeckt werden. Wenn Stephen King die Ideen ausgehen, startet er PowerPoint.

Machen wir es kurz: Wenn Sie eine E-Mail schreiben wollen, hilft Ihnen ein Faxgerät kaum weiter. Während PowerPoint ästhetisch noch in einer Zeit weilt, als zu heiraten bedeutete, der Mann zieht der Frau eine Keule über den Kopf, hat sich die Welt weiterentwickelt. Nicht nur, dass Frauen heute mitentscheiden dürfen, wen sie heiraten – wir haben zudem andere Bildschirme und neue Sehgewohnheiten. (Mehr dazu in ›Beratermarketing in 4:3 – Wie Technik den Geschmack verändert‹)

Das Problem sitzt heulend unterm Schreibtisch

Auf der anderen Seite muss man allerdings auch mal ganz offen und ehrlich sagen: Das Problem sitzt allzu häufig vor dem Bildschirm – oder heulend unterm Schreibtisch. Ja, über Geschmack lässt sich streiten, Popelgrün und Zahnsteingelb mögen in manch einem Auge eine funktionierende Farbkombination ergeben, meinetwegen. Außerdem ist Beratung Ihr Job, nicht Gestaltung.

Ich sehe sie vor meinem geistigen Auge, die alten, weißen Männer, die fluchend mit zusammengekniffenen Augen auf Bildschirme starren, die Knöchel an der die Maus haltenden Hand weiß hervortretend ihre Präsentationen bastelnd, ›nie wieder Microsoft‹ murmelnd seit dreißig Minuten vergeblich die Farbe einer Linie ändern wollend. Sie wissen es so gut wie ich und jeder andere Mensch in dem uns bekannten Universum: PowerPoint macht so viel Spaß wie eine Lomi Lomi-Massage von Freddy Krueger.

Kann man geile Präsentationen basteln? Klar, das kann man. Nur eben nicht in PowerPoint! Am Ende entscheiden sich die Kunden in der Regel aber dennoch für die Bildzeitung unter den Präsentationsprogrammen, und zwar aus einem einzigen Grunde: Sie wollen selbst Änderungen an ihrer Präsentation vornehmen können. Das ist auch vollkommen legitim. Wenn sich am Ende eine Zahl verändert, will man das fix auf den neuesten Stand bringen können, ohne den überteuerten Grafikspinner aus dem Bett klingeln zu müssen, vollkommen d'accord.

Mal im Ernst: Ist das Ihr Ernst?

Was dabei vergessen wird: Eine PowerPoint-Präsentation ist ein Kundenkontakt. Wie eine Visitenkarte, eine Website, eine Unternehmensbroschüre. Und während letztere drei in der Regel mit Sinn und Verstand gestaltet werden (zumindest sollten), darf dann eine Präsentation einfach *irgendwie* aussehen? Ist das Ihr Ernst?

Es gibt adäquate Alternativen zu Bill Gates' hässlichem Baby: Das cloud-basierte *Visme,* dessen kostenlose Version erstaunlich weit bringt. Das grafisch anspruchsvollere *Prezi,* das mit subtilen grafischen Effekten aufwarten kann. Das für alle Mac-User kostenlose *Keynote*. Oder *Slidebean,* das für Faule mit diversen Vorlagen angeritten kommt wie ein strahlender Ritter auf seinem digitalen Ross.

Im Idealfall aber wenden Sie sich an eine versierte Agentur, die was von ihrem und Ihrem Fach versteht und den ganzen Bums für Sie übernimmt. Denn – ich sage es noch einmal – auch eine Präsentation ist ein wichtiger Kundenkontakt. Unterschätzen Sie das nicht! Niemals! Never ever!

Fluch und Segen des Smartphone-Booms

Vor 15 Jahren stellte Apple mit dem iPhone die Handy-Welt auf den Kopf. Das Smartphone war allerdings von Anfang an mehr als nur ein Handy. Welche Auswirkungen auf andere Produkte und Dienstleistungen der Alleskönner hatte, beschreibt Prof. Lippold in seiner aktuellen Kolumne.

(Bild: picture alliance / Pressebildagentur ULMER | ULMER)

Aus der Reihe „Fluch und Segen" geht es diesmal um das Smartphone, eine der besten Marketing-Innovationen der letzten Jahrzehnte überhaupt. Doch wie so oft hat jede Sache zwei Seiten beziehungsweise wo Gewinner sind, gibt es auch Verlierer. Apple, Samsung und Co. sind ganz offensichtlich die Gewinner. Bei den Herstellern von Mobiltelefonen, Digitalkameras, Navigationssystemen und MP3-Playern sieht es dagegen ganz anders aus.

2007 waren es noch „klobige Knochen"

Vor 15 Jahren stellte Apple mit dem iPhone die Handy-Welt auf den Kopf. Es ist diesem Smartphone zu verdanken, dass es heute selbstverständlich ist, mit einem Handy im Internet zu surfen, Apps herunterzuladen und es über einen Touchscreen zu bedienen. Fast alle Handy-Besitzer benutzten 2007 noch klobige „Knochen", meist vom damaligen Marktführer Nokia. Mit denen konnte man zwar auch im Internet surfen – aber weitaus mühsamer als mit dem iPhone.

Ein paar „schicke“ Innovationen

Noch dazu brachte der Smartphone-Segen ein paar schicke Innovationen mit: Das neue Gerät besaß nur eine Taste und wurde ansonsten per Fingerzeig gesteuert, zum Beispiel, um Fotos zu verkleinern oder zu vergrößern. Oder dass es merkt, ob es von seinem Besitzer hochkant oder quer gehalten wird, um dann automatisch das Bild auf dem Display auszurichten. Und nicht zuletzt war das iPhone intuitiv bedienbar. Das iPhone wurde zum Megaseller und sorgte dafür, dass Apple zum wertvollsten Unternehmen der Welt avancierte.

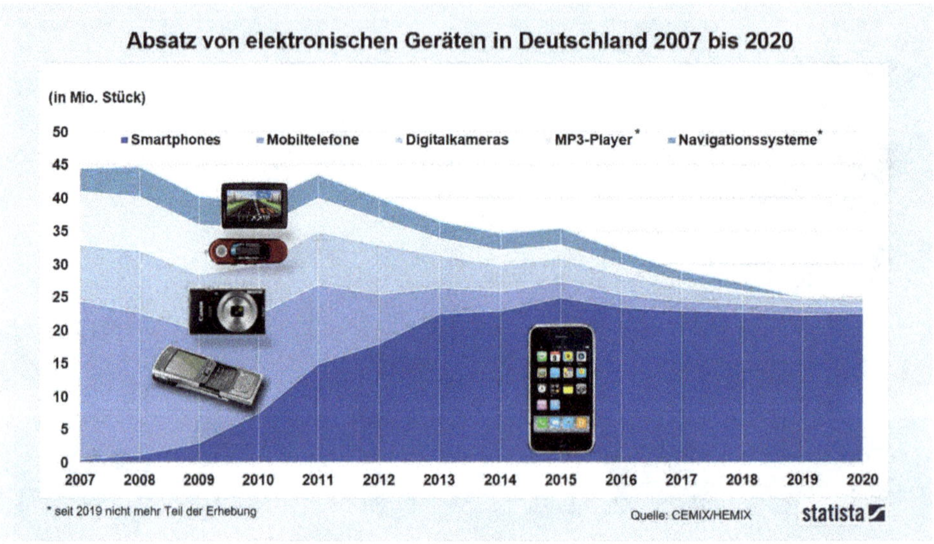

Smartphone als Treiber und Vertreiber

Aufgrund seiner Multifunktionalität hat sich das Smartphone zwar einerseits als Treiber für neue Anwendungs- und Wachstumsfelder entwickelt. Auf der anderen Seite – und jetzt kommen wir zum Fluch – vertreibt das Smartphone im Sinne der Substitution Produkte wie digitale Kompaktkameras, Handys, mobile Navigationsgeräte und MP3-Player vom Markt (siehe Grafik). Damit hat das Smartphone in zweifacher Hinsicht eine besondere Rolle als Markttreiber übernommen. Zum einen treibt es dem Markt durch die Vernetzung zu anderen Geräten zu völlig neuen Nutzungsmöglichkeiten an. Zum anderen löscht es Produkte aus, die für sich genommen den Lebenszyklus bei weitem noch nicht überschritten hatten.

Mobiler Alleskönner

Das Smartphone war von Anfang an mehr als nur ein Handy. Videos gucken, Musik hören, Fotos schießen, in einer fremden Stadt navigieren und im Internet surfen. Das alles und noch viel mehr leisten die mobilen Alleskönner. Weniger rosig sieht es dagegen für all die Geräte aus, deren Funktionen das Smartphone in sich vereint. So wurden 2018 laut Home Electronics Marktindex (Hemix) nur noch 506.000 MP3-Player verkauft. Im Erscheinungsjahr des ersten iPhones waren es noch rund acht Millionen.

Seit fünf Jahren Stagnation

Aber noch eines zeigt die Grafik beim genaueren Hinschauen: Insgesamt ist der Absatz von elektronischen Geräten seit 2011 kontinuierlich zurückgegangen. Dies ist naturgemäß zu einem großen Teil darauf zurückzuführen, dass das Smartphone als Alleskönner eine Vielzahl von Funktionen auf sich vereinigt. Und doch ist es bemerkenswert, dass selbst die Absatzzahlen des Alleskönners seit fünf Jahren zumindest stagnieren. Vielleicht es hier so etwas wie eine Sättigung mobiler elektronischer Geräte zu konstatieren.

Quelle:

https://de.statista.com/infografik/1958/die-opfer-des-smartphone-booms/

Agilität: Was ist eigentlich das Wasserfallmodell?

Für die agile Organisation existiert keine allgemeingültige Definition. Es ist aber wichtig zu wissen, dass wesentliche Impulse der agilen Planung und Organisation aus der Softwareentwicklung kommen. Das macht unser Kolumnist Prof. Lippold am Beispiel des Wasserfallmodells deutlich.

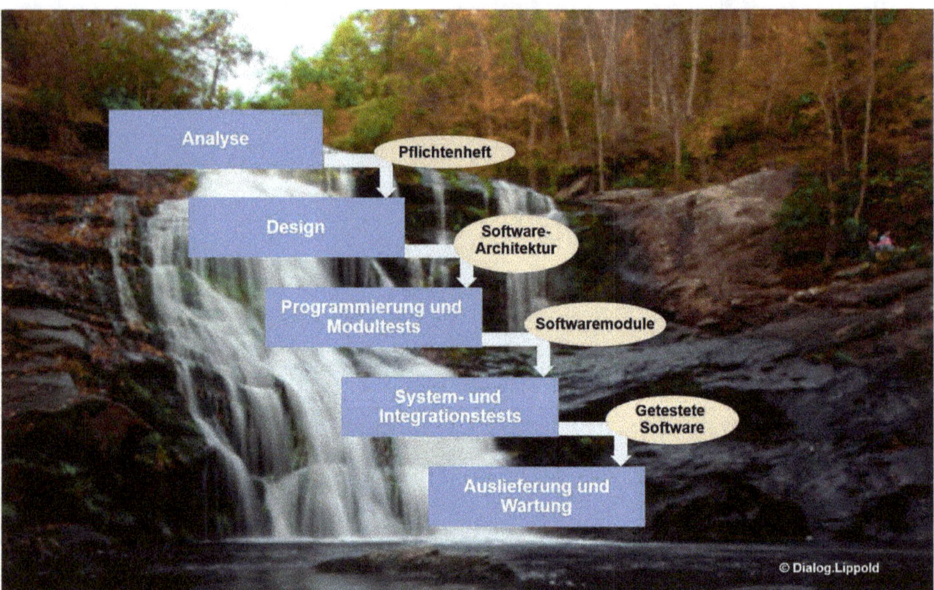

In der Softwareentwicklung war es zunächst das **Wasserfallmodell**, das die Vorgehensweise und Methodik in nahezu jedem Projekt bestimmte. Im Wasserfallmodell werden Projekte in mehrere Stufen beziehungsweise aufeinander aufbauende Phasen unterteilt und in einer vorher festgelegten Reihenfolge durchgeführt. Die Ergebnisse einzelner Phasen gehen wie bei einem Wasserfall immer als bindende Vorgaben in die nächsttiefere Phase ein. Charakteristisch für das klassische Wasserfall-Modell ist die konsequente Durchführung der vorher geplanten Phasen. Wird eine Phase abgeschlossen, kann und soll diese Entscheidung nicht mehr rückgängig gemacht werden.

> Die geordnete, lineare Struktur des Modells macht das Vorgehen vor allem für solche Projekte interessant, die sehr konstante Anforderungen aufweisen und keine kurzfristigen Korrekturschleifen benötigen.

Entsprechend **ungeeignet** ist das Wasserfallmodell für Projekte mit vielen unvorhersehbaren Faktoren, die entsprechende Korrekturen und flexible Anpassungen erfordern. Das bedeutet konkret, dass der Erkenntniszuwachs in einer späteren Phase nicht mehr berücksichtigt werden kann. Da der geplante Ablauf aus der Konzeptionsphase fest eingehalten wird, zeigen sich Fehler in der Umsetzung naturgemäß erst gehäuft am

Ende des Projektes. Die Fehler zu diesem späten Zeitpunkt zu korrigieren, ist entsprechend teurer als es eine frühzeitige Überarbeitung gewesen wäre.

Wie funktioniert das Wasserfallmodell?

Das Wasserfallmodell gibt eine Struktur für Projekte vor, welche nicht reversibel ist und nur in eine Richtung geht. Bei dieser Struktur gibt es fest definierte Phasen, welche in einer bestimmten Reihenfolge durchlaufen werden müssen. Wurde eine Phase beendet, so kann sie im gleichen Zyklus nicht wieder durchlaufen werden, also wie die Fließrichtung von Wasser in einem Wasserfall.

Das Ziel dieses Modells ist es eine einheitliche und strukturierte allgemein anwendbare Projektplanung anzubieten.

Phasen des Wasserfallmodells

Das Wasserfallmodell unterteilt sich in die folgenden Phasen:

- Analyse
- Design
- Implementierung
- Test
- Betrieb/Wartung

Analyse. In der ersten Phase werden die Anforderungen analysiert und geprüft inwieweit diese umsetzbar sind. Nach dieser Analyse erstellt man ein sogenanntes Soll-Konzept mit mehreren kleinen Zwischenzielen, die man erreichen will. Dieses Konzept ist die Basis, auf das dann das ganze Projekt aufgebaut wird. Daher ist es wichtig, diesem Prozess besonders viel Aufmerksamkeit zu schenken. Auch gilt es das Budget im Auge zu behalten.

Design. In der Designphase wird die Art und Weise festgelegt, wie die Ziele, welche im Soll-Konzept genannt sind, erreicht werden. Ein Beispiel wäre die Festlegung eines Frameworks oder die Definition der allgemeinen Struktur der Software.

Implementierung. Bei der Implementierung geht es um die Umsetzung und Erreichung der gesetzten Ziele und die Entwicklung des Produktes. Um die Abläufe etwas übersichtlicher zu gestalten, bietet es sich an den Prozess in Teilaufgaben zu unterteilen.

Test. Vor der Übergabe des Produktes muss man sicherstellen, dass dieses auch reibungslos funktioniert. Dafür ist die Testphase gedacht. In dieser überprüft man, ob das Produkt alle Anforderungen aus dem Soll-Konzept erfüllt und ob noch etwaige Fehler auftreten, welche man noch beheben muss.

Betrieb/Wartung. Wenn das Produkt fehlerfrei ist und die Anforderungen erfüllt, steht nur noch die Auslieferung des Produkts an den Kunden bevor. Zusätzlich bietet es sich hier in dieser Phase auch noch an, das Produkt an Änderungswünsche des Kunden anzupassen.

Kurze Bearbeitungszyklen erlauben flexible Nachjustierung

Um den **Problemen des Wasserfallmodels** entgegenzuwirken, wurden in der Softwareentwicklung Vorgehensweisen erprobt, die das einzelne Projekt nicht anhand eines langfristigen Plans, sondern mit Hilfe kurzer Bearbeitungszyklen (Sprints) steuern. Dazu wurden die Projektziele nur insoweit abgesteckt, dass die Richtung klar ist. Die tatsächlichen Funktionsanforderungen wurden dann pro Sprint/Time Box implementiert und am Ende jedes Sprints auf Erfüllung hin gemessen.

Das heißt: In den Bearbeitungszyklen, die jeweils zwischen einer und vier Wochen dauern, werden eine oder mehrere Themenbereiche bearbeitet, getestet und abschlossen. Anforderungen, die spätere Sprints betreffen, sollten nur so formuliert sein, dass Wechselwirkungen mit der aktuellen Implementierung so gering wie möglich bleiben. Die exakte Ausformulierung des Zielsystems kann also fortlaufend nachjustiert werden.

Maximale Anpassungsfähigkeit mit Scrum

Beispielhaft für diese Vorgehensweise ist die **Scrum-Methode**. Die Anforderungen an das Projekt ergeben sich dabei aus den sogenannten **User Stories**. Das sind einzelne Funktionen und Anwendungsfälle, die sich an den Bedürfnissen der künftigen Nutzer orientieren. Zu Beginn eines Sprints wählt das Team eine realistische Anzahl an Aufgaben bzw. User Stories und kümmert sich um die Durchführung. Dabei dominiert auch innerhalb eines Sprints die flexible Herangehensweise. In täglichen, kurzen Meetings, den sogenannten Scrums, werden die Erfolge des vergangenen Tages bilanziert und die nächsten Schritte besprochen. So soll maximale Anpassungsfähigkeit gewährleistet werden.

Aber nicht nur in der Softwareentwicklung, sondern auch in der Organisationsentwicklung ist es schwierig, von Anfang an Ziele spezifisch und messbar zu definieren.

Und da nicht vorhersehbare Probleme und Änderungen bei der Umsetzung von Zielen eher die Regel als die Ausnahme sind, haben agile Organisationen diese Vorgehensweise übernommen.

Anwendung in der Organisationsentwicklung

Agile Organisationen gelten heutzutage als *die* Struktur, mit der insbesondere der digitale Wandel und das ständig zunehmende Tempo auf den Märkten am besten gestaltet werden kann. Agile Organisationen gelten als flexibel. Sie passen sich neuen Anforderungen von Kunden viel besser an als die traditionellen Linienorganisationen. Sie sind schneller, vor allem wenn es darum geht zu entscheiden. Denn sie organisieren sich meist selbst, ohne die Entscheidungsleitern nach oben und unten zu durchlaufen.

Kurzum: Bei der Einführung einer agilen Organisation geht es um mehr Flexibilität, Schnelligkeit und Vernetzung bei der Planung und Umsetzung von Projekten.

Die agile Bewegung gründet zwar auf der ursprünglichen Idee, bessere Software zu entwickeln. Inzwischen wird der agile Ansatz zu allen Arten von Entwicklungsarbeit wie etwa Design, Technik, Marketing und Management herangezogen. Die anfängliche

Fokussierung auf kleine, selbstorganisierte Teams weitet sich zwischenzeitlich immer mehr zur agilen, bereichsübergreifenden Gesamtorganisation aus.

Zwar werden durch die agile Vorgehensweise die zentralen Probleme des starren Wasserfall-Modells gelöst, allerdings ergeben sich dadurch auch Nachteile: Aufgrund der eigenständigen Arbeitsweise des ausführenden Teams ergeben sich für den Auftraggeber gewisse **Einschränkungen bei der Planungssicherheit**.

Es ist vergleichsweise schwierig abzuschätzen, welches Ergebnis am Ende einiger Sprints zu erwarten ist. Entsprechend problematisch ist auch die Messung der Erfolge insgesamt.

Vor- und Nachteile des Wasserfallmodells

Die Vorteile von dem Wasserfallmodell sind wie folgt:

- Übersichtlichkeit durch genau vorgegebene Abläufe
- Planbarkeit durch fest vorgegebene Abläufe und festen Meilensteinen
- Bessere Budgetierung des Projekts
- Erleichterte Dokumentation durch klare Struktur

Bei dem Modell ergeben sich aber auch folgende Nachteile:

- Änderungen sind schwer umsetzbar durch die starren Vorgaben
- Durch die Vorgaben ist das Projekt relativ starr und nicht leicht anpassbar
- Abnehmer werden erst am Ende des Projekts miteinbezogen

V-Modell

Das V-Modell dagegen ist kein Wasserfallmodell, wie das Aussehen möglicherweise suggeriert, sondern ist eine andere Art von Modell das von links nach rechts, von oben nach unten verläuft. In den einzelnen Schritten kann wieder zum vorherigen Punkt zurückgesprungen werden, wenn Probleme bemerkt werden.

Bei dem Modell gibt es zwei Seiten, die linke in der alle Entwurfsphasen aufgelistet sind und die rechte Seite, auf der alle Testphasen sind. In der Mitte ist die Implementierungsphase.

Es ist primär für die Softwareentwicklung gedacht, bei der die vordefinierten Tests sehr gut integriert werden können. Für alle Vorgänge gibt es einen eigenen Testvorgang, bei dem genau der implementierte Teil des Vorgangs getestet wird. Das ist hilfreich, wenn zum Beispiel. eine Hardware- und Softwareimplementierung gibt und diese separat getestet werden müssen.

Für welche Projekte ist das Wasserfallmodell geeignet?

Das Wasserfallmodell eignet sich besonders durch die vorgegebene Struktur für Projekte deren Ziel, sowie Zwischenziele und Phasen von vornherein klar sind und einfach definiert werden können. Ein konkretes Beispiel hierfür wäre der Hausbau, bei diesem kann man die einzelnen Phasen sehr gut aufteilen und planen.

Fazit

Die agile Organisationsentwicklung, die sich durch hohe Flexibilität auszeichnet, ist der **genaue Gegenentwurf** zur geordneten, linearen, aber starren Vorgehensweise des Wasserfall-Modells. Hohe **Flexibilität** in der Projektdurchführung steht also einer hohen **Planungssicherheit** gegenüber.

Weiterführung

Was liegt da näher, als die Vorteile beider Vorgehensweisen – also Flexibilität und Planungssicherheit – miteinander zu kombinieren? Und genau diese **Kombination aus Wasserfall- und agilem Modell** wird derzeit in vielen Projekten mit gutem Erfolg praktiziert. Dabei werden die einzelnen Phasen nicht mehr so starr voneinander getrennt – Überschneidungen und Reviews sind zugelassen. Darüber hinaus ist es möglich, während der einzelnen Phasen einige Sprints einzubauen, die gewisse Teilaufgaben abschließen. Das Ergebnis ist eine gesunde Mischung aus Planungssicherheit und Flexibilität!

Quelle:

D. Lippold: Die 80 wichtigsten Management- und Beratungstools. Von der BCG-Matrix zu den agilen Tools, 2. Aufl., Berlin-Boston 2023 (mit weiteren Quellenangaben).

Beratermarketing in 4:3 – Wie Technik den Geschmack bestimmt

Unsere Sehgewohnheiten (und damit unser Geschmack) ändern sich schneller als Lucky Luke seinen Colt ziehen kann. Das ist wirklich sehr schnell. Kommt aber nicht von irgendwoher, sondern hat damit zu tun, dass die Technik sich stetig weiterentwickelt. Was das zum Beispiel für Ihre Website bedeutet, lesen Sie im Folgenden. Spoiler: Die Schulterpolster müssen weg!

Untertouriger geht kaum noch: Deutsches Beratermarketing anno 2024

Wie Sie als eifrige Leserin, als eifriger Leser meiner Kolumne bereits wissen, bin ich ein vielseitig interessierter Mann im Körper eines für sein Alter erstaunlich gutaussehenden vielseitig interessierten Mannes. Unter anderem ist es die Literatur, die es mir angetan hat. Weniger die zeitgenössische, eher die um die vorletzte Jahrhundertwende. Vor allem liebe ich Hesse, aber ich will hier niemanden langweilen noch beeindrucken. Mir geht es um etwas anderes.

Es hat sich tatsächlich jemand die Mühe gemacht, alle alten Folgen des Literarischen Quartetts (des Originals mit Reich-Ranicki, nicht der gähnend langweiligen Neuauflage!) bei YouTube hochzuladen. Und die habe ich über die Weihnachtstage so vor mich hin gebinged, die geräuschunterdrückenden Kopfhörer extratief im Gehörgang, sodass ich von der Familie auf Weihnachtsbesuch nur die sich bewegenden Lippen wahrnahm, während mir Hellmuth Karasek an- und aufgeregt erklärte, dass Thomas Mann vielleicht doch nicht der langweilige Schnösel war, als den ich ihn aus Schulzeiten in ausgemacht schlechter Erinnerung habe.

Neben der Literaturkomponente ist es aber auch die Optik des Quartetts, die mich als Grafiker natürlich wahnsinnig fasziniert. Die grellbunten Motiv-Krawatten zu senfgelben Sakkos, in Kombination mit blauverlaufenden Pilotenbrillen und Kniestrümpfen in der Farbe von Sanitätsbedarf – das dürfte man sich heute nicht mehr erlauben.

Ebenso wenig die sorgfältig ondulierten Föhnfrisuren und die schuhkartongroßen Schulterpolster der clownesk schrill geschminkten Frau Löffler. Das waren halt die frühen 90er, mag man sagen, Boy George und so. Heute sieht das alles subtiler aus, alles ist ein bisschen kleiner, feiner, weniger grell.

Wissen Sie, woran das liegt? Geschmack ändert sich und so weiter? Ja, das tut er. Aber nicht aus sich heraus, sondern er folgt einer sich stetig verändernden Technik!

Voll homo, dieser Geschmack!

Das originale Literarische Quartett wurde produziert für Röhrenfernseher mit einer Auflösung von etwa 36 dpi (›dots per inch‹, also einzelne Bildpunkte auf einer Fläche von 2,54 × 2,54 cm) bei einem Seitenverhältnis von 4:3. Wenn man mit dem Gesicht ganz nah an die Mattscheibe rutschte, gingen einem sowohl die Haare hoch, als auch die einzelnen Bildpunkte ins Auge, aus denen das Bild zusammengesetzt war wie ein Mosaik. Sie wissen, was ich meine. Sehr, sehr grob, das.

Während man den Fernseher aus sicherer Entfernung vom Sofa aus betrachtete, wofür dieses grobe Bild absolut ausreichend war, um den Eindruck eines scharfen Bildes zu erwecken, musste für den mehr und mehr am Computer arbeitenden und deshalb näher an den Bildschirm rückenden einzigen rezenten Vertreter der Gattung Homo die Auflösung verbessert werden, um ein scharfes Bild zu erhalten. Die Auflösung wurde verdoppelt auf 72 dpi. Man musste nun schon ganz nah an den Monitor rutschen, um die Bildpunkte noch erkennen zu können.

Je mehr Homos einen Computer zuhause hatten, desto mehr nervten die Röhren, die, je größer desto tiefer wurden und auf einem Schreibtisch sehr viel Platz in alle Richtungen einnahmen, vor allem in Richtung rückwärtiger Wand. Die Nachfrage nach Flachbildschirmen stieg. Und da die Menschen den Computer mit Erfindung der DVD und des entsprechenden Laufwerkes auch mehr und mehr für ihr Vergnügen als nur für ihre Textverarbeitung hernahmen, setzte sich gemeinsam mit dem Flachbildschirm auch direkt das neue Spielfilm-Format 16:9 durch. Der Kölner spricht hier von ›Breitbild‹.

In dieser Zeit, etwa rund um die Jahrtausendwende, begann Frau Löfflers Make-up subtiler zu werden, denn man erkannte plötzlich mehr Details und brauchte fortan keine plakativ-grobe Theaterschminke mehr, um auf den groben Röhren hübsch auszusehen. Auf den neuen HD-Monitoren reichten ein wenig Rouge und ein dezenter Lippenstift, um denselben Effekt zu erzielen. Auch die Schulterpolster wurden kleiner und die plumpe Dauerwelle wich den raffiniert-asymmetrischen Schnitten der späten 90er. Funfact am Rande: Nicht umsonst boomten damals White Strips und andere Zahnaufheller, denken Sie da mal eine Runde drüber nach!

Kurzum, bevor das hier drei Seiten lang wird: Die Sehgewohnheiten der Menschen verändern sich ständig, weil sich die Geräte verändern, auf denen wir unserer Realität und den Ablenkungen von dieser begegnen. Vom schneller werdenden Internet, von Breitband und Glasfaserkabeln und Retinadisplays und von mobilen Endgeräten haben wir noch gar nicht gesprochen.

Tschüss, liebe Textwüste!

Ich habe in meiner letzten Kolumne (›Das Typochen auf dem i – Über Logos in der Beratungsbranche‹) bereits beschrieben, wie sich die Typografie – ähnlich Frau Löfflers Haarpracht – den neuen Sehgewohnheiten dank veränderter Technik anpassen musste. Dasselbe gilt natürlich auch für Internetseiten, für die es nicht unerheblich ist, ob sie in 4:3 oder in 16:9 angezeigt werden. Ob man mit einem 56k-Modem ins Internet geht (Sie erinnern sich: Biieep-biiieeep-buuup-buup-chchchchchh), oder dank Breitbandverbindung auch Videos flüssig abspielen kann. Ob die Websites an einem Büro-PC mit querformatigem Monitor oder auf einem mobilen Endgerät im Hochkant-Modus angeguckt werden.

Über Geschmack lässt sich vortrefflich streiten, weswegen es an dieser Stelle nicht darum gehen soll. Dass man sich mit einer Website, die den Charme einer PowerPoint-Präsentation verströmt, jedoch die Möglichkeit verschenkt, die Menschen nicht nur fachlich, sondern auch emotional abzuholen, was einem eben genau die neuen Techniken ermöglichen, die es heute so gibt, dürfte einleuchten. (Ich musste diesen Bandwurmsatz auch zweimal lesen, um ihn zu verstehen, aber glauben Sie mir: Es ergibt alles einen Sinn!)

Das Cinema-Format lädt dazu ein, große Panoramafotos, vielleicht Videos von Ihnen, Ihrer Arbeit oder der Welt Ihrer Kunden zu zeigen. In Zeiten von schnellem Internet können und sollten Sie sich und Ihr Team nicht als briefmarkengroße Bewerbungsfotos zeigen, sondern mit ›redaktionellen‹ Bildmotiven als eingespielte Einheit, die Spaß hat an dem, was sie tut – nehmen Sie sich den Platz für große Fotos von sympathischen Menschen, selbst auf mobilen Endgeräten werden diese flüssig geladen, 5G sei Dank!

Apropos Platz: Sagen Sie Textwüsten Adieu, auf großzügigen Flächen kann man auch sperrigen Text mit unvermeidlichen Fachwortkaskaden ansprechender anordnen, ihn vielleicht mal auflockern durch ein ansprechendes Foto oder ein grafisches Element (nur bitte, bitte keine Schaugrafiken. Mehr dazu in ›Marketing zum Hirnverbiegen? – Das können Sie von McKinsey, Roland Berger & Co. lernen!‹). Die Leserinnen und Leser werden es Ihnen danken, denn auch hier geht es nicht um Geschmack, sondern um die Tatsache, dass Texte am Bildschirm von hinten beleuchtet werden, was für die Augen anstrengender ist als das Lesen von gedruckten Texten.

Kurzum: Viele Beratungsunternehmen verschenken eine hervorragende Möglichkeit, sich von der Konkurrenz abzuheben, weil sie ihre Internetseiten nicht auf den neuesten Stand der Technik (und der damit verbundenen Sehgewohnheiten) bringen. Sie fahren sozusagen untertourig. Warum? Nun, ein Satz, den wir häufig hören, lautet: »Reicht doch!« Man kommt ja auch auf einer Schildkröte reitend ans Ziel.

Wenn Sie wissen wollen, wo auf der Löffler-Skala sich Ihre Internetseite bewegt und ob die Schulterpolster tiefergelegt werden müssen, wenden Sie sich gerne jederzeit an mich. Sie wissen, wo Sie mich finden. (Wenn nicht: ›Wolfram Saathoff‹ googeln, einer von denen bin ich.)

DESTEP oder PESTEL – was ist das denn?

Stellen Sie sich vor, Sie bekommen von Ihrer Geschäftsführung den Auftrag, für das nächste Geschäftsjahr eine Personalplanung, eine Marketingplanung, eine Vertriebsplanung oder gar eine Unternehmensplanung aufzustellen. Wie gehen Sie diese Aufgabe an? Welche Schritte liegen vor Ihnen? Unser Kolumnist stellt eine Methode vor, die bei der Planung hilft.

(Bild: picture alliance / Zoonar | lev dolgachov)

Keine Sorge, ich nehme Ihnen den anspruchsvollen Auftrag nicht ab. Aber vielleicht kann ich sie Ihnen erleichtern. Grundsätzlich gelten für derartige Planungsschritte, dass vier Fragen nacheinander beantwortet werden:

1. Wo stehen wir?
2. Wo wollen wir hin?
3. Wie kommen wir dahin?
4. Mit welchen Maßnahmen?

Die erste Frage (Wo stehen wir?) hat zwei Aspekte:

Erstens: Wo stehen wir mit unserer Abteilung oder unserem Unternehmen im gesamten Umfeld, also im wirtschaftlichen und politischen Kontext? Hier geht es um eine Einordnung Ihres Bereichs oder des gesamten Unternehmens in seine Umwelt. Eine

Einschätzung der Chancen und Risiken des Personalmarktes oder des Absatzmarktes ist gefragt. Die Einschätzung wird **Umweltanalyse** genannt.

Zweitens: Wo steht unsere Abteilung oder unser Unternehmen im Vergleich zum Wettbewerb? Hier geht es um eine Einschätzung der Stärken und Schwächen. Diese Einschätzung wird **Unternehmensanalyse** genannt. Chancen und Risiken, Stärken und Schwächen? Richtig, wir sind bei der SWOT-Analyse (Strengths, Weeknesses, Opportunities und Threats).

Kontext verstehen, Einflussfaktoren identifizieren

Doch bleiben wir zunächst bei der **Umweltanalyse**. Um eine marktorientierte Planung entwickeln und umsetzen zu können, muss das Management den dynamischen Kontext verstehen, in welchem das Unternehmen agiert, und die wichtigsten Einflussfaktoren dieser Umgebung identifizieren. Diese **externen** Einflussfaktoren, also das Makro-Umfeld des Unternehmens, lassen sich nach dem **DESTEP-Prinzip** in sechs Einflussgruppen unterteilen. DESTEP ist ein englisches Akronym für:

- Einflüsse der **demografischen** Umwelt (engl. *Demographic* environment). Demografischer Wandel, Anwachsen der Migrationsströme und Veränderung der Geschlechterrollen sind hierzu die Stichworte.
- Einflüsse der **makro-ökonomischen** Umwelt (engl. *Economic environment*). Neue Konsummuster, die wissensbasierte Ökonomie, Business Ökosysteme und Wandel der Arbeitswelt zählen zu den wichtigsten Einflussfaktoren.
- Einflüsse der **sozio-kulturellen** Umwelt (engl. *Social-cultural environment*). Soziale und kulturelle Disparitäten, fortschreitende Urbanisierung, Umgestaltung der Gesundheitssysteme und neue Mobilitätsmuster sind hier die entscheidenden Einflüsse.
- Einflüsse der **technologischen** Umwelt (engl. *Technological environment*). Die bedeutendsten Einflussfaktoren auf diesem Gebiet sind die digitale Kultur, die ubiquitäre Intelligenz und die fotschreitende Konvergenz der Technologien.
- Einflüsse der **ökologischen** Umwelt (engl. *Ecological environment*). Klimawandel und Umweltbelastung, Umbrüche bei Energie und Ressourcen und das Lernen von der Natur sind wichtige Einflussfaktoren.
- Einflüsse der **politisch-rechtlichen** Umwelt (engl. *Political environment)*. Globalisierung, globale Risikogesellschaft und Veränderung der Weltordnung sind bedeutende Stichworte hierzu.

Gebräuchlich ist aber auch das Akronym **PESTEL** (manchmal auch **PESTLE**), das für nahezu die gleichen Inhalte beziehungsweise Abkürzungen lediglich eine andere Reihenfolge verwendet. Der einzige Unterschied besteht darin, dass bei der PESTEL-Systematik die *demografische Umwelt* der *sozio-kulturellen Umwelt* zugeordnet wird und die *politische-rechtlichen Faktoren* in zwei Einflussbereiche aufgeteilt werden.

Makro-Umfeld und Mikro-Umfeld

Mit der Analyse à la DESTEP (oder PESTEL) haben wir die Makro-Umwelt und damit die Chancen und Risiken des Unternehmens in diesem Umfeld beschrieben. Kommen wir nun zum Mikro-Umfeld, also zu den unternehmensinternen Einflussfaktoren. Diese lassen sich in Rahmenbedingungen, die das eigene Unternehmen für sein Management setzt, in das eigene Produktportfolio sowie in Einflüsse des Wettbewerbs, der Absatzmittler, der Lieferanten, der Kunden und Teilbereiche der Öffentlichkeit unterteilen.

Daraus lassen sich dann die Stärken und Schwächen des Unternehmens oder bestimmter Bereiche ermitteln und den Chancen und Risiken gegenüberstellen. Diese Vorgehensweise ist uns allen als **SWOT-Analyse** bekannt. Wichtig ist aber, welche Schlüsse aus solch einer Analyse gezogen werden. Dazu müssen die in der Analysephase gewonnenen Daten und Informationen verdichtet und verzahnt werden.

Dieser Verdichtungs- und Verzahnungsprozess, der zudem auch eine Gewichtung und abschließende Bewertung der Datenlage beinhalten muss, führt zum sogenannten **konzeptionellen Kristallisationspunkt**. Er bildet den Ausgangspunkt für die anschließende Zielbildung (zweiter Schritt), Strategiewahl (dritter Schritt) und Maßnahmen-Mix (vierter Schritt). Der konzeptionelle Kristallisationspunkt ist deshalb so bedeutungsvoll, weil hier Analysedaten zu Ziel- und Strategiedaten umgeformt werden müssen. Er bildet also die Brücke zwischen „Wo stehen wir?“ und „Wo wollen wir hin?“

Detaillierte Informationen:

D. Lippold: Marktorientierte Unternehmensführung und Digitalisierung. Management im digitalen Wandel, 2. Aufl., Berlin/Boston 2021.

Bilder sagen manchmal gar nichts – Wie Sie mit falschen Symbolbildern Kunden vergraulen

Wenn Sie einen Lügner überführen wollen, fragen Sie ihn, ob ihm Bildrecherche leichtfällt. Antwortet er mit ›Ja, klaro!‹, ist er ein Kreter. Denn seit Epimenides von Knossos wissen wir: Alle Kreter lügen. Kolumnist Wolfram von Ostfriesland über ein Thema, das jeden betrifft und doch niemand so richtig ernst nimmt. Spoiler: Sie baden gerade Ihre Hände darin.

Dank falschem Bild zur falschen Frau: Heinrich VIII.

Heinrich VIII., Tudor-König von England, war für seinen hohen Frauenverschleiß bekannt. Damals waren Mätressen akzeptiert, doch eine neue Ehe erst nach dem Tod der aktuellen Frau möglich – ein Umstand, der Heinrich missfiel. Scheidungen waren noch kein gängiges Konzept, weshalb er sich auf andere Weise seiner Frauen entledigte. Daraus entstand der bekannte Abzählreim: »Geschieden, Geköpft, Gestorben; Geschieden, Geköpft, Überlebt.« Typischer Alpha-Mann, halt.

Seine vierte Frau, Anna von Kleve, wurde ihm aus politischen Gründen angetragen, wie es damals üblich war. Heinrich willigte nur ein, wenn sie attraktiv sei. Da Instagram noch nicht existierte, musste ein Maler, Hans Holbein, ihn überzeugen. Dieser schuf ein besonders vorteilhaftes Portrait – ein historischer ›Beauty-Filter‹, quasi. Heinrich war begeistert und reiste nach Deutschland, um Anna zu heiraten. Die Realität wich jedoch stark vom Bild ab. Der Schock war groß, und einer erfundenen Legende zufolge wurde daraufhin ›Abbildung ähnlich‹ auf der Rückseite von Ölgemälden Pflicht.

Mit Bildern ist das halt so eine Sache. Sie können im Betrachtenden das Feuer der Lust auf mehr entfachen, sie können aber auch tierisch abtörnen. Sie können einem das

Blaue vom Himmel versprechen, sie können aber auch die rote Flagge sein, die sagt: Geh mal lieber nach woanders, hier ist nicht so gut. Sie können so viel.

Wenn man sich denn Mühe gibt.

Und das ist der Ort, an dem viele Kinder in viele Brunnen fallen, da beobachtet der Hobby-Ornithologe manch denkfaulen Vogel, der ganz der Pareto-Regulatorik folgend denkt: Ach, reicht doch. Das ist in Sachen Marketing eh nie ein guter Gedanke, hier aber im Besonderen.

Stellen wir uns vor, Sie hätten einen ganz tollen Beitrag geschrieben zum Thema Transformation. Haben sich ›richtig fett‹ Mühe gegeben, wie wir jungen Leute das so sagen, finden Ihre eigenen Worte nicht nur gut gewählt sondern herausragend. Ein Wort, das Sie selten verwenden, kommt zum Einsatz: Stolz. Nein, ehrlich: Ihr Artikel ist *wirklich* gut! Steckt ja auch richtig viel Arbeit drin.

Hurtig, hurtig also auf LinkedIn posten, die Leute sollen das Meisterstück ja auch schnell lesen und sich an Ihrer Weisheit wärmen können!

Aber Halt! Mist. Da muss ja noch ein Bild zu. Bild. Hm. Bild, Bild, Bild. Was nehmen? Schnell nachdenken. Transformation. Trans-for-ma-tion. Transf… oh! Idee: Raupe zum Schmetterling! Perfekt. Bild rausgesucht, Artikel hochgeladen. Das ging fix. Sie klopfen sich selbst auf die Schulter und überhören dabei das Platsch!, mit dem wieder ein Kind in einen Brunnen fiel.

›Passt doch‹ reicht nicht!

Bildrecherche ist die Königsdisziplin im Marketing. Das eine, richtige Bild für einen Fachbeitrag zum Beispiel, einen Artikel, Ihre Internetseite, ein Whitepaper et cetera tätä zu finden, kann Stunden dauern. Manchmal Tage. Kein Scherz. Ein gut ausgewähltes Bild kann Menschen dazu bringen, sich für Ihr Thema zu interessieren. Ein schlecht ausgewähltes Bild hingegen lässt die Menschen weitergehen wie ein Schaufenster voller hässlicher Schuhe.

Leider nutzen nur wenige diese Chance, Aufmerksamkeit auf sich und ihre Arbeit zu ziehen. Selbst große Medien mit eigenen Abteilungen für so was geben sich oft genug mit einem beherzten Reicht-doch zufrieden. Geht es zum Beispiel bei Spiegel Online um irgendwas zum Thema Passwörter im Internet, verwendet man ein Bild mit ganz vielen Nullen und Einsen, zwischen denen sinnloserweise das Wort ›Passwort‹ steht. Irgendwas mit KI? Hände auf Tastatur und futuristische Texteinblendung. Unbekannte stehlen 500 Saugroboter? Nein, wir zeigen keine Saugroboter – sondern Blaulicht, schließlich ist ein Verbrechen passiert!

Da mag man sich sagen: Wo ist das Problem? Es wird abgebildet, worum es geht! Passt doch!

Eben nicht, denn bei so naheliegenden Symbolbildern kann die Leserin, der Leser ganz schnell sagen: Interessiert mich nicht, kenn ich schon, betrifft mich nicht. Und scrollt weiter.

Ein gutes Bild zeigt nicht was in der Headline steht (nur eben als Foto), sondern kann – ähnlich wie gute Typografie (mehr dazu in ›Das Typochen auf dem i – Über Logos in der Beratungsbranche‹) – dem Betrachtenden vermitteln, worum *genau* es in dem Text geht, warum *genau* es sich lohnt, ihn zu lesen, kurz: Es kann Interesse wecken, wo unter Umständen noch keines vorhanden ist. Selbst, wenn man sich nicht für Passwörter, KI oder Saugroboter interessiert. Machen Sie dem Leser, der Leserin das Wegscrollen schwerer anstatt sich selbst die Bildrecherche leichter.

Verzichten Sie auf Naheliegendes oder Platzhalter. Also bitte auch keine Bilder von sich schüttelnden Händen, bunten Post-Its, bekrakelten Flicharts oder Hände, die auf Dinge zeigen. Zeigen Sie, worum es Ihnen *wirklich* geht. Wie gesagt: Leicht ist das nicht. Eher die ganz hohe Kunst! Und jetzt kommen Sie mir bitte nicht mit: Du machst es dir doch selbst leicht – im Artikel geht es um Heinrich VIII. und nimmst ein Bild von einem König! Mal ganz unter uns: Erwarten Sie auf Consulting.de einen Artikel über einen mittelalterlichen Frauenhasser? Sehen Sie!

Und wenn Ihnen die Bildrecherche auch immer wieder Probleme bereitet, dann wenden Sie sich vertrauensvoll an die Agentur für Hirn und Herz: Auf www.hausammeer.org wird Ihnen geholfen. Nur nicht bei Scheidungen!

Die Prozessidee – eine Idee, die viele Unternehmen veränderte

Die organisatorische Ausrichtung von Unternehmen nach Geschäftsprozessen hat sich als Managementprinzip seit den 1990er Jahren fest etabliert. Was den Ansatz so erfolgreich macht, wie er mit heutigen, agilen Organisationsformen vereinbar ist und wer am meisten von ihm profitiert, erörtert Dirk Lippold in seiner heutigen Kolumne.

Die Prozessidee hat über das Business Process Reengineering in den 1990er Jahren Eingang in die moderne Managementlehre gefunden. Doch während das Reengineering bald zum Synonym für Personalabbau wurde und bereits fünf Jahre nach der ersten Veröffentlichung von den meisten Unternehmen als Managementtrend abgelehnt wurde, erfreut sich die Prozessidee im Rahmen des Geschäftsprozessmanagements großer Beliebtheit. Doch was ist eigentlich der Kern der Prozessidee? Warum hat sie einen solchen Einfluss auf die Organisationsentwicklung? Warum hat sie das Business Process Reengineering überlebt? Wie verträgt sie sich mit der agilen Organisation? Und schließlich: Wer profitiert am meisten davon?

Trennung von Aufbau- und Ablauforganisation

Gehen wir zunächst einen Schritt zurück und schauen uns die herkömmliche Trennung von Struktur und Prozess und darauf aufbauend die Unterscheidung von Aufbau- und Ablauforganisation an: Die **Aufbauorganisation** regelt die Abteilungs- und Stellengliederung sowie die hierarchische Struktur. Die **Ablauforganisation** befasst sich mit der räumlichen und zeitlichen Abstimmung der Arbeitsgänge. Allerdings greifen diese beiden Gestaltungsaufgaben so tief ineinander, dass eine getrennte Optimierung gar nicht möglich ist. Besonders der zunehmende Zwang zur Dezentralisierung im Hinblick auf Markt- und Kundennähe, zur Umgestaltung der Produktpalette, zur Reduktion des Verwaltungsaufwands, zur Verflachung der Hierarchien u. ä. führt in immer kürzeren Abständen zur Verlagerung oder zum Wegfall von Aufgaben und zu neuen Schnittstellen in der Organisation.

Dieser Dynamik wird das herkömmliche Organisationsverständnis mit hochgradig zentralistischen und arbeitsteiligen Strukturen aber nicht mehr gerecht.

Abbau von Schnittstellen und flachere Hierarchie

Insofern leuchtet es ein, dass die Ansätze zur **Prozessorganisation** die Trennung von Aufbau- und Ablauforganisation ignorieren und von vornherein von einem strukturierten Arbeitsfluss ausgehen. Konkret heißt dies, dass die Analyse der Gesamtaufgabe mit Prozessen vorzunehmen und ganzheitliche Tätigkeitsfolgen mit möglichst klaren Anfangs- und Endpunkten zu identifizieren sind, so dass die Anzahl der Schnittstellen abgebaut werden. Die **Prozessidee** besteht darin, gedanklich einen **90-Grad-Shift der Organisation** vorzunehmen (siehe Abbildung 1). Durch den Wechsel der Perspektive dominieren bei der Prozessorganisation nicht mehr die Abteilungen die Abläufe, sondern der Fokus liegt auf Vorgangsketten bzw. Prozessen, die auf den Kunden ausgerichtet sind. Flachere Hierarchien sind eine Folge.

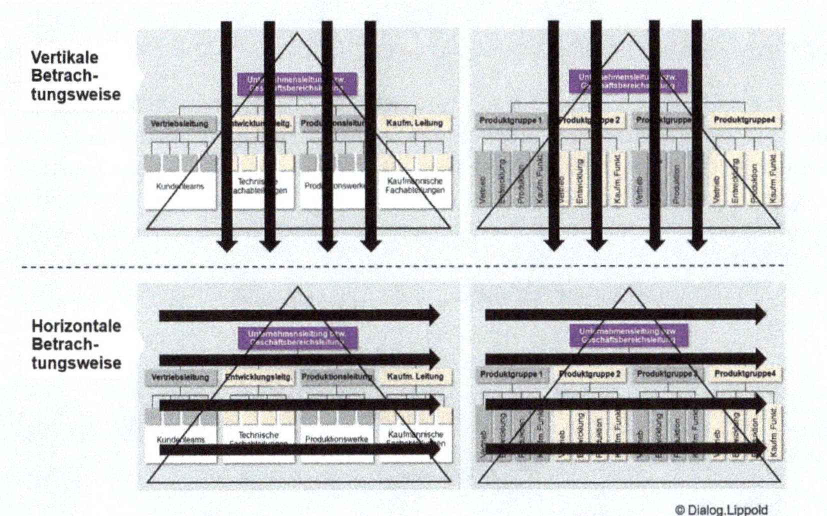

Abb. 1: Der 90-Grad-Shift

Prozess als Kunde-Lieferant-Beziehung

Ein Prozess ist eine Struktur, deren Aufgaben durch logische Folgebeziehungen miteinander verknüpft sind. Jeder Prozess wird durch einen Input initiiert und führt zu einem Output, der einen Wert für den Kunden schafft. Innerhalb des Prozesses werden Vorgaben (= Input) in Ergebnisse (= Output) umgewandelt. Geschäftsprozesse betrachten die einzelnen Funktionen in Unternehmen also nicht isoliert, sondern als wertsteigernde Abfolge von Funktionen und Aufgaben, die über mehrere organisatorischen Einheiten verteilt sein können.

Prozesse wiederum bilden eine Folge von Prozessen im Unternehmen und werden durch Anforderungen des Kunden für den Kunden umgesetzt. Unter Kunden sind dabei sowohl externe als auch interne Kunden zu verstehen. Jeder Prozess liefert Ergebnisse, mit denen der anschließende Prozess weiterarbeitet.

Das Verhältnis zwischen aufeinander folgenden Prozessen ist eine **Kunde-Lieferant-Beziehung**. Mit dem letzten Prozess der Prozesskette erfolgt die Erstellung der betrieblichen Leistung für den Kunden. Die Prozesskette ist linear und Teil der betrieblichen Wertschöpfungskette. Die Durchführung von Prozessschritten wird durch Informationen gesteuert. Die Verbesserung der Prozesse wird heutzutage durch betriebswirtschaftliche Software vorgenommen.

Jedem Prozess kommen damit drei verschiedene Rollen zu:

- Der betrachtete Prozess ist **Kunde** von Materialien und Informationen eines vorausgehenden Prozesses.
- Der betrachtete Prozess ist **Verarbeiter** der erhaltenen Leistungen.

- Der betrachtete Prozess übernimmt die Rolle eines **Lieferanten** gemäß den Anforderungen des nachfolgenden Prozesses und gibt die erstellten Ergebnisse weiter.

Transformation als Neugestaltung der „genetischen Struktur" des Unternehmens

Kundenorientierung ist also die zentrale Leitlinie des Geschäftsprozessmanagements. Je besser und effizienter ein Unternehmen seine Geschäftsprozesse beherrscht und die Kundenanforderungen erfüllt, umso wettbewerbsfähiger wird es sein. Beispiele für die wichtigsten Geschäftsprozesse eines Industrieunternehmens liefert Abbildung 2. Die dort aufgeführten Geschäftsprozesse haben jeweils einen Bezug zum Kunden.

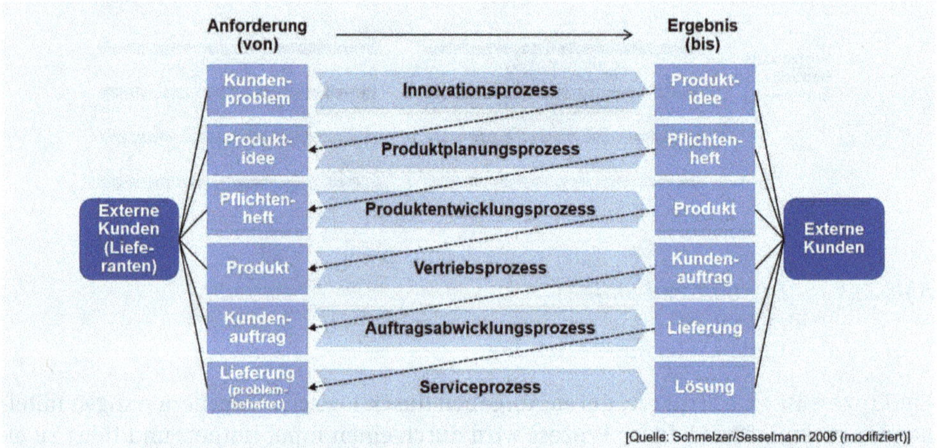

Abb. 2: Geschäftsprozesse in Industrieunternehmen mit Serienprodukten

Prozesse in Unternehmen müssen schnell, kundenorientiert und qualitativ hochwertig ablaufen. Lag in der Vergangenheit das Hauptaugenmerk des Managements auf leicht quantifizierbaren und vor allem finanziellen Elementen, so bietet die Prozessanalyse eine Plattform für einen ganzheitlichen und integrativen Ansatz, der sich auch als **Transformation** bezeichnen lässt. Transformation ist die Neugestaltung der „genetischen Struktur" eines Unternehmens. Dabei gibt es kein Patentrezept.

Jede Transformation erfordert einen spezifischen Weg, einen individuellen Transformationspfad. Das bedeutet, dass unterschiedliche Unternehmensbereiche auch unterschiedlich stark von Veränderungen betroffen sind.

Geschäftsprozesse und Agilität

Agilität und Geschäftsprozesse sind kein Widerspruch. Im Gegenteil, eine Agilität der Geschäftsprozesse bedeutet, Ad-hoc-Änderungen an dessen Aktivitäten ausführen zu können. Agilität im Geschäftsprozessmanagement kommt vor allem dann ins Spiel, wenn es um die Bewältigung von komplexen Aufgabenstellungen, um höhere Reaktionsgeschwindigkeit und mehr Flexibilität geht. Daher nutzen Organisationen für die innovative Prozessgestaltung agile Methoden wie zum Beispiel **Scrum** (für die agile Softwareentwicklung) oder **Design Thinking**, das Prototypen für eine Prozessinnovation, die ein Kundenbedürfnis wirklich erfüllt, liefern kann.

Radikale Neugestaltung von Geschäftsprozessen

Eine besondere Form des Geschäftsprozessmanagements ist das **Business Process Reengineering (BPR)**, dem geistigen Kind der Amerikaner Michael Hammer und James Champy. BPR bedeutet fundamentales Umdenken und radikales Neugestalten von Geschäftsprozessen, um dramatische Verbesserungen bei bedeutenden Kennzahlen wie Kosten, Qualität, Service und Durchlaufzeit zu erreichen. Beim Business Process Reengineering geht es nicht um marginale Veränderungen, sondern um **Quantensprünge**. Verbesserungen von 50 Prozent und mehr sind gefordert. Allerdings wurde das Reengineering sehr schnell zum Synonym für Entlassungen, da fast alle Reengineering-Projekte mit einem Personalabbau einhergingen.

So haftete diesem Managementtrend bereits nach wenigen Jahren ein so schlechter Ruf an, dass sich sogar seine Schöpfer von ihm in Teilen distanzierten.

Die erfolgreichsten Geschäftsprozesse

Geschäftsprozesse, die zu Prozessketten verknüpft sind und deren Output idealerweise einen höheren Wert für das Unternehmen darstellt als der ursprünglich eingesetzte Input, werden als **Wertschöpfungsketten** (Wertketten) bezeichnet. Zu den bekanntesten Wertschöpfungsketten zählen:

- **CRM (Customer Relationship Management)** beschreibt die Geschäftsprozesse zur Kundengewinnung, Angebots- und Auftragserstellung sowie Betreuung und Wartung.
- **PLM (Product Lifecycle Management)** beschreibt die Geschäftsprozesse von der Produktportfolio-Planung über Produktplanung, Produktentwicklung und Produktpflege bis hin zum Produktauslauf sowie Individualentwicklungen.
- **SCM (Supply Chain Management)** beschreibt die Geschäftsprozesse vom Lieferantenmanagement über den Einkauf und alle Fertigungsstufen bis zur Lieferung an den Kunden ggf. mit Installation und Inbetriebnahme.

Wichtige Beiträge für die organisatorische Gestaltung der Geschäftsprozesse leisten prozessorientierte **ERP-Systeme** *(ERP = Enterprise Resource Planning)*.

Die Profiteure

Amerikanische und deutsche Unternehmensberatungen trugen wesentlich dazu bei, das Prozessbewusstsein zu verbreiten. Es verwundert daher auch kaum, dass sich die Organisations- und Prozessberatung zum umsatzstärksten Beratungsfeld entwickelt hat. Jeder dritte Euro, den die Beratungsbranche heutzutage umsetzt, kommt aus der Organisations- und Prozessberatung. Neben den Unternehmen sind es also die Beratungshäuser, die am stärksten von der Prozessidee profitieren.

Zwischenzeitlich hat fast jedes Beratungsunternehmen seine eigenen Methoden und Techniken zur Prozessorganisation entwickelt. Daher haben sich für ein und dieselbe Idee eine ganze Reihe **synonymer Begriffe** etabliert: *Business Process Redesign, Business Reengineering, Process Innovation, Core Process Redesign, Process Redesign* und *Business Engineering*.

Im Gegensatz zu dieser Begriffsvielfalt rund um das *Business Process Reengineering* gibt es aber noch weitere, teilweise ergänzende Ansätze, die sich im „magischen“ Dreieck von Qualität, Zeit und Kosten mit etwas anderen Zielsetzungen bei der Prozessbetrachtung bewährt haben. Eine Beschreibung dieser **Beratungs- bzw. Managementansätze** würde den hier vorgegebenen Rahmen sprengen. Stattdessen sind in Abbildung 3 einige Ansätze mit ihren zentralen Fragestellungen aufgeführt.

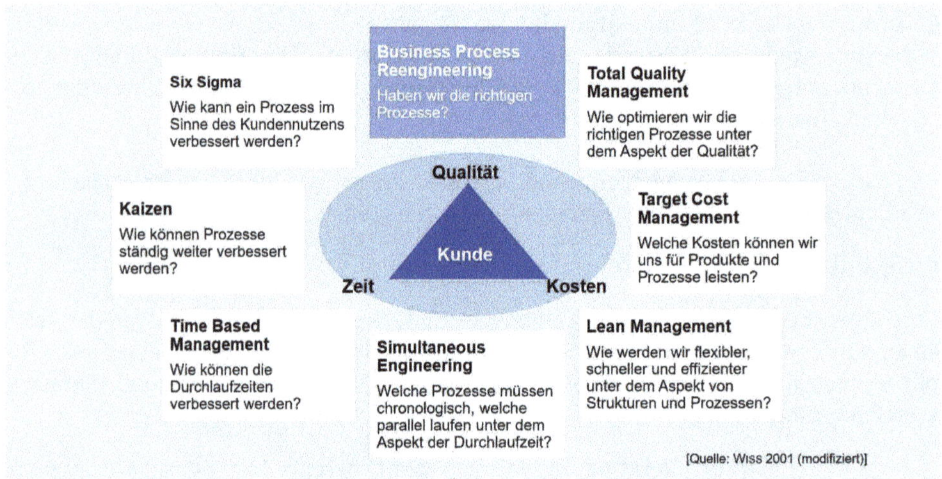

Abb. 3: Beratungsansätze (Auswahl) bei der Prozessgestaltung

Literaturhinweis:

Weitere Informationen zur Umsetzung der **Prozessidee**, zum **Geschäftsprozessmanagement** und zu entsprechenden Literaturhinweisen finden Sie in:

D. Lippold: Die Unternehmensberatung. Von der strategischen Konzeption zur praktischen Umsetzung“, 4. Aufl., Berlin/Boston 2022.

Der Weg in die Zukunft führt über den konzeptionellen Kristallisationspunkt

Wo stehen wir? Wo wollen wir hin? Und wie kommen wir dahin? Bei der Entwicklung einer Unternehmensstrategie steht der gezielte Übergang vom Ist-Zustand zur gewünschten Zukunft im Mittelpunkt. Gerade in jungen Firmen wird dieser Punkt oft unterschätzt – mit häufig existenziellen Konsequenzen, beobachtet unser Kolumnist Prof. Lippold.

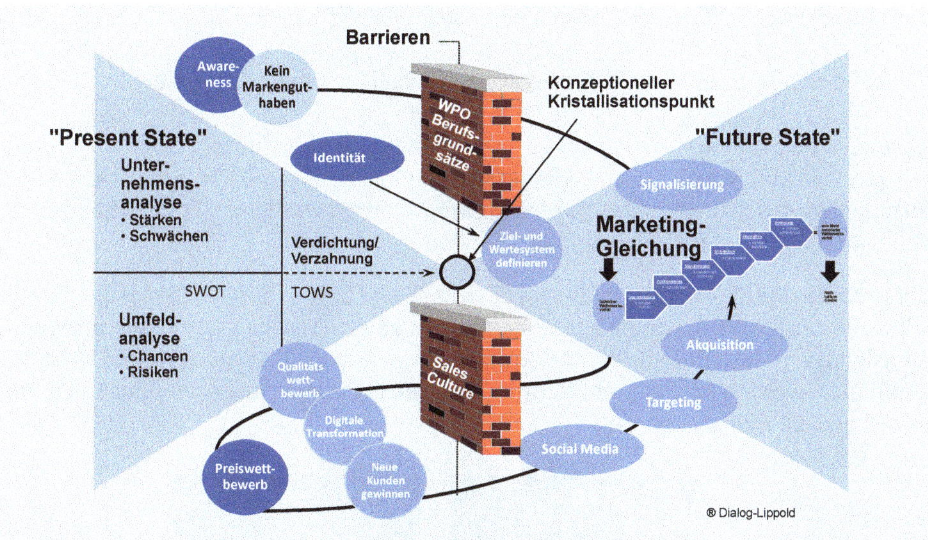

Der konzeptionelle Kristallisationspunkt hat gerade für Beratungsunternehmen, die Start-ups betreuen, eine ganz besondere Bedeutung. Denn bei diesen jungen und noch kleinen Unternehmen, deren Wurzeln in den allermeisten Fällen **bei Technikern und Tüftlern** zu finden sind, zeigt sich im Bereich der strategischen Planung eine wesentliche **strukturelle Schwäche**. Dabei steht der konzeptionelle Kristallisationspunkt im Mittelpunkt. Dies ist nicht immer bekannt und zumeist schon gar nicht bei den Start-ups. Eine Schwäche, die sich durch einige wenige Grundüberlegungen und deren Konsequenzen leicht beheben lässt.

Vom „Present State“ zum „Future State“

Der konzeptionelle Kristallisationspunkt beschreibt in diesem Planungsprozess den gezielten Übergang von der heutigen Situation („Present State“) zur gewünschten zukünftigen Situation („Future State“).

Zur Vorgehensweise: Prinzipiell lässt sich jeder Planungsprozess – und so auch die Unternehmensplanung – mit vier Fragen beschreiben:

1. Wo stehen wir?
2. Wo wollen wir hin?
3. Wie kommen wir dahin?
4. Welche Maßnahmen sind dazu erforderlich?

Im ersten Schritt (Wo stehen wir?) geht es um eine Analyse der Ausgangssituation des Unternehmens. Diese Situationsbeschreibung lässt sich unterteilen in die (externe) **Umfeldanalyse** und in die (interne) **Unternehmensanalyse**. In der Umweltanalyse werden Chancen und Gefahren herausgearbeitet. Bei der Unternehmensanalyse stehen die Stärken und Schwächen in Vordergrund. Diese Vorgehensweise ist uns allen als SWOT-Analyse bekannt.

Wichtig ist aber, die richtigen Schlüsse aus solch einer Analyse zu ziehen.

Dazu müssen die in der Analysephase gewonnenen Daten und Informationen **verdichtet und verzahnt** werden. Das bedeutet konkret, dass aus der Fülle der Daten und Informationen die strategisch relevanten herausgefiltert („verdichtet") und die einzelnen Teilanalysen miteinander verbunden („verzahnt") werden.

Ein probates Mittel dazu ist die (weniger bekannte) **TOWS-Analyse**, die als Weiterentwicklung der SWOT-Analyse angesehen werden kann. TOWS zeigt, wie die unternehmensinternen Stärken und Schwächen mit den externen Bedrohungen und Chancen kombiniert werden können, um daraus vier grundsätzliche Strategieoptionen zu entwickeln (siehe Abbildung).

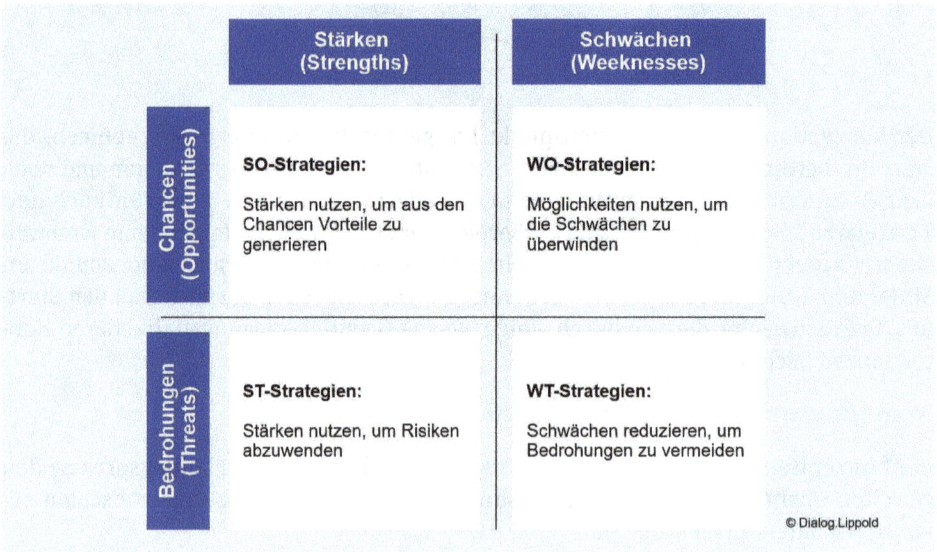

TOWS-Analyse

Dieser Verdichtungs- und Verzahnungsprozess, der zudem auch eine Gewichtung und abschließende Bewertung der Datenlage beinhalten muss, führt zum **konzeptionellen Kristallisationspunkt**. Dieser bildet zugleich den Ausgangspunkt („die Geburt") [Becker 2019, S. 92 f.] für die anschließende Zielbildung (2. Schritt), Strategiewahl (3. Schritt) und den Maßnahmen-Mix (4. Schritt). Der konzeptionelle Kristallisationspunkt ist deshalb so bedeutungsvoll, weil hier Analysedaten zu Ziel- und Strategiedaten umgeformt werden müssen. Er bildet also die Brücke zwischen „Wo stehen wir?" und „Wo wollen wir hin?"

Ein geordneter Planungsprozess als Grundlage

Der konzeptionelle Kristallisationspunkt ist somit das Zentrum einer gezielten Auseinandersetzung mit einem geordneten **Planungsprozess** als Grundlage einer **nachhaltigen Unternehmensstrategie**.

> Gerade in **jungen Firmen** wird dieser Punkt entweder unterschätzt oder gar übersehen – ein Phänomen mit häufig existenziellen Konsequenzen.

Diese Leichtfertigkeit hat vielfältige Ursachen, von denen hier nur drei genannt werden sollen:

Scheinbar niedrige Markteintrittsbarrieren in neuen Marktsegmenten ermöglichen es nahezu jedem Entwickler oder Tüftler seine Idee auftragsunabhängig anzugehen. Der Misserfolg ist vorprogrammiert.

Die eigenen Möglichkeiten und Ressourcen bei Marketing und Vertrieb werden häufig überschätzt.

Der ursprünglich veranschlagte Kosten- und Zeitaufwand für Produktentwicklung und -einführung wird regelmäßig überschritten.

Generell ist es also eine falsche Einschätzung dessen, was es für **Start-ups** bedeutet, neue Produkte profitabel zu entwickeln und zu vermarkten. Umso wichtiger ist es, die Meilensteine für den Entwicklungs- und Vermarktungsprozess ständig im Auge zu behalten. Dazu ist es erforderlich, sich immer wieder die beiden Fragen „Wo stehen wir" und „Wo wollen wir hin?" zu stellen. Und die **Brücke** zwischen den beiden Fragen bildet der konzeptionelle Kristallisationspunkt.

Fazit: Aus der Analysephase kommt man in die anschließenden Ziel-, Strategie- und Maßnahmenphase nur über den konzeptionellen Kristallisationspunkt. Und gerade hierbei sollten Beratungsunternehmen den Start-ups unter die Arme greifen. Schließlich sind Berater der „Master of Universe" in Sachen Unternehmensplanung.

Weitere Informationen und Quellen finden Sie hier:

D. Lippold: Marktorientierte Unternehmensführung und Digitalisierung. Management im digitalen Wandel, 2. Aufl., Berlin/Boston 2021

J. Becker: Marketing-Konzeption. Grundlagen des ziel-strategischen und operativen Marketing-Managements, 11. Aufl., München 2019 (S. 92-107)

Kapitel 12: Consulting und Künstliche Intelligenz

Die Künstliche Intelligenz ist weit mehr als ein Effizienz-Tool. Laut einer KI-Studie von Sopra Steria kann die GenKI sogar die Geschäftslogik sowohl für Kundenunternehmen als auch für das Consulting selbst grundlegend verändern. Wir haben daher für KI aufgrund ihrer besonderen Bedeutung und ihrer disruptiven Kraft ein eigenes Kapitel gewählt.

Vielleicht gelingt dem Marketing ja eine gewisse Renaissance – mit Hilfe von KI. Das sind die Überlegungen im ersten Beitrag dieses Kapitels.

Die durchaus diskutablen Auswirkungen von KI auf das Consulting-Marketing werden im nächsten Beitrag erörtert und anhand von einschlägigen Werbetexten auf die Probe gestellt.

Es folgt ein Artikel über den vergleichsweise restriktiven Datenschutz in Deutschland und die überraschende Erkenntnis, dass der richtige Umgang mit KI in Verbindung mit dem Datenschutz auch ein Wettbewerbsvorteil sein kann.

Im nächsten Beitrag werden die Grenzen von KI schonungslos aufgezeigt. Das uns mag nicht immer gefallen; wir sollten es aber doch jederzeit im Hinterkopf behalten und beim KI-Einsatz berücksichtigen.

Angesichts der spürbaren Auswirkungen der digitalen Transformation und damit auch der Künstlichen Intelligenz auf die Consultingbranche selbst, stellt der letzte Beitrag dieses Kapitels fest, dass sich die Berater fragen müssen, ob die klassischen Geschäftsmodelle des „People Business“ noch weiter funktionieren.

Marketing als Führungsaufgabe im KI-Zeitalter

Marketing ist mehr als Werbung – es ist strategisches Denken mit dem Kunden im Mittelpunkt. Wer heute Sichtbarkeit und Wirkung erzielen will, muss Marketing neu denken – und es als Führungsaufgabe verstehen, sagt unser Kolumnist Prof. Dr. Dirk Lippold. Und KI spielt natürlich auch eine Rolle.

Nicht die Spätesten, sondern die Mutigsten sichern sich Vorteile und gehören somit zu den Vorreitern. (Bild: picture alliance / Sipa USA | Imaginechina)

Marketing zählt zu den Kernkompetenzen jedes Unternehmens. Dennoch ist sein Stellenwert für den Unternehmenserfolg in den letzten Jahren kontinuierlich gesunken. Vielerorts wurde der Marketingbereich zur reinen Werbeabteilung degradiert – der Fokus lag zu stark auf Sichtbarkeit statt auf Wirkung. Marketing ist jedoch eine Denkhaltung, die die Kundenbedürfnisse in den Mittelpunkt unternehmerischen Handelns stellt.

Diese Haltung muss sich die Unternehmensführung zwingend zu eigen machen.

> Marketing ist zu wichtig, um es einer Abteilung zu überlassen.

Die Führungsebene muss – gemeinsam mit der Vertriebs- und Marketingleitung – die kundenorientierten Zügel in der Hand halten. Mit der KI-Transformation und ihrer strategischen Einbindung gewinnt das Marketing künftig noch stärker an Bedeutung.

Warum KI im Marketing zentral ist

Diese positive Entwicklung gilt besonders für den flächendeckenden, strategischen Einsatz künstlicher Intelligenz. KI-basierte Vorhersagen entscheiden auf Basis von Daten, welche Inhalte, Formate und Botschaften Kundenbedürfnisse adressieren. Bauchgefühl wird durch faktenbasierte Modelle ersetzt – oder ergänzt.

Zugleich bleiben viele Unternehmensdaten bislang ungenutzt. KI schafft die Grundlage, um sie in verwertbare Informationen für die direkte Kundenansprache zu übersetzen. Sie verändert nicht nur die Art der Kommunikation, sondern auch die Logik der Kanäle selbst. Sie verfeinert unser Verständnis für Zielgruppenverhalten und unterstützt die Entwicklung neuer Produkte.

KI gehört nicht in die IT-Abteilung, sondern in das Zentrum moderner Marketingstrategien.

Wer verstehen will, wie Kunden heute angesprochen werden, muss nachvollziehen, wie Algorithmen segmentieren, personalisieren und Verhalten prognostizieren.

Führung im KI-Zeitalter: strategisch denken, nicht programmieren

Führungskräfte müssen keine KI-Ingenieure sein – aber sie brauchen strategisches Verständnis. Wer wettbewerbsfähig bleiben will, kann auf grundlegende KI-Kompetenz nicht verzichten – insbesondere bei Entscheidungen über Ressourcen, Positionierung und Produktentwicklung.

Ein anschauliches Beispiel im Rahmen der Marketing-Gleichung sind die beiden strategischen Phasen ‚Segmentierung' und ‚Positionierung'. Mit KI-Unterstützung lässt sich für die Segmentierung per Knopfdruck eine ideale Zielgruppenbestimmung und -analyse nicht nur qualitativ, sondern auch quantitativ durchführen. In der anschließenden Positionierung liefert KI zielgruppengerechte Texte, die eine Werbeagentur nicht besser erstellen könnte.

So ist es nicht verwunderlich, dass einige Unternehmen beim Recruiting ihres Marketing-Personals immer radikaler vorgehen:

Shopify etwa stellt nur noch dort ein, wo Aufgaben nicht automatisierbar sind. Gleichzeitig wird KI-Know-how zur Voraussetzung für neue Mitarbeitende. Duolingo automatisiert mit KI-Übersetzungen und Lernpfaden. Unternehmen wie Bosch, Continental oder Booking.com setzen KI nicht ergänzend, sondern als integralen Teil ihrer Geschäftslogik ein.

Wie sich das Suchverhalten verändert – und was GEO damit zu tun hat

Mit generativer KI verändert sich auch das Suchverhalten. Immer mehr Nutzer stellen ihre Fragen direkt an Systeme wie ChatGPT. Das stellt das Marketing vor neue Herausforderungen: Wie wird Sichtbarkeit erzeugt, wenn es keine Rankings mehr gibt – sondern nur noch generierte Antworten?

Ein strategischer Ansatz ist Generative Experience Optimization (GEO). GEO zielt nicht auf Keywords oder Anzeigenplatzierungen, sondern auf Inhalte, die von Sprachmodellen bevorzugt verarbeitet und zitiert werden. Relevanz und strukturelle Klarheit schlagen Bezahlung.

Während klassische Google-Kaufsuchen zurückgehen, steigt die Nutzung generativer Systeme für Produktentscheidungen stetig. OpenAI-CEO Sam Altman lehnt Werbefinanzierung ab – im Gegensatz zu Plattformen wie Perplexity, die auf klassische Anzeigenmodelle setzen.

Kulturelle und infrastrukturelle Voraussetzungen

GEO zeigt exemplarisch: Technik allein reicht nicht – entscheidend ist, ob sie strategisch genutzt oder operativ umgesetzt bzw. integriert wird. Voraussetzung für einen erfolgreichen KI-Einsatz ist eine funktionierende digitale Infrastruktur mit sicherem Zugang zu integrierten, verwertbaren Daten.

Komplexe Modelle selbst zu entwickeln, ist nicht nötig – wohl aber die Fähigkeit, operative Tools in einen strategischen Rahmen einzuordnen. Wer Prozesse automatisiert oder Zielgruppen differenziert anspricht, braucht kein Expertenwissen, sondern Kontextverständnis und Experimentierfreude.

Die eigentliche Gefahr liegt im Warten. Wer auf „perfekte Lösungen" hofft, überlässt anderen den Lernvorsprung. Wie beim Internet gilt: Nicht die spätesten, sondern die mutigsten Nutzer sichern sich den Vorteil und gehören somit zu den Vorreitern.

Fazit: KI verändert das Marketing – und wer es verantworten muss

KI ist längst Teil des Alltags – besonders bei den „AI-Natives" der jungen Generation. Sie beeinflusst, wie Inhalte konsumiert und Entscheidungen getroffen werden.

> Die Herausforderung für Unternehmen liegt darin, aus der Vielzahl von Tools jene zu wählen, die echten Mehrwert schaffen – strategisch, nicht nur operativ.

Klassische Kennzahlen wie der 1000-Leser-Preis bestehen weiter, aber sie werden ergänzt: Heute stehen über 50 KPIs zur Verfügung – mit teils rückblickender, teils prädiktiver Aussagekraft. KI verändert nicht nur, was gemessen wird, sondern auch, wie gemessen wird – mit Blick auf zukünftige Konversionen, Abwanderungsrisiken und den Customer Lifetime Value.

Wer KI nur als Effizienzhelfer betrachtet, verpasst ihre eigentliche Stärke

Marketing wird nicht ersetzt – aber neu definiert. GEO ist dabei nicht Mode, sondern Methode: eine Schlüsselstrategie für Sichtbarkeit, Wirkung und Wettbewerbsvorteil im KI-Zeitalter.

Und genau deshalb gehört Marketing nicht an den Rand – sondern in die Mitte der Unternehmensführung.

Anmerkung: Für die Erstellung dieses Beitrags bedanke ich mich nicht bei der KI, sondern ausdrücklich bei der fachlichen Expertise des KI-Datenschutzexperten Leon Yeroult Wilms.

Der Einsatz von KI im Marketing – Werbetexte zum Wegdämmern

In einer Branche, die wie kaum eine andere davon lebt, Lösungen für komplexe Probleme zu finden, erscheint künstliche Intelligenz nahezu messianisch. Eine geniale Erfindung, die so viele neue Möglichkeiten bietet wird doch bestimmt auch ein Gamechanger sein für das eigene Marketing! Citius, altius, fortius, ganz im olympischen Sinne – oder gibt es am Ende doch keine Medaille? Sehen wir uns das doch mal genauer an!

Ein Glas Wasser mit Fleischeinlage

Driving Innovation in the Automotive Industry!

Wir sind Ihre Experten für zukunftsorientierte Lösungen im Automobilsektor. Mit tiefgreifendem Branchenwissen und maßgeschneiderten Strategien unterstützen wir Unternehmen bei der Transformation und Optimierung ihrer Geschäftsmodelle. Von der Digitalisierung über Nachhaltigkeit bis hin zu Marktanalysen – wir begleiten Sie auf jedem Schritt des Weges.

Verbessern Sie Ihre Wettbewerbsfähigkeit mit unserer Expertise!

Ihr Partner für die Automobilbranche

Dieser schnarchlangweilige Werbetext wurde von einer KI geschrieben. Nicht von irgendeiner, sondern von ChatGPT, also der Königsklasse unter den Sprachmodellen da draußen. Der Prompt war dieser hier: »Ich bin eine Unternehmensberatung, die sich auf Automotive spezialisiert hat. Ich brauche einen Werbetext in 600 Zeichen für LinkedIn, mit dem ich auf meine Arbeit aufmerksam machen kann.«

Den Prompt bekommt man ohne Frage genialer hin, ich weiß, es musste schnell gehen. Indes: das Ergebnis wird dadurch nicht viel besser ausfallen, denn KI versucht stets, es uns recht zu machen. Und ›recht machen‹, das ist aus Sicht der KI immer der kleinste gemeinsame Nenner. Denn KI guckt nie, wer hat das, was man von ihr will, besonders gut gemacht hat, sondern errechnet den Durchschnitt daraus, wie alle es machen. Sie *qualifiziert* die Texte nicht, die sie zur Grundlage ihrer eigenen Arbeit nimmt, sie *quantifiziert* sie nur. Welche Worte kommen häufig vor, sind beliebt – und diese werden dann von ihr weiterverwurstet, ungeachtet der Frage, ob das sinnvoll ist oder nicht.

Man kriegt also stets einen Mittelwert. Etwas mittel Gutes. Oder mittel Schlechtes, je nachdem, wie man es sehen möchte.

Die Schwäche jeder KI ist eben auch die Schwäche jeder Statistik: Wenn jemand eine Million Euro auf dem Konto hat und jemand anders mit hundert Euro in den Miesen ist, dann meint die KI, jeder Mensch hätte 499.950 Euro auf dem Konto. Je mehr Informationen ich über die Vermögensverteilung in der Welt habe, desto präziser mag der Mittelwert sein. Er sagt aber nichts über die Ausrisse nach oben oder nach unten aus. KI ist also für Menschen, die sich für mittelmäßige Ergebnisse interessieren genau das richtige! Da kann der Prompt noch so krass ausschlawinert sein.

Das liegt im Wesen von KI begründet. Stellen wir uns vor, Sie halten einer KI ein Glas Wasser, halb voll oder halb leer, entscheiden Sie selbst, vor die Webcam und fragen: »Liebe KI, was ist das hier?« Die KI wird sich in den ihr zur Verfügung stehenden Informationen (vulgo: im Internet) umsehen, was sieht so ähnlich aus. Es ist durchsichtig, also wahrscheinlich aus Glas, es enthält Wasser, die Antwort ist ganz klar: »Das ist ein Aquarium!«

Bis hierhin noch nicht sonderlich intelligent, mag man sagen. KI kann zum Glück aber mehr als das, wir wollen sie schließlich auch nicht unterschätzen. Denn tatsächlich fragt der Algorithmus *sich selbst* vor der Antwortsetzung: »Wie sicher bist du dir?« Und wenn die Antwort darauf nicht »100%« lautet, fragt der Algorithmus *sich selbst:* »Was benötigst du, um dir zu 100% sicher zu sein, dass es sich bei dem Gezeigten tatsächlich um ein Aquarium handelt?« KI ist also in der Lage, Muster zu erkennen, *sich selbst* zu vergewissern, dass die Entdeckung von der validen Art ist, und diese Muster dann geordnet wiederzugeben. Was freilich nicht heißt, dass die Antwort dann zwingend richtig ist, die KI kann sich durchaus zu 100% sicher sein, es mit einem Aquarium zu tun zu haben, wie manche Menschen sich zu 100% sicher sind, Christian Lindner wäre ein guter Finanzminister.

So funktioniert, platt gesagt, das, was wir innerhalb und außerhalb Ostfrieslands als ›Künstliche Intelligenz‹ bezeichnen.

Die Dampfmaschine unter den Gamechangern

KI wirbelt gerade vor allem unsere Arbeitswelt in einem Ausmaß durcheinander, das manche sich an die Einführung der Dampfmaschine erinnern lässt, was von manch anderen als horrende Untertreibung verteufelt wird. Welchem Lager ich mich anzuschließen habe, weiß ich selbst noch immer nicht so ganz genau, Sie erleben mich nachdenklich.

Ich bleibe aber bei dem, was ich vor etwas mehr als einem Jahr schon mal geschrieben habe (mehr dazu in ›Skynet für ganz, ganz Arme – wie Künstliche Intelligenz uns nicht helfen kann‹), nämlich dass KI mir meine Arbeit erleichtern, diese (und ganz nebenbei mich) aber nicht wird ersetzen können. Dieser Auffassung scheinen auch die meisten Unternehmensberatungen zu sein, wie der von mir geschätzte Jörg Hossenfelder, beziehungsweise die ihm unterstellte Firma Lünendonk herausfand.

Die Begeisterung darüber, dass KI uns in unserem Alltag die intellektuellen Fleißarbeiten abnehmen kann, sollte uns nicht zu denken verleiten, KI könnte dann auf der von ihr selbst erarbeiteten Faktenlage auch gleich die dazugehörigen Texte für unsere Website oder Broschüre oder unsere LinkedIn-Posts schreiben. Praktischerweise nicht nur einen, sondern gleich zehn davon, zwanzig, dreißig gar. ChatGPT macht das in Sekundenschnelle. Ist doch superpraktisch! Warum also nicht nutzen?

Nehmen wir das furztrockene Machwerk vom Anfang dieses Textes. Marcel Reich-Ranicki würde es vollkommen zu Recht als ›Behauptungsprosa‹ bezeichnen, so er denn noch lebte. Es ist das Äquivalent zu einem ›Mmmmhh, lecker!‹ neben dem Foto eines dampfenden Stücks Lasagne. Es behauptet Gefühle, vermittelt aber keine Fakten. Es zählt die in der Branche ganz üblichen Buzzwords auf, wie ›maßgeschneidert‹ (Strategien, versteht sich, nicht Anzüge!), ›zukunftsorientiert‹, ›Expertise‹, ›wir begleiten Sie auf jedem Schritt des Weges‹, blabla, die Sicherheit und Kompetenz behaupten sollen. Fehlt noch der unvermeidbare ›Sparringspartner‹, dann habe ich ein Bingo!

Ganz wie bei Olaf: Viel Lärm um nichts

Das Problem an diesen Texten jedoch ist, dass sie – wie zum Beispiel eine Rede von Olaf Scholz – mit vielen Worten rein gar nichts aussagen. Die Sätze hangeln sich wie kleine Äffchen an den ausgeleierten Schlagwortgirlanden entlang, zwischen denen blutleere Füllworte wie schiefe Zähne ein Dasein in der armseligen Tristesse eines klar als solcher erkennbaren Werbetextes stehen. Der Leserin, dem Leser ist sofort klar: Hier soll mir etwas verkauft werden.

Die Frage lautet nur: Was denn eigentlich?

Die CDU schreibt ja auch nicht auf ihre Plakate: »Wir machen irgendwas mit Politik.« Wobei … schlechtes Beispiel, ein anderes: Mercedes schreibt ja auch nicht in seine Anzeigen: »Wir machen irgendwas mit Autos.« Nein, unter einer emotionalen Headline (»Ihr Schlüssel zum Glück«) stehen da ganz klare harte Fakten: »Agil, elegant und kurzfristig verfügbar – die A-Klasse von Mercedes-Benz ist wie für Sie gemacht. Genießen Sie jetzt die Progessive Line Advanced Plus mit Ambientebeleuchtung und das Park-Paket mit Rückfahrkamera zu besonders attraktiven Konditionen.« Ich weiß zwar nicht, was eine ›Ambientebeleuchtung‹ ist, aber ich erfahre auf knappem Raum recht präzise, was ich bekomme für mein sauer verdientes Geld.

Wenn ich hingegen die KI bitte, mir »einen Werbetext in 600 Zeichen für LinkedIn, mit dem ich auf meine Arbeit aufmerksam machen kann« zu schreiben, dann schreibt die einfach munter drauflos, wo ein auch nur halbwegs gewiefter Marketing-Experte Sie fragen würde: »Aber *was genau* ist denn Ihre Arbeit? Was machen Sie anders, was macht Sie besonders? Was hebt Sie ab?« Schon mal von USP gehört? Die KI mit Sicherheit nicht – zumindest nicht von Ihrem.

Nein, die KI guckt sich einfach die bereits vorhandenen Websites der diversen Unternehmensberatungen an und remixt deren Texte in der Annahme, das wäre schon alles toll so. Womit wir bei des Pudels Kern wären. Oder bei dem Elefanten im Raum: Die Texte auf den Internetseiten, an denen sich ChatGPT bedient (also den Websites der diversen Unternehmensberatungen – Ihrer Konkurrenz!), sind, man muss es so klar sagen, am Thema vorbei geschriebene Behauptungsprosa ohne nennbaren Mehrwert für Leserin und Leser.

Glauben Sie mir nicht? Probieren Sie es einfach mal aus. Wobei ich mir sicher bin, dass Sie es bereits versucht haben.

Und wenn Sie mit den Ergebnissen unzufrieden sind – was Sie sein sollten –, dann wenden Sie sich einfach an echte Intelligenz, die ein wenig Ahnung von so etwas hat. Die nicht einfach nur nachplappert, was Ihre Konkurrenz ebenfalls nachplappert, sondern Texte schreibt, die wirklich individuell angepasst sind. Nicht auf irgendeine Unternehmensberatung – sondern auf *Ihre!* Also kommen Sie ins Haus am Meer – Ihre Experten für maßgeschneiderte und so weiter, Sie wissen schon, irgendwas mit tiefgreifender Branchenkenntnis.

Künstliche Intelligenz im Consulting boomt, aber wie viel Datenschutz verträgt die KI?

KI verändert die Consultingbranche. Dabei muss der vergleichsweise restriktive Datenschutz in Deutschland aber kein Nachteil sein, meint Prof. Dr. Dirk Lippold. Lernen Sie, warum der richtige Umgang mit KI und Datenschutz ein klarer Wettbewerbsvorteil sein kann und wie kleine und mittlere Beratungshäuser von klaren Datenschutzkonzepten profitieren können.

Wie wird das Zusammenspiel zwischen Consultants und KI zukünftig aussehen? Dem Datenschutz wird dabei, so Prof. Lippold, eine wichtige Bedeutung zukommen (Bild: picture alliance / Bildagentur-online/Blend Images | Blend Images/Donald Iain Smith).

Es ist offensichtlich, dass Deutschland heute nicht den Status einer KI-Entwickler-Nation zugesprochen bekommt. Die meisten KI´s stammen aus den Vereinigten Staaten und China, die neue Innovationen vor dem Datenschutzaspekt einordnen. Langfristig hat Europa mit KI-Regulierungen in Bezug auf Datenschutz möglicherweise aber sogar einen Wettbewerbsvorteil, zumindest aber keinen zeitlichen Startnachteil im internationalen Konkurrenzkampf. Warum?

Wie wichtig ist der Datenschutz?

Experten und Umfragen sehen hierzulande den Datenschutzaspekt als Haupthindernis bei der intensiven Nutzung von künstlicher Intelligenz. Besonders mit Blick auf die

Strafen bei Missachtung kommen neben einem Reputationsverlust Bedenken verstärkt bei Consultants auf. Denn diese arbeiten größtenteils mit fremden Daten, wobei die Frage des Kunden „Was macht eure KI mit unseren Daten?“ naheliegend ist. Einige Kundenunternehmen verbieten deshalb KI komplett, weil sie erhebliche Risiken wie Datenschutzverletzungen und die Gefährdung sensibler Geschäftsgeheimnisse fürchten. Ein solider KI-Datenschutzplan und eine klare Strategie sind daher unerlässlich. Gerade in kleineren und mittleren Beratungshäusern, wo oftmals nur ein geringer Anteil der Mitarbeiter als ausreichend geschult gilt, sollten Führungskräfte den Datenschutz aktiv anstoßen.

Datenschutz muss integraler Bestandteil des gesamten KI-Einsatzes sein. Regelmäßige, professionelle Schulungen, bei denen Datenschutz direkt mit der KI-Nutzung verknüpft wird, sind dabei der Schlüssel.

Ein weiterer Punkt: Wie genau Daten verarbeitet werden, ist in den jeweiligen AGB beziehungsweise Datenschutzregelungen festgelegt. Kostenfreie KI-Tools wie ChatGPT basieren in der Regel auf Standard-AGB – meistens mit US-Datenschutzguidelines, die nicht individuell anpassbar sind. Kostenpflichtige Varianten hingegen bieten häufig zusätzliche Service-Level-Agreements, die konkretere Garantien und deutlichere Datenschutzregelungen enthalten – etwa die Möglichkeit, die Verarbeitung von Nutzerdaten zu Trainingszwecken auszuschalten, sowie transparentere Angaben zu Speicherstandorten und Speicherfristen.

KI-Datenschutz – mehr Chance als Risiko

Größere Beratungshäuser wissen genau, wie sie mit dem KI-Datenschutz umzugehen haben. So lässt Ernst & Young die KI-Nutzung nicht freien Lauf, sondern „sperrt“ sie mit einem privaten Large-Language-Model ein. Die eigene KI namens „EY.ai“ nutzt nur verschlüsselte Daten und lässt keinen Prompt ohne Freigabe durch: Kundendaten werden anonym verschlüsselt oder der Prompt wird geblockt.

Was machen Beratende ohne KI-Kenntnis?

Derzeit sind die Zuhilfenahme künstlicher Intelligenz und der Erfolg im Consulting ein beidseitig glückliches Paar. Doch die Bedenken vor KI-Gesetz-Strafbriefen bzw. Datenschutzmissachtungen können besonders für kleinere Beratungshäuser das Aus im KI-Rennen bedeuten. Hat also der KI-schwache Berater bald ausgedient?

Out-of-the-box-Denken, Fingerspitzengefühl und strategische Weitsicht machen trotz täglicher KI-Updates den Erfolg im Consulting aus. Denn nur ein Mensch kann komplizierte Kontexte, Unternehmenskulturen und persönliche Beziehungen zuverlässig interpretieren. Die KI übernimmt aber zahlreiche repetitive und zeitintensive Tätigkeiten wie Routineanalysen und Datenauswertung. So wird mehr Raum für die eigentliche Beratertätigkeit geschaffen. Nicht von ungefähr kommt daher die Aussage von **Felizitas Graeber**, Leiterin von **Capgemini Invent**:

> „Es ist endgültig vorbei mit Powerpoint-Bullshit, klassischen Benchmark-Studien oder Best-Practice-Szenarien. Die fertigt die GenAI auf Knopfdruck und erlaubt uns Beratern damit, künftig viel detaillierter zu arbeiten.“

KI – die neue Normalität

Nur sechs Prozent der Beratenden sehen durch KI ihren Arbeitsplatz bedroht (BDU-Consulting-Studie 2023). Der KI-Boom hat dafür gesorgt, dass Kundenunternehmen, die KI einsetzen, zu 68,4 Prozent den Einsatz als einen wichtigen – wenn nicht als den wichtigsten – Faktor für den Erfolg ihres Unternehmens heute und zukünftig sehen (Marketing-KI-2025-Studie). So werden Beratende nicht von der KI selbst ersetzt werden, sondern eher von Beratenden, die mehr Vertrauen in die KI haben und diese verstärkt einsetzen!

Jene Beratenden, die sich mit KI lediglich fallweise versuchen, bilden aber nicht die neue Normalität ab. Die Abbildung dieser Normalität ist heute der aktiv KI-einsetzende Beratende. Der überdurchschnittliche Consultant hebt sich durch eine intensivere KI-Nutzung mit Datenschutz ab. Er schaut nach seinen Pain-Points, welche er mit KI delegieren kann, bzw. nach seinen High-Points, die durch KI-Nutzung maximiert werden können.

Der Datenschutz und der AI-Act sind es also nicht, die gegen eine intensive KI-Anwendung sprechen. Gibt es andere Bedenken? Was ist mit Gefühlen, die die KI nachbilden soll?

Intelligente Gefühle. KI kann es fast!

Eine Gefühlsnachbildung erscheint befremdlich. Im Consulting ist jedoch die Vertrauensbildung essenziell. Die KI hilft allerdings bereits, zwischen den Zeilen zu lesen, so Emotionen zuverlässig zu analysieren und Handlungsmöglichkeiten vorzuschlagen. Gepaart mit der Meinungsanalyse aus Online-Foren (KI in der Marktforschung) wird die KI zum Unterstützer des eigenen menschlichen Empfindens (Bauchgefühl). Fakt ist, dass die künstliche Intelligenz keine Intelligenz im eigentlichen Sinne besitzt und nur aus der Analyse und beständigem „digitalen Training" heraus Gefühle deuten und nachbilden kann.

Das neue „GPT-4.5“ von ChatGPT ist dabei Vorreiter. Es versteht die Nuancen zwischenmenschlicher Kommunikation besser als jedes andere Modell. Ohne große Befehlseingabe (Prompting) können empathische Texte generiert werden. Demnach kann die KI für absehbare Zeit keine echten Gefühle aufnehmen, diese aber zuverlässig analysieren sowie mit stetiger Anwendung optimiert nachbilden und damit menschlichem Verhalten näherkommen.

Schlüsselkompetenzen des KI-Umgangs im Consulting

Das richtige Prompten ist zu einer Kernkompetenz geworden, die Consultants heute beherrschen müssen (Prompt Engineering). Doch nicht nur die richtige Befehlseingabe und Verwendungsweise der KI sind von entscheidender Bedeutung. Die korrekte KI-Modellauswahl ist ebenso ein wichtiger Faktor. Aus diesem Grund investieren Consultants trotz KI-Anwendung mehr Zeit in die eigentliche traditionelle Erstellung von Power-Point-Präsentationen als für die Überprüfung und den Feinschliff.

Der Check-up ist in KI-Zeiten eine wichtige Komponente in der Beratung. Mit der Funktion „Deep Research" (Tiefenrecherche) ist die Grundlage für eine Präsentation jeglicher Themengebiete geschaffen. Nach Kontextfragen von Seiten der KI werden mit einem Prompt 5000–10000 verschiedene Wörter inklusive Quellenangaben generiert; Hochwertige Bilder gibt die KI auf Befehl hinzu. Der nächste Betreiber „Gamma" nutzt die vorherigen Informationen nach Layoutauswahl, um eine fertige und faktenbasierte Präsentation zu erstellen.

Der Consultant wird final redigieren, um seine persönliche Note für die Beratung einzubringen. Doch auch in der wichtigen Gesprächsvorbereitung hilft die KI. Man erteilt ihr eine Rolle. Ein Beispiel: „Du bist mein Kunde, ein IT-Unternehmen mit 50 Angestellten. Stelle mir Fragen, die sich aus meiner PowerPoint ergeben, und sei generell kritisch!" Für diesen Testlauf kann man den KI-Voice-Mode benutzen, um wie mit einer realen Person zu kommunizieren.

Fazit: Datenschutz kann bei KI zum Wettbewerbsvorteil werden

Kleine und mittlere Beratungshäuser können und sollten KI trotz strengerer Datenschutz- und KI-Verordnungen erfolgreich nutzen. Mit einem durchdachten Datenschutzkonzept und gezielten Schulungen entsteht Vertrauen und damit ein klarer Wettbewerbsvorteil.

> Nur mit gesundem Menschenverstand, Testphasen und kontinuierlicher Anpassung wird man zum echten KI-Vorreiter.

Meist denken wir beim Datenschutz zuerst an mögliche Bußgelder – doch das greift zu kurz. Menschen lassen sich besser motivieren, wenn ihnen nicht nur Schlechtes erspart bleibt (Compliance-Strafen), sondern wenn sie durch professionellen Umgang mit Daten Vertrauen aufbauen – und damit Renommee und Qualität in der Beratung stärken.

Gerade im Consulting kann Datenschutz zur Chance werden: In Deutschland ist dieser längst Teil der Kultur – wir verfügen über gewachsene Strukturen, die bereits heute einen sicheren Rahmen bieten. Das verschafft einen Vorsprung gegenüber Märkten, die erst später nachregulieren müssen. Es ist nachhaltiger, von Anfang an sichere Lösungen zu schaffen, als später korrigieren oder verbieten zu müssen.

Anmerkung: Für die Erstellung dieses Beitrags bedanke ich mich nicht bei der KI, sondern ausdrücklich bei der fachlichen Expertise des KI-Datenschutzexperten **Leon Yeroult Wilms**.

Quellen:

BDU Consulting Branchenstudie 2023.

Studie: Künstliche Intelligenz – die Zukunft des Marketings 2025. Studienwelle 5. KI-Revolution/SRH.

Skynet für ganz, ganz Arme – wie künstliche Intelligenz uns nicht helfen kann

Als die ersten Vertreterinnen und Vertreter der Gattung Homo ihre ersten Schritte auf diesem Planeten taten, konnten sie noch nicht ahnen, dass gerade einmal 2,5 Millionen Jahre später ihre Nachfahren sich Gedanken machen würden, ob ChatGPT auch PowerPoint kann. Die Antwort ist Ja! Viel mehr aber auch nicht.

Keine Angst, der will nur kopieren!

Als ich das erste Mal außerhalb von Science-Fiction von künstlicher Intelligenz hörte, handelte es sich um ein Produkt von Microsoft, das ›Project Natal‹, das im Rahmen der Electronic Entertainment Expo 2009 vorgestellt wurde. Auf einem Monitor sah man einen CGI-generierten Jungen namens Milo. Und mit diesem Jungen konnte man interagieren, sich mit ihm unterhalten, er konnte Gesichtsausdrücke korrekt lesen, Bilder, die man für ihn gemalt hat, erkennen und ›in die Hand nehmen‹. Gucken Sie sich das Video ruhig mal an – das ist jetzt ganze vierzehn Jahre her!

Seit auf diesem wundervollen Planeten Menschen umher wandern, lernen sie. Da hat vielleicht mal einer unserer Ururururvorfahren einen Säbelzahntiger am Schwanz gezogen, woraufhin das Tier ihn aufaß. Blöd für den betroffenen Menschen, gut für die Umstehenden, die daraus lernten, dass es keine allzu gute Idee ist, einen Säbelzahntiger am Schwanz zu ziehen. Ein anderer kam auf die Idee, dem Tier stattdessen mit einem Speer auf den Pelz zu rücken und siehe da: Leckere Säbelzahntigersteaks für die nächsten drei Wochen. Andere Urmenschen schauten sich das ab und keine zwei, drei Jahre später waren die Säbelzahntiger ausgestorben.

So funktioniert Kultur: Man schaut sich an, was die anderen so machen. Wenn's gut läuft, kopiert man, entwickelt weiter und teilt dann dieses Wissen. Oder man patentiert es und lässt sich dafür fürstlich entlohnen. So oder so: Ohne Copy & Paste wären nicht nur die vielen nullsagenden Zitatpostings auf LinkedIn, die die Welt braucht wie ein drittes Ohr auf der Stirn, unmöglich, sondern auch Fortschritt, der genau dort entsteht, wo jemand mit Kreativität und Tatendrang das bestehende Wissen nimmt und es weiterentwickelt.

Die Lösung für die Naiven

Womit wir bei der Achillesferse aller noch so künstlichen Intelligenz wären. Ihr lieben FDP-wählenden Solutionisten da draußen müsst jetzt mal ganz mutig sein: KI wird unseren Alltag verändern, ja. Sie wird ihn einfacher machen. Aber sie wird uns nicht ersetzen. Und sie kann es nicht *noch nicht*, sondern sie wird es niemals können. Ausrufezeichen. Technologieoffenheit in allen Ehren – aber die schlägt doch allzu schnell in Technologienaivität um.

Woher stammt nun also die Faszination für künstliche Intelligenzen wie ChatGPT? Mal abgesehen von dem wohligen Gegrusel einer möglichen Dystopie, in der die Maschinen uns total Terminator-mäßig unterjochen oder zumindest überflüssig machen, schlimm genug. Davor wurde bei IBMs Ausflug in die Welt der KI gewarnt, deren drei Jahre vor Milo entwickeltes Projekt ›Watson‹ 2011 sogar die amerikanische Version von Jeopardy gewann.

Damals hieß es, künstliche Intelligenz würde Anwälte arbeitslos machen, denn Watson konnte als semantische Suchmaschine unter anderem hervorragend juristische Datenbanken durchsuchen und zusammenfassen. Die Realität sieht anders aus: Im Gegensatz zum Säbelzahntiger sind Anwälte leider nicht ausgestorben. Ich empfehle zu diesem Thema auch die Folge ›ChatGPT und KI – profitieren wirklich alle?‹ des Podcasts von Mace Lanz und R2D2 Precht.

Warum also kann KI uns Menschen nicht ersetzen und wird es auch niemals können? Weil ihr eine menschliche Fähigkeit fehlt, die die natürliche Intelligenz der künstlichen voraus hat: Die Kreativität. Der italienische Künstler Maurizio Cattelan klebte auf der Art Basel in Miami eine Banane an die Wand und nannte diese Installation ›Comedian‹. Wo jeder von uns vor steht und sagt: »Das könnte ich auch!«, käme eine KI niemals überhaupt auf diese Idee. Und ebenso wenig, diese Banane von der Wand zu nehmen, sie aufzuessen und diese Aktion dann ›Hungry Artist‹ zu nennen, wie es der amerikanische Künstler David Datuna tat. Ich bin mir aber sicher, dass ChatGPT mir wahnsinnig viele Bilder dieses – sagen wir mal großzügig – ›Ereignisses‹ heraussuchen und nach Dateigröße vorsortieren kann.

Beratungsdesign wie von Mary Shelley

Was bedeutet das nun für Ihr Marketing? Nun, wenn Sie zu denjenigen gehören, die total meaningfulle Zitate in den Businessnetzwerken posten (ganz abgesehen davon, dass Sie jetzt sofort damit aufhören sollten, das Internet weiter zuzumüllen! – mehr dazu in ›Holleri du Diarrhö – Aphorismen-Durchfall im Business-Netzwerk‹), könnte die KI Ihnen dabei helfen, gute Zitate zu sammeln, diese zu sortieren und so weiter. Die Entwicklung eines Logos hingegen, einer Marketingkampagne oder Ihrer Websitetexte sollten sie der künstlichen Ideenlosigkeit aber nicht überlassen. Zumindest wenn Sie am Ende nicht aussehen wollen, als hätten Sie sich Ihren Auftritt aus denen Ihrer

Mitstreiter zusammengecopyandpastet als wären Sie Frankenstein. Insofern bin ich als Kreativer frohen Mutes: Der Terminator kann mir bestimmt sehr, sehr weh tun. Aber meinen Job machen kann er nicht!

Künstliche Intelligenz kann mir aber dabei helfen, große Datenmengen überblicken und so zum Beispiel Zielgruppen treffsicherer zu definieren. Sie kann für mich recherchieren, welche Informationen es zu dem Thema einer Kundin bereits gibt und sie mir übersichtlich aufbereiten. Sie eröffnet mir im Bereich Trend- und Marktforschung vollkommen neue Möglichkeiten. Kurz: Sie kann Fleißaufgaben erledigen, und das kann sie sogar sehr gut. Die Aufgaben stellen, das kann sie aber nicht. Das Denken muss ich also zum Glück weiterhin selbst übernehmen.

Schließen möchte ich mit einem Zitat von ChatGPT, der/die/das auf die Frage nach der besten Werbeagentur für Beraterinnen und Berater nicht Haus am Meer nannte (weiß halt auch nicht alles), aber trotzdem ganz klug zu antworten wusste: »Ultimately, the best marketing agency for consultants will depend on your specific needs and goals, so it's important to do your research and choose an agency that aligns with your business objectives and values.« This I can only attach myself to!

Was würde ein disruptiver Wettbewerber im Beratungsmarkt tun?

Der digitale Wandel mit Ausprägungen wie Künstliche Intelligenz, Internet der Dinge, Roboter und 3D-Druck ist nicht nur ein zentrales Beratungsthema bei den Kundenunternehmen. Die digitale Transformation hat auch spürbare Auswirkungen auf die Consultingbranche selbst. Hier werden die Beratenden zu Vordenkern in eigener Sache. Consultants müssen sich fragen, ob die klassischen Geschäftsmodelle des „People Business" noch weiter funktionieren.

Künstliche Intelligenz ist nicht nur ein Beratungsthema auf Kundenseite, sondern könnte auch die Consultingbranche maßgeblich verändern. (Bild: picture alliance / Westend61 | MAGIC UNICORN)

Wenn man dem Beratungsforscher Thomas Deelmann in seinem grundlegenden Beitrag „Does AI matter" folgt, so gibt es aus Sicht des Beraters drei Perspektiven beziehungsweise Anwendungsfelder, sich mit der digitalen Transformation im Allgemeinen und mit Künstlicher Intelligenz im Besonderen zu befassen:

1. KI als Beratungsthema etablieren,
2. KI zur Verbesserung der beratungsinternen Effizienz einsetzen und
3. KI zur Veränderung des Geschäftsmodells des Beraters zu nutzen.

Es sollen an dieser Stelle aber nicht die vielseitigen Anwendungsfelder der drei Perspektiven beschrieben werden. Siehe dazu die sehr übersichtlicher Darstellung in „Does AI matter".

Mir stellt sich vielmehr die Frage, ob es sich beim Einstieg in diese Bereiche wirklich um eine Disruption oder doch eher um eine (ganz normale) evolutionäre Entwicklung handelt.

Disruption = revolutionäre Marktveränderung

Disruption bezeichnet eine **revolutionäre Veränderung** des Marktes, indem alte Produkte oder Prozesse (typischerweise) vollständig von neuen und besseren Produkten/Prozessen ersetzt werden. Der Begriff geht zurück auf Clayton M. Christensen, der in „*The Innovator's Dilemma*" die disruptive von der evolutionären Innovation abgegrenzt hat.

Evolution verbessert Bestehendes

Demgegenüber verbessern **evolutionäre Innovationen** etwas Bestehendes (Produkte, Prozesse, etc.) stetig entlang der Kundennutzen-Kurve (rote Gerade in der Abbildung 1). Ein Produkt wird also stetig erweitert und verbessert, sodass sich der Nutzen für den Kunden erhöht. Anbieter und Nachfrager sehen darin einen Fortschritt, der – sobald weitere Anbieter folgen – zu einer positiven Entwicklung des Marktes führt. Allerdings wird diese iterative Verbesserung typischerweise auch dann noch weitergeführt, wenn der Markt diese Verbesserung gar nicht mehr braucht.

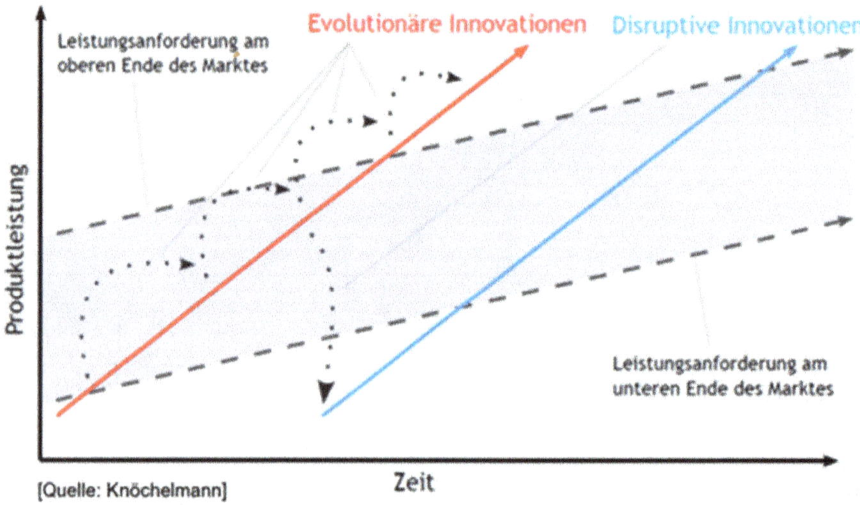

Abb. 1: Evolutionäre versus disruptive Innovationen.

Disruptiv sind dagegen jene potenziellen Innovationen, die nicht sofort Fortschritt bewirken, da sie sich nicht an einer bestehenden Nutzenkurve orientieren. Neue Produkte oder Leistungen, die eine disruptive Innovation (blaue Gerade in der Abbildung 1) darstellen, sind beim Launch oft schlechter als das Marktangebot. Da sie allerdings vom gängigen Kundennutzen abweichen und Vorteile aufweisen, die von den meisten Anbietern und Nachfragern noch nicht als solche angesehen werden, eröffnen sie einen neuen Markt.

Zudem werden diese neuen Entwicklungen anfänglich von den etablierten und marktbeherrschenden Unternehmen nicht richtig eingeschätzt oder sogar verhindert, eben weil sie den eigenen Markt gefährden.

Der neue Markt wird aber bei Erfolg der disruptiven Innovation dem „alten" Markt die Teilnehmenden entziehen, beziehungsweise Verbraucher und Nachfrager aus verschiedenen Märkten in sich vereinen.

Der disruptive Alleskönner

Bekanntestes Beispiel hierfür ist der Smartphone-Markt, der durch Apple begründet wurde. Das Smartphone war von Anfang an mehr als nur ein Handy. Videos gucken, Musik hören, Fotos schießen, in einer fremden Stadt navigieren und im Internet surfen. Damit vereinigte der Alleskönner Millionen Verbraucher aus den zum Teil gesättigten Märkten Handy, Notebook, Laptop, MP3-Player und Digitalkamera sowie auch mobile Spielekonsole in sich.

Der Umkehrschluss ist folglich, dass die Anbieter der bestehenden Märkte ihrer Zielgruppen beraubt werden und so vor einem ausgehöhlten Geschäftsmodell stehen, obwohl sie mit vermeintlich besseren Produkten auftreten können. Damit hat das Smartphone in zweifacher Hinsicht eine besondere Rolle übernommen. Zum einen treibt es dem Markt durch die Vernetzung zu anderen Geräten zu völlig neuen Nutzungsmöglichkeiten an. Zum anderen löscht es Produkte aus, die für sich genommen den Lebenszyklus bei Weitem noch nicht überschritten hatten (siehe Abbildung 2).

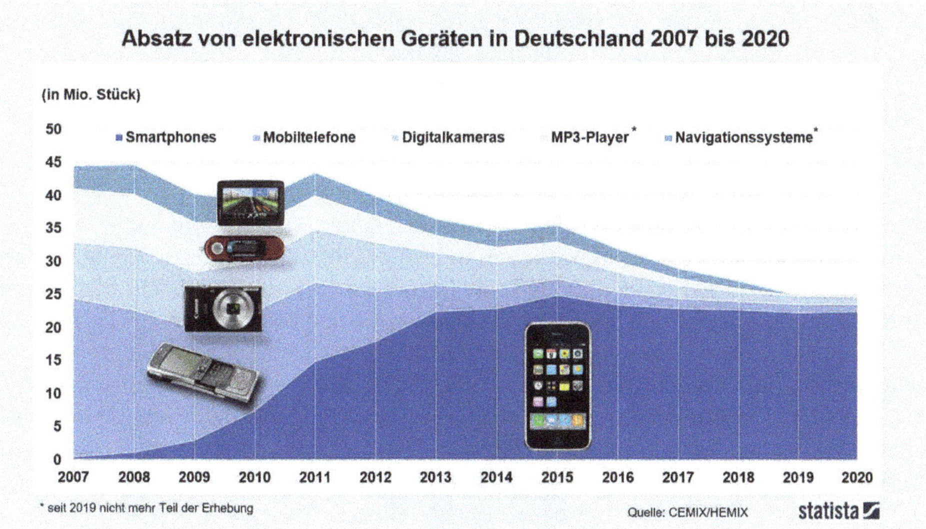

Abb. 2: Der disruptive Alleskönner

Bemerkenswert ist übrigens, dass nahezu alle bahnbrechenden Technologiesprünge, wie zum Beispiel die Entwicklung von der Schreibmaschine zur Textverarbeitung am Computer oder von der Petroleumlampe zum elektrischen Licht, von den Branchenführern verpasst wurden.

Das Prinzip disruptiver Innovationen

Christensen weist in diesem Zusammenhang auf ein **Prinzip** disruptiver Innovationen hin, das führende und marktbeherrschende Unternehmen zu Fall bringen und bestehende Märkte neu ordnen können. Das Prinzip bezieht sich auch darauf, dass sich Technologien schneller entwickeln als Kundenbedürfnisse.

Disruptive Innovationen setzen zwar unterhalb der Marktbedürfnisse an, sodass sie zunächst nicht als Konkurrenz wahrgenommen werden. Bei fortlaufender Entwicklung erkennen Kunden jedoch, dass die disruptive Innovation mehr den konkreten Bedürfnissen entspricht und auch noch günstiger ist. Das Prinzip ist wichtig, um die Veränderungskraft von Apple, Amazon oder auch Tesla zu verstehen.

Disruptive Beispiele gibt es in jeder Branche

Beispiele dafür, wie Unternehmen digitale Technologien einsetzen, um ihre Unternehmen zu transformieren, können in fast jeder Branche gefunden werden. Abbildung 3 zeigt einige Beispiele, die meine Studierenden im Rahmen meiner Vorlesung und Übung „Consulting & Change Management" an der Humboldt-Universität erarbeitet haben. Sie geben ein Gefühl dafür, in welche Richtung sich Märkte im Zuge von disruptiven Innovationen entwickelt haben.

Kommen wir zurück zur Ausgangsfrage: Disruption oder Evolution im Beratungsmarkt?

Sicherlich sind die Anwendungsfelder 1 und 2 – also KI als Beratungsthema und KI zur internen Effizienzsteigerung – keinesfalls als disruptive Innovationen im Beratungsmarkt anzusehen. Es handelt sich um zeitgemäße evolutionäre Entwicklungen, die auf bestehende Prozesse aufsetzen.

KI-Lösungen als Consulting-Ersatz

Anders sieht es im Anwendungsfall 3 – KI-Lösungen als Consultant-Substitut – aus. Wenn hier auch keine disruptive Innovation in der Größenordnung eines Smartphones zu erwarten ist, so kann die digitale Transformation und hier besonders die Anwendung der Künstlichen Intelligenz durchaus Potenziale eröffnen, die bei Erfolg dem „alten" Markt die Teilnehmer entziehen können. Wie gesagt, ein Kennzeichen der Disruption ist, dass die neuen Entwicklungen anfänglich von den etablierten und marktbeherrschenden Unternehmen nicht richtig eingeschätzt oder sogar verhindert wird, eben weil sie den eigenen Markt gefährden. Insofern könnte nicht nur aus diesem Grunde einiges für eine Disruption im Beratungsmarkt sprechen. Die „Ask me anything"-Funktionalität könnte hierbei eine Schlüsselrolle spielen.

Sektor/Branche	Alt	Neu
Kommunikation	Visitenkarten	Social-Media-Profile
	Brief	E-Mail
	Meeting	Videokonferenz
	Wandtafel	Smartboard
	Mobiltelefon	Smartphone
Mobilität / Antrieb	Kompass	GPS
	Pferdekutsche	Auto (autonome Fahrzeuge)
	Brennstoffmotor	Elektro / Brennstoffzelle
Gesundheit / Hygiene	Sehhilfe (Brille/Kontaktlinse)	Laser Operation
	Besen	Staubsaugerroboter
	Postnatale Untersuchung	Pränatale Untersuchung
	Röntgen	Elektroenzephalografie & MRT
	Holzbein	Biomechanische Prothesen
Entertainment	CD/DVD/Kino	Streaming
	Röhrenfernseher	Flachbildschirm
Dienstleistungen	Ladengeschäft	Onlineshop
	Reisebüro	Buchungsplattform
	Steuererklärung (Papierform)	Digitale Abgabe
	Bargeld	Kreditkarte
	Bankfiliale	Online-Banking
Industrie (allgemein)	Buch (Print)	E-Book
	Dreh-/Fräsmaschine	3D-Drucker
	Fließbandarbeiter	Industrieroboter
Informationen	Akten	Digitale Datenbank
	Zeitung	Presseportal
	Analoge Kamera	Digitale Kamera
	Passwort	Fingerabdruck
	Enzyklopädie	Wikipedia

Abb. 3: Beispielhafte digitale Technologien, die Branchen verändert haben.

Quellen und vertiefende Literatur:

D. Lippold: Digital (mit)denken – analog lenken. Eine Roadmap durch die digitale Transformation, Berlin/Boston 2020.

Kapitel 13: Consulting und Leistungsspektrum

Das 13. Kapitel befasst sich mit verschiedenen inhaltlichen Ausprägungen der Unternehmensberatung, die im Wesentlichen das Leistungsspektrum dieser Branche ausmachen.

Zunächst geht es um das ewige Wettrennen zwischen der klassischen und der IT-orientierten Beratung mit einem vielleicht etwas überraschendem Ergebnis.

Wie sich das moderne Consulting mit den Möglichkeiten der Digitalisierung auseinandersetzt und welche Perspektiven sich dabei auftun, behandelt der nächste Beitrag. Bemerkenswert ist dabei, dass die Consulting-Branche, die sonst eigentlich immer ein wenig vor den Trends liegt, sich hier aber recht schwertut.

Der nächste Beitrag beantwortet die Frage, warum die Consulting-Honorare so hoch sind wie sie sind. Anhand von wesentlichen KPIs wird deutlich, wie sich Honorare aus den Kostenstrukturen ableiten. Entscheidende Stellschrauben sind dabei die Gehälter der Partner.

Manche sagen, dass Consulting eigentlich nur ein anderes Wort für Change, also Veränderung im Sinne von Verbesserung sei. Wenn dem so ist – und Vieles spricht dafür – dann muss man auch jene Akteure auf Kundenseite kennen, die einer Verbesserung entgegenstehen.

Wer kennt sich aus im Dickicht der verschiedenen Dienstleister im IT-nahen Beratungsbereich? Eine Antwort auf die Begriffsvielfalt in der IT-Beratung gibt der letzte Beitrag in diesem Kapitel.

Strategieberatung oder IT-Beratung – wer macht das Rennen?

Die Strategieberatung prägt das Bild der Consulting-Branche wie kein anderes Beratungsfeld, obwohl der Löwenanteil des Umsatzes durch IT-Beratung gemacht wird. Zeit, sich einmal näher mit den Unterschieden zwischen den beiden Feldern zu beschäftigen, findet Kolumnist Prof. Lippold.

Fragt man Hochschulabsolventen, so präferieren diese ganz eindeutig die Strategieberatung. Den Studierenden ist häufig aber gar nicht bewusst, dass die Beratungsbranche insgesamt den Löwenanteil ihres Umsatzes – nämlich über 65 Prozent – mit IT-orientierten Beratungsleistungen (Organisations- und Prozessberatung, Systementwicklung und -integration, IT-Consulting) und nicht mit der Strategieberatung (Anteil: ca. 17 Prozent) erzielt.

Obwohl die Strategieberatung also nicht einmal ein Fünftel des gesamten Umsatzes der Branche ausmacht, ist sie in gewisser Weise systembildend beziehungsweise prägend für die gesamte Branche und nimmt in jeder Hinsicht eine dominierende Rolle unter allen Beratungsfeldern ein, ohne dass eine akzeptierte Trennlinie zur IT-nahen Beratung vorhanden ist.

Strategieberatung ist Image-prägend, IT-Beratung der Wachstumsmotor

Motor des Wachstums für die Beratungsbranche sind aber eben nicht mehr die klassischen betriebswirtschaftlichen Themen der Strategieberatung, sondern vornehmlich IT-orientierte Themen von Cloud Computing über Big Data/Analytics und KI bis hin zur IT-Security. Aufbauend auf den Möglichkeiten der zunehmenden Digitalisierung zeichnet sich darüber hinaus ein Trend zum Online-Vertrieb und zu Online-Services ab.

Daher ist es an der Zeit, einmal auf die wichtigsten Unterscheidungskriterien zwischen Strategieberatung und IT-orientierter Beratung einzugehen.

Strategieberatung hat die langfristigen Potenziale und Wettbewerbsvorteile der Kundenunternehmen im Blick. Die Beratungsleistung befasst sich mit der Entwicklung von Zukunftsbildern zur dauerhaften Sicherung des Unternehmenserfolgs des Auftraggebers. Überlegenes Wissen, das bei den Kundenunternehmen so nicht vorhanden ist, spielt hier bei der Auftragsvergabe die zentrale Rolle.

Die **IT-Beratung** ist dagegen primär operativ ausgerichtet. Ihr Ziel liegt in der Verbesserung des Einsatzes der Informationsverarbeitung. Dabei steht die Erhöhung der Effektivität und Effizienz im Mittelpunkt der Leistungserstellung. Ressourcenknappheit sowie Technologie- bzw. Digitalkompetenz können hierbei ausschlaggebend für die Beauftragung sein.

Unterschiede hinsichtlich Tätigkeiten, Auftraggebern und Kundenstruktur

Hinsichtlich der **Tätigkeitschwerpunkte** wird bei der Strategieberatung in den Beratungsphasen Analysieren, Planen, Konzipieren deutlich mehr Umsatz generiert als in den Phasen Umsetzen, Implementieren. Bei den IT-Beratungsunternehmen ist es genau umgekehrt.

Auftraggeber für die Strategieberatung ist zumeist die Geschäftsführung. Auftraggeber der IT-Beratung sind dagegen mehrheitlich die Fachbereiche sowie die IT-Abteilung der Kundenunternehmen.

Während die **Kundenstruktur** der IT-Beratung nahezu das gesamte Spektrum von den kleineren Unternehmen bis hin zu den Großunternehmen umfasst, nehmen – nicht zuletzt aufgrund deutlich höherer **Tagessätze** – nur mittelgroße und große Kundenunternehmen die Leistungen der Strategieberatung in Anspruch.

Im IT-Beratungsbereich herrscht auch häufig eine Spezialisierung nach einer oder wenigen Branchen vor. Bei der Strategieberatung ist solch eine **Branchenspezialisierung** dagegen eher selten. Ausnahmen bestätigen allerdings auch hier die Regel.

Unterschiede auch bei Eigentumsverhältnissen

Bei den **Eigentumsverhältnissen** zeichnen sich ebenfalls Unterschiede ab. Strategieberatungen tendieren eher zum Partnerschaftsmodell, bei dem es um Unternehmen geht, die sich im Eigentum der leitenden Angestellten (Partner) befinden. Bei IT-Beratungsgesellschaften ist das Investorenmodell und damit die Kapitalgesellschaft besonders beliebt, weil hier zumeist hohe Investitionen in Hard- und Software sowie in die Rauminfrastruktur getätigt werden müssen.

Übrigens: Auch klassische Strategieberatungen wie McKinsey oder Boston Consulting Group (BCG) haben längst erkannt, dass in der IT-nahen Beratung deutlich mehr Geld zu verdienen ist. Eine besondere Bedeutung spielen dabei die Möglichkeiten der digitalen Transformation. So haben **McKinsey** und **BCG**, die in den letzten Jahren im deutschsprachigen Raum mehrere hundert Mitarbeiter eingestellt haben, vor allem Berater mit

Technologiekompetenz, vorzugsweise Experten für Künstliche Intelligenz und Blockchain rekrutiert.

Kriterium	Strategieberatung	IT-Beratung
Ziel/Aufgabe	Analyse und Verbesserung strategischer Wettbewerbspositionen	Verbesserung der Effektivität und Effizienz der Informationsverarbeitung
Gründe für Auftragsvergabe	Überlegenes Wissen	Überlegenes Wissen oder Ressourcenknappheit
Tätigkeitsschwerpunkte	Analysieren, Planen, Konzipieren	Umsetzen, Implementieren
Auftraggeber	Überwiegend Geschäftsführung	Überwiegend Fachbereiche oder IT-Abteilung
Kundenstruktur	Große und mittelgroße Unternehmen	Alle Unternehmensgrößen
Ø Tagessatz	Eher > 1.500 Euro	Eher < 1.500 Euro
Branchenspezialisierung	Eher nicht	Häufig
Eigentumsverhältnis	Eher Partnerschaft	Eher Kapitalgesellschaft

[Quelle: In Anlehnung an NISSEN/KINNE 2008, S. 102]

Gegenüberstellung von Strategie- und IT-Beratung

Vertiefende Informationen:

D. Lippold: Die Unternehmensberatung. Von der strategischen Konzeption zur praktischen Umsetzung, 4. Aufl., Berlin-Boston 2022

D. Lippold: Grundlagen der Unternehmensberatung. Lehrbuch für angehende Consultants, 3. Aufl., Berlin/Boston 2023

Beratung auf dem schwierigen Weg zur Digitalisierung

Die digitale Transformation ist für Consultants nicht nur Beratungsgegenstand. Auch sie selbst stehen vor der Herausforderung, das eigene Geschäftsmodell zu überdenken. Unser Kolumnist Prof. Lippold stellt die drei Perspektiven vor, aus denen Beratungen die Digitalisierung betrachten sollten.

Auch Beratungen müssen Wege finden, ihre Geschäftsmodelle an die fortschreitende Digitalisierung anzupassen. (Bild: picture alliance / creasource | Creasource)

Sind unsere Unternehmenslenker mit der Digitalisierung überfordert? Es scheint so, denn In Deutschlands Unternehmen wächst die Sorge, den Anschluss an ihre digitalen Wettbewerber zu verlieren. So meldet der Digitalverband Bitkom im Juni 2023, dass eine deutliche Mehrheit (60 Prozent) der befragten Unternehmen aktuell Wettbewerber voraussieht, die frühzeitig auf die Digitalisierung gesetzt haben. Das eigene Unternehmen halten derzeit knapp zwei Drittel (64 Prozent) für einen Nachzügler bei der Digitalisierung.

Das sind Ergebnisse einer **Befragung von 602 Unternehmen** ab 20 Beschäftigten in Deutschland, die im Auftrag von Bitkom im Frühjahr 2023 durchgeführt wurde (siehe Abbildung 1).

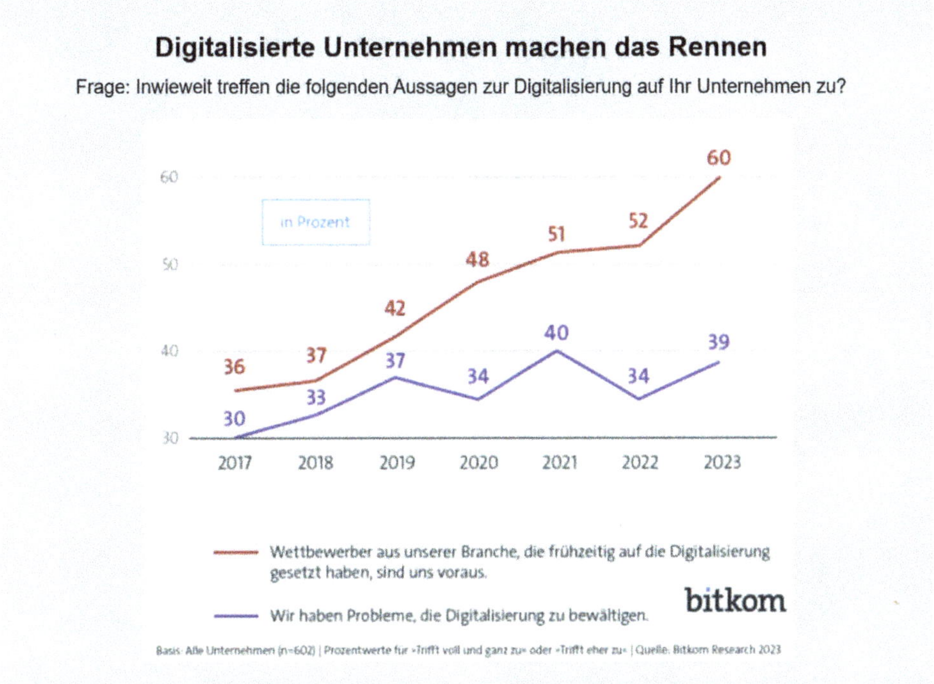

Abb. 1: Digitalisierte Unternehmen machen das Rennen

Angesichts dieser Umfrageergebnisse ist die logische Schlussfolgerung, dass hier ein weites Feld für unsere Unternehmensberater besteht. Die besondere Bedeutung der Digitalisierung für die deutsche Wirtschaft und Verwaltung wird auch dadurch unterstrichen, dass der neue Bitkom-Präsident Ralf Wintergerst „die 2020 Jahre zur digitalen Dekade“ ausgerufen hat.

Drei Perspektiven der Digitalisierung

Aus Sicht der Beratung hat die digitale Transformation aber nicht nur kundenseitige Perspektiven. Auch Unternehmensberatungen selbst stehen vor der Herausforderung, das eigene Geschäftsmodell zu überdenken.

Um wettbewerbsfähig zu bleiben, müssen Chancen digitalisierter Beratungsansätze genutzt werden. Durch virtualisierte Prozesse, durch ein digital ergänztes Leistungsportfolio und durch angepasste Organisationsstrukturen können Kostensenkungspotenziale freigesetzt werden. Kundenanforderungen lassen sich besser abdecken und gleichzeitig die Work-Life-Balance von Mitarbeitern verbessern (Stichwort: Homeoffice).

Digitalisierung darf also nicht nur als Beratungsprodukt oder Beratungsgegenstand gesehen werden. Es muss auch betrachtet werden, ob und wie Beratung selber digitalisiert werden kann. Somit ergeben sich drei Perspektiven einer Unternehmensberatung auf die Digitalisierung (siehe Abbildung 2).

Abb. 2: Drei Perspektiven der Beratung auf die Digitalisierung

In der **ersten Perspektive** wird die Digitalisierung „nur“ als Beratungsgegenstand oder Beratungsprodukt gesehen. Gemeint ist ausschließlich die Kundenorientierung wie zum Beispiel die Erstellung einer Digitalisierungsstrategie im Rahmen eines Kundenprojekts.

Die **zweite Perspektive** sieht die Möglichkeiten der Digitalisierung als einen pragmatischen Weg, um die eigene Beratungseffizienz zu steigern. Ein Beispiel dafür ist die Nutzung von Videokonferenzen anstelle von Präsenzmeetings.

In der **dritten Perspektive** betrachtet der Berater die Digitalisierung als Vorstufe zu einer signifikanten Veränderung des eigenen Geschäftsmodells. Ein naheliegendes Beispiel ist der Ersatz von menschlicher durch computerisierte Arbeitsleistung. „Wenn man also statt „Digitalisierung“ von „Automatisierung“ sprechen würde – wenn die Kerngeschäftstätigkeit von Beratungen also vollautomatisch ablaufen würde? Dann wäre das „People Business“ in seinen Grundfesten erschüttert und auf den Kopf gestellt, da keine „People“ mehr „Business“ machen würden!“ [Thomas Deelmann].

Doch welche Schritte unternehmen Consulting-Firmen selbst, um die Digitalisierung für Ihr eigenes Geschäft zu nutzen? Welcher Beratertyp dominiert derzeit die Beratungslandschaft? Ist es eher noch der klassische Face-to-Face-Berater oder hat sich bereits der Digital Enthusiast durchgesetzt? Die Antwort ist ebenso wenig überraschend wie eindeutig. Der klassische Face-to-Face-Berater beherrscht nach wie vor das Beratungsgeschehen (siehe Abbildung 3).

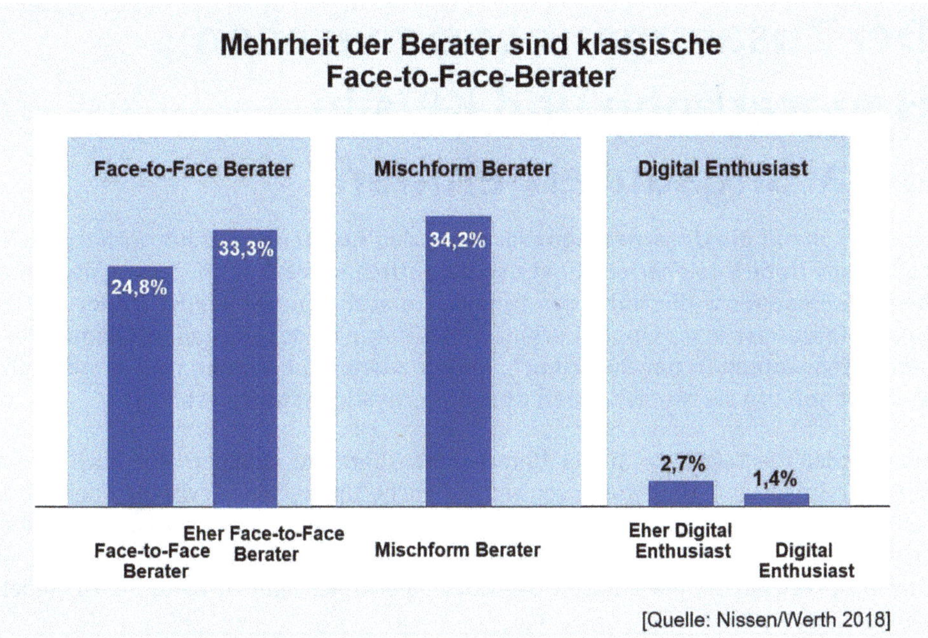

Abb. 3: Mehrheit der Berater sind klassische Face-to-Face-Berater

Weitere Informationen und Quellen:

D. Lippold: Grundlagen der Unternehmensberatung. Lehrbuch für angehende Consultants, 3. Aufl., Berlin/Boston 2023

D. Lippold: Einführung in das Consulting. Strukturen – Trends – Geschäftsmodelle, Berlin/Boston 2022

Der Zusammenhang zwischen Honorarhöhe und KPIs in Beratungsunternehmen

Seit Jahren hat die Unternehmensberatung den Ruf, teuer zu sein, wobei gleichzeitig eine hohe Unsicherheit über den eigentlichen Wert der Beratungsleistung besteht. Besonders die Höhe der Tagessätze steht immer wieder in der Kritik. Unser Kolumnist Prof. Lippold erläutert im Rahmen des aktuellen Themendossiers "Kennzahlen in der Beratung", wie sie zustande kommen und in welchem Zusammenhang sie mit zentralen KPIs in Beratungshäusern stehen.

Wie werden die Tagessätze in der Unternehmensberatung gebildet? Wie hoch ist ein etwaiger Spielraum? Und wie lassen sich mögliche Unterschiede zwischen den Beratungsunternehmen erklären? Zur Beantwortung der Fragen sind die KPIs, die als wesentliche Stellschrauben für das Beratungsgeschäft schlechthin gelten, heranzuziehen und entsprechend der jeweiligen Ausstattung einer Unternehmensberatung zu modellieren.

Unter den zig KPIs, die den Beratungsunternehmen zur Verfügung stehen, sind es prinzipiell lediglich **vier KPIs** – respektive Modellparameter – die zur Beantwortung der oben gestellten Fragen herangezogen werden müssen:

- Kostenstruktur
- Mitarbeiterstruktur/Pyramidenstruktur
- Auslastung
- Konvertierungsrate

Kostenstrukturen von Beratungsunternehmen

Beratungsunternehmen halten in aller Regel ihre Kostenstrukturen strikt geheim – sogar gegenüber den eigenen Mitarbeitenden. Diese stöhnen teilweise sogar über ihre eigenen Tagessätze, die sie bei Vertragsverhandlungen im Vertrieb gegenüber den Kunden vertreten müssen oder im Projekt insbesondere dann, wenn ein Teil der zugesagten Leistung durch unbezahlte Überstunden zu erbringen sind.

Trotz aller Geheimhaltungsbestrebungen liefert die BDU-KPI-Studie von 2020 aussagekräftige Durchschnittswerte über den deutschen Consultingmarkt (siehe Abbildung 1).

> Wesentlich für das Verständnis der Kostenstruktur von Beratungsunternehmen ist die (nicht überraschende) Erkenntnis, dass die Personalkosten den größten Kostenblock darstellen.

Diese werden wiederum durch die Höhe der Gehälter und Boni bestimmt. Die **Personalkosten** (inkl. Sozialabgaben) sind nicht nur der größte Kostenblock, sondern mit 63,6 Prozent machen sie fast zwei Drittel aller Kosten einer Unternehmensberatung aus.

Analysiert man die durchschnittliche Kostenstruktur nach **Beratungsfeldern**, so zeigt sich, dass IT-nahe Beratungen mit durchschnittlich 23,1 Prozent den höchsten Fremdleistungsanteil aufweisen. Bei den Managementberatungen sind es mit 18,9 Prozent über vier Prozentpunkte weniger. Bei der Kostenstrukturanalyse fällt weiterhin ins Auge, dass die Fortbildungskosten mit 1,7 Prozent bei den Managementberatungen mehr als doppelt so hoch ausfallen wie bei den IT-nahen Beratungen. Ansonsten liegen Kosten für Marketing und Kommunikation auch im Branchenvergleich durchaus im Rahmen.

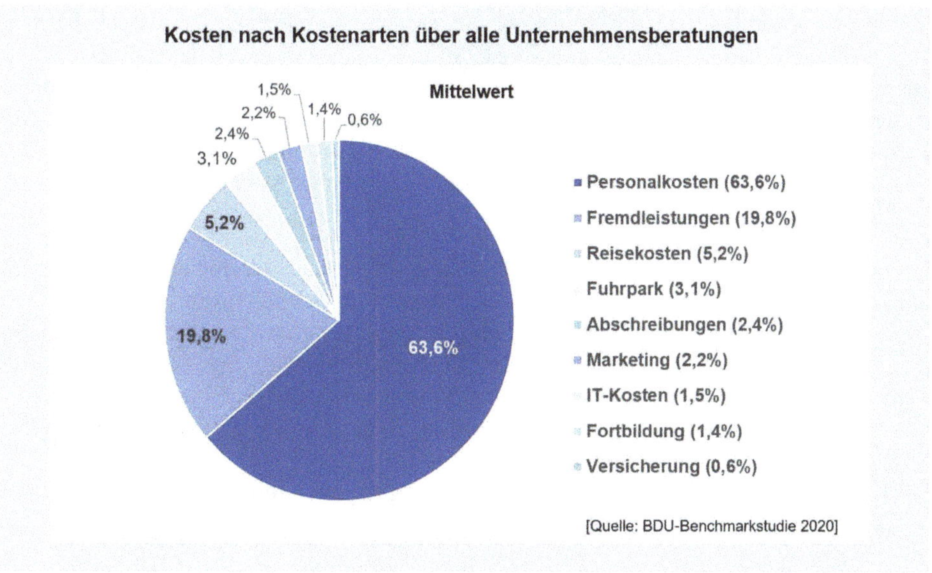

Abb. 1: Kosten nach Kostenarten über alle Unternehmensberatungen

Mitarbeiterstruktur/Pyramidenstruktur

Im nächsten Schritt sollen die hinter den Personalkosten stehenden Mitarbeiterstrukturen analysiert werden. Dazu ist es erforderlich, die Anzahl der Mitarbeitenden innerhalb einer Hierarchiestufe (engl. Grade) festzustellen (siehe Abbildung 2).

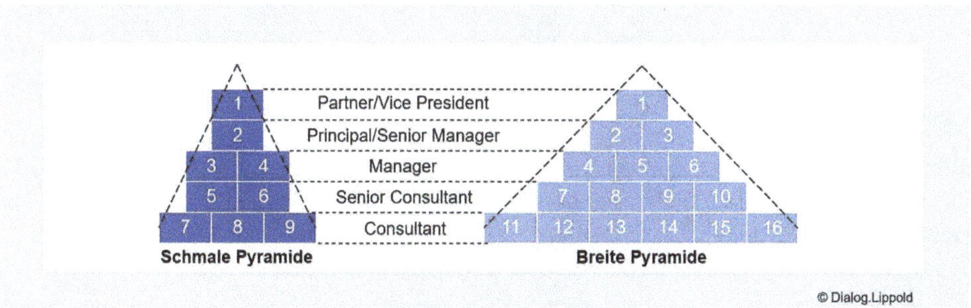

Abb. 2: Schmale und breite Beratungspyramide

Aus dem Gesamtbild aller Hierarchiestufen ergibt sich die sogenannte **Beratungspyramide,** in der sich das Zahlenverhältnis der Mitarbeitenden im jeweiligen Grade (engl. *Level*) widerspiegelt. Es wird im Allgemeinen davon ausgegangen, dass eine schmale Pyramide mit einer anspruchsvollen und kreativen Beratungsleistung einhergeht („*Brains*" *project structure*). Häufig kommen dann auf einen Partner nur sehr wenige Consultants. Bei Beratungsleistungen, die sich eher durch fachspezifische und analytische Aufgaben (z. B. SAP- oder Oracle-Kenntnisse) auszeichnen, kommen auf einen Partner deutlich mehr Beratende. Eine solche, eher breite Pyramide ist für das IT-Beratungsgeschäft („*Procedural work*" *project structure*) typisch [vgl. Sommerlatte 2004; Armbrüster 2006].

Während in dem Beispiel in Abbildung 2 bei der schmalen Pyramide auf einen Partner insgesamt acht Manager beziehungsweise Consultants kommen, ist das Beispielverhältnis bei der breiten Pyramide eins zu fünfzehn. Im Folgenden dienen die beiden Pyramiden als Grundlage für die Darstellung der Kosten- und Ergebnisstruktur für eine Managementberatung. Um die Komplexität ein wenig zu reduzieren, sollen die nachfolgenden Beispielrechnungen lediglich mit drei Hierarchieebenen durchgeführt werden (siehe auch BDU 2020):

- **Partner** (Vice President, Managing Director) erfüllt mindestens einen der folgenden Punkte: Anteilseigner einer Firma und/oder vollverantwortlich für Projektakquisition und Kundenbeziehung und/oder verantwortlich für einen Geschäftsbereich, die Firma, ein Büro oder eine Niederlassung;
- **Manager** (Project Manager, Managing Consultant) ist erfahrener Berater, der mindestens für ein Projekt verantwortlich ist und den Consultants seiner Projektteams die erforderliche Anleitung gibt
- **Consultant** ist in die Beraterlaufbahn eingestiegen und in der Regel auf einem Projekt eingesetzt und erledigt teils Module selbständig

Auslastung

Die Anzahl der fakturierten Tage ist sicherlich der stärkste Hebel für den Wirtschaftlichkeitsnachweis von Beratungseinheiten. Wichtig sind dabei allerdings nur jene Tage, die nach Abzug von Schulung, Weiterbildung, Methoden- und Know-how-Entwicklung sowie nicht-konvertierbarer Angebotserstellung zur Fakturierung übrigbleiben. Der Spielraum in diesem Bereich ist nicht sehr groß und hängt in erster Linie von der Auftragslage ab.

> Allerdings lässt sich immer wieder feststellen, dass in Zeiten hoher Auslastung sehr häufig die vertrieblichen Aktivitäten für Anschluss- oder Neuaufträge vernachlässigt werden.

Wichtig bei einer Modellrechnung ist, dass die fakturierbaren Arbeitstage bei den Consultants deutlich höher liegen als bei den Managern und noch deutlicher gegenüber den Partnern. Umgekehrt ist die hohe Auslastung bei den Consultants nur machbar, wenn die Partner ein entsprechendes Auftragsvolumen akquirieren.

Nicht-konvertierte Angebote

Jeder Consultant verbringt im Jahr durchschnittlich 20 Tage mit der Bearbeitung nichtkonvertierter Angebote, d. h. mit Angeboten, die nicht zum Auftrag führen. Geht man davon aus, dass im Durchschnitt nur etwa jedes dritte oder vierte Angebot zu einem

Auftrag führt, so entspricht dies einer Konvertierungsrate (engl. Conversion rate) von 3:1 bzw. 4:1.

Modellrechnungen für die Managementberatung

In Abbildung 3 ist modellhaft eine Kosten- und Ergebnisstruktur bei Vollkostenrechnung für die drei Hierarchieebenen für Managementberater dargestellt. Um diesen Modellfall herum gibt es selbstverständlich viele Variationen. Diese reichen im Wesentlichen von unterschiedlichen Pyramiden- und Kostenstrukturen, Auslastungsgraden bis hin zu verschiedenen Konvertierungsraten.

Die in Abbildung 3 dargestellte Kosten- und Ergebnisstruktur zeigt ein sehr unterschiedliches Bild für die drei Hierarchieebenen bei Managementberatern. So können lediglich die Consultants aufgrund ihrer hohen fakturierbaren Arbeitstage eine Überdeckung ihrer direkten und anteiligen Kosten erzielen. Die Unterdeckung bei den Partnern entsteht dadurch, dass diese nur einen wesentlich geringeren Teil ihrer verfügbaren Arbeitstage auf Kundenprojekte verrechnen können, da sie eine höhere Zahl von Arbeitstagen für Führungsaufgaben sowie Marketing- und Vertriebsaktivitäten einsetzen müssen.

Kostenposition	Consultant (Teuro/Jahr)	Manager (Teuro/Jahr)	Partner (Teuro/Jahr)
Festgehalt	60	100	200
Variables Gehalt/Bonus	10	40	80
Sozialkosten	12	20	40
Sekretariat, Raum-/Gemeinkosten	20	40	80
IT-, Telekommunikationskosten inkl. Abschreibungen	8	16	20
Material, Literatur, PR	5	9	15
Schulungskosten	5	5	-
Nicht verrechenbare Reisekosten	5	20	40
Gesamtkosten	125	250	475

Kalkulatorische Auslastungspositionen	Consultant (Personentage/Jahr)	Manager (Personentage/Jahr)	Partner (Personentage/Jahr)
Verfügbare Arbeitstage nach Urlaub, Feiertagen und Krankheit	215	215	215
Schulung, Weiterbildung	10	10	-
Methoden- und Know-how-Entwicklung	10	15	10
Marketing, PR, Akquisition, Recruiting	-	20	50
Führungsaufgaben	-	15	25
Nicht-konvertierte Angebotserstellung	20	30	30
Fakturierbare Arbeitstage	175	125	100
Marktfähiges Tageshonorar (Euro)	1.000	2.000	4.000
Umsatzpotenzial (Euro)	175.000	250.000	400.000
Gesamtkosten (Euro)	125.000	250.000	475.000
Über-/Unterdeckung (Euro)	+ 50.000	+/- 0	-75.000

[Quelle: in Anlehnung an SOMMERLATTE 2004, S. 7]

Abb. 3: Kosten- und Ergebnisstruktur pro Strategieberater

In Abbildung 4 werden insgesamt vier Modellrechnungen gezeigt, wobei einmal die Pyramidenzusammensetzung und einmal die Auslastung variiert werden.

Modell 1 zeigt eine schmale Pyramide mit lediglich sieben Mitarbeitern und einer Auslastung, die auf den Annahmen der kalkulatorischen Auslastungspositionen in

Abbildung 3 beruht, d. h. für einen Partner können 100, für einen Manager 125 und für einen Consultant 175 Tage fakturiert werden. Die aus diesen Parametern resultierende Umsatzrendite liegt bei 7,8 Prozent.

Modell 2 beruht ebenfalls auf der Annahme, dass die verbleibenden Arbeitstage voll, d.h. zu 100 Prozent fakturiert werden. Im Unterschied zu Modell 1 handelt es sich hier aber um eine relativ breite Pyramide mit insgesamt 12 Personen. Dabei wird deutlich, dass diese Pyramidenstruktur mit rund 12,7 Prozent Umsatzrendite deutlich profitabler ist.

Modell 3 weist wiederum eine schmale Pyramidenstruktur mit insgesamt sieben Personen auf. Allerdings ist hier die Auslastung 10 Prozent geringer als in den Modellen 1 und 2. Das führt im Modell 3 dazu, dass die Kosten durch die Umsätze nicht mehr ganz gedeckt werden können. Nimmt man sogar eine Auslastung von nur 85 Prozent, so ergibt sich ein Verlust von -8,5 Prozent. Diese Auslastung entspricht nahezu genau der Auslastungshöhe, die die BDU-Studie 2020 für das Berufsfeld der Management- und Strategieberater ermittelt hat – nämlich 83,7 Prozent.

Modell 4 zeigt eine breite Pyramide, die trotz ihrer breiteren Struktur nicht einmal ganz ausreicht, um die um 15 Prozent geringere Auslastung gegenüber Modell 1 zu kompensieren. Dennoch ist mit dieser Struktur immerhin noch eine Umsatzrendite von 3,1 Prozent erzielbar.

	Modell 1	• Schmale Pyramide • Verbleibende Arbeitstage voll (zu 100%) fakturiert				Modell 2	• Breite Pyramide • Verbleibende Arbeitstage voll (zu 100%) fakturiert			
	An-zahl	Fakt. Tage	Umsatz	Kosten	Gewinn	An-zahl	Tage	Umsatz	Kosten	Gewinn
Partner	1	100	400	475	-75	1	100	400	475	-75
Projekt Manager	2	270	500	460	0	3	375	750	750	0
Consultant	4	700	700	500	200	8	1.400	1.400	1.000	400
Gesamt	7	1.070	1.575	1.350	125	12	1.875	2.550	2.225	325
Umsatzrendite					7,8%					12,7%

	Modell 3	• Schmale Pyramide • Verbleibende Arbeitstage zu 90% fakturiert				Modell 4	• Breite Pyramide • Verbleibende Arbeitstage zu 90% fakturiert			
	An-zahl	Fakt. Tage	Umsatz	Kosten	Gewinn	An-zahl	Fakt. Tage	Umsatz	Kosten	Gewinn
Partner	1	90	360	475	-115	1	90	360	475	-115
Projekt Manager	2	225	450	500	-50	3	337,5	675	750	-75
Consultant	4	630	630	500	130	8	1.260	1.260	1.000	260
Gesamt	7	945	1.440	1.475	- 35	12	1.687,5	2.295	2.225	70
Umsatzrendite					- 2,4%					3,1%

© Dialog.Lippold

Abb. 4: Modellrechnungen für Managementberatungen

Insgesamt betrachtet ergibt sich bei Erreichung des Auftragsvolumens je Partner und bei der unterstellten Auslastung eine Gewinn- und Verlustrechnung wie in Abbildung 4 ausgewiesen. Bei Planerfüllung erwirtschaftet eine Managementberatung einen Gewinn um rund 10 Prozent (Modell 1 und 2). Dabei sind Boni an die Mitarbeiter bereits eingerechnet.

Insgesamt machen die verschiedenen Modellvarianten deutlich, dass vor allem über eine breitere Pyramide sowie über eine hohe Auslastung eine tragfähige Umsatzrendite erzielt werden kann.

Besonders problematisch sind Auslastungsdefizite, die aufgrund fehlender oder rückläufiger Aufträge jederzeit auftreten können und kurzfristig so gut wie gar nicht kompensiert werden können. Das ist auch der Grund dafür, warum viele Unternehmensberatungen mit Neueinstellungen in schwierigeren Zeiten sehr zurückhaltend sind.

Die Modellvarianten 1 bis 4 machen aber auch deutlich, dass bei den verschienenen Kalkulationen nicht mehr soviel „Luft nach oben" ist und damit der Spielraum relativ eingeengt ist.

Trotzdem lassen sich folgende Spielräume bei den wichtigsten Modellparameter ausmachen bzw. diskutieren:

Spielraum Personalkosten

Zweifellos zählt das **Gehaltsniveau in der Beratungsbranche** über alle Hierarchiestufen hinweg zu den höchsten im Branchenvergleich. Doch hier ist der Spielraum nicht sehr groß, denn es bringt sicherlich nicht sehr viel, wenn die Beratungsunternehmen ihren Beratenden auf **Consultant-Niveau** geringere Gehälter anbieten. Der Beraterberuf würde an Reiz verlieren und ein Großteil der engagierten, klugen, hochqualifizierten und überzeugenden Professionals würde die Branche verlassen.

Hier liegt der Spielraum **eher auf Partner-Niveau**, denn ein Beratungspartner mit einer Personalverantwortung von 10 bis 20 Mitarbeitern verdient häufig mehr als ein angestellter Geschäftsführer eines mittelständischen Unternehmens mit 500 und mehr Mitarbeitenden.

Spielraum Pyramidenstruktur

Hinsichtlich der **Pyramidenstruktur** gilt tendenziell folgende Annahme: Je breiter die Pyramide ist, desto wirtschaftlicher ist in der Regel die Beratungseinheit. Damit sind aber auch die Beratungsprojekte eingekreist, bei denen eine breite Pyramide überhaupt wirtschaftlich funktionieren kann: große Projekte mit größerer Anzahl von relativ jungen Consultants, wie dies sehr häufig in der IT-nahen Beratung der Fall ist. Beratungsboutiquen dagegen, die durch sehr schmale Pyramiden gekennzeichnet sind, können ihre Wirtschaftlichkeit häufig nur dadurch erreichen, dass Partner und Manager selber stärker in die Projekte involviert sind und auch deutlich weniger verdienen, als im Modellfall angenommen.

Spielraum Auslastung

Die Auslastung ist – wie bereits oben erwähnt – zwar der stärkste Hebel für die Wirtschaftlichkeit von Beratungsunternehmen. Aufgrund der wechselseitigen Abhängigkeit zwischen den einzelnen Hierarchiestufen ist eine isolierte Betrachtung der Auslastung für Consultants, Manager und Partner kaum möglich.

So ist die Überdeckung bei den Consultants erforderlich, um die Unterdeckung bei den Partnern zu kompensieren, während sich die Projekt Manager in dieser Modellrechnung gerade selbst tragen.

Umgekehrt ist die hohe Auslastung der Consultants nur darstellbar, wenn die Partner (und teilweise auch die Manager) ein für alle ausreichendes Auftragsvolumen akquirieren. Aus dieser wechselseitigen Abhängigkeit (Consultants finanzieren mit ihrer hohen Auslastung die erforderlichen Arbeitsbeschaffungsaktivitäten der Partner und Manager) ergibt sich zwangsläufig ein Pyramidenmodell.

Spielraum Konvertierungsrate

Eine Reduktion der Konvertierungsrate lässt sich strategisch vor allem durch Konzentration auf Projekte mit einer hohen Laufzeit, durch Konzentration auf Ausschreiben, an denen beispielsweise nicht mehr als vier Anbieter teilnehmen, sowie durch Konzentration auf Ausschreibungen mit einem potenziellen Auftragsvolumen (inklusive Folgeprojekte) von zum Beispiel mehr als 500.000 Euro darstellen.

Fazit: Die Analysen zeigen, dass die Tagessätze der Beratungsunternehmen nicht aus der „Luft gegriffen“ sind, sondern durchaus ihre kalkulatorische Grundlage mit relativ wenig Spielraum haben. Ausnahmen bestehen lediglich in der Pyramidenstruktur und in der Gehaltshöhe auf Partner-Niveau, die ein überragendes Qualitäts- und Leistungsniveau voraussetzen.

Quellen:

Armbrüster, T.: Economics and Sociology of Management Consulting, Cambridge University Press 2006.

BDU-Studie: KPIs in der Unternehmensberatung 2020

Lippold, D.: Die Unternehmensberatung. Von der strategischen Konzeption zur praktischen Umsetzung. 4. Aufl., Berlin/Boston 2022

Lippold, D.: Grundlagen der Unternehmensberatung. Lehrbuch für angehende Consultants. 2. Aufl., Berlin/Boston 2023

Sommerlatte, T.: Kosten und Wirtschaftlichkeit von Unternehmensberatung, in: Niedereichholz et al. (Hrsg.): Handbuch der Unternehmensberatung, Bd. 2, 5210, Berlin 2004

„Der Trend zum Productized Consulting ist kaum mehr aufzuhalten"

250.000 Downloads, gerade ist die vierte veränderte Auflage erschienen. Das Buch „Die Unternehmensberatung" von Dirk Lippold hat sich zum Standardwerk entwickelt. Wir sprachen mit dem Autor über die Neuerungen im Buch, die Zukunft der Consultingbranche und woran er bei Studierenden erkennt, ob sie für den Beraterberuf geeignet sind.

Gerade ist die vierte Auflage Ihres Standardwerks „Die Unternehmensberatung. Von der strategischen Konzeption zur praktischen Umsetzung" erschienen. Was wurde in der vierten Auflage verbessert?

Prof. Lippold: Inhaltlich trägt die neue Auflage insbesondere den Anforderungen des Megatrends Digitalisierung in den unterschiedlichen Beratungsfeldern Rechnung. So wurde ein Abschnitt zum Stand der digitalen Transformation in der Beratung hinzugefügt. Besonders interessant für die Zielgruppe der Studierenden ist ein neuer Abschnitt über den Studiengang Consulting und den Einstieg in die Unternehmensberatung. Darüber hinaus dürften viele neue, farblich unterlegte Inserts mit praktischen Beispielen eine Bereicherung für den Leser sein.

Ihr Buch hat über 800 Seiten und deckt das Thema Unternehmensberatung in aller Breite ab. Wo ziehen Sie die Grenzen, was ins Buch gehört und was nicht?

Prof. Lippold: Die Konzeption des Buches orientiert sich konsequent an den fünf Erfolgsfaktoren im Wettbewerb um das Beratungsgeschäft:

„Die Unternehmensberatung" von Prof. Lippold

- Unternehmenskonzept
- Marketing und Vertrieb
- Qualität der Leistungserbringung
- Personaleinsatz und -management
- Controlling und Organisation

Insofern hebt es sich auch deutlich von Consulting-Büchern ab, die mit sogenannten „Cases" den Mehrwert für den Leser anstreben. Mir geht es in meiner Darstellung mehr darum, einzelfallbezogene Aspekte und Phänomene unserer Branche zu typologisieren und auf eine allgemeine Grundlage zu stellen. Mit dieser Vorgehensweise möchte ich unserer Profession einen weiter gefassten Rahmen geben und dem Beratungstyp Strategieberatung, dem ja ohnehin bislang die meiste (theoretische) Beachtung geschenkt wird, eine gleichwertige Auseinandersetzung mit dem umsatzstärkeren Beratungstyp IT-Beratung gegenüberstellen.

Sie definieren in Ihrem Buch die Evolutionsstufen des Consulting von 1.0 bis zu 4.0. Haben Sie bereits eine Idee, wie Consulting 5.0 aussehen könnte?

Prof. Lippold: Das ist so nicht richtig. Im Gegenteil, ich habe versucht, die Übertragung des Begriffs Industrie 4.0, der ja (richtigerweise) auf die vierte industrielle Revolution zurückzuführen ist, auf Consulting 4.0 in Frage zu stellen. Denn was wäre dann Consulting 2.0 oder 3.0. Die Entwicklungsstufen der Industrie sehen doch ganz anders aus als die des Beratungsbereichs. Insofern gibt es nach meiner Logik auch kein Consulting 5.0.

Auf dem Beratertag wurde viel von „People Business“ gesprochen. Schon heute ist der Durst der Branche nach dem Beraternachwuchs ja kaum zu stillen. Wird die Consultingbranche tatsächlich von der Automatisierung verschont bleiben?

Prof. Lippold: Der Trend zum Productized Consulting, also dort wo Standardisierung und Modularisierung die Dienstleistung zu einem Produkt machen, ist sicherlich nicht mehr aufzuhalten. Da es seit Jahren bei einem Großteil der Beratungsfälle immer um dieselben Fragen wie Bestands- und Kostensenkung, Prozessoptimierung, Mergers & Acquisitions, Strukturänderungen etc. geht, lassen sich solche Aufträge auch immer häufiger – zumindest in signifikanten Teilbereichen – durch einen Computer erledigen.

Und auch die durch Homeoffice induzierte Remote-Beratung, die eine deutlich flexiblere Arbeitsgestaltung erlaubt, weicht die bislang für untrennbar gehaltene Beziehung von Reisetätigkeit und Beraterdasein auf.

Sie haben selbst lange im Consulting gearbeitet. Was war der Auslöser für Sie, die Seiten zu wechseln?

Prof. Lippold: Im Anschluss an meine 35-jährige Beratungspraxis habe ich mich voll und ganz dem Motto „*If you can do it, teach it, if you can teach it, write about it*“ verschrieben. So bin ich nun seit fast 15 Jahren in der überaus spannenden Zielgruppe der ‚Studierenden‘ unterwegs. Sie gehören vornehmlich der Generation Z (auch Gen Z genannt) an und sind nach 1995 geboren, sehr technikaffin und mit Internet und mobiler Kommunikation aufgewachsen. Diese Gruppe fühlt sich vergleichsweise freier und unabhängiger. Sie verehrt und bewundert machtbeflissene Vorgesetzte nicht und strebt vor allem nach Selbstwirksamkeit und Partizipation auf Augenhöhe.

Ziele und Aufgaben werden mehr nach Sinnhaftigkeit und persönlichem Lerninteresse beurteilt. Für die Gen Z ist es motivierend, berufliches Schaffen mit individuellem Lebenssinn zu verknüpfen. Sie bringen nicht Ideologie und Streit mit, sondern Pragmatismus, Sachorientierung und Fachwissen. Und genau deshalb mag ich die Gen Z. Diesen jungen Menschen den Weg in ein erfüllendes Berufsleben zu ebnen, ist zu meiner Berufung geworden.

Sie lehren seit vielen Jahren. Woran erkennen Sie unter Ihren Studierenden, ob jemand für den Arbeitsalltag als Berater geeignet ist oder nicht?

Prof. Lippold: Natürlich ist es zunächst einmal die Persönlichkeit und das Auftreten der Studierenden und nicht unbedingt das tiefe, sondern mehr das generelle Fachwissen. So baue ich in meine Klausuren ganz bewusst bestimmte Aufgaben ein, die vorher nicht besprochen wurden, die aber bei einer entsprechenden Haltung und ethischem Bewusstsein im Gesamtkontext einer professionellen Beratung sehr eindeutig zu beantworten sind. Wer hier die entsprechende Lösung anbietet, bietet sich auch als künftiger Berater an.

Veränderung und die vier Väter des Widerstands

In kaum einer Branche gibt es so viel Veränderungen wie im Beratungsbereich. Ständig neue Projekte, ständig neue Kunden – Change ist quasi ein Synonym für Consulting. Der routinierte Consultant kann damit umgehen. Doch wie sieht es bei seinen Kunden aus?

Ob es sich um Sanierung und Personalabbau, um die Einführung von ERP-Systemen, um Unternehmenskauf oder -verkauf handelt oder ob alte (eingefahrene) und durchaus noch funktionierende Prozesse durch neue Technologien ersetzt werden sollen, jede Veränderung löst Verunsicherung, teilweise sogar Ängste und das Gefühl von Kontrollverlust bei den Menschen aus. In diesen Fällen werden im Umfeld solcher Veränderungen zumeist Widerstände aufgebaut.

Solche Widerstände lassen sich auf fehlende Akzeptanz und Perspektiven, auf fehlende Qualifikation, auf fehlendes Verständnis für den Veränderungsdruck oder auf fehlerhafte Kommunikation zurückführen.

> Jede Veränderung wird von Widerständen begleitet. Widerstand ist also so etwas wie der **Zwillingsbruder** der Veränderung.

Derartige Barrieren haben – um im familiären Bild zu bleiben – in aller Regel vier „Väter“:

Der erste “Vater” ist das **Nicht-Wollen**. Hierbei handelt es sich um **Willensbarrieren** bei den beteiligten und betroffenen Mitarbeitern. Die Angst vor Veränderung und der Wunsch, am Status quo festzuhalten, führen zu einer ablehnenden Haltung gegenüber der geplanten Veränderung. Dabei können sachliche, persönliche oder auch machtpolitische Gründe eine Rolle spielen. Fehlende Akzeptanz und fehlende Perspektive führen beim „Nicht-Wollen“ also zu einer Ablehnung gegenüber der Veränderung.

Der zweite „Vater” ist das **Nicht-Können**. Häufig sind es neue Technologien oder auch Defizite bei den Fremdsprachen, die zu **Fähigkeitsbarrieren** führen. Letztlich werden mit einer Veränderung völlig neue Ziele angesteuert, die vielleicht mit traditioneller Technik oder ohne Englischkenntnisse nicht erreichbar sind. Da intensives Um- und Weiterlernen gefragt ist, führt das „Nicht-Können“ zu einer Blockade oder Störung des Wandels aus Angst vor dem Versagen.

Der dritte „Vater“ ist das **Nicht-Wissen**. Für den Nicht-Wissenden ist der neue Zustand ungewiss; er ist nicht davon überzeugt, dass es mit der Veränderung besser wird. Er baut **Wissensbarrieren** auf. Fehlende Informationen über Gründe und Durchführung der geplanten Veränderung – meist hervorgerufen durch eine falsche Kommunikationspolitik – ziehen eine Ablehnung des Wandels nach sich. Das fehlende Verständnis für die Vorteile der Neuformierung führt somit zu einem Mangel an Kontrolle.

Der vierte und letzte „Vater“ ist das **Nicht-Dürfen**. Mitarbeiter und Führungskräfte, die wissen, können und wollen, werden nicht zur Veränderung beitragen, wenn sie nicht dürfen. Das heißt, es gibt eine Veränderungsbereitschaft, ja manchmal sogar ein Veränderungsdrang, der aber unterbunden wird. Letztlich geht es hierbei um **Ressourcen**, die nicht vorhanden sind oder die für den Veränderungsprozess nicht bereitgestellt werden.

Bleibt die Frage, wie man den Nicht-Wollenden, den Nicht-Könnenden, den Nicht-Wissenden und den Nicht-Dürfenden am besten begegnet, um der geplanten Veränderung zum Erfolg zu verhelfen.

Willensbarrieren lassen sich damit abbauen, dass man solche Mitarbeiter aktiv in den Veränderungsprozess einbindet, Fehler zulässt und eine anreizkompatible Organisationslösung einrichtet, bei der die Mitarbeiter durch Erfüllung der gestellten Aufgabe auch ihre eigenen Ziele erreichen können.

Fähigkeitsbarrieren begegnet man mit einer raschen Qualifizierung der Betroffenen. Sind solche Qualifizierungen nicht mehr möglich, so sind langjährige Arbeits- und Sozialbeziehungen ebenso zu berücksichtigen wie der Schutz von Personen, die vom Wandel negativ betroffen sind.

Wissensbarrieren sind relativ leicht abzubauen. Eine rechtzeitige und offene Information der Organisationsmitglieder über die Ursachen, Ziele und Fortschritte des Wandels stellt sicher, dass die Gründe für die Einleitung eines Veränderungsprozesses auch verstanden werden. Führungskräfte und Mitarbeiter werden sich nur dann für den Wandel einsetzen, wenn sie ausreichend über das Veränderungsvorhaben informiert sind und den Gesamtzusammenhang zur Unternehmens- bzw. Marktstrategie kennen. Alle Beteiligten und Betroffenen müssen mit geeigneten Kommunikationsmitteln und -maßnahmen angesprochen werden, um ein konsistentes Bild der Veränderung zu erzeugen.

Ressourcenbarrieren sind wohl am leichtesten abzubauen, wenn man über die entsprechenden finanziellen Mittel verfügt. Zu diesen Barrieren zählen aber nicht nur finanzielle und zeitliche Restriktionen, sondern auch mangelnde Unterstützung durch unwillige Führungskräfte. Der Aufbau eines vertrauensvollen Kommunikations- und Arbeitsklimas, das ein laufendes Feedback über den Veränderungsprozess fordert und in die Maßnahmengestaltung einfließen lässt, ist somit eine ganz wichtige Voraussetzung für den erfolgreichen Unternehmenswandel.

Babylonische Begriffsvielfalt in der IT-Beratung

Im Software-Umfeld tummeln sich zahlreiche Dienstleister, die an verschiedenen Stellen des Wertschöpfungsprozesses zum Einsatz kommen. IT-Berater, Distributor, Broadliner, VAR, Systemhaus, Softwarehaus – wer steigt noch durch? Unser Kolumnist Prof. Lippold schlägt eine Schneise ins Dickicht der Begriffe.

Nicht alle Bezeichnungen für IT-Dienstleister verstehen sich von selbst. (Bild: picture alliance / Zoonar | CH. HORZ)

Im Softwarebereich sind viele unterschiedliche Institutionen am Wertschöpfungsprozess beteiligt. Entsprechend haben sich für die Prozessphasen auch unterschiedliche Begriffe gebildet. Nehmen wir zuerst den Klassiker: SAP, das größte **Softwarehaus** Europas, entwickelt und vermarktet Software seit den 1970er Jahren. Die Einführung, Integration, Organisation und gegebenenfalls Modifikation dieser Software übernehmen zumeist **IT-Beratungsunternehmen** wie Accenture, Capgemini oder BearingPoint. Hier gibt es also eine Zweiklassengesellschaft: Hersteller und IT-Berater.

> Mit dem Siegeszug der Personal Computer in den 1990er Jahren und zunehmender Arbeitsteilung entwickelte sich die Zweiklassen- zu einer Fünfklassengesellschaft.

Beginnen wir dabei beispielhaft mit einem **Softwarehaus**, das eine webbasierte Plattform für 3DLösungen im Produkt Lifecycle Management unter anderem für den Flugzeugbau entwickelt hat. Dank der permanenten Weiterentwicklung wird die Software auch in den Entwicklungsbereichen des Automobilbaus, des Anlagen- und Maschinenbaus, der Medizintechnik und des High-Tech-Bereichs eingesetzt. Das Softwarehaus ist aber nicht in der Lage, die Softwareplattform aus eigener Kraft international und branchenübergreifend zu vermarkten und zu installieren.

Aus diesem Grunde sucht es sich Partner in verschiedenen Ländern, die diese Funktionen arbeitsteilig übernehmen.

Was macht eigentlich ein Systemhaus?

In Deutschland findet das Softwarehaus Partner, der einen Großteil der Softwareinstallationen als **Systemhaus** betreut. Der Begriff *Systemhaus* umfasst neben der organisatorischen Einführung und Betreuung noch eine weitere Dimension: Neben der Beratungskompetenz ist das Systemhaus auch für den Vertrieb der Software zuständig.

Dabei fungiert das Systemhaus als **Value-Added-Reseller (VAR)**, d.h. es ergänzt das Produkt durch eigene Softwareentwicklungen und bietet so den Kundenunternehmen eine vollständige Lösung an, bei dem es das Produkt des Herstellers „mit-verkauft" und dafür eine entsprechende Vermittlungsprovision erhält. Auf diese Weise werden Kundenunternehmen in die Lage versetzt, bestehende Lösungen zu erweitern und verschiedene Softwarewelten miteinander zu verbinden. Insofern ist der VAR eher dem Beratungs- als dem Softwaregeschäft zuzuordnen. Value Added Reseller (VAR) verleihen dem Wiederverkauf eine besondere Note. Sie ergänzen Standardprodukte um einen speziellen Mehrwert und vertreiben sie mitunter sogar unter einem eigenen Markennamen.

Vom reinen Verkauf bis zum Rundum-Sorglos-Paket

Nicht so weit reicht das Angebot der (Software-)**Distributoren**. Während der VAR die Software durch wesentliche eigene Komponenten „veredelt", bietet der Distributor Softwareprodukte weitgehend unverändert an. Distributoren ziehen ihre Wertschöpfung aus dem „reinen" Verkauf der Softwareprodukte (zumeist als Embedded Software im Rahmen der entsprechenden Hardware), wohingegen der VAR sein Geschäftsmodell in der **Umfeldberatung** und Veredelung der Software sieht.

Als Königsdisziplin der Distributionsbranche gelten mittlerweile die **Broadliner**.

Unternehmen, die sich in dieser Kategorie bewegen, schnüren heute für ihre Fachhandelspartner eine Art Rundum-Sorglos-Paket, das mehrere Produktbereiche und Serviceleistungen entlang der ITK- Wertschöpfungskette integriert. Das Angebot der Broadliner reicht dabei von der Festplatte bis hin zum hochleistungsfähigen Serversystem. Erfolgskritisch ist hierbei ein qualifiziertes Fachpersonal, das gemeinsam mit dem Fachhandelspartner ausgewählte Komponenten, Software und Dienstleistungen zu schlüsselfertigen Lösungen zusammenfügt, mit denen der Endkunde seine geschäftlichen Aufgaben erfüllen kann.

Kapitel 14: Consulting und Selbstverständnis

Das Selbstverständnis der Beratungszunft hat verschiedene Facetten und spielt sich auf verschiedenen Ebenen ab: Ethik, Berufsbild, Verfassung, Nachhaltigkeit, Partnerschaft, Abgrenzung zur Personalberatung.

Niedrige Markteintrittsbarrieren, ungeschützte Berufsbezeichnung, Informationsasymmetrie und Interessenskonflikte machen es den „Schwarzen Schafen" leicht, im Consulting Fuß zu fassen. Mit diesen Rahmenbedingungen befasst sich der erste Beitrag in diesem Kapitel.

Die Bedeutung einer Unternehmensverfassung wird im Consulting häufig unterschätzt. Spätestens im Zusammenhang mit Wachstumsschmerzen können die Organe und Grundtypen einer Unternehmensverfassung eine entscheidende Rolle spielen.

Die Bezeichnung Berater oder Beraterin ist nicht rechtlich geschützt. Nicht schlimm eigentlich, solange die Ausbildungswege professionelle gestaltet werden.

Nachhaltige Unternehmensführung, die sich aus ökologischer, sozialer und ökonomischer Verantwortung zusammensetzt, wird auch für die Unternehmensberatungen immer wichtiger.

Die acht verschiedenen Perspektiven bzw. Dimensionen der Unternehmensberatung geben einen umfassenden Einblick in diese Branche, die sich so wesentlich von anderen Industrien unterscheidet.

Die Finanzierung und der Aufbau einer Unternehmensberatung sind wesentliche strukturelle Elemente, über die sich Unternehmensgründer und Anteilseigner fortwährend Gedanken machen müssen.

Abschließend soll noch die Frage gestellt (und nicht beantwortet) werden, warum sich Personalberater eigentlich so wenig um den Beratungsnachwuchs kümmern.

Unternehmensberatung und Ethik – passt das zusammen?

Bei allem Renommee des Berufstandes haftet der Consulting-Branche in der breiten Öffentlichkeit auch ein Image der profitmaximierenden Gesinnungslosigkeit an. Beratungsskandale, in die auch bekannte Häuser involviert sind, tragen dazu ihren Teil bei. Prof. Dirk Lippold erläutert, welches moralische Dilemma häufig der Auslöser für Fehltritte ist, wie die Prinzipal-Agent-Theorie bei der Vermeidung unethischen Verhaltens helfen kann und welche Empfehlung Robert Bosch gegeben hätte.

Consultants wird zuweilen immer noch etwas **Dubioses, Windiges und gleichzeitig etwas Elitäres** zugeschrieben. Das hat sicher damit zu tun, dass sich jeder – also auch jeder „Schuhputzer mit Visitenkarte" – als Unternehmensberaterin oder Unternehmensberater bezeichnen darf. Als Consultant braucht man bloß – so scheint es vielen – ein wenig rhetorisches Geschick und selbstbewusstes Auftreten, um Geschäfte mit den Problemen anderer zu machen. Daher wohl auch der klassische Akquisitionsspruch jedes oder jeder Beratenden:

„Ihre Probleme möchten wir haben!"

Gleichzeitig umgibt die renommierteren Consultingfirmen die Aura der Elite. Ihre Tagessätze und Gewinnmargen klingen wie von einem anderen Stern und ihre Mitarbeitenden treten gelegentlich mit Allüren auf, die gestandenen Unternehmenslenkern allzu selbstbewusst und neunmalklug erscheinen, zumal viele der Consultants jung daherkommen und sehr theoretisch wirken. Schließlich sollte der oder die Beratende mindestens genauso gut rüberkommen, wie der, der beraten wird.

Niedrige Markteintrittsschranken locken schwarze Schafe an

Und dann gibt es noch die richtigen „Schwarzen Schafe". Die **ungeschützte Berufsbezeichnung** des Titels „Unternehmensberater/in" (oder „Betriebsberater/in", „Wirtschaftsberater/in" etc.) einerseits und die **niedrigen Markteintrittsschranken** andererseits führen immer wieder dazu, dass inkompetente und unseriöse Personen – eben „schwarze Schafe" – im Beratungsmarkt akquirieren. Solche **Täter oder Täterinnen in grauen Nadelstreifen** haben dem Ruf des Unternehmensberaters durchaus geschadet, gleichwohl haben sie der Attraktivität der Branche keinen Abbruch getan.

In den meisten Fällen konnten die laienhaften oder auch betrügerischen Vorgehensweisen von den Standesorganisationen hinlänglich dokumentiert werden, so dass eine eindeutige Identifizierung solcher schwarzen Schafe möglich wurde.

Es mag aber auch damit zu tun haben, dass es sich bei Beratungsleistungen um **Kontraktgüter** handelt. Bei Kontraktgütern liegen zum Zeitpunkt des Vertragsabschlusses die Leistungen noch nicht vor, will heißen: Das Kontraktgut existiert zum Zeitpunkt des Kaufes noch gar nicht. Die Vereinbarung über Leistung und Gegenleistung, die ja in der Zukunft liegen, erfolgt bei Kontraktgütern somit unter extrem großer Unsicherheit.

Beratungsleistungen, die in geradezu idealtypischer Weise zu solchen Kontraktgüter gehören, erfordern daher von beiden Transaktionspartnern spezifische Investitionen und insbesondere Vertrauen.

Zweifelhafte Beratungsmethoden im Licht der Öffentlichkeit

Überdies sorgt die sogenannte **„Enthüllungsliteratur"** in Form von Insider-Romanen dafür, dass hin und wieder zweifelhafte Methoden der Beratungsbranche in die breitere Öffentlichkeit geraten. Zusammen mit Berichten über gescheiterte Großprojekte mit involvierten namhaften Beratungsunternehmen wird auf diese Weise ein Negativbild einer „gesinnungslosen" Beratungsindustrie gezeichnet, deren einziger Wert der eigene Profit zu sein scheint.

Aktuell zu nennen ist auch ein Skandal, in den ausgerechnet die renommierte Unternehmensberatung McKinsey verwickelt ist.

Im Februar 2021 wurde die amerikanische Strategieberatung wegen ihrer Rolle in der sogenannten **Opioidkrise** zu einer Strafzahlung von 573 Millionen US-Dollar verurteilt, um so Klagen von 49 Bundesstaaten beizulegen. McKinsey hatte während der Beratungstätigkeit dem Oxyconton-Hersteller Purdue Pharma und anderen Pharmakonzernen geholfen, Strategien zur Vermarktung hochdosierter Pillen zu implementieren. Diese aggressive Strategie führte aber zu schneller abhängig machenden Dosen der Schmerzmittel. So sollen in den USA in den vergangenen zwei Jahrzehnten 450.000 Menschen im Zuge der Opioidkrise an einer Überdosis dieser Schmerzmittel gestorben sein.

Interessenskonflikte führen zu moralischen Dilemmata

Damit wird das **moralische Dilemma** deutlich, vor dem die Beratungsunternehmen stehen können: Da nicht nur ihre Kunden und Kundinnen, sondern auch sie selber im Wettbewerb stehen, besteht die potenzielle Gefahr, „gegen die Kundschaft" zu beraten.

Nicht das zu lösende Kundenproblem, sondern die eigene Umsatz- und Gewinnmaximierung kann dann leicht in den Vordergrund rücken.

Aufschluss darüber, welche Interessenskonflikte zwischen Auftraggebenden und Auftragnehmenden auftreten können, gibt die **Prinzipal-Agent-Theorie**. Demnach ist jede Prinzipal-Agent-Beziehung durch **asymmetrisch verteilte Informationen** und **opportunistisches Verhalten** gekennzeichnet. Somit besteht das Risiko, dass der Agent – also der Berater – nicht ausschließlich im Sinne des vereinbarten Auftrags handelt, sondern auch eigene Interessen verfolgt. Asymmetrische Informationen können in vier unterschiedlichen Konstellationen auftreten:

- als verdeckte Eigenschaften (engl. *Hidden Characteristics*), die bei Vertragsabschluss unbekannt sind,
- als verdeckte Handlungen (engl. *Hidden Action*), die während der Vertragserfüllung nicht beobachtet werden können,
- als verdeckte Informationen (engl. *Hidden Information*), die aufgrund fehlender Kenntnisse nicht hinreichend beurteilt werden können,

als verdeckte Absichten (engl. Hidden Intention), die dem Auftraggebenden in Verbindung mit der Vertragserfüllung verborgen bleiben.

Die Bedeutung ethischer Geschäftsgrundsätze im Consulting-Betrieb

In einer solchen Situation, in der sich das ethisch verantwortungsvolle Handeln betriebswirtschaftlich nicht rechnet, aber in der sich Unternehmensethik überhaupt erst bewähren muss, kommt es für eine verantwortungsvolle und professionelle Beratungsbranche darauf an, sich an vorher reflektierten und festgeschriebenen Geschäftsprinzipien zu orientieren.

Größere Prüfungs- und Beratungsunternehmen haben sogar Leistungsbereiche eingerichtet, die mit **Ethik-Beratung** signifikante Umsätze erzielen, indem sie ihre Kunden und Kundinnen bei der Ethik-Integration oder der Festlegung von Ethik-Codizes unterstützen.

Doch obwohl die Ethik in der Beratung bei den namenhaften Beratungsunternehmen Eingang gefunden hat, kommt es immer wieder zu unethischem Verhalten (siehe oben).

Dies hat der Bundesverband Deutscher Unternehmensberatungen BDU als Branchenverband erkannt und – um „schwarze Schafe“ und „Trittbrettfahrer“ fernzuhalten – ethische Geschäftsprinzipien (BDU-Berufsgrundsätze) formuliert, die sich an Kriterien wie fachlicher Kompetenz, Seriosität, Objektivität, Neutralität, Vertraulichkeit und fairem Wettbewerb orientieren. Umso mehr sollten sich die Kundenunternehmen aufgefordert sehen, grundsätzlich nur Beratungsunternehmen zu beauftragen, die sich den BDU-Berufsgrundsätzen verpflichtet fühlen.

Darüber hinaus sollten Beraterinnen und Berater die in ISO 20700 beschriebenen Leitlinien für Unternehmensberatungsdienstleistungen verinnerlichen. Neben den Phasen des Beratungsprozesses werden in dieser Norm Grundsätze aufgezählt, die in Beratungsprozessen zu beachten sind. Ein starkes Gewicht wird auf die Einbindung der Stakeholder, auf das Risikomanagement und auf die **gesellschaftliche Verantwortung in Beratungsprojekten** gelegt. Die Empfehlungen der ISO 20700 bilden die Grundlage für die **Beratungsarbeit weltweit**.

Fazit

Oftmals können die eigenen Werte von denen des potenziellen Projektes abweichen. Um im Projekt handlungsfähig sein zu können, ist es von entscheidender Bedeutung, dass Beratungsunternehmen im Vorfeld ihre Prinzipien intern und extern klar kommunizieren. Schließlich bleibt die „anständigste Art der Geschäftsführung auch die beständigste“ (Robert Bosch).

Literaturtipp

Zum oben beschriebenen scheinbaren „Beraterdilemma“ siehe ausführlich:

D. Lippold: Die Unternehmensberatung. Von der strategischen Konzeption zur praktischen Umsetzung, 4. Aufl., Berlin-Boston 2022 (mit allen Quellenangaben ab Seite 21).

Warum auch ein Unternehmen eine Verfassung hat und was diese regelt

Wie sollen die Eigentümer an der Leitung und Kontrolle ihres Unternehmens beteiligt werden? Was sind die relevanten Unternehmensorgane, welche Befugnisse haben sie und wie setzen sie sich zusammen? Diese und ähnliche Fragen regelt die sogenannte Unternehmensverfassung. Doch was steckt eigentlich genau dahinter?

Eine wichtige Basis für die Unternehmensverfassung bilden die Gesellschafter, hier Teilnehmende der Gesellschafterversammlung von Audi. (Bild: picture alliance / Mandoga Media | Alexander Sandvoss)

Definition und Bedeutung der Unternehmensverfassung

Als Verfassung wird die grundlegende, rechtwirksame Ordnung eines sozialen Systems – also eines Staates, einer Institution oder eben eines Unternehmens – bezeichnet. Eine Unternehmensverfassung hat somit die Aufgabe, die organisatorischen Grundlagen des Unternehmens zu klären.

Da die Unternehmensverfassung nur zu Teilen auf gesetzlichen Vorgaben, wie etwa dem Gesellschafts-, Arbeits-, Mitbestimmungs-, Wettbewerbs- oder dem Verbraucherschutzrecht beruht, basieren diese Aussagen auch auf privatrechtlichen Vereinbarungen zwischen den Unternehmensträgern in Form von Gesellschaftsverträgen, Satzungen, Geschäftsordnungen, Geschäftsverteilungsplänen oder Unternehmensverträgen. Hinzu kommen Tarifverträge oder Betriebsvereinbarungen.

Die drei Organe und Grundtypen der Unternehmensverfassung

Die genannten Gesetze sehen je nach Unternehmenstyp beziehungsweise Rechtsform unterschiedliche Einflussmöglichkeiten der Eigentümer auf die Leitung und Kontrolle ihres Unternehmens vor. Grundsätzlich sind es drei verschiedene *Organe*, mit deren Hilfe die Eigentümer Einfluss auf ihr Unternehmen ausüben können:

- **Leitungsorgan** (verantwortlich für die Führung des Unternehmens)
- **Kontrollorgan** (zuständig für die Kontrolle der Unternehmensführung)
- **Gesellschafterorgan** (vertreten durch die Eigentümer des Unternehmens zur Entscheidung grundlegender Fragen, wie Gewinnverwendung oder Satzungsänderungen

Alle drei Organe sind jedoch nicht für jeden Unternehmenstyp vorgeschrieben. Nimmt man das Einzelunternehmen aus, so lassen sich drei Unternehmensgrundtypen ableiten (siehe Abbildung).

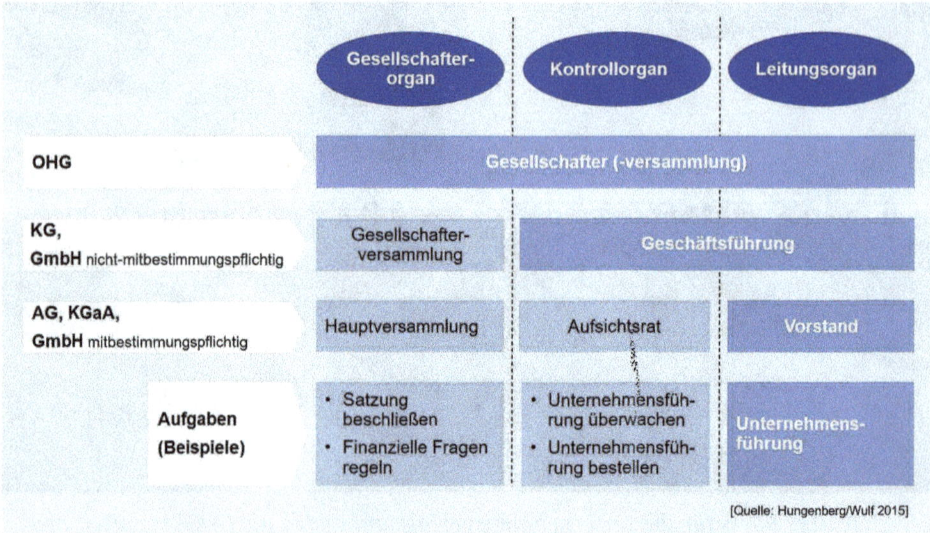

[Quelle: Hungenberg/Wulf 2015]

Zum ersten Grundtyp zählt die Offene Handelsgesellschaft (OHG), bei der Leitungs- und Gesellschafterorgan zusammenfallen und insofern auch kein Kontrollorgan erforderlich ist.

Zum zweiten Grundtyp gehören die Kommanditgesellschaft (KG) und die Gesellschaft mit beschränkter Haftung (GmbH), sofern diese aufgrund ihrer Größe noch keinen besonderen Mitbestimmungsregeln unterliegt. Dieser Grundtyp ist durch eine Trennung von Leitungs- und Gesellschafterorgan gekennzeichnet. Die Bildung einer Gesellschafterversammlung, welche die Interessen der Anteilseigner vertritt, ist dagegen vorgesehen.

Zum dritten Grundtyp der Unternehmensverfassung zählen unter anderem die mitbestimmungspflichtige GmbH, die Aktiengesellschaft (AG) und die Kommanditgesellschaft auf Aktien (KGaA). Bei diesem Grundtyp existiert aufgrund der jeweiligen Unternehmensgröße ein eigenständiges Leitungs-, Kontroll- und Gesellschafterorgan.

Unterschiede zwischen Corporate Governance und Unternehmensverfassung

Stellt sich schlussendlich die Frage, wie sich Corporate Governance von der oben beschriebenen Unternehmensverfassung unterscheidet. Die Unternehmensverfassung ist primär für die „Binnenordnung" des Unternehmens zuständig. Corporate Governance dagegen befasst sich eher mit Fragen der (rechtlichen und faktischen) Einbindung des Unternehmens in sein Umfeld befasst. Bei der Corporate Governance liegt der Schwerpunkt auf großen börsennotierten (Aktien-)Gesellschaften, wohingegen das Konzept der Unternehmensverfassung auf alle Formen eines Unternehmens angewandt werden kann.

Quellen und Literaturhinweise:

D. Lippold: Marktorientierte Unternehmensführung und Digitalisierung: Management im digitalen Wandel, 2. Aufl., Berlin/Boston 2022.

Kann sich jeder ‚Studierende mit LinkedIn-Account' auch Berater nennen?

Die Bezeichnung Berater oder Beraterin ist nicht rechtlich geschützt. Nicht schlimm, findet Kolumnist Prof. Lippold. Die Branche habe sich auch ohne förmliche Berufszulassung und vorgeschriebene Ausbildungswege in den vergangenen 40 Jahren professionell entwickelt.

Die Berufsbezeichnung "Berater" ist nicht geschützt, somit können sich auch Studierende diesen Titel auf LinkedIn verleihen (Bild: picture alliance/dpa | Rolf Vennenbernd)

LinkedIn ist als berufliches Netzwerk in aller Munde. Im Rennen um die Vorherrschaft der Business Netzwerke schiebt es sich auch in Deutschland immer mehr nach vorne – weltweit ist es ohnehin schon lange die Nummer Eins. Und immer mehr Unternehmen benutzen für ihr Geschäftsmodell die LinkedIn-Plattform und lassen damit die Anfragen von Kunden, Medien & Bewerbern regelrecht explodieren! Ein Beispiel, das LinkedIn-Besucher Tag für Tag beobachten können, ist das beeindruckende C-Level-Personal Branding vom Insight Consulting-Gründer Moritz Neuhaus.

Doch kommen wir zurück zur eingangs gestellte Frage: Kann sich jeder Studierende mit einem LinkedIn-Account auch Berater nennen? Ja, er kann. Und zwar zum Beispiel als „Berater für Webdesign im Weinbau". Warum auch nicht? Es gibt schließlich auch

Berater für Ehevorbereitung, Berater für Findungsprozesse, Berater für Deutschen Wein, Abfallberater, Berater für Altersfragen oder Berater für Pferdefütterungsmanagement – um nur einige der über 2.500 Beraterprofile zu nennen. Und auch ein Schuhputzer mit Visitenkarte oder ein Schiffsschaukelbremser mit Lehrgang kann sich Berater nennen. Warum ist das so?

Ganz einfach: Weil die Berufsbezeichnung Berater gesetzlich nicht geschützt ist. Ist das schlimm? Nein, denn Beratung ist in erster Linie ein Vertrauensgeschäft und all die schwarzen Schafe, die schnell Kasse machen wollen, merken sehr schnell, dass Unternehmensberater werden nicht schwer, sein aber schon ist.

Stetiger Wandel als Wachstumstreiber

Übrigens ist auch das englische Äquivalent für Beratung, nämlich Consulting, ebenfalls nicht geschützt. In diesen Sektor gehören insbesondere auch die Unternehmensberatung, das Management Consulting und die IT-Beratung, die zusammen die Beratungsbranche ausmachen. Und genau diese Branche hat sich in den vergangenen 40 Jahren entwickelt wie kaum ein anderer Wirtschaftszweig – und das augenscheinlich mit höchster Professionalität! Ihr Einfluss strahlt in alle Wirtschaftsbereiche aus. Sie wächst deutlich schneller als das Sozialprodukt. Der wesentliche Grund ist der ständige wirtschaftliche, gesellschaftliche und technologische Wandel, mit dem sich Unternehmen konfrontiert sehen und zu dessen erfolgreicher Bewältigung sie sich externes Wissen ins Haus holen.

Viele Wege führen in den Beraterberuf

Doch wie sieht es eigentlich mit der **Ausbildung der angehenden Consultants** aus? Schließlich sollte es der Anspruch eines jeden Beraters sein, bestimmte Themenbereiche besser zu beherrschen als der, der beraten wird. Die Frage ist nicht nur berechtigt, nein, sie ist existenziell, denn es gibt für Unternehmensberatende **keine vorgeschriebenen Ausbildungswege** und keine förmliche Berufszulassung. Daher kann sich jeder „Studierende mit LinkedIn-Account" eben als Unternehmensberater bezeichnen.

Inzwischen sind es **30 Consulting-Studiengänge** im Bachelor- und Masterbereich, die sich bundesweit etabliert haben. Darüber hinaus machen pro Semester weit mehr als 100 Lehrveranstaltungen, die zumeist über den Umweg der Managementlehre das Gebiet der Unternehmensberatung bedienen, deutlich, welch eine Nachfrage die **„Consulting-Lehre"** entfacht hat. Das verwundert auch deshalb nicht, weil eine abwechslungsreiche, herausfordernde Tätigkeit, gutes Arbeitsklima, selbstständiges Arbeiten, hervorragende Weiterbildungsmöglichkeiten, sehr gute Bezahlung und ein idealer Karriereeinstieg mit dem Berufsbild des Beraters in Verbindung gebracht werden.

Die Vorzüge der Profession sind mit hohen Anforderungen verbunden

Den offensichtlichen Vorzügen dieser Profession stehen allerdings außerordentlich hohe **Anforderungen an Mobilität und Flexibilität** gegenüber. Besonders im Fokus steht dabei eine Work-Life-Balance, welche die Berater in den allermeisten Beratungsunternehmen vor große Herausforderungen stellt.

Kommen wir zurück zu den Anforderungen an die Ausbildung der Berater. Vielleicht sind die **fehlenden Ausbildungsleitlinien** auch der Grund dafür, dass es bislang so wenig fundiertes Ausbildungsmaterial, sprich: Literatur, auf diesem Gebiet gibt. Zwar gibt es Einstiegsliteratur für die Bewerbung in einer Unternehmensberatung zu genüge. Aber was kommt danach? Die gewaltige Dynamik und der Bedarf an Struktur, Konzepten und Methodik in diesem spannenden und prosperierenden Umfeld verlangen geradezu nach einem Consulting-**Lehrbuch**, das speziell die Zielgruppe der (häufig orientierungslosen) Studieren-den anspricht.

Wenn Sie mehr dazu wissen möchten, dann schauen Sie ganz einfach in dieses **Consulting-Lehrbuch** hinein:

D. Lippold: Grundlagen der Unternehmensberatung. Strukturen – Konzepte - Methoden, 2. Aufl., Berlin/Boston 2020.

Die drei Säulen nachhaltiger Unternehmensführung

Der Unternehmensführung werden in der Betriebswirtschaft verschiedene Adjektive angeheftet: Man spricht von entscheidungsorientierter, marktorientierter, wertorientierter oder auch von prozessorientierter Unternehmensführung. Aber was genau ist eigentlich nachhaltige Unternehmensführung? Dieser Frage geht Prof. Lippold in seiner aktuellen Kolumne nach und erläutert zudem, was die Unterschiede zwischen CSR, CC und CG sind.

Die Bahn ist nicht immer pünktlich, aber um ökologische Nachhaltigkeit bemüht. Michael Theurer (FDP / Beauftragter der Bundesregierung für den Schienenverkehr), Bahn-Vorständin Sigrid Nikutta und Florian Herrmann (CSU / Staatskanzleichef) bei der Eröffnung einer Lok-Tankstelle am Rangierbahnhof München Nord. (Bild: picture alliance / Geisler-Fotopress | Robert Schmiegelt/Geisler-Fotopr)

Das internationale Synonym für nachhaltige Unternehmensführung ist **Corporate Social Responsibility (CSR)**. Früher war Nachhaltigkeit ein Nebenschauplatz, ein Nice-to-have für die meisten Unternehmen. Heute kennzeichnet CSR für viele Unternehmen eine **Denkhaltung**, um freiwillig soziale und ökologische Belange in ihre Unternehmenstätigkeit und in die Beziehungen zu den Stakeholdern zu integrieren. Der Dreiklang von ökologischer, sozialer und wirtschaftlicher Verantwortung des Unter-nehmens wird auch als **Triple-Bottom-Line** bezeichnet. Das drei Säulen-Modell fordert unter dem Begriff der Nachhaltigkeit einen dauerhaften Ausgleich zwischen der ökonomischen, der ökologischen und der sozialen Verantwortung des Managements. Um wirklich nachhaltig zu sein, sollten die drei Verantwortungsbereiche der Unternehmensführung gleichrangig behandelt werden. Das Negativbeispiel der deutschen Automobilindustrie im Zusammenhang mit dem Diesel-Skandal illustriert diese Maxime sehr gut:

- **Ökologische Verantwortung** beinhaltet die Reduzierung des Ressourcen- und Energieverbrauchs, aber auch die Entwicklung umweltverträglicher Innovationen.

Negativbeispiel VW: Mit der Manipulation von Abgaswerten hat das VW-Management sehr deutlich gezeigt, dass es die ökologische Verantwortung dem puren Gewinnstreben, also der ökonomischen Verantwortung unterordnet. Mit dem Ergebnis, dass aufgrund der vorzunehmenden Rückstellungen in Höhe von 16,2 Milliarden Euro nicht nur die ökonomische Säule einbricht, sondern mit dem damit einhergehenden Verlust von Arbeitsplätzen auch die soziale Verantwortung gedemütigt worden ist.

- **Soziale Verantwortung** sieht vor, die Interessen der Mitarbeiter zu respektieren und ihnen eine langfristige Perspektive im Unternehmen zu bieten.

Negativbeispiel VW: Statt auf den (rechtlich) fälligen **Bonus** zu verzichten, hat man sich beim für die Abgasmanipulationen verantwortlichen Vorstand auf einen Bonusaufschub geeinigt. Und so war es denn auch kein Wunder, dass sich der Betriebsrat mit der Forderung nach einer **Lohnerhöhung** von fünf Prozent (bei nahezu null Prozent Inflation) gleich dranhängt. Sozial unverantwortliches Managementverhalten.

- **Ökonomische Verantwortung** ist beispielsweise die ständige Verbesserung der Wertschöpfungskette, die Sicherstellung der Zahlungsfähigkeit sowie die Gewinnerzielung.

Negativbeispiel VW: Ökonomisches Verhalten hätte man den Wolfsburgern sicherlich am ehesten zutrauen können. Hätte ... bis der damalige VW-Vorstandsvorsitzende in einem Interview die Käuferschaft (!!!) dafür verantwortlich macht, dass die deutsche Autoindustrie die Elektromobilität verschlafen hat. Ja, wenn die Kunden dafür verantwortlich sind, dass Unternehmen ihre Produkte nicht an den Mann beziehungsweise die Frau bringen können, dann bedeutet dies einen Paradigmen-Wechsel im allgemeinen Marketing-Verständnis.

Freiwillig und über das Notwendige hinaus

CSR umfasst demnach das Bekenntnis des Managements, Umwelt- und Sozialbelange freiwillig über die bestehenden Verpflichtungen hinaus in unternehmerische Entscheidungen einzubeziehen. Betont werden die Verantwortung für die gesamte Wertschöpfungskette und der ständige Dialog mit den Stakeholdern, wobei den Mitarbeitern eine besondere Aufmerksamkeit zukommt.

Allerdings wird der Begriff „CSR" häufig immer noch falsch ausgelegt. So sammeln viele Firmen darunter alles, was sie oder ihre Mitarbeiter an Gutem tun: Kultur- und Sportveranstaltungen, Spenden, Sponsoring, die Gründung von Stiftungen oder die Übernahme von Ehrenämtern. Derartige gute Taten sind aber keine Belege für „CSR", sondern für Corporate Citizenship (CC), also für bürgerschaftliches Engagement.

Bei CSR geht es um das Kerngeschäft

Dagegen betrifft CSR das **Kerngeschäft**: CSR ist anders als CC keine ‚zusätzliche' Aktivität im Katalog unternehmerischer Aktivitäten, sondern eben eine **Denkhaltung**, das Kerngeschäft zu betreiben: Es geht nicht darum, **was** mit den Gewinnen gemacht wird, sondern **wie** die Gewinne zu erzielen sind: umweltverträglich, sozial verantwortlich und zugleich ökonomisch erfolgreich. Wir bezeichnen eine solche Denkhaltung als nachhaltig und sprechen somit von **nachhaltiger Unternehmensführung**.

CSR ist zugleich der zentrale von drei Bausteinen, die zusammen den Oberbegriff **Corporate Responsibility (CR)** ausmachen, das heißt CR ist die unternehmerische Verantwortung für jeden Einfluss, den die Unternehmenstätigkeit auf die Gesellschaft und die Umwelt hat.

Unter CC läuft bürgerliches Engagement

Der zweite Baustein ist **Corporate Citizenship (CC)**. Darunter fallen beispielsweise die finanzielle Unterstützung humanitärer Projekte, Unternehmensstiftungen oder auch die verschiedenen Spielarten des **Sponsorings** (Sport-, Kultur-, Sozio-, Umweltsponsoring).

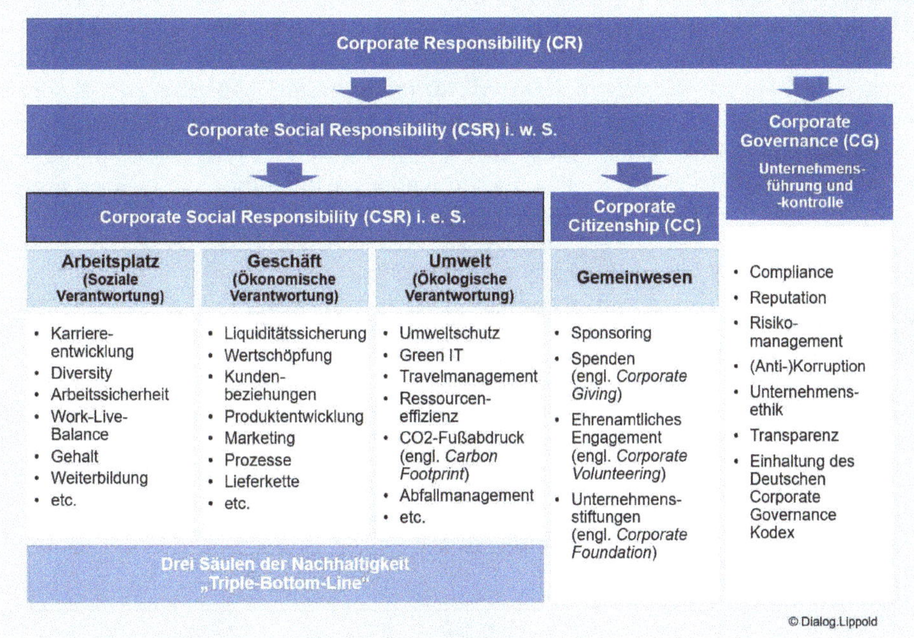

Auch das **Corporate Volunteering** gehört hierzu: Unternehmen stellen ihre Mitarbeiter für den Einsatz in sozialen oder ökologischen Projekten frei oder unterstützen ihr bereits bestehendes freiwilliges beziehungsweise ehrenamtliches Engagement. Häufig wird Corporate Citizenship mit Unternehmensverantwortung, also mit CSR selbst gleichgesetzt, aber solche guten Taten sind keine Belege für CSR, sondern „nur" für bürgerliches Engagement (siehe Abbildung).

CG folgt verbindlichen Spielregeln

Der dritte Baustein ist **Corporate Governance (CG),** der für deutsche Unternehmen im Deutschen Corporate Governance Kodex konkretisiert ist. CG beschäftigt sich mit den verbindlichen Spielregeln „guter und verantwortungsvoller Unternehmensführung“ wie Steuer- und Wirtschaftsgesetzen oder auch mit den ethischen Grundsätzen und moralischen Werten, an denen Unternehmensleitung und Mitarbeiter ihr Handeln ausrichten sollen. Da Werte und Gesetze je nach Branche, Land oder Selbstverständnis unterschiedlich sein können, muss sich jedes Unternehmen individuell damit auseinandersetzen, wie es deren Einhaltung sicherstellen kann.

Die Materialitätsanalyse deckt Risiken auf

Richtungsgeber für die Umsetzung nachhaltiger Wertschöpfung im Kerngeschäft ist die sogenannte **Materialitätsanalyse,** die auch als Wesentlichkeitsanalyse bezeichnet wird. Wesentlich deshalb, weil sie für Unternehmen ein zentrales Werkzeug ist, um die wesentlichen Themen von Anspruchsgruppen aufzugreifen, zu klassifizieren und in die Geschäftsstrategie einfließen zu lassen. Die Materialitätsanalyse deckt Chancen und Risiken für ein Unternehmen auf.

Risikobehaftet sind vor allem das **Produkt,** die **Branche** und die **Wertschöpfungskette.** Besonders kritisch werden hier die Waffenindustrie, die Pharmabranche, die industrielle Nahrungsmittelproduktion und auch die Textilindustrie gesehen. Sensible Themen sind ebenso die **Mitarbeiterstruktur** (zum Beispiel Leiharbeiter, Genderfragen) und die **Kundenstruktur** der Unternehmen wie zum Beispiel minderjährige Kunden bei Alkohol. Risikobehaftet kann auch die **Schlüsseltechnologie** eines Unternehmens (zum Beispiel Fracking) oder die **Unternehmenshistorie** sein, wenn diese geschäftliche Beziehungen zu Diktaturen beinhalten.

Mehr zur nachhaltigen Unternehmensführung in:

D. Lippold: Marktorientierte Unternehmensführung und Digitalisierung. Management im digitalen Wandel. 2. Aufl., Berlin/Boston 2021.

D. Lippold: Unternehmensführung und Nachhaltigkeit. Nachhaltigkeit als Erfolgsfaktor für unternehmerisches Handeln, Berlin/Boston 2024.

Das Phänomen Unternehmensberatung – eine Annäherung aus acht Perspektiven

Die Consulting-Branche erfreut sich nach wie vor einer hohen Attraktivität für Absolventen und Gründer. Warum das so ist und welche Wesensmerkmale der Profession sich Einsteiger – aber auch erfahrene Praktiker – vor Augen halten sollten, erläutert Prof. Lippold in seiner aktuellen Kolumne.

Rund 26.500 Unternehmen mit 220.000 Mitarbeitern sind es, die in Deutschland „klassische" Beratungsleistungen anbieten. Und jährlich kommen mehrere hundert Firmen hinzu, um am prosperierenden Beratungsgeschäft teilzuhaben. Allerdings erzielt knapp die Hälfte der Beratungsunternehmen weniger als 250.000 Euro Jahresumsatz und nicht einmal fünf Prozent des Branchenumsatzes. Sie sind also vielfach als Einzelberater tätig. Im Gegenzug erzielen die 175 größten Unternehmen – das sind lediglich 0,7 Prozent aller Beratungsunternehmen – allein 45 Prozent des gesamten Branchenumsatzes in Höhe von 43,7 Milliarden Euro (siehe Tabelle).

Mit diesen Kennzahlen ist zugleich auch eine wesentliche strukturelle Schwäche der deutschen Beratungsbranche aufgezeigt, nämlich die starke Zersplitterung, so dass man quasi von einer atomistischen Konkurrenz sprechen kann.

	Unternehmensberatung					
	Große Beratungen ab 50 Mio. € Umsatz	Mittlere Beratungen 1 bis 50 Mio. € Umsatz	Kleinere Beratungen 250.000 bis 1 Mio. € Umsatz	Einzel-beratungen Unter 250.000 € Umsatz	Gesamt	Wachstum 2022/2021
Umsatz in Mrd. Euro	19,8	16,5	5,5	1,9	**43,7**	+ 14,7 %
Anteil am Gesamtmarkt	45,3 %	37,7 %	12,6 %	4,3 %	**100,0**	
Anzahl Unternehmen	175	3.475	9.700	13.000	**26.500**	**+ 17,2 %**
Anzahl Mitarbeiter	70.000	89.900	39.200	20.300	**220.000**	**+ 4,6 %**
Anzahl Berater	53.000	74.400	32.200	13.300	**173.00**	**+ 6,6 %**

[Quelle: BDU 2023]

Warum also drängen so viele Menschen begierig in dieses Tätigkeitsfeld?

Dem Run auf eine Branche, die um ein Vielfaches schneller wächst als die Wirtschaft insgesamt, hat sich – nach einigem Zögern – auch der Ausbildungsbereich angeschlossen. So sind es mittlerweile 30 Consulting-Studiengänge an bundesdeutschen Universitäten und Hochschulen, die sich den nachdrängenden Studierenden angenommen haben.

Doch nicht nur Beratungsneulinge benötigen eine stärkere theoretische Fundierung, auch die Beratungspraxis kann durch eine kontinuierliche, wissenschaftliche

Begleitung fundamentale Fehlannahmen (wie zum Beispiel die strikte Unabhängigkeit oder Neutralität der Berater) oder Lücken der praktischen Beratungstätigkeit korrigieren beziehungsweise vermeiden.

Um den Lernenden die Vielfalt und die Besonderheiten des Leistungserstellungsprozesses von Beratungsunternehmen näher zu bringen, ist es erforderlich, die zentralen Wesensmerkmale der Unternehmensberatung zu ergründen.

Dazu ist es nötig, die verschiedenen **Perspektiven**, die die unterschiedlichen Aspekte des Consultings strukturiert zusammenfassen, herauszuarbeiten:

1. **Dienstleistungsperspektive.** Bei dieser Perspektive steht die Abgrenzung zwischen Dienst- und Sachleistung sowie die Unterscheidung zwischen institutioneller und funktioneller Dienstleistung im Vordergrund. So ist zum Beispiel eine individuelle Softwareentwicklung immer eine Dienstleistung, dagegen ist Standardsoftware eine Sachleistung. Beratungsleistungen, die im Umfeld von Standardsoftware erbracht werden (z.B: Einsatzberatung, Modifikationen) können sowohl funktionelle Dienstleistungen (wenn sie vom Softwareproduzenten durchgeführt werden) als auch institutionelle Dienstleistungen sein (wenn sie von einem Beratungsunternehmen erbracht werden).
2. **Institutionelle Perspektive.** Hier wird der dreidimensionale Anwendungsraum der Unternehmensberatung mit Beratungsträger, Beratungsadressat und Beratungsobjekt untersucht. Neben den „normalen“ Beratungsunternehmen zählen unter anderem folgende Institutionen zu den Beratungsträgern: Wirtschaftsprüfungen, Steuerberatungen, Werbe- und Kommunikationsagenturen, Software- und Systemhäuser, Hochschulen, Verbände, Institute, Konzerne (Inhouse-Beratung). Beratungsadressaten sind alle Arten von Unternehmen bzw. Organisationen, privat- oder nicht-privatwirtschaftlicher Natur, die Beratungsleistungen beauftragen. Beratungsobjekte als dritte Dimension beschreiben den Gegenstand der Problemlösung, zum Beispiel Nachfolgemanagement, Outplacement oder Coaching.
3. **Funktionale Perspektive.** Diese Perspektive stellt die eigentlichen Aufgaben bzw. Tätigkeitsfelder einer Unternehmensberatung in den Mittelpunkt der Betrachtung. Sie soll Antwort auf folgende Fragen geben: Warum gibt es die Unternehmensberatung? Was ist ihre Existenzberechtigung? Was sind ihre Aufgaben? Was erwartet der Kunde, wenn er einen Berater hinzuzieht? Unter anderem lassen sich hier drei Beratungsfunktionen unterscheiden: (1) Die instrumentelle Beratung, die dem Kundenunternehmen als zusätzliche Handlungskapazität dient (engl. *Capacity-based Consulting*). (2) Die konzeptionelle Beratung, die dem Kunden Kenntnisse und Expertisen bietet, über die man selbst nicht verfügt (engl. *Content-based Consulting*). (3) Die symbolische Beratung, die der Kunde als zusätzlichen Urteilsmaßstab nutzt (engl. *Arbitration-based Consulting*).
4. **Systembezogene Perspektive.** Das Beratungssystem als Ganzes, die Kunden-Berater-Beziehung sowie die einzelnen Beraterrollen kennzeichnen die systembezogene Perspektive. Ein wichtiger Teil des Beratungssystems sind die Erwartungen des Kunden an die beauftragte Leistung. Da die Erwartungen immer an bestimmte Personen gerichtet sind, ist es anschaulicher, die Erwartungen an bestimmten Rollen festzumachen und den Mehrwert dieser Rollen zu hinterfragen. Solche Berater-

rollen sind der Konzeptlieferant, der Mentor, der Umsetzer, der Benchmarker, der Change Agent, der Moderator, der Coach, der Gutachter und viele andere mehr.

5. **Prozessbezogene Perspektive.** Beratungsprojekte bestehen regelmäßig aus mehreren, technologisch unterschiedlichen und aufeinander aufbauenden Phasen. In Theorie und Praxis wird eine Vielzahl von Phasenmodellen vorgestellt, diskutiert und gehandhabt. Ein sehr leistungsfähiges Phasenmodell, das aus den vier Phasen Akquisition, Analyse, Problemlösung und Implementierung besteht, zeichnet sich gegenüber anderen Modellen dadurch aus, dass hier die Akquisitionsphase, deren Aktivitäten in aller Regel nicht fakturiert werden können, mit zum Beratungsprozess gezählt wird. Realistischerweise hat das Kundenunternehmen bei diesem Modell nach Abschluss einer Phase die zusätzliche Option, das Beratungsunternehmen zu wechseln oder insgesamt aus dem Projekt auszusteigen.

6. **Instrumentell-methodische Perspektive.** Hier werden die Unterschiede zwischen Beratungskonzept, Beratungsmethode und Beratungsprodukt herausgearbeitet. Beratungskonzepte sind allgemeine, theoretisch oder auch empirisch begründete Regeln, die als normative Denkmodelle dienen. Diese reichen jedoch nicht aus, um konkrete Aufträge zu bearbeiten. Hierzu bedarf es spezifischer Beratungsmethoden, die geeignet sind, die in den Beratungskonzepten propagierten Ideen zu operationalisieren. Werden diese Beratungsmethoden im Sinne eines Baukastens (engl. *Toolbox*) standardisiert, so entstehen Beratungsprodukte, die es dem Berater ermöglichen, für bestimmte Problemlösungen eine Art „Marke“ aufzubauen und sich damit vom Wettbewerb abzuheben. Beispiele dafür sind die Gemeinkostenwertanalyse von McKinsey oder die 4-Felder-Matrix von BCG.

7. **Technologische Perspektive.** Drei Ausprägungen der Beratungstechnologie (flexible, standardisierte und starre Technologie) werden hinsichtlich ihrer Vor- und Nachteile bzw. ihrer Konsequenzen beim Beratereinsatz untersucht. Unter Beratungstechnologie werden alle Tool- und Know-how-Komponenten zusammengefasst, die Berater nutzen, um ihre Kunden zu beraten. Dies schließt auch das Erfahrungswissen des Beraters mit ein.

8. **Theoretische Perspektive.** Diese Perspektive befasst sich mit den Theorien der (neuen) Institutionenökonomik und deren Beschreibung bestimmter Gesetzmäßigkeiten der Dienstleistung *Unternehmensberatung.* Theorie wird dabei nicht als reine, zweckfreie Erkenntnisgewinnung auf hohem Abstraktionsniveau verstanden, sondern als empirisch-realistische Theorie, die Aussagen über Ursache-Wirkungsbeziehungen und identifizierte Gesetzmäßigkeiten trifft. So will die Beratung eben verstehen, wie eine Auftragserteilung zustande gekommen ist, wie verstärktes Marketing ankommt oder wie sich Kundenzufriedenheit auf Nachfolgeaufträge auswirkt. Davon ausgehend kann man dann Maßnahmen planen und realisieren, die zu den angestrebten Wirkungen führen.

Eigentumsfrage: Partnerschaftsmodell vs. Investorenmodell in der Beratung

Welches Eigentümermodell für Beratungsunternehmen ist das vorteilhafteste? Dieser Frage geht Prof. Lippold in seiner aktuellen Kolumne nach und beleuchtet dabei unter anderem die Rolle von Eigentümergruppen, verschiedenen Interessenslagen und häufig auftretenden Kostenarten.

Fusionen sind in der Beratungsbranche besonders beliebt. (Bild: picture alliance / Zoonar | Vichaya Kiatying-Angsulee)

In meiner Kolumne über die Risiken von Fusionen im Prüfungs- und Beratungsbereich habe ich festgestellt, dass in kaum einer Branche so häufig fusioniert wird, wie im Beratungsgeschäft. Solche Merger und Demerger führen zu tiefgreifenden Veränderungen auch aufgrund des Wechsels der Eigentumsform. Daher ist eine Analyse der Eigentumsfrage von ganz besonderer Bedeutung für die zukünftige Entwicklung im Falle einer neuen Unternehmenskonstellation.

Letztlich sind es – unabhängig von der jeweiligen Rechtsform – zwei große, homogene Eigentumsgruppen von Beratungsgesellschaften, die im Folgenden näher beschrieben werden:

- Gründer und Mitarbeiter als Eigentümer: **Partnerschaftsmodell**
- Unternehmensexterne Kapitalgeber als Eigentümer: **Investorenmodell**

Fragt man nun danach, welches Modell in welcher Situation dem anderen überlegen ist, so ist es sicherlich sinnvoll, die optimale Allokation der Eigentumsrechte unter Effizienzgesichtspunkten zu bewerten. Dazu ist es erforderlich, die unterschiedlichen Kostensituationen zu untersuchen.

Zwei Kostenarten bestimmen die Effizienz der Modelle

In der Beziehung zwischen dem Beratungsunternehmen und den beiden Eigentümergruppen treten prinzipiell zwei Kostenarten auf: Transaktionskosten und Governance-Kosten. *Transaktionskosten* entstehen bei Tauschprozessen zwischen dem Unternehmen und seinen Eigentümern, zum Beispiel bei der Beschaffung von Kapital. *Governance-Kosten* entstehen den Eigentümern durch die Kontrolle beziehungsweise Überwachung des Managements, durch die Erzielung kollektiver Entscheidungen (z. B. über die Gewinnverwendung) und durch die Übernahme von Eigentümerrisiken. Als optimale Allokation von Eigentumsrechten wird allgemein diejenige angesehen, die die Summe aller Transaktions- und Governance-Kosten über alle Gruppen von Vertragsparteien (also Unternehmensberatung einerseits und Eigentümer andererseits) hinweg minimiert [vgl. Richter/Schröder 2007, S. 164 f. unter Bezugnahme auf Hansmann 1996].

Rolle des Partners ist die höchste Stufe im Consulting

Beim **Partnerschaftsmodell** geht es um Unternehmen, die sich im Eigentum der Gründer und/oder der leitenden Angestellten (Partner) befinden. Diese Partner verfügen einerseits über den Gewinn der Gesellschaft, andererseits legen sie die Corporate Governance fest. Die Partnerschaft bietet den Partnern höhere Leistungsanreize, gegenseitiger Kontrolle sowie der unmittelbaren Beteiligung an den unternehmerischen Chancen und Risiken. Das Partnerschaftsmodell (engl. *Professional Partnership Model)*) ist dann besonders geeignet, wenn wenig Anlagekapital benötigt wird. Dies ist zumeist bei der Strategie- oder Managementberatung der Fall.

> Die Rolle des Partners beziehungsweise Partnerin ist die höchste Karrierestufe im Consulting. Das Partner-Level zu erklimmen ist für viele ambitionierte Berater mindestens genauso attraktiv wie der Sprung auf die Industrieseite, wo häufig eine Position im Management wartet.

Gleiche Interessensrichtung zwischen Unternehmen und Partnern

Durch die Übertragung der Eigentumsrechte an diese ausgewählten Beratenden kann eine gleiche Interessensrichtung zwischen Unternehmensberatung und Partner hergestellt und die Transaktionskosten dadurch reduziert werden, dass Kosten für externe Kapitalgeber gespart werden können.

Partner haben geringere Anreize, sich opportunistisch zu verhalten, da sie sich dadurch letztlich nur selbst schaden können. Allerdings bekommt nur ein geringer Teil der Mitarbeitenden in den Genuss einer solchen Partnerschaft. Für jüngere Mitarbeitende (Junior-Positionen) dient die Aussicht auf Aufnahme in die Partnerschaft zugleich als Anreiz, so dass sich auch hier die Tendenzen zu opportunistischem Verhalten reduzieren.

Durch diese vergleichsweise eingeschränkte Zuteilung der Eigentumsrechte werden die Transaktionskosten, die sich aus der Informationsasymmetrie und dem opportunistischen Verhalten ergeben, allerdings nicht vollständig reduziert [vgl. Richter/Schröder 2007, S. 171 ff.].

„Schaulaufen“ der Principles

Besonders interessant ist die Zielgruppe der Anwärter auf eine Partnerschaft. Dies sind – je nach individueller Unternehmensbezeichnung – Principles oder Senior Manager. Auf dieser Ebene gibt es regelmäßig ein „Schaulaufen“, um bei möglichst vielen Partnern ein positives Bild von sich zu hinterlassen.

Besonders schwer haben es Senior-Beratende, die von außen kommen und sich kulturell noch nicht akklimatisiert haben. Hier kommt regelmäßig das natürliche Immunsystem zum Tragen.

Neueinstellungen auf Partner-Ebene sind selten

Kommen wir zu den Governance-Kosten, die bei einer Partnerschaft durch die spezifische Allokation von Eigentumsrechten an eine ausgewählte Gruppe anfallen. Diese Governance-Kosten entstehen zum einen durch die relativ hohe Fluktuation der Mitarbeiter auf den unteren Hierarchiestufen. So ist eine Fluktuationsrate (engl. *Attrition-rate*) von mehr als 20 Prozent auf diesen Levels keine Seltenheit. Würde man diesen Junior-Beratern ebenfalls Eigentumsrechte zuteilen, so wäre der administrative Aufwand dafür bei weitem zu hoch. Zum anderen besitzen jüngere Mitarbeitende in der Regel nicht ausreichend viel ungebundenes Kapital, das ihnen erlauben würde, auch die Risiken einer solchen Partnerschaft zu tragen.

Generell lässt sich feststellen, dass ein partnerschaftliches Governance-Modell einerseits zu einer erhöhten Heterogenität zwischen Junior- Beratern und Partnern und andererseits zu einer erhöhten Homogenität der Partner untereinander führt.

Die Homogenität der Partnerschaft ist auch darauf zurückzuführen, dass Partner im Laufe ihrer Karriere einen internen Sozialisierungsprozess durchlaufen, der zu einer zunehmenden Internationalisierung der Werte und Kulturmerkmale der Unternehmensberatung führt. Dies hat zur Konsequenz, dass die Neueinstellung von Mitarbeitern auf Partner-Level eben vergleichsweise selten ist.

Hoher Kapitalbedarf bei IT-Beratungsgesellschaften

Das **Investorenmodell** ist besonders beliebt bei IT-Beratungsgesellschaften, die hohe Investitionen in Hard- und Software sowie in die Rauminfrastruktur tätigen müssen. Um den relativ hohen Kapitalbedarf dieser IT-orientierten Beratungsunternehmen zu decken, werden zumeist **externe Kapitalgeber** gesucht und die Unternehmen als Kapitalgesellschaft organisiert. Bei solchen Gesellschaften sind Eigentum und Führung ganz oder teilweise getrennt, das heißt, die Führung liegt bei angestellten Managern ohne nennenswerte Kapitalanteile. Daher wird diese Organisationsform in der angelsächsischen Literatur als *Managed Professional Business* bezeichnet. Beim Investorenmodell werden die meisten CXOs übrigens nicht als Partner, sondern als Vice Presidents bezeichnet.

Unterschiedliche Eigentümergruppen

In der Gruppe der Investoren sind sämtliche externen Kapitalgeber als Eigentümer zusammengefasst. Hierunter zählen nicht nur reine Kapitalinvestoren, sondern auch Stakeholder in Form von Kunden oder Lieferanten. Besonders die Variante, dass eine Unternehmensberatung einem Kunden oder einem spezifischen Interessenvertreter gehört, ist in der Praxis häufig zu beobachten. Folgende Eigentümergruppen lassen sich identifizieren:

- **Finanzdienstleister**, die ihre Firmenkunden über finanzwirtschaftlichen Fragen hinaus beraten wollen (historische Beispiele: Deutsche Bank mit der DGM – Deutschen Gesellschaft für Mittelstandsberatung, Roland Berger & Partner; IKB Consult; Gerling Consulting Gruppe)
- **Großunternehmen**, die ihre internen Servicebereiche ausgliedern oder die bestimmte Dienstleistungen (z.B. als Inhouse Consulting) bevorzugt von einer Tochtergesellschaft einkaufen (Beispiele: Lufthansa Systems; BASF IT Services; Bayer Business Services; Porsche Consulting; historische Beispiele: Bremer Vulkan mit VSS – Vulkan Software Services; ThyssenKrupp mit Triaton)
- **Internationale IT-Anbieter**, die angelockt von hohen Wachstumsraten immer stärker in den Dienstleistungsbereich drängen (Beispiele: IBM Global Business Services mit der Übernahme von PricewaterhouseCoopers Consulting; HP mit der Übernahme von EDS und Triaton)
- **Internationale Wirtschaftsprüfungsgesellschaften** (Big-Four-Gesellschaften), die aus ihren gesättigten Märkten heraus nach Diversifikationsmöglichkeiten suchen und – nachdem sie sich in einer ersten Welle (nach dem Enron-Skandal) von ihren profitablen Beratungsgesellschaften getrennt hatten - wieder eigene Consulting-Einheiten aufgebaut und ihren Audit- und Tax-Bereichen angegliedert haben; allerdings lässt sich inzwischen auch eine gegenläufige Tendenz, d.h. zur Ausgliederung der Beratung, feststellen.
- **Verbände**, die ihren Mitgliedern über ausgegliederte Tochtergesellschaften Beratungsleistungen (Branchenstudien, Betriebsvergleiche, Außenwirtschaftsberatung etc.) anbieten (Beispiel: BBE Handelsberatung).

In allen genannten Fällen ist das Management des Beratungsunternehmens nicht identisch mit den Eigentümern. Das bedeutet, dass externe Eigentümer vor dem Problem der Bewertung des Geschäftsverlaufs und der Kontrolle des Managements stehen. Dies liegt vor allem an der **Informationsasymmetrie** zwischen dem Management der Unternehmensberatung und den externen Kapitalgebern.

Gegenläufige Effekte bei der Übertragung von Eigentumsrechten

Bei der Übertragung der Eigentumsrechte entstehen gegenläufige Effekte. Normalerweise entwickelt eine Beratungsfirma keinen erhöhten Kapitalbedarf. Es benötigt Humankapital und nur in relativ geringem Umfang IT-Systeme, Logistik (Fuhrpark) und Rauminfrastruktur – es sei denn, das Beratungsunternehmen verfolgt nicht das „klassische Beratungsmodell“, sondern es weitet sein Angebot auf infrastrukturintensivere Dienstleistungen wie Outsourcing oder auf kapitalintensivere internationale Märkte aus.

Ist der externe Kapitalgeber ein Kunde der Unternehmensberatung, so werden die Transaktionskosten zunächst signifikant reduziert, da innerhalb ein- und desselben Unternehmens(verbundes) die Gefahr des opportunistischen Verhaltens begrenzt wird. Andererseits nehmen die Transaktionskosten in der Beziehung zwischen dem Beratungsunternehmen und anderen, potenziellen Kunden, die nicht Eigentümer sind, zu und erreichen teilweise prohibitive Ausmaße. Das liegt daran, dass potenzielle Kunden häufig nicht bereit sind, mit einer dem Wettbewerber gehörenden Unternehmensberatung zusammenzuarbeiten [vgl. Richter/Schröder 2007, S. 165 ff.].

Fazit: Die Eigentümerform der Partnerschaft ist dem Investorenmodell nur dann überlegen, wenn sie an bestimmte Bedingungen geknüpft ist. Zu diesen Bedingungen zählen ein moderater Kapitalbedarf sowie eine weitgehend homogene Interessenlage zwischen Partnern und Beratern.

Vertiefende Lektüre und Literaturhinweise:

D. Lippold: Die Unternehmensberatung. Von der strategischen Konzeption zur praktischen Umsetzung. 4. Aufl., Berlin-Boston 2022.

A. Richter/K. Schröder: Organisation von Managementberatungen als Partnerschaften, in: V. Nissen (Hrsg.): Consulting Research. Unternehmensberatung aus wissenschaftlicher Perspektive, Wiesbaden 2007, S. 161-177.

Warum sind Hochschulabsolventen keine Kunden für Personalberater?

Personalberater suchen Führungskräfte und Spezialisten im Auftrag personalsuchender Unternehmen. Doch wer führt eigentlich für die vielen Hochschulabsolventen mit Bachelor- oder Masterabschluss eine fundierte Berufseinstiegsberatung durch? Die Bundesagentur? Kolumnist Prof. Lippold macht sich für einen Paradigmenwechsel stark und zeigt, wie Personalberatung für Absolventen lukrativ gestaltet werden könnte.

Hochschulabsolventen werden derzeit noch nicht ausreichend von Personalberatern angesprochen (Bild: picture alliance / Ulrich Baumgarten | Ulrich Baumgarten).

Rund 2.450 Personalberatungsgesellschaften mit über 8.500 Personalberatern und Personalberaterinnen sind es, die in Deutschland mehrheitlich nicht **Personalberatung**, sondern lediglich **Personalsuche** anbieten. Im Gegensatz zur Unternehmensberatung lässt sich bei der Personalberatung das Beratungsobjekt nicht aus dem Wortsinn ableiten. Beraten wird nämlich nicht das Personal, das einen Arbeitsplatz sucht, sondern das Unternehmen, das einen Arbeitsplatz anbietet.

Personalberater suchen Führungskräfte und Spezialisten im Auftrag personalsuchender Unternehmen. Doch wer führt eigentlich für die vielen Hochschulabsolventen mit Bachelor- oder Masterabschluss eine fundierte Berufseinstiegsberatung durch? Die Bundesagentur?

Oder wären nicht doch die Personalberater mit ihrem Instrumentarium (Eignungsdiagnostik etc.) und ihren spezifischen Marktkenntnissen die geeigneteren Marktteilnehmer?

Also: Warum kümmern sich unsere Personalberatungen eigentlich nicht um die vielen zigtausend frischgebackenen Bachelor und Master, die Jahr für Jahr – Bologna sei's gedankt (oder geschuldet?) – unsere Hochschulen verlassen und dann auf einen Arbeitsmarkt treffen, dessen Anforderungen sie häufig nicht richtig einschätzen können?

Unzufriedenheit und Kündigungsbereitschaft steigen

Denn wenn sie schließlich einen Job gefunden haben, stellt sich leider viel zu häufig heraus, dass der Job weder Eignung noch Neigung entsprach. Die **vielen tausend MBA-Studierenden,** die berufsbegleitend, also nach Feierabend ihre Freizeit opfern, um sich „employable" (beschäftigungsfähig) für eine neue Bewerbung zu machen, sind ein Beleg für die unzähligen unzufriedenen akademischen Berufsanfänger. Noch deutlicher wird die **Studie von McKinsey** „Great Attrition", nach der fast ein Drittel aller Angestellten in den nächsten drei bis sechs Monaten kündigen will. Kein Wunder, denn viele Hochschulabsolventen müssen heutzutage Sachbearbeiteraufgaben übernehmen, für die früher ein ausgebildeter Industriekaufmann mit mittlerer Reife zuständig war.

Laut der McKinsey-Studie sind es 34 Prozent aller Befragten, denen es an Perspektiven für die berufliche Entwicklung und Beförderung mangelt.

Also nochmals: Warum unterstützen Deutschlands Personalberater zwar **Unternehmen** bei der Suche nach Fach- und Führungskräften und warum nicht auch **Hochschulabsolventen** bei der Suche nach Einstiegsjobs mit Perspektive? Wohlgemerkt, es geht hierbei nicht (nur?) um die High-Potentials, die sich ohnehin ihre Jobs auf dem absurden Bewerbermarkt aussuchen können. Nein, es geht um den durchschnittlich begabten Bachelor oder Master, der sehr lange warten muss, bis er zum ersten Bewerbungsgespräch eingeladen wird und dann mangels Alternativen nehmen muss, was gerade daherkommt. Es geht nicht darum, dass die Personalberater nun total umschwenken. Nein, Executive Search beziehungsweise Personalsuche in allen Ehren, aber Personalberater sind eben auch „Berater", und wer benötigt (Einstiegs-)Beratung mehr als unsere Hochschulabsolventen?

Die untenstehende Abbildung zeigt sehr deutlich, bei welchen Zielgruppen die Personalberater ihre Schwerpunkte setzen. So verdienen 95 Prozent der von den Personalberatern platzierten Kandidaten mehr als 75.000 Euro. Hochschulabsolventen kommen also so gut wie gar nicht für eine Platzierung bei den personalsuchenden Unternehmen in Betracht.

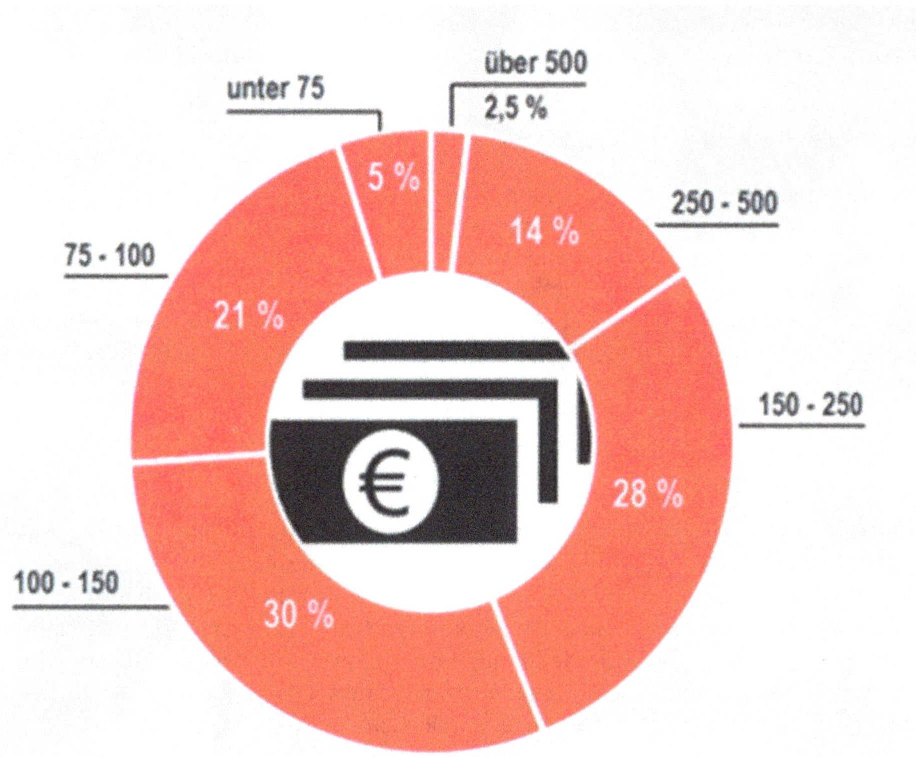

Verteilung des Zieleinkommens der von den Personalberatungen platzierten Kandidaten in Euro 2021 (Bild: BDU)

Zwei Gründe lassen sich ausmachen, warum die Zielgruppe der Hochschulabsolventen bei den Personalberatern offensichtlich kein Gehör findet:

Erstens geht es der Personalberatungsbranche aufgrund der **sehr guten konjunkturellen Lage** derzeit auffallend gut, so dass überhaupt kein Leidensdruck besteht, über neue Geschäftsmodelle nachzudenken. Immer mehr Unternehmen greifen bei der schwierigen Suche nach Personal auf die Unterstützung von Personalberatungen zurück. Mit Hilfe der Headhunter konnten im vergangenen Jahr 16 Prozent mehr Stellen besetzt werden. Parallel dazu ist der Branchenumsatz auf ein neues Allzeithoch von 2,7 Milliarden Euro geklettert. Das entspricht einem prozentualen Plus von 17 Prozent. Das zeigt die BDU-Branchenstudie ‚Personalberatung in Deutschland 2022'.

Zweitens sind die bestehenden Auftraggeber der Personalberater, also die Unternehmen, naturgemäß wesentlich **solventer** als frischgebackene Bachelor oder Master, die bislang von ihren Eltern unterstützt wurden oder ihr Studium durch Nebenjobs selbst finanziert haben.

Der erste Grund kann sich schneller ändern, als uns allen lieb ist. So geben 60 Prozent der Personalberater in der Studie an, momentan mit ihren Umsätzen über ihren Budgetplanungen zu liegen. Nach dem russischen Einmarsch in die Ukraine geht allerdings nur noch ein Drittel von einer Geschäftsentwicklung aus, die nochmals günstiger wird. Zum zweiten Grund ließe sich einwerfen, dass Größenvorteile von der Anzahl her gesehen (economies of scale) vielleicht doch auf der Seite der Hochschulabsolventen liegen.

Wie Personalberatung für Studienabgänger funktionieren kann

Es müssten ganz einfach nur Bezahl- beziehungsweise Honorarmodelle (vielleicht sogar mit Erfolgsbeteiligung!) gefunden werden. Mit solchen Modellen ließe sich das „Massengeschäft" der Beratung und Vermittlung von Hochschulabsolventen höchst profitabel gestalten. Mit ein wenig Kreativität und Phantasie ließen sich hier Erfolgs- und Phasenmodelle (z.B. über mehrere Arbeitgeber hinweg) gestalten, die zu einer echten Win-win-Situation für Personalberater und Hochschulabsolventen gleichermaßen führt.

Wichtig ist, dass es sich bei diesem Geschäftsfeld um eine Personalvermittlung **und** um eine Personalberatung handelt.

Bausteine aus der Eignungsdiagnostik und dem Outplacement sind bei wirklich qualifizierten Personalberatern zu genüge vorhanden. Warum sollten solche Leistungsprofile nicht auch bei denjenigen eingesetzt werden, die es wirklich nötig haben und wo der Leidensdruck besonders hoch ist: bei unseren frischgebackenen Hochschulabsolventen? Und nicht zuletzt wäre damit auch ein volkswirtschaftlicher Nutzen verbunden, der angesichts einer zunehmenden Orientierungslosigkeit unserer Generation Z vielleicht gar nicht hoch genug bewertet werden kann.

Ein **Paradigmenwechsel** – aber einer, der sich lohnen könnte! Für den Einzelnen, für die Branche und für die Gesellschaft.

Quellen:

Spiegel-Online, 20.12.2022: „McKinsey-Studie: Fast ein Drittel der Angestellten will kündigen".

Bundesverband Deutscher Unternehmensberatungen (BDU): Studie: Personalberatung in Deutschland 2022.

D. Lippold: Die Unternehmensberatung. Von der strategischen Konzeption zur praktischen Umsetzung, 4. Aufl., Berlin-Boston 2022 (ab Seite 122 mit weiteren Quellenangaben).

Sachwort- und Namensverzeichnis

Weitere Bücher von Dirk Lippold

Die Unternehmensberatung

Von der strategischen Konzeption zur praktischen Umsetzung

4. Aufl., 2022, ISBN 978-3-11-078550-0

Dieses „Standardwerk für angehende und praktizierende Unternehmensberater“ (Lünendonk), das den konzeptionellen Ansatz in der Unternehmensberatung begründet hat, behandelt in sechs Kapiteln die grundlegenden Konzepte und Methoden von Beratungsunternehmen. Jedes Kapitel ist in sich abgeschlossen und kann quasi als „Buch im Buch“ betrachtet werden. Auf diese Weise ist es möglich, das Grundlagenwerk einerseits als Fundament einer „Consulting-Lehre“ und andererseits als Handbuch und Glossar für viele Fragen und Aufgabenstellungen in der täglichen Beratungspraxis zu benutzen.

Grundlagen der Unternehmensberatung

Lehrbuch für angehende Consultants

3. Aufl., 2023, ISBN 978-3-11-132136-3

Tauchen Sie ein in die faszinierende Welt der Beratungsbranche Mit einem klaren didaktischen Aufbau ist dieses Lehrbuch ideal für alle, die ihre Karriere in der Beratungsbranche starten oder ihr Wissen erweitern möchten. Der Autor teilt seine wertvollen Erfahrungen und Erkenntnisse und veranschaulicht sie mit zahlreichen praxisnahen Beispielen. Sie werden in die Lage versetzt, das Gelernte sofort in die Tat umzusetzen. Dass Buch vermittelt Ihnen zudem die wichtigsten Managementtools und -techniken.

Einführung in das Consulting

Strukturen – Trends – Geschäftsmodelle

2022, ISBN 978-3-11-077399-6

Die Beratungsbranche ist die Wunschbranche vieler Hochschulabsolventen. Warum ist die Consulting Profession so faszinierend? Welchen Nutzen, welchen Mehrwert bieten Beratungsleistungen? Wo kann man Consulting studieren? Was ist der ideale Weg in die Beratung? Welches sind die Voraussetzungen für den Einstiegsjob? Welche Hochschulen bieten dafür die besten Chancen? Dieses Buch beantwortet diese und ähnliche Fragen und gibt damit einen fundierten Einstieg in die professionelle Unternehmensberatung.

Die 80 wichtigsten Management- und Beratungstools
Von der BCG-Matrix zu den agilen Tools
2. Aufl., 2023, ISBN 978-3-11-116410-6

Die 80 wichtigsten Beratungstools, die zugleich auch immer Managementtools darstellen, sind in diesem Buch zusammengestellt. Eines der Hauptanliegen ist es, die Vielzahl der Tools nicht nur inhaltlich zu erläutern, sondern sie entlang den einzelnen Phasen des Beratungsprozesses zu ordnen und gleichzeitig die entsprechende Einsatzumgebung vorzustellen. Die Reihe der vorgestellten Tools reicht von der BCG-Matrix über die Marketing-Gleichung bis hin zu den agilen Tools wie Scrum, Kanban und Design Thinking.

Marketing für Unternehmensberatungen
B2B-Marketing im digitalen Wandel
2024, ISBN 978-3-11-137449-9

Vor dem Hintergrund des digitalen Wandels haben sich auch die Markt- und Wettbewerbsbedingungen der Beratungsunternehmen verändert. Eine Branche, deren Wurzeln zumeist bei Technikern und Tüftlern zu suchen sind, steht vor der Herausforderung, unter den veränderten Rahmenbedingungen erfolgversprechende und schlüssige Marketing-Konzepte zu entwickeln. Das Buch verfolgt das Ziel, ein Vorgehensmodell für den Vermarktungsprozess von Beratungsleistungen zu entwerfen. Es liefert eine phasenbezogene Darstellung der Vermarktung, die dem Management von Unternehmensberatungen Ansatzpunkte bietet, um die einzelnen Elemente der Marketing-Gleichung zu optimieren.

B2B-Marketing und -Vertrieb
Die Vermarktung erklärungsbedürftiger Produkte und Leistungen
2021, ISBN 978-3-11-075668-5

Vier von fünf B2B-Unternehmen erzielen heute bereits signifikante Umsätze mit dem Online-Vertrieb erzielen, stellen viele Unternehmen im B2B-Bereich vor zunehmend große Herausforderungen. Gleichzeitig bieten sich damit eine Reihe neuer Perspektiven für eine reibungslose Zusammenarbeit auf der Vermarktungsseite. Marketing und Vertrieb obliegen somit die spannende Aufgabe, die effiziente Gestaltung der Vertriebskanäle vorzunehmen und die besonderen Herausforderungen des E-Commerce umzusetzen.

Unternehmensführung und Nachhaltigkeit
Nachhaltigkeit als Erfolgsfaktor für unternehmerisches Handeln
2024, ISBN 978-3-11-150416-2

Das Thema Nachhaltigkeit und seine richtige unternehmensstrategische Einordnung und Umsetzung bietet eine der wichtigsten gesellschaftlichen und wirtschaftlichen Chancen der Gegenwart. Voraussetzung ist, dass die Unternehmensführung die damit verbundenen Herausforderungen aufgreift und aktiv gestaltet. Das Lehrbuch geht dabei der Frage nach, welche Auswirkungen die nachhaltige Geschäftstätigkeit auf Kunden, Umwelt und Öffentlichkeit hat und wie das Thema die Geschäftsmodelle beeinflusst.

Modernes Personalmanagement
Personalmarketing im KI-Zeithalter
4. Aufl., 2023, ISBN 978-3-11-133178-2; 5. Aufl. erscheint im Herbst 2025

Um hoch qualifizierte und motivierte Nachwuchskräfte zu gewinnen und langfristig zu binden, ist ein personalorientiertes Management von großer Bedeutung. Es sollte Chancen der digitalen Transformation erkennen und entsprechende Maßnahmen ableiten. Das Lehrbuch behält auch in der Neuauflage seine bewährte Konzeption bei, die auf kundenorientierten Erkenntnissen aus dem Absatzmarketing basiert und das Personalmanagement als prozessorientierte Wertschöpfungskette betrachtet.

Personalführung im digitalen Wandel
Von den klassischen Führungsansätzen zu den New-Work-Konzepten
2021, ISBN 978-3-11-075255-7

Führung steht vor neuen Herausforderungen: Begriffe wie „New Work“ und „Digital Natives“ prägen die Diskussion. Während früher klare Vorgaben und Kontrolle galten, betonen moderne Ansätze Eigenverantwortung und Flexibilität. Klassische Theorien fokussieren auf das Verhalten der Führungskraft, neuere Modelle betrachten Führung als Interaktion im organisationalen Kontext. Dirk Lippold vergleicht beide Ansätze und zeigt, wie sich klassische und moderne Führungskonzepte verbinden lassen.

Personalmanagement und High Potentials
Top-Talente finden und binden
2021, ISBN 978-3-11-071421-0

High Potentials sind entscheidend für den Unternehmenserfolg. Ihre Gewinnung und Bindung ist eine zentrale Aufgabe des Personalmanagements. Da sie meist mehrere Angebote haben, treten sie selbstbewusst auf – der Arbeitsmarkt begegnet ihnen auf Augenhöhe. Unternehmen werben oft schon vor Studienabschluss um sie. Klassische Recruiting-Kanäle reichen nicht aus; gefragt sind neue Strategien, um diese Zielgruppe zu erreichen.

Marktorientierte Unternehmensführung und Digitalisierung
Management im digitalen Wandel
2021, ISBN 978-3-11-074407-1

Führungskräfte mit digitalem Know-how sind gefragt, denn Digitalisierung steht für Effizienz und neue Geschäftschancen. Gleichzeitig gewinnt Marktorientierung an Bedeutung – besonders bei strategisch wichtigen Aufträgen wird Marketing zur Chefsache. Das Lehrbuch zeigt auf über 570 Seiten, wie digitale Transformation und Marktorientierung in zentralen Unternehmensbereichen zusammenwirken.

Digital (mit)denken – analog lenken
Eine Roadmap durch die digitale Transformation
2020, ISBN 978-3-11-070593-5

Für Unternehmenslenker kommt es darauf an, den digitalen Wandel im Unternehmen zu steuern und die Mitarbeiter mit auf den chancenreichen Weg der digitalen Transformation zu nehmen. Gefragt ist die hybride Führungskraft, die sowohl im digitalen wie auch im analogen Arbeitskontext Präsenz zeigt. Das Buch ist eine Roadmap für alle Stakeholder: vom CEO bis zum interessierten Studierenden, der vielleicht die Gründung eines Startups ins Auge fasst.

www.ingramcontent.com/pod-product-compliance
Lightning Source LLC
Chambersburg PA
CBHW061801210326
41599CB00034B/6831

* 9 7 8 3 1 1 9 1 4 3 2 7 1 *